커피,
음악,
경영법칙

제2판

커피, 음악, ... 경영법칙

초판 발행 2014년 11월 20일
제2판 인쇄 2016년 1월 5일
제2판 발행 2016년 1월 10일

지은이 김종배
펴낸이 김중용

총괄기획 박노일
편 집 심성보

펴낸곳 마인드탭 MIND TAP
경기도 파주시 책향기로 441, 1004동 1004호(동패동, 책향기마을)
등록 제406-2014-000093호
전 화 070)7550-3758 팩 스 02)718-8554
홈페이지 www.mindtap.co.kr 이메일 pnc@pncmedia.co.kr
ISBN 979-11-86672-19-8 93320

정 가 20,000원

제 2 판

커피, 음악, 경영법칙

김종배

마인드탭
MIND TAP

제2판 머리말*

이 책은 딱딱한 경영 지식을 조금이라도 부드럽게 전달하고자 하는 의도에서 집필되었다. 그래서 제목에도 '커피, 음악, …' 이라는 감성적 단어를 집어넣었다. 2014년 가을에 [초판]이 출간되었으니, 이제 1년의 시간이 흘렀다. 아마도 그때 내렸던 커피는 식었을 테고, 그때 틀었던 음반은 낡았을 것이다. 좀 더 신선하고 따뜻한 커피, 그리고 새롭고 참신한 음악을 제공하고 싶은 마음으로 [제2판] 작업을 하였다.

[제2판]에서 달라진 점은 다음과 같다.

첫째, 양적 확대: 초판에 소개된 법칙은 총 305개였다. 그런데 2판에서는 이 법칙의 숫자가 총 376개로 늘어났다. 이는 초판의 원고를 넘긴 다음 날부터 계속적으로 머릿속에 떠오른 법칙들을 추가한 결과이다. 아마도 다음에 출간될 [3판]에서는 법칙의 개수가 지금보다 더 늘어날 것으로 예상된다.

둘째, 질적 심화: 양적 개수가 늘어났을 뿐 아니라, 기존에 제시된 법칙의 내용을 좀 더 질적으로 향상시켰다. 쉽고 명료하게 설명하였고, 내용에 대한 충실한 설명을 추가하였다. 또한 사진, 그림 등의 삽입을 통해 좀 더 직관적 이해를 돕고자 하였다.

셋째, 체계적 분류: 법칙의 분류를 재정비하였다. 그래서 좀 더 관련 깊은 법칙들을 근접한 위치에 자리잡게 하였다.

쳇바퀴처럼 반복되는 매일의 일상, 정신 없이 바쁜 나날들 속에서 우리는 정작 소중한 것을 잃고 있는지도 모르겠다. 가끔 잠시라도 좋으니, 바삐 하던 일을 멈추고, '왜 이리도 분주하게 사는지', '어디를 향해 열심히 가고 있는지', '늘상 하던 방식이 과연 최선인지', '내가 좋아하는 것은 진짜 무엇인지' 등을 생각할 여유를 가지기 바란다. 적어도 하루에 한번쯤 고개 들어 푸른 하늘을 바라보고, 자신의 주변에 있는 사람들을 살펴보고, 자기가 걸어온 삶을 돌아보고, 또 미래를 내다보는 여유를 가지길 권한다. 혹시 아는가? 커피 한잔하면서, 또는 음악 한곡 들으며 떠오른 생각이 인생을 멋지게 바꾸게 될지도…

바쁜 일상이란 꽉 막힌 8차선 도로를 벗어나, 잠시 근처의 조용한 숲속 오솔길 벤치로 여러분을 초대한다. 거기에는 향긋한 커피도 있고, 긴장을 풀어주는 음악도 있다. 그리고 아주 편하게 읽을 수 있는 이 책도 옆에 놓여 있다. 읽을 마음이 생길 때 그때 읽어주기를 바란다.

원고의 정리 및 교정에 도움을 준 이민영 박사, 김남희 박사에게 감사를 표한다. 그리고 이 책의 [초판]을 읽어준 모든 독자들, 그리고 지금의 [2판]을 들고 이 글을 읽고 계신 분들께 감사를 표한다.

"커피 여섯 잔의 지혜"

현실의 삶이 어깨를 무겁게 짓누른다면…

'커피 한 잔 ☕'으로 마음의 여유를 가져보세요.

'커피 두 잔 ☕☕' 값으로 좋아하는 음악 CD를 사서 마음의 상처를 어루만져 주세요.

'커피 세 잔 ☕☕☕' 값의 이 책으로 그 해결책을 같이 찾아보시죠.

그래도 해결책을 찾지 못할 수 있을 겁니다. 그래도 포기하지 말고 계속 노력하다 보면, 처음보다는 훨씬 더 나은 '그 어떤 멋진 생각'이 떠오를 것은 확실합니다.

2015년 11월, 김종배

초판 머리말*

경영 서적은 독자들에게 실질적 도움이 되어야 한다. 그러나 도움이 되는 책을 집필하기란 쉽지 않다. 방대한 지식의 정리도 쉽지 않지만, 이들 지식을 흥미롭고 명쾌하게 전달하는 것도 쉽지 않기 때문이다. 우선, 경영에 유용한 지식은 그 끝을 알 수 없을 정도로 방대하고 내용 또한 다채롭다. 과거부터 현재까지 축적된 지식들이 이미 산처럼 쌓여 있는데 여기에 더해 오늘도 전세계 경영 현장 및 연구기관으로부터 물밀듯 새로운 지식들이 쏟아져 들어오고 있다. 경쟁사보다 더 나은 의사결정 및 집행을 위해서는 더 나은 정보와 지식을 가져야 하지만 이를 위해 어떻게 할지에 대한 대답은 현실적으로 쉽게 구하기 어렵다.

지식의 홍수 속에서 지식을 그저 많이 쌓아 두고 있는 기업은 과연 성공할 것인가? 정작 필요할 때 쉽게 꺼내 쓸 수 없는 지식이라면, 이렇게 쌓아 놓기 만한 지식은 전혀 도움이 되지 않는다. 그러한 지식은 세상에 존재하지 않는 것과 마찬가지이다. 그런 점에서 볼 때, 소수의 지식일지라도 이를 확실히 이해하고, 문제 상황에 봉착했을 때 이에 적절한 지식을 꺼내서 최대한 활용하는 것이 어떤 면에서는 더욱 의미가 있을 것이다. 즉각적 판단과 대응이 요구되는 전쟁터 및 의료 현장에서는 머릿속에 들어 있는 지식, 몸에 체화된 지식밖에는 사용할 수 없다. 기업 현장에서도 마찬가지이다.

새로운 지식의 창출 및 그에 대한 축적 노력은 물론 중요하다. 그러나 이에 못지 않게 지식의 철저한 이해와 이의 체계적 정리는 그러한 지식의 실제적 활용도를 높이기 위해 중요하다. 본서는 경영 및 마케팅 지식의 실질적 활용에 도움이 되게끔, 기존의 여러 유용한 지식들을 효율적이면서도 효과적으로 전달하고자 한다. 책 제목에서 시사하는 바와 같이, '법칙'을 중심으로 지식을 정리하고 전달하고자 한다. 즉 한 문장 또는 한 구절로 압축된 법칙을 먼저 제시하고, 이를 좀 더 자세하게 설명하는 방식으로 구성되어 있다. 따라서 전달하고자 하는 하나의 지식 덩어리는 법칙 또는 규칙과 같은 하나의 명제를 중심으로 정리되고 완결된다.

책을 집필하면서 염두에 둔 사항들은 다음과 같다.

첫째, 간결성과 웅변성: 지식은 가능한 간결하면서도 인상 깊게 머릿속에 각인시키는 것이 최선의 전달 방법이다. 이러한 전달 방법으로는 여러 가지가 있겠지만, 여기서는 법칙(이 말에는 rules, principles, laws의 의미가 모두 담김)이란 일관된 틀을 사용하였다. 기존의 경영 및 마케팅 문헌에서 공통적으로 발견되는 유용한 지식들을 법칙이란 통일된 형식을 통해 정리하였다. 이러한 일관되고 통일된 형식routine에 일단 독자들이 익숙해지면 책 내용을 접하기가 편해질 것이다. 또한 법 조문과 같이 간결하면서도 웅변적인 문구는 독자들의 뇌리에 오랫동안 남을 것으로 기대된다.

둘째, 이해 가능성: 가능한 쉽게 내용을 전달한다. 이를 위해 독자들에게 익숙하면서도 친밀한 사례를 삽입하기도 하였고, 사진 및 그림을 집어넣음으로써 직관적 이해를 돕고자 하였다. 이미 널리 알려진 지식 또는 상식일지라도 이를 전달하는 방식에 따라 머리에 각인되는 정도는 다르다. 따라서 최대한 쉬우면서도 인상적으로 이러한 지식을 소개하는 데 주안점을 두었다.

셋째, 체계적 유형 분류: 이해된 지식들도 그 정리를 제대로 해놓지 못하면, 정작 필요할 때 어디 있는지를 찾지 못한다. 따라서 지식의 체계적 정리는 중요하다. 이를 위해 법칙을 무차별적 나열식으로 제시하기보다는, 필요한 것을 찾기 쉽게 이를 체계적으로 범주화 하였다. 예를 들어, 경쟁우위, 의사소통, 조직관리, 신제품 등의 여러 소주제로 범주화하였다. 물론 여러 범주에 공통적으로 걸치는 성격을 가진 법칙도 적지는 않다. 여기 제시된 분류 방식과 다른 견해를 가진 독자들은 책의 여백에 자신의 분류 기준에 맞게 다시 재분류 해보기를 권한다.

넷째, 다양한 법칙의 제시: 책에는 많은 법칙들이 담겨 있다. 그런데 어떤 법칙은 내용뿐 아니라 관련 사례도 충분히 담겨 있지만, 어떤 법칙은 기본적 개념만 소개되고 있다. 법칙 모두에 대해 충분한 내용을 담으려면 많은 시간이 소요될 것이고, 그렇게 하다 보면 그만큼 책이 세상에 나오는 것이 늦어질 것이다. 불충분하지만 더 많은 법칙을 소개하는 것이 완성된 소수의 법칙을 소개하는 것보다 독자에게 유용할 것이란 판단에서 저자는 가능한 많은 수의 법칙을 제시하였다. 현재의 부족한 설명은 나중에 보충할 것을 약속한다.

본서는 기존의 방대한 지식을 가능한 간결하면서도 쉽게, 그러면서도 체계적으로 제시한다는 점에서 특색이 있다. 각각의 법칙들 안에는 조직을 경영하거나 마케팅 활동을 하는 데 도움이 되는 지식들이 녹여져 있다. 또한 기존에 알려진 내용에 대해서도 이를 새로운 각도에서 신선하게 재해석하였다.

책의 사용방법에 대해 시시콜콜 얘기하는 것은 우습겠지만, 몇 가지 요령을 제시하고자 한다. 첫째, 부담을 가지지 말고 그저 편하게 읽어주길 바란다. 독자들은 학교에서 수업들을 때와 같은 긴장감을 떨쳐버리고, 그리고 하나도 놓치지 않고 배워야 한다는 조바심을 가지지 말고 그저 이 책을 느긋하게 읽기를 바란다. 책에 소개된 내용을 따라 읽기만 하면 까다로운 경영 및 마케팅 전문 지식이 자신도 모르는 사이에 쉽게 이해될 수 있도록 글을 다듬었다. 쉽고 명료하게 이해된 지식일수록 머리에 깊게 각인될 것이고, 그러한 지식일수록 나중에 필요할 때 쉽게 떠오를 것이기에 이에 대한 많은 노력을 기울였다. 둘째, 법칙들은 책에 제시된 순서대로만 읽어야 하는 것은 아니다. 즉 앞의 내용을 이해하여야만 뒤의 내용을 이해할 수 있는 것은 아니다. 법칙들 각각은 비교적 독립적이기에, 자투리 시간에 독자들이 관심 있는 내용을 손에 잡히는데로 편하게 읽으면 된다. 또한 시간적 여유가 많지 않다면, 사례, 인용문구 등은 읽지 않아도 된다. 이러한 작은 글씨체의 문구들은 본문 내용을 이해하거나 느낌을 잡는 데 도움을 주기 위한 것이므로 이를 생략하고 읽더라도 큰 무리는 없다. 한편 서로간에 밀접한 성격이 있는 법칙들은 근거리에 배치하였다. 또한 어떤 법칙은 여러 범주에 걸치는 성격이기에 여러 챕터에 걸쳐 유사한 내용으로 반복하여 등장하는 경우도 있다. 이런 경우에는 법칙 옆의 괄호에 관련된 법칙의 이름과 챕터를 부기하였다. 셋째, 비판적 관점으로 읽어주기를 바란다. 여기 제시된 법칙들은 쉽게 공감이 가는 것도 있지만, 그렇지 않은 것도 있을 것이다. 법칙의 묘미는 바로 거기에 있다. 가필을 하거나 또는 반박 또는 삭제를 해가면서 독자 자신만의 법칙으로 새롭게 만들어가기를 바란다. 넷째, 열린 마음으로 그리고 상상의 나래를 맘껏 펼치기를 바란다. 법칙들은 기업 경영 및 마케팅에 대한 내용으로만 국한되지는 않았다. 삶의 전반에 도움이 되는 지혜들을 모았다고 보면 된다. 상상을 펼칠수록 세상을 살아가는 데 도움되는 내용들 또는 응용 및 확장 가능한 내용들이 발견될 것이다.

여기에 소개되는 법칙은 총 305개이다. 이 중 적지 않은 법칙들은 이미 널리 알려진 진부한 것도 있고 또는 별로 도움이 되지 않는 허드레 법칙도 있을 것이다. 그렇지만 여러분의 삶에 도움이 되는 결정적 법칙을 이 책에서 한두 개라도 만날 수 있다면, 책의 소임을 다하는 것이 아닐까 생각된다. 유명 가수의 앨범에 수록된 모든 노래가 히트곡은 아닐 것이란 생각은 본서를 과감하게 출간하는 데 도움이 되었다.

한 움큼의 모래를 잡으면 대부분의 알갱이들은 빠져 나간다. 그럼에도 손에는 여전히 몇 개의 모래 알갱이가 붙어 있다. 지식도 이와 마찬가지이다. 입력된 지식 대부분은 썰물이 빠져 나가듯 시간이 흐르면 머릿속을 빠져나간다. 그러나 깊게 각인된 지식 몇가지는 오랜 시간이 흘러도 머릿속에 남아서 경영 및 삶의 여러 현장에서 실질적 도움을 줄 것이다. 이렇게 손에 착 달라붙은 모래 알갱이 같은 지식이 되게끔 법칙의 형태로 감히 독자들께 경영과 마케팅의 지혜와 지식을 전달하고자 한다.

원고의 정리 및 교정에 도움을 준 이혜영, 이영경 조교에게 감사를 표한다. 본서의 제목은 '커피, 음악, … 경영 법칙'이다. 모든 감각을 편하게 열고, 즉 음악이 흘러나오는 편한 장소에서(청각), 커피 한잔을 여유롭게 마시면서(미각, 후각), 편한 마음으로 책장을 넘겨주기를 바란다(시각, 촉각).

일이 잘 안 풀리세요?

그럼, '커피' 한 잔의 여유를 가져보세요.

그래도 여전히 안 풀리시나요?

그럼 이번엔 좋아하는 '음악'을 몇 시간 동안 들으면서 마음의 짐을 잠시 내려 놓으세요.

아직도… 여전히 답답하신가요?

그렇다면 여기 이 책에 담긴 '경영법칙'을 읽으며 그 해결방법을 만나보길 바랍니다.

2014년 10월, 김종배

차례*

제1부

경영 전반(또는 삶의 전반)에 걸쳐 적용되는 일반 법칙

제 2 부

마케팅에 대한 법칙

제 1 부

경영 전반(또는 삶의 전반)에 걸쳐 적용되는 일반 법칙

일상적 삶에 적용되는 대부분의 법칙은 기업 경영의 세계에도 들어맞는다. 기업은 결국 사람과 사람들이 모여서 만들어진 조직이고 또 일상적 삶의 시간/공간에서 운영되기 때문이다. 물론 일상적 삶과는 다른 기업만의 독특한 세계가 없는 것은 아니다.

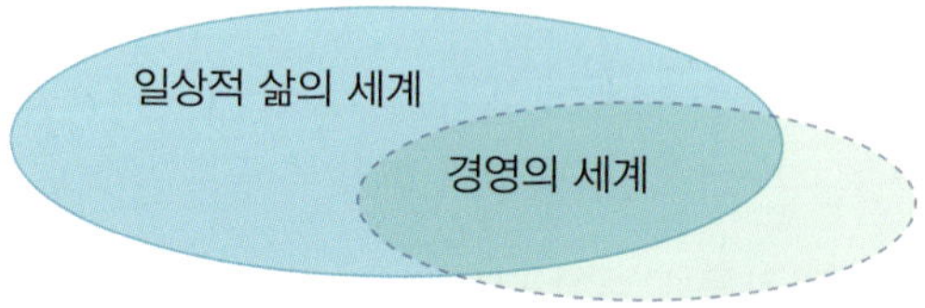

[그림] 일상적 삶, 기업 경영의 세계에 대한 관계 개념도(기업이란 제도가 사회에 등장함에 따라 일상적 삶의 영역은 좀 더 확장되었다고 볼 수 있다)

I

제1부에서 소개되는 법칙은 특정 분야에 제한적으로 적용되기보다는 기업경영의 전반 또는 우리 삶에 두루 해당되는 법칙들이다. 삶의 전반에 걸친 법칙을 먼저 소개하는 것이 법칙과 친근해지는데 도움이 될 것으로 생각되었기에 이러한 내용을 우선 소개하겠다. 여기서 제시되는 법칙들은 제2부의 마케팅이란 특정 분야의 법칙들에도 전반적으로 연결된다. 즉 1부의 내용은 2부를 이해하는 데 기반이 된다.

1장에서는 법칙을 중심으로 한 지식 전달의 의미, 책의 구조 등에 대해 살펴보겠다. 법칙을 본격적으로 제시하는 것은 2장부터 시작된다.

법칙의 틀을 이용한 지식 전달

coffee, music, … business principles

"어느 현명한 왕이 신하들에게 세상의 모든 지식과 지혜를 담은 책을 만들도록 명령했다. 신하들은 세상에 존재하는 모든 책들을 뒤지기도 하고 현인들을 찾아 헤매기도 한 끝에 모두 12권의 책을 만들었다. 왕은 백성들이 쉽게 볼 수 있도록 이를 좀 더 줄이라 지시했다. 12권의 책은 그렇게 해서 줄어들었고, 그때마다 왕은 이를 더 줄이란 명령을 내렸기에, 마침내 한 권의 책으로 요약됐다. 그렇지만 왕은 여기에 만족하지 않았기에, 한 권의 책은 다시 한 페이지로, 그리고 다시 한 단락으로, 마지막에는 다음의 한 문장으로 압축됐다: '세상에 공짜는 없다'. 이를 받아본 왕은 고개를 끄덕이며 미소를 지었다." 중국의 고전 '장자'에 나오는 이야기다.

이야기 속에는 다양한 교훈이 담겨 있을 것이다. 그렇지만 이 책을 준비하면서 위의 이야기가 떠오른 이유는 아마도 '현인들이 방대한 지식을 어떻게 축약하였을까', '축약작업을 하던 현인들은 얼마나 힘들었을까' 등의 공감이 들었기 때문일 것이다. 방대한 지식은 그 '방대성' 때문에 사실 '실용성'이 급격히 떨어진다. 그렇다고 실용성과 편리성만을 강조하다가는 지식의 많은 부분을 잃을 우려도 있다.

세상은 변화무쌍하기에 새롭게 등장한 현상을 설명하고 이를 통제할 새로운 지식의 탐구는 계속 되어야 한다. 그렇지만 다른 한편으로 이미 곳간에 쌓여 있는 지식들을 압축 정리하여 실제 활용에 사용되도록 하는 것 역시 중요하다. 이 책이 추구하는 지향점은 바로 후자, 즉 기존지식의 축약 및 정리에 해당된다.

서가에 꽂혀 있는 경영 및 마케팅 문헌에는 경영자를 위한 내용들이 가득 담겨 있다. 그러나 역설적으로 이렇게 지식들이 엄청나게 많기에 실무자들은 이를 볼 엄두를 내지 않는다. 설혹 읽고 보았다 하더라도 이를 자기 것으로 소화하지 못한다면, 정작 지식이 필요한 상황이 닥쳐도 이를 자유자재로 활용하지 못한다. 지식을 제 것으로 소화하지 못하고 그저 쌓아두기만 하는 마케팅 관리자는, 요리재료만 산더미처럼 쌓아놓고 정작 이 재료가 어디에 쓰일지 모르거나 또는 필요한 재료가 어디 있는지 알지 못해 이를 썩혀버리고 마는 어리석은 요리사와 마찬가지일 것이다.

대규모 식당의 주방장은 식자재 담당자를 고용해 재료/유효기간/보관유형별로 분류하게 하고, 이러한 재료가 들어가는 요리에 바로 활용되게끔 한다. 때로는 식자재 담당자와 같은 역할을 경영학자들이 할 필요가 있다. 즉 누군가는 방대한 지식을 체계적으로 정리하고, 지식 간의 연결고리를 찾아서 이를 의미 있게 연결시키고, 누구나 지식을 사용하기 쉽게 이를 배분하고 전달하는 노력을 기울일 필요가 있다.

- 태국의 방콕에는 최대 5천 명의 손님을 수용할 수 있는 Royal Dragon이란 식당이 있다. 직원 수는 한창 많았을 때 1,000명 가까이 됐었고, 서빙은 롤러 스케이트를 타고 한다.

그렇다면 방대한 지식 재료를 어떻게 정리하고 전달할 것인가? 본서는 법칙의 형식을 사용하고자 한다. 즉 법칙의 틀을 통해 이와 관련된 지식들을 녹여 넣고자 한다.

I. 법칙에 대한 개관

법칙을 중심으로 마케팅을 요약하고 이해하려는 시도는 이전에도 여러 번 있었다. 그중 대표적인 저서가 1993년 Al Ries와 Jack Trout가 저술한 "마케팅 불변의 법칙(*The 22 Immutable Laws of Marketing*)"인데, 저자 역시 이 책을 흥미롭게 읽었다. 그러나 마케팅에서 변하지 않는 법칙이란 없고 또한 몇몇 법칙으로만 국한되지도 않는다. 얼마든지 새로운 이론 및 학설, 그리고 사례에 의해 기존 지식들이 부단하게 도전 받는 것이 마케팅이다. 따라서 마케팅의 모든 법칙들 앞에는 불변不變이라는 수식어보다는 오히려 가변可變을 붙이는 것이 더 적절하지 않을까도 생각된다. 저자가 집필한 이 책에 제시되는 법칙들 역시 나중에 많은 수정과 개선이 이뤄질 것이다. 그런데 이러한 점이 오히려 마케팅의 묘미와 즐거움이 아닐까 생각된다.

이러한 가변적 성질에도 불구하고 이렇게 '법칙'이란 강한 주장이 담긴 문구를 사용하는 이유는 여러 가지가 있다. 첫째, 법칙이란 용어의 매력 때문이다. 일반적으로 법칙이란 용어를 듣게 되면 이를 어기면 안될 것 같다는 생각도 들지만, 동시에 이러한 법칙에 허점은 없을까도 생각하게 만든다. 그런데 사실 이러한 양방향의 생각 모두는 경영과 마케팅을 이해하고 실천하는 데 도움이 된다. 즉 법칙을 준수하고 따랐기에 성공한 기업도 있지만, 거꾸로 기존 법칙을 무시하였기에 성공한 기업도 존재하기 때문이다.

둘째, 법칙이란 형식은 이와 관련된 다양한 지식을 담기에 비교적 용이하다. 법칙의 기본 내용에 대한 소개, 이와 관련된 이론, 연관된 사례 및 그림, 그리고 이러한 법칙의 예외적 내용들을 하나의 법칙이란 명제 아래에 넣을 수 있다. 즉 법칙의 틀은 여러 가지를 용이하게 담을 수 있는 그릇 또는 보자기와 같은 역할을 한다.

셋째, 법칙이란 형식은 논쟁의 재료가 될 수 있다. 예를 들어 어떤 지형地形에 대한 지식이 옳고 그른지를 따지려면, 일단은 그 논쟁의 소재가 되는 어떠한 지도map가 있어야 한다. 이러한 논쟁을 통해 지금의 지도는 더 나은 지도로 발전되면서 세상에 이로움을 준다. 이와 같이 논쟁을 통한 발전을 추구하려면 일단은 논쟁의 소재거리가 있어야 한다. 이러한 점들에 대하여 이 책이 작은 역할이라도 할 수 있다면 저자는 대만족이다.

여기에 제시되는 법칙들은 여러 문헌과 사례 등에서 공통적으로 발견되는 내용을 중심으로 저자가 새롭게 정리하거나 또는 개발한 것이다. 그렇지만 지면의 제약이 있기에 좋은 법칙을 선별할 필요가 있었다. 저자의 법칙의 선정 기준 및 그 법칙에 대한 설명 방식은 다음과 같다. 첫째, 누구나 이미 익히 알고 있기에 이미 상식이 된 것은 제외한다. 누구나 가진 상식을 제시한다는 것은 시간낭비이다. 둘째, 법칙들은 경영 또는 마케팅의 핵심 내용을 담고 있거나 또는 기업 경영 또는 마케팅의 실제 활동에 도움이 되어야 한다. 따라서 학술적으로 의미가 있더라도 유용성이 떨어진다면 이를 배제하였다. 셋째, 각 법칙을 서술할 때는 이를 지지하는 내용뿐 아니라, 가능하면 이를 부정 또는 반박하는 내용도 함께 기술한다. 지식은 때로는 유용한 정보를 제공하지만 동시에 시야를 제약한다는 부작용도 있다. 따라서 독자들에게 법칙을 제시하지만 동시에 이로 인한 경직된 사고의 방지를 위해, 그 법칙을 벗어나거나 일탈하는 사례도 함께 제공하였다. 사고의 신축성(/융통성)은 아무리 강조해도 지나치지 않는다. 넷째, 법칙들 간에는 서로 연관되는 것들이 존재한다. 따라서 되도록이면 그러한 법칙들을 가까운 위치에 제시함으로써 '유기적이면서도 입체적 사고'에 도움이 되도록 한다. 다섯째, 법칙은 그 제목만으로도 내용을 직관적으로 이해하고 또한 오래도록 기억되게끔 조금은 도발적으로 작명한다. 여섯째, 경영자에게 새로운 지적 상상력 또는 실무적 응용력에 불을 지필 수 있는 법칙을 제시한다. 따라서 평범한 것보다는 머릿속에 신선한 자극을 주고, 의문 부호를 남길 수 있도록 내용을 제시한다. 진짜 매운 음식은 입안에 넣자마자 느끼는 것보다는 먹고 나서 시간이 조금 흐른 후 스멀스멀 매운 기운이 올라오는 것이라고 한다.

Ⅱ. 법칙의 유용성 및 주의점

법칙을 통한 경영학 지식의 이해와 이의 실천에는 다음과 같은 유용성이 있다.

첫째, 법칙은 어떤 현상을 짧고 간결하게 정리해준다. 즉 단순 명료하기에 이해하기 쉽고 또한 회상하기 용이하다는 장점이 있다.

둘째, 법칙은 한 문장 안에 많은 내용을 함축하고 있다. 피타고라스 법칙, 만유인력 법칙, 수요-공급 법칙과 같이 우리가 익히 알고 있는 법칙처럼 그 문구 자체에 많은 내용을 담고 있다.

셋째, 법칙은 일상적 삶과 기업 세계를 영위하는 데 도움이 된다. 기본 문법을 알고 언어를 대하면 훨씬 이해가 빨라지듯이, 법칙을 어느 정도 알고 기업을 운영하면 그만큼 현상을 이해하고 응용하는 안목이 생기게 된다.

넷째, 법칙은 화두話頭의 역할을 한다. 짧은 단어 또는 문장으로 요약된 법칙은 하나의 화두가 되어 그로부터 많은 생각 및 상상을 유발한다. 화두話頭란 이야기의 말머리, 마음에 중요하게 여겨 생각할 거리가 되는 말 등을 의미한다. 또한 세상의 화제나 또는 보다 심도있게 논의해서 풀어야 할 이슈 등을 일컫기도 한다. 어쨌거나 화두란 짧은 단어 또는 문구이지만 그로 인해 더 많은 것들을 생각하게 하는 소재 또는 실마리를 의미한다. 예를 들어 "국민의 국민을 위한 국민에 의한~"이란 문구에는 민주주의 국가의 핵심이 모두 담겨 있고, 이 말을 여러 번 곱씹을수록 다양한 내용들이 생각됨을 경험할 것이다. 이와 같이 어떤 하나의 핵심 단어는 이와 관련된 나머지 생각들을 고구마 줄기처럼 머릿속에서 연속적으로 떠오르게 하는 효과가 있다.

이상 살펴본 바와 같이 법칙은 유용성이 많다. 그렇지만 법칙들 모두를 이해하고 암기하였다고 해서 경영 또는 마케팅을 잘하게 되는 것은 아니다. 아래와 같은 문제점도 있기에 이의 활용에 유의할 필요가 있다.

첫째, 법칙은 가장 기본적이고 핵심적 내용만을 이야기할 뿐이다. 실제 기업에서 당면하는 상황은 여러 변수들, 사람들이 얽혀 있기에 매우 복잡하고 애매모호하다. 따라서 경영자는 자신의 특정 상황별로 기본 법칙을 변형 및 응용하는 변주 능력이 필요하다. 더 나아가 현실에서 조우하게 되는 제3의 변수를 고려한 변형된 법칙을 생각할 창의력도 필요하다.

바둑의 규칙은 5분이면 배울 만큼 간단하다. 그러나 누구나 입신의 경지에 오를 만큼 바둑을 잘 두게 되는 것은 아니다. 개는 누구든지 그릴 수 있다. 그러나 누구나 피카소처럼 개를 잘 그릴 수 있는 것은 아니다. 법칙은 기본 중에 기본을 의미할 뿐이다. 어떤 수준 이상의 경지에 오르려면 입신의 경지에 다다른 바둑의 고수처럼 수많은 실전 및 연구가 필요하다.

- 얼마전 사주팔자를 보는 만세력萬歲曆 프로그램을 설치하였다. 생년월일 그리고 태어난 시간을 입력하였더니 그 사람의 사주가 도출되었다. 그런데 이 결과물을 해독할 능력이 없으니 이것은 그저 하나의 추상적 그림에 불과하였다.

둘째, 법칙은 큰 틀을 제시할 뿐이다. 즉 큰 그림 또는 숲을 보는 안목을 제시하는 데 그친다. 따라서 그러한 큰 그림을 본 다음에는 자신이 처한 특수 여건에 적합하게 이를 미세 조정할 필요가 있다. 이는 개인과 조직이 처한 여건이 다르고, 당면하는 문제가 매번 다르기 때문이다.

셋째, 법칙들 간에는 서로 상충되는 것들이 있다. 이러한 상충관계를 어떻게 잘 조화롭게 운영할 것인가에 대해서는 많은 궁리가 필요하다.

한 가지 당부하고 싶은 것은 이 책의 법칙에 너무 얽매일 필요는 없다는 것이다. 법칙이라고 명명은 하였지만 법 조문의 법률처럼 꼭 지켜야만 하는 것은 아니다.

- 여기 제시한 법칙들은 맞고 틀리고의 관점에서 보지 않기를 바란다. 사실 사회과학, 경영학의 세계는 정답과 오답이 명백하게 갈려 존재하기보다는, 더 나은 것better과 더 나쁜 것worse이 존재한다고 생각된다. 그리고 이러한 것도 그때 그때의 상황에 따라 바뀐다.

이 책은 우리가 상식적으로 알고 있는 것, 굳이 배우지 않더라도 이미 느끼고 있는 것들을 좀 더 간결하고 체계적으로 정리하였을 뿐이다. 사실 심리학, 사회학, 경영학에서의 많은 이론들은 이미 우리가 익히 알고 있던 내용을 좀 더 현학적으로 표현한 것도 적지 않다. 즉 그러한 현상에 대해서는 이미 많은 사람이 경험하였고, 누구나 알게 모르게 이해하던 사실인데, 이를 어떤 학자가 이론적 개념으로 정리한 것(예: 만족, 냉소성, 갈등, 보상, 리더십, 힘 등의 이론변수)이 적지 않다.

- 할슈타인 원칙Hallstein Doktrin이란 1955년 서독의 외무 차관 할슈타인Walter Hallstein이 선언한 원칙으로 분단된 동독 정부를 승인하는 나라와는 외교 관계를 맺지 않겠다는, 서독의 외교 원칙이었다. 즉 '적의 친구는 나에겐 적이 되고, 적의 적은 내게는 친구'라는 의미가 담긴 원칙이다. 사실 이러한 원칙을 책에서 배우지 않더라도 이미 생활에서 이러한 현상을 잘 알고 있지 않은가?!

이 책에서 독자들은 새로운 현상에 대해 또는 처음 들어보는 내용을 접하는 것은 아닐 것이다. 다만 이 책은 이러한 개념들을 좀 더 체계적으로 정리하여 여러 사람들에게 제시하는 것일 뿐이다.

이 책에는 정말 많은 숫자의 법칙들이 제시되고 있지만, 이 중에서 특히 중요한 10가지를 선택하라고 한다면 다음과 같다.

1. 초기 단계의 법칙
2. 현재부터 최선의 법칙
3. 총량 한도의 공평성 법칙
4. 감기에는 감기약 법칙

5. 100도가 되어야만 끓는 물의 법칙
6. 바늘구멍의 법칙
7. 현장의 법칙
8. 실제 성과의 법칙
9. 모든 스윙은 결국엔 좋은 스윙이라는 법칙
10. 파격의 법칙

[논어]에서는 사람을 '태어나면서부터 아는 사람生而知之', '배워서 아는 사람學而知之', '곤란해져서 배우는 사람困而學之', '곤란해도 배우지 않는 사람困而不學'으로 구분하고 있다. 대부분의 사람들은 곤란해져야 비로소 배우기 시작하거나, 또는 곤란해져도 배우려 하지 않는다. 아마 기업도 마찬가지일 것이다. 그러나 더 늦기 전에 스스로 깨우쳐서 더 많은 것을 배우고 익힌다면, 실제의 경영 및 삶의 현장에서 쓴 맛을 조금은 덜 보게 되지 않을까 생각된다.

Ⅲ. 책의 구조

여러 법칙들을 일련번호를 붙여서 나열식으로 제시할 수도 있겠지만, 그럴 경우에는 나중에 필요할 때 다시 찾기가 어려울 것이다. 따라서 내용에 따라 비슷한 법칙들을 한 곳에 묶었다. 책의 목차와 그에 대한 간략한 설명을 하면 다음과 같다.

제1장 법칙을 중심으로 한 지식의 전달: 법칙이란 형식을 왜 사용하였는지에 대한 설명, 법칙을 통한 이해의 유용성과 유념할 점, 책의 구조 및 전개 등의 내용들로 구성되어 있다.

제2장 시간, 공간, 사람(인간)에 대한 일반 법칙: 인간세상은 모두 시간時間, 공간空間, 인간人間의 조합으로 이뤄진다. 그만큼 이들 세

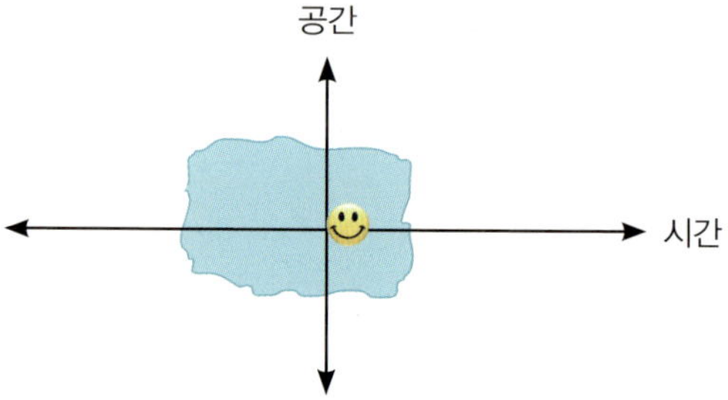

[그림 1－1] 2장에 대한 개념도

요소는 모든 삼라만상의 중요한 축이 된다. 여기 소개되는 법칙은 시간, 공간, 사람에 관련되는 일반 내용들에 대한 것이다. 만약 여유가 충분하지 않은 독자라면, 다른 어떤 부분보다도 이 책의 2장과 16장을 유념해서 읽어보기를 권한다.

제3장 경쟁전략의 법칙(또는 경쟁우위 확보의 법칙): 기업 세계는 경쟁의 세계이다. 이러한 세계에서 남들에게 뒤처진다는 것은 곧 시장에서 사라지고 만다는 것을 의미한다. 시장에서 존속하려면, 무언가 남들보다 잘하는 것이 있어야 한다. 생존을 위해 남보다 잘하는 방식을 크게 두 가지로 분류하면, 첫째는 남들이 하지 않는 그 어떤 다른 것 또는 새로운 것을 하는 것이고, 둘째는 남들과 유사한 것을 한다면 그것을 조금이라도 더 잘하는 것이다. 그렇지만 이러한 총론도 각론으로 들어가면 무수히 많은 경우의 수가 생긴다. 따라서 전략의 선택, 그리고 이의 집행에 대해서는 다양한 법칙들이 존재한다. 여기서는 경쟁우위의 여러 대안들, 전략의 집행 등과 연관된 제반 법칙들을 소개하겠다.

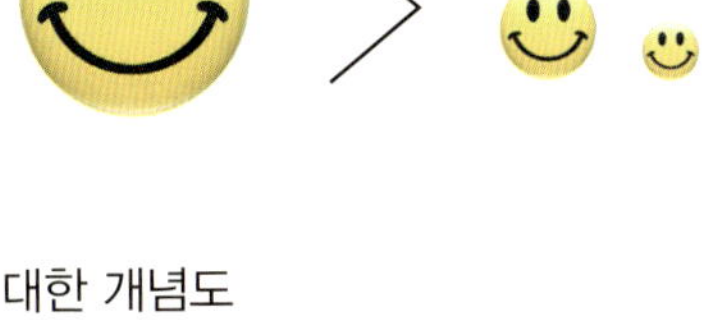

[그림 1-2] 3장에 대한 개념도

제4장 협력 또는 제휴의 법칙: 다른 기업 또는 조직과의 협력은 현대 경영에 있어서 중요시 된다. 이는 점차 기업이 다루는 문제의 규모가 커지고 복잡해지기에 이를 어떤 한 기업이 홀로 해결하기란 효과적이지도 않고 또 효율적이지도 않기 때문이다. 따라서 제휴는 어떤 면에서는 선택이 아니라 필수이다. 그러나 동시에 제휴는 기존에 당면하던 문제와는 다른 새로운 문제들을 야기하기도 한다. 즉 제휴는 두 개 이상 서로 다른 기업 간의 협력이기에 조직간 의사소통, 성과 배분, 원만한 거래종결 등의 새로운 문제를 야기시킨다. 여기서는 제휴 또는 협력에 연관되는 법칙들을 소개하고자 한다.

[그림 1-3] 4장에 대한 개념도

제5장 의사소통의 법칙: 의사소통은 우리 생활에서 빠질 수 없다. 따라서 마케팅뿐 아니라 거의 모든 현장에서 요구되는 중요한 능력이다. 예를 들어 의사소통의 과정을 잘 이해하면 교육, 협상, 갈등에 대한 관리 역시 잘할 수 있다. 서로간의 주파수가 맞춰질 때 훨씬 큰 의사소통 효과를 거둘 수 있다. 그러나 잘못 맞춰진 주파

[그림 1-4] 5장에 대한 개념도

수로는 내용 전달이 되지 않고, 아무리 오랜 시간 얘기를 해도 공감되는 부분이 여전히 적을 것이다. 여기에는 의사소통에 관련된 일반 법칙들이 소개된다. 한편 마케팅믹스 중 하나인 마케팅 커뮤니케이션에 적용되는 법칙은 2부의 13장(마케팅 커뮤니케이션의 법칙)에서 소개하겠다.

제6장 사람과 조직의 법칙: 경영과 마케팅의 실행은 결국 사람이 하는 것이다. 따라서 일을 직접하는 사람들에 대한 관리가 제대로

[그림 1-5] 6장에 대한 개념도

이뤄지지 않는다면 아무리 훌륭한 전략, 최신의 조직구조, 최첨단 기계 등이 있더라도 제대로 작동되지 못한다. 여기서는 조직의 구성, 운영 및 활성화, 리더십, 문화 등에 관련된 법칙을 소개하겠다.

제7장 환경, 미래의 법칙: 사람과 조직은 환경(상황)으로부터 많은 영향을 받는다. 물론 인간의 의지로 상황을 극복하거나 또는 상황으로부터 전혀 영향을 받지 않는 경우도 전혀 없는 것은 아니다. 그러나 원하는 대로 또는 의지만으로 안 되는 경우가 대부분인 것 역시 사실이다.

환경과 상황은 알게 모르게 우리의 마음과 행동에 많은 영향을 미친다. 자연, 사회, 문화, 정부, 기술 등의 변화로 우리 삶이 얼마나 달라졌는지를 생각해보면 그 가공할 영향력을 짐작할 수 있을 것이다. 중요한 것은 자신이 처한 환경과 상황을 올바로 인식하고, 또한 이러한 환경과 상황이 자신의 기업 또는 삶에 어떠한 영향을 얼마나 미치는지를 명확하게 이해하는 것이다. 그리고 더 나

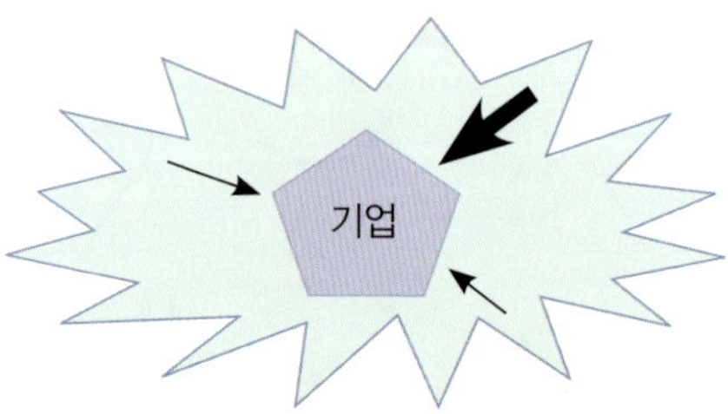

[그림 1-6] 7장에 대한 개념도

아가 환경과 상황이 어떻게 변화할지를 예측함으로써 변화에 맞게 적응하고 이에 대비하는 것이다. 여기서는 환경, 미래에 연관된 법칙을 소개하겠다.

제8장 사회적 책임 및 윤리경영의 법칙: 기업은 매순간 성장과 발전을 위해 최선의 노력을 기울인다. 그럼에도 불구하고 많은 기업들은 시장에서 퇴출당한다. 기업이 망하는 이유는 여러 가지가 있다: 제품의 품질이 떨어질 수도 있고, 탁월한 제품 또는 기술력을 가진 경쟁 제품이 등장하기 때문일 수도 있고, 소비자들의 기호가 변하기 때문일 수도 있다. 그런데 여기에 더해서 소비자의 신뢰 또는 사랑을 잃어도 기업의 매출은 크게 타격을 받게 된다(예: 대한항공의 땅콩 회항 사건). 따라서 기업의 사회적 책임 및 윤리 경영은 그 어떤 마케팅 활동보다도 기업이 신경을 써야 하고 또 지속

[그림 1-7] 8장에 대한 개념도(사랑을 받는 기업은 더 크게 성장하지만, 사랑이 깨진 기업은 사라지게 됨을 시사)

적으로 관리해 나가야 하는 활동이다. 여기서는 기업의 사회적 책임, 윤리 경영 등과 연관된 법칙을 살펴보겠다.

제9장 신제품 개발의 법칙: 대다수의 기업들은 급변하는 기술과 치열한 경쟁 상황에 처해 있다. 기업에 이익을 가져다 주는 지금의 효자 제품도 언젠가는 진부하게 되고 새롭게 등장하는 제품들에 의해 대체되고 만다. 따라서 신제품을 개발하지 않고 현실에 안주하고 있다면, 기업의 앞날은 그리 밝지 않다. 그렇다고 신제품 개발이 용이한 것도 아니다. 신제품 개발 및 시장도입에는 많은 비용이 들고 실패 위험 또한 높다. '개발에 따른 비용부담 및 실패위험'와 '개발하지 않고 가만히 현재에 안주安住함에 따른 고사枯死'라는 딜레마를 성공적으로 벗어나려면, 기업은 신제품을 개발하되 이것을 반드시 성공시켜야 한다. 이를 위해서는 신제품 개발과정에 대한 이해를 바탕으로 좀 더 효율적이고 효과적인 관리 방안을 강구할 필요가 있다. 여기서는 신제품에 대한 현재까지의 연구결과들을 종합적으로 검토하여 이를 몇 가지 법칙으로 정리하고자 한다. 선행 연구에서 일관되게 발견되는 연구결과들, 반복적으로 주장되는 메시지들을 중심으로 정리한다.

제10장 제품의 법칙: 마케팅믹스를 구성하는 요소들 중에서 가장 기본이 되고 이의 중심에 서는 것이 바로 제품product이다. 왜냐하면 가격, 유통, 커뮤니케이션의 결정은 대개 제품을 기반으로 하

여 후속적으로 설정되는 경우가 많기 때문이다. 제품이 좋다면 다른 것들은 조금 미흡하더라도 시장성과는 좋지만, 제품 자체가 좋지 않다면 그 밖의 다른 것들이 아무리 좋더라도 시장성과는 좋게 되기 어렵다. 좋은 제품은 소비자의 욕구나 필요를 충족시킬 수 있기에 소비자는 기꺼이 이에 대해 가격을 지불하며, 따라서 교환의 대상이 된다. 이러한 욕구나 필요를 충족시키는 강도의 크기에 따라 더 높은 가격을 지불할 의향도 생기게 된다. 여기서는 제품과 관련된 법칙들을 제시하겠다.

제11장 가격의 법칙: 가격은 제공되는 제품/서비스의 대가로 요구되는 금액을 의미한다. 즉 소비자가 소유, 사용하게 된 제품/서비스가 제공하는 혜택benefit을 누리는 대가로 지불하는 금액이다. 제품의 가격은 매출, 이익, 시장점유율은 물론 제품 이미지, 유통경로, 마케팅 커뮤니케이션 등의 여러 면에 영향을 미치기에, 현명한 의사결정을 내릴 필요가 있다. 아마도 마케팅믹스 요소 중에서 가격만큼 빠르게 변경시키기 쉬운 것은 드물 것이다. 그리고 가격만큼 즉각적으로 고객의 구매의사결정에 강력한 영향을 미치는 것도 드물 것이다.

소비자 입장에서는, 10원 가치가 있는 꼭 필요한 물건을 20원이나 주고 구입하는 것은 어리석다. 그렇지만 20원 가치가 있지만 꼭 필요하지 않은 물건을 저렴하다고 10원 주고 구입하는 것은 더욱 어리석다. 그러나 반대로 기업 입장에서는 꼭 필요한 물건의 경우에는 좀 더 높은 가격으로 받고, 꼭 필요하지 않아서 구입하려 하지 않는 물건은 조금이라도 싸게 해서 파는 것이 영리한 마케팅이라고 할 것이다. 이와 같이 입장에 따라 동일 행동과 결과도 다르게 해석된다.

제품에 대한 가격결정을 잘하고 이에 대한 조정을 상황에 따라 잘해 나간다면, 마케팅 성과를 향상시킬 수 있다. 반면에 이러한 가격 결정 및 관리에 미숙하다면, 많은 잠재이익을 실현시키지 못할 뿐 아니라 기업을 어려운 지경으로 몰아갈 수도 있다. 따라서 가격에 대한 체계적이고 과학적 관리의 필요성은 매우 높다. 여기서는 가격에 대한 몇 가지 법칙들을 소개하겠다.

제12장 유통의 법칙: 시장에 내놓을 제공물, 즉 제품과 가격이 결정되었다면, 이제는 이를 어떻게 소비자들에게 전달할 것인지에 대한 결정을 내려야 한다. 유통경로distribution channel는 제품/서비스가 생산자로부터 소비자 및 최종사용자에게 옮겨가는 과정에 참여하는 모든 개인 및 조직을 의미한다. 유통경로에 대한 결정은 시장에 대한 제공물market offerings을 고객에게 어떻게 다가가게 할 것인지에 대한 내용과 연관된다. 시장 성과에 유통이 미치는 영향력은 상당하다. 여기서는 유통에 대한 제반 법칙들을 소개하겠다.

제13장 마케팅 커뮤니케이션의 법칙: 좋은 제품을 개발하여 시장에 제공하고, 그것에 적당한 값을 매기고, 표적 고객들이 쉽게 접근할 수 있는 경로를 통해 유통시키는 노력은 중요하다. 그러나

그것만으로는 부족하다. 기업은 자사 제품이 다른 경쟁사 제품들보다 더 가치가 있다는 것을 고객들에게 알리고 설득하여야 한다. 성공적 시장 성과를 거두려면 마케팅 커뮤니케이션에 대한 관리를 효율적이면서 효과적으로 수행하여야 한다. 커뮤니케이션의 수행 방식에 따라 마케팅 성과는 드라마틱하게 달라지는 경우가 흔치 않다. 커뮤니케이션이란 정보를 전달하거나, 아이디어를 교환하거나, 전달자와 수신자 사이에 의미를 공유하는 등의 과정을 말한다. 기업이 커뮤니케이션을 잘하지 못한다면 '어둠 속에서 윙크'하는 것과 마찬가지다. 여기서는 마케팅믹스의 중요한 구성요소인 마케팅 커뮤니케이션의 법칙에 대해 살펴보겠다. 한편 의사소통에 대한 일반 법칙들은 1부의 5장(의사소통에 대한 법칙)을 참조하기 바란다.

제14장 소비자 행동에 대한 법칙: 마케팅을 잘하기 위해서는 시장에 대한 이해가 무엇보다도 중요하다. 그런데 시장에서 제일 우선시해서 이해해야 할 주체는 바로 소비자(고객)이다. 기업의 제품과 서비스를 사줄 소비자가 없다면 기업이 세상에 존재할 근거가 없어지기 때문이다. 따라서 마케팅의 요체는 소비자가 무엇을 원하는지 정확하게 파악하고, 기업의 역량을 이에 조화롭게 대응시키는 것이다.

소비자의 마음을 이해하고 이들의 행동을 예측하기란 어렵다. 어떤 때는 가격, 또 어떤 때는 디자인을 중시하는 등 종잡을 수가 없다. 그러나 시장에서 살아남으려면 소비자의 판단과 결정이 객관적으로 맞고 틀리건 간에 관계없이 그들의 선택을 '있는 그대로' 받아들여야 한다. 기업은 좋든 싫든 이러한 변화무쌍한 소비자의 마음과 행동을 이해하고 예측해야 된다. 소비자의 '본심'에 귀를 기울이며 끊임없는 혁신으로 무장한 기업들만이 생존과 성장 대열에 합류할 수 있다. 여기서는 소비자에 대한 제반 법칙에 대해 살펴보겠다.

제15장 학습, 창조, 혁신, 행복의 법칙: 여기서는 학습, 창조, 혁신, 그리고 행복에 대한 법칙을 순서대로 소개하겠다. 이러한 순서로 제시하는 이유는 창조 및 혁신은 학습이 바탕이 되어 일어나기 때문이다. 기존 지식에 대한 학습이 있어야 이를 소화 및 응용하여 이를 뛰어 넘는 창의력 및 혁신으로 발전되게 된다. 물론 반드시 이러한 순서로만 발생되는 것은 아니다. 중요한 점은 학습-창조-혁신 간의 유기적 연결관계이다. 여기에 덧붙여 즐거움과 행복에 대한 법칙을 소개하겠다. 행복은 학습, 창조, 혁신의 결과변수이기도 하지만, 또한 이들이 활발하게 발현되는 토양이기도 하다. 소비자의 행복, 기업의 행복, 사회의 행복, 국가의 행복, 세계의 행복을 위해 지금 이 순간에도 여러 사람들과 조직은 노력하고 있다. 한편 이러한 주체들 간의 행복은 서로 밀접하게 엇물려 있다.

창조와 혁신은 최근 기업경영에서 화두가 되는 중요한 개념이다. 따라서 이에 대한 내용은 향후 풍부하게 발전될 것으로 기대

된다. 한편 행복은 모든 삶에 있어서의 지향점이므로 시대와 상황에 관계 없이 중요시되어 왔고 또한 앞으로도 중요시될 개념이다.

제16장 모든 법칙들에 대한 마무리: 여기서는 이러한 법칙들을 마무리하는 데 도움이 되는 최종 법칙들을 제시하겠다. 일명 '법칙들의 법칙'이라고 할 수 있겠다. 일반적으로 처음과 마지막에 제시되는 내용들이 머리에 오래 남기에, 특히 중요하거나 강조하고 싶은 법칙들을 이러한 위치로 배치하였다. 여기 소개되는 법칙들은 2장(시간, 공간, 사람에 대한 일반 법칙)에서 소개된 법칙들의 성격과 유사하다. 즉 어떤 특정영역에만 해당하기보다는 전반적 영역에 두루 적용되는 법칙들이다.

IV. 법칙의 문門을 열고 들어가기

앞으로 독자들은 이 책에서 376개의 법칙에 대해 소개 받을 것이다. 때로는 눈에 번쩍 띄는 것도 있겠지만 때로는 진부한 것도 있을 것이다. 처음 읽을 때는 너무도 당연한 것으로 여겨 빠르게 스쳐버린 것이 나중에 다시 보면 더할 나위 없이 좋은 법칙으로 느껴질 수도 있을 것이다. 어쨌거나 이러한 법칙들 모두를 읽고 나면, 분명 독자들은 이러한 법칙을 모르던 상태에 비해 진일보할 것으로 확신한다.

경영 및 마케팅에 대한 법칙들은 여기 제시된 내용들로만 한정되는 것은 아니다. 또한 여기 제시된 법칙들은 불변의 진리도 아니다. 따라서 독자들은 수동적이기보다는 좀 더 적극적이고 비판적인 시각으로 여기 제시된 법칙들을 대해주기를 바란다. 또한 독자들에게 떠오른 새로운 법칙, 또는 책 내용에 반박되는 사례들을 책의 여백에 적어 두거나 또는 메모지로 붙여 놓기를 바란다.

각종 음식들 속에 담긴 갖가지 영양소를 먹기 좋게 한 알의 알약으로 집어넣는 것은 어쩌면 가능할 것이다. 그렇지만 음식 자체를 먹을 때마다 느낄 수 있는 어떤 식감, 느낌, 즐거움 등을 이렇게 한 알로 축약하기란 불가능할 것이다. 이 책은 어쩌면 기존의 다양한 지식을 한 알의 알약으로 축약한 것과 같을 것이다. 이를 통해 가지는 장점도 있겠지만, 축약에 따른 여러 제약점도 있을 것이다. 독자들께 당부하고 싶은 것은 다른 많은 서적들도 보고, 또한 직접 행동(/도전)하면서 직간접적으로 체험을 해보는 것이다. 그러한 땀 냄새 나는 경험과 이 책에서 제시된 법칙들이 융합될 때, 이 책의 가치는 더 높이 올라갈 것이다. 세상의 모든 지혜를 담은 책을 만들려는 왕이 깨달은 바와 같이 '세상에 공짜는 없다'.

제 2 장

시간, 공간, 사람에 대한 법칙

Chapter 02

인간세상은 모두 시간, 공간, 사람 간의 조합(또는 엇물림)으로 이뤄진다. 그만큼 이들 세 요소는 삼라만상의 중심 축이 된다. 여기 소개되는 법칙은 시간, 공간, 사람에 관련되는 일반 내용들이다. 만약 시간적 여유가 충분하지 않은 독자라면, 이 책의 다른 어떤 부분보다도 2장, 16장을 유념해 보기를 권한다.

- 오늘 행복하다면, 그것은 과거에 잘 보냈던 시간의 선물이거나, 과거에 발 들인 곳의 축복이거나, 또는 과거에 잘 맺은 인연으로부터 온 보답일 것이다. 반면에 오늘 불행하다면, 그것은 과거에 잘못 보낸 시간의 보복이거나, 과거에 발을 잘못 들인 곳으로부터의 악영향이거나, 또는 과거에 잘못 맺은 인연으로부터 온 재앙일 것이다.

001

초기 단계의 법칙(참조: 9장 개발의 초기 단계 법칙)

마케팅의 과업들은 여러 단계들로 구성된다. 물론 이러한 개별 단계들 모두가 좋을수록 그 과정에서 산출되는 최종 성과는 성공적이 된다. 그렇지만 이 중에서 특히 중요시되는 것은 맨 처음의 단계이다.

- 군자는 시작을 신중하게 한다. 한치 차이가 있어도 나중에는 천리만큼 큰 차이가 나기 때문이다(君子愼始, 差若毫厘, 繆之千里). – 大戴禮記

마케팅 관리과정은 흔히 시장기회의 포착 → 타깃마케팅 전략(시장세분화–표적시장의 선택–포지셔닝 결정) → 마케팅믹스 등의 흐름으로 이뤄진다. 초기의 의사결정이 잘못된다면, 후속되는 의사결정들과 그 집행이 아무리 훌륭하더라도 그 성과에는 한계가 있다. 따라서 초기에 올바른 의사결정을 하는 것이 매우 결정적이다. 윗물이 맑지 않으면 아랫물이 맑기 어려운 것과 같은 이치이다. 따라서 기업은 어떤 사업을 시작할 때, 신제품을 개발할 때 또는 새로운 직원을 채용할 때, 이 처음 단계에 무척 많은 시간과 공을 들여야 한다.

나중에 한가할 때 이를 만회하면 되겠지, 또는 잘못된 부분만 다시 잡으면 되겠지 하는 생각으로 초기에 반드시 해야 할 일을 미루는 경우가 많은데, 나중에 가면 처음에 바로 잡지 못한 문제

피사의 사탑(Torre Pendente di Pisa): 탑은 56m 높이로 설계되어 흰 대리석으로 지어졌다. 건물의 기초부가 무른 땅속으로 가라앉으면서 기울어지는 것을 발견한 때는 이미 전체 8층 중 3층까지 완공된 다음이었다.

뿐 아니라 그로 인해 추가적으로 발생되는 다른 문제들로 인해 일은 더욱 어렵게 꼬이는 경우가 많다. 즉 '호미로 막을 것을 가래로 막는' 경우가 발생하는 것이다.

물론 나중에 만회가 가능한 경우도 있고, 시간이 지난 후에 잘못을 고치는 것이 더 효과적인 경우도 있다. 그러나 일반적으로 전 단계의 성과는 다음 단계에서 하게 될 일을 결정짓는다. 따라서 시간의 흐름에 따른 과정 수행에 있어서는 특히 초기 단계를 제일 중요시 여길 필요가 있다.

- 2015년 5~6월 치명적 감염병인 메르스중동호흡기증후군의 빠른 확산에는 정부당국의 초기 대처의 엉성함이 크게 작용하였다. 교육당국이 일선학교에 내린 공문 '메르스 질병정보 및 감염예방 수칙'에는 '익히지 않은 낙타고기나 멸균되지 않은 생낙타유를 먹지 말라'는 것과 같은 내용도 담겨 있었다.

  – 머니투데이, 2015년 6월 3일

002

마감시간의 법칙

"마지막 1분이 없다면 이 세상에 되는 일이라고는 단 한 가지도 없을 것이다"란 말이 있다. 사람들은 보통 극한에 몰려야 능력을 발휘하는 경우가 종종 있다. 일의 효율을 높이고 성과를 극대화하려면 때로는 마감시간을 일부러라도 정해 놓고 일을 할 필요가 있다. 이는 짧은 시간의 몰두에서만 나오게 되는 힘이 존재하기 때문이다. 또한 끝나는 시간을 알아야 좀 더 열심히 하는 경향이 있기 때문이다. 어떤 경영자가 이런 말을 한 적이 있다: "사람들에게 3일 걸리는 일을 주고 한달의 기한을 주었더니 27일은 놀고 마지막 3일 동안에 그 일을 하더라. 그런데 같은 사람들에게 3일의 기한을 주었더니 3일 만에 그 일을 다 해내더라." 사람들은 보통 시간이 많으면 약간은 해이해지기 마련이다. 물론 마감시간을 매번 짧게 주고 벅차게 일을 시킨다면 일의 효율은 높아질 수 있겠지만 그만큼 피로가 쌓이게 될 것이다. 따라서 이러한 점들을 종합적이면서도 장기적인 관점에서 고려하여 일을 관리할 필요가 있다. 솔직히 본서도 마감시간이 없었다면, 아마도 지금보다 수년 후에 출간되었을지도 모를 일이다.

003
9계단의 법칙

성남시 분당구의 중앙공원에 있는 계단

성남시 분당구 중앙공원의 산책로에는 9개로 이루어진 계단이 있다. 이것을 3번의 걸음으로 오른다고 생각해보자. 처음부터 3계단씩 오르면 그리 어렵지 않게 오를 것이다. 그러나 처음 2번의 걸음을 한 계단씩 올랐다면, 남은 한 번의 걸음으로 7계단을 오르기란 불가능하다. 능력의 한계가 있는 우리 인간으로서는 꾸준하게 항상 자신의 최선을 다해야만 원하는 성과를 달성할 수 있다. 마음 먹으면 언제든 목표를 달성할 수 있는 것이 아니다. 이 법칙은 꾸준한 노력이 필요하다는 것, 능력에는 한계가 있다는 것, 마음만 먹는다고 다할 수 있는 것은 아니라는 것을 시사하는 법칙이다.

하루는 24시간이다. 그리고 1시간에 인간이 할 수 있는 능력은 한계가 있다(물론 개인 능력에 따라 남들보다 좀 더 많은 일을 하는 사람도 있지만, 결국 인간으로서의 최대 한계는 있게 마련이다. 한끼 식사로 많은 양을 먹는 사람도 있지만 그 역시 한계가 있는 것과 마찬가지이다). 하루나 이틀 동안 밤을 새며 그동안 뒤처진 것을 만회하려고 온 힘을 기울일 수는 있겠지만, 이를 마냥 계속 할 수는 없다. 결국 언젠가는 기진하게 되고 더 이상 못하게 된다. 의욕이 있어도 체력은 바닥이 날 수 있고, 또는 의욕과 체력은 남아 있지만 더 이상 시간이 없을 수도 있다. 어느 일정 시간을 집중해서 하면 그 한계에 다다르게 된다. 또한 일정 수준 이상을 욕심내면 그에 따른 후유증도 있게 마련이다. 따라서 장거리를 달리는 마라토너는 전체 코스에 걸쳐서 페이스를 관리한다. 기업의 생산량, 판매량에서도 이와 마찬가지 현상은 쉽게 발견될 것이다. 따라서 남들보다 엄청나게 탁월한 업적을 남기려면 오랜 시간 한 방향으로 이를 꾸준하게 하는 방법 이외에는 없다.

'Rome was not built in a day'란 말이 있다. 외국어 공부도 이와 유사하다. 짧은 시간에 숙성되지 않는다. 물론 책을 쓰는 것도 마찬가지이다. 하루에 한꺼번에 300쪽의 책을 완성하기란 어렵다. 하루에 단 몇 줄이라도 쉬지 않고 그저 꾸준히 써나가는 방법이 최선이다.

- 위대한 사람은 단번에 그와 같이 높은 곳에 뛰어오른 것이 아니다. 많은 사람들이 밤에 단잠을 잘 적에 그는 일어나서 괴로움을 이기고 일에 몰두했던 것이다. 인생은 자고 쉬는 데 있는 것이 아니라 한 걸음 한 걸음 걸어가는 그 속에 있다. 성공의 일순간은 실패했던 몇 년을 보상해 준다.

  – 로버트 브라우닝

- 떨어지는 물방울이 돌에 구멍을 낸다. 승리의 여신은 노력을 사랑한다. 노력없는 인생은 수치 그 자체다. 어제의 불가능이 오늘의 가능성이 되며, 전

세기의 공상이 오늘의 현실로써 우리들의 눈앞에 출현하고 있다. 실로 무서운 것은 인간의 노력이다. 명예는 정직한 노력에 있음을 명심하자.

– M. 마르코니

서양 속담에 '게으른 자는 석양에 바쁘다'란 말이 있다. 석양에 바쁘게 해서라도 원하던 것을 이룰 수 있다면 문제는 없겠지만, 그렇지 않은 경우가 더 많다. 오늘 걷지 않으면 내일부터는 계속 뛰어야만 할지도 모른다.

004

급할수록 차분함의 법칙

마음이 급하면 서두르게 된다. 그런데 서두르다 보면 무언가 중요한 것을 빼먹게 된다. 그런데 이렇게 소홀히 한 것, 또는 빼먹은 것이 그 다음에 일어나는 모든 과정을 무력하게 하기도 한다(예: 운동화 끈을 한 칸 빼먹고 다음 구멍으로 집어 넣은 경우, 단추를 엇갈려 잘못 끼운 경우 등). 결국 원위치 해서 다시 제대로 해야만 하는 경우가 생긴다.

- 다음 날 제출마감인 리포트를 밤새 작성하고 아침밥도 못 먹고 학교에 갔는데, 정작 중요한 리포트는 가져오지 않은 경우; 약속 시간이 늦어서 머리도 말리지 못하고 옷도 대충 입고 나와서 버스 정류장까지 뛰어왔는데 정작 지갑을 가져오지 않은 경우; 열차 시간이 늦어서 부리나케 밥을 먹고 나

와 운 좋게 버스를 바로 타고 자리에 앉아서 여유를 가지고 생각해보니 가스불을 끄지 않았다는 생각이 난 경우; 고속도로 휴게실에서 한 학생을 빼먹고 출발한 수학여행 버스; 좋은 생각이 불현듯 났기에 부지런히 자판을 쳐서 입력하고 그 생각에 도취해서 '저장'을 하지 않은 경우 등

시간적 낭비만 발생하는 것이 아니다. 전체 일의 품질을 떨어뜨릴 수도 있고, 심각한 심리적 좌절을 가져오기도 한다. 처음 한 번에 쉽게 성공할 일을 작은 실수, 부주의, 불운 등으로 실패한 경우, 적지 않은 사람들은 두 번째도 이상하게 다시 한번 더 실패하는 경우가 종종 있다. 이는 아마도 심리적 부담감 때문일 것이다. 급하게 허둥대면 10분을 아낄 수도 있겠지만, 그로 인해 발생한 오류를 잡는 데 10일이 걸릴 수도 있다.

005

긴장의 최적 유지 법칙

중요하고 결정적 순간에 세계적 스포츠 선수들도 평소의 기량을 발휘하지 못하는 경우가 많으며 어이없는 실책을 범하는 경우도 흔히 있다. 예를 들어 축구 경기에서 마지막 종료를 얼마 남기지 않은 상황에서 어이없이 실점하는 경우가 많다. 물론 여기에는 여러 요인들이 작용한다. 그러나 이러한 여러 요인들 중, 정신적 측면에서 지적할 수 있는 점은 '방심'과 '도가 지나친 긴장'이다.

방심과 지나친 긴장은 전혀 다른 정신적 차원이라기보다는, '긴장'이라는 하나의 정신적 차원의 양극단 상태라고 볼 수 있다. 긴장의 양극단 상태는 경기 당사자의 정신적 측면에 어떤 허점을 주게 되어 실점을 유발시킨다.

우선 큰 점수차이의 리드는 여유를 가져오는데, 흔히 이러한 여유는 방심(즉 과소한 긴장상태)으로 연결된다. 그런데 이러한 방심은 그전까지의 정상적인 주의력의 해지를 불러일으킴으로써 실수를 초래하고 허점을 노출시킨다. 흔히 교통사고도 거의 목적지에 다다랐을 때 많이 발생한다고 한다. 문제는 방심으로 인한 위험을 깨닫게 되는 순간, 다시 몸과 정신을 추스르려 해도 그것이 마음먹은 것처럼 쉽게 되지 않는다는 점이다. 한번 풀린 근육을 다시 원상태로 돌리기까지는 보통 적지 않은 시간이 걸리기 때문이다. 큰 점수차로 앞서가던 팀이 어느 순간 승기를 잃어버리고 허망하게 패배하는 것도 이러한 현상과 무관하지 않다.

다른 한편으로 여유 없이 초조한 상태(즉 과도한 긴장상태)가 되면 몸과 정신 모두 굳게 경직됨으로써 평소 실력을 발휘하지 못하게 된다. 승부차기에서 세계적인 스타가 실축하는 장면을 우리는 가끔씩 목격한다. 이는 야구에서 어깨에 힘이 들어가면 더 안타를 못치는 것과 같은 이치이다. 즉 지나친 긴장은 몸을 굳게 하고, 동시에 시야를 좁게 함으로써 원활하게 사물을 파악하고 의사결정하는 능력을 떨어뜨린다. 이와 같이 방심이 사물에 대한 집중력을 약화시키거나 분산시키는 작용을 한다면, 지나친 긴장은 사물에 대한 집중력을 너무 한곳으로만 집중시켜 오히려 위축시키는 결과를 야기한다. 결과적으로 이 양극단의 정신상태 모두는 선수들이 올바른 의사결정을 내리고 실행하는 데 방해를 초래함으로써 기량을 제대로 발휘하지 못하게 한다.

'요크스-다드슨의 법칙'Yerkes & Dodson (1908)은 전술한 긴장상태 흐름의 변화 모습과도 관련된다. 아래의 그림에서 보듯이 환기수준이 너무 낮을 때는 주의가 산만하여 정보처리 능력이 낮다. 환기수준이 점차 높아지면 주의가 집중되어 정보처리 능력이 점차 향상된다. 그러나 환기수준이 너무 높아지게 되면 주의가 집중되다 못해 협소해져 오히려 정보처리를 올바르게 하지 못하는 것이다. 이러한 관계를 설명한 것이 요크스-다드슨의 법칙이다(참조:

A영역: 주의 산만하여 쓸데없는 정보에도 신경 씀
B영역: 주의가 적당히 집중되어 중요 정보를 원활히 이용함
C영역: 주의 범위가 협소해져 중요 정보마저 이용 못함

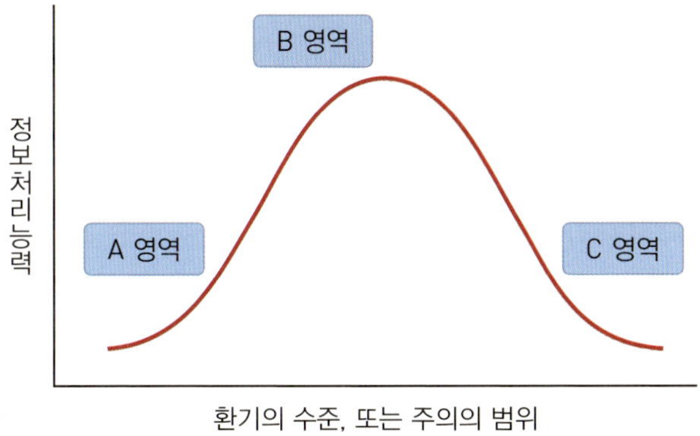

[그림 2-1] 요크스-다드슨의 법칙

홍성태, 소비자 심리의 이해, 나남출판사, 1992, 34~35쪽).

이러한 양극단 긴장상태의 문제해결 방안은 단순하다. 즉 방심도 하지 말고 지나친 초조함도 하지 않으며, 그저 최적의 긴장상태를 지속적으로 유지하는 것이다. 그리고 이를 통해 결정적 순간에서도 정신력과 체력을 최대한 발휘하는 것이다. 그러나 현실적으로 실전상황에서 정신상태를 자유자재로 조절한다는 것은 웬만한 훈련, 경험, 그리고 정신력을 가지고서는 힘든 일이다. 즉 이것은 말처럼 쉽게 되지 않는다. 그럼에도 불구하고 비록 쉽지는 않을지라도 방심과 지나친 긴장을 극복하고 최적의 긴장상태를 유지하려는 평소의 정신적, 체력적 훈련은 매우 중요하다.

- 저자는 1년에 한차례씩 전국교수배드민턴대회에 참석하곤 하였다. 낯선 경기장, 처음 만나는 상대 선수들, 이겨야 한다는 부담감, 주변의 시선 등으로 인해 평소와 달리 몸과 마음이 저절로 긴장된다. 그런 상황에서는 근육이 평소와 달리 경직되기에 평상시 유연한 근육에서 나오는 스매쉬의 파괴력은 나오지 않고, 다리도 잘 떨어지지 않는다. 또한 몸이 굳어 있기에 부상도 쉽게 생긴다. 시합장에서 이러한 긴장 상태의 도래 현상을 잘 알기에 이를 아예 감안한 플레이를 점차 하게 되었다.

감독의 작전타임, 주장의 노련한 경기 운영, 선수 교체 등을 통한 경직된 긴장분위기 해소 및 방심의 방지노력도 중요시된다.

방심과 지나친 긴장은 비단 운동경기에서뿐 아니라, 기업의 경영 의사결정 과정에 있어서도 유념해야 할 사항이다. 기업의 경영자들 역시 결정적 순간에서의 한순간 방심 또는 지나친 긴장으로 인해 그동안 잘 지켜왔던 고객을, 또는 거의 다 확보하였던 전략적 제휴선을 놓치기도 한다. 또는 그 반대의 입장에서 기업의 고객으로 만드는 대역전 드라마를 연출하기도 한다.

006

너무 잘하려 하면 오히려 실수하는 법칙

평소 연습에서는 아무 문제 없이 잘하던 선수도 중요한 시합에서는 기량을 제대로 발휘 못하는 경우가 적지 않다.

- 아르헨티나의 리오넬 메시(바르셀로나 소속)는 최고의 선수로 손꼽힌다. 스페인 프리메라리가, 유럽챔피언스리그, 코파델레이까지 모두 우승으로 이끈 실력파이다. 또한 2005년 청소년월드컵(20세 이하), 2008년 베이징올림픽에서도 우승을 차지하였다. 그러나 이러한 성적에도 불구하고 펠레, 마라도나와 같은 레전드에 비해 평가절하되고 있는 이유는 국가대표팀 레벨에서의 메이저 우승 트로피를 한 번도 거머쥐지 못했기 때문이다. 2014년 브라질월드컵 결승에서 독일에 패하였고, 2015년 코파 아메리카 결승전에서는 칠레에게 승부차기 끝에 패했다. 결승전에서 보통 메시의 플레이는 그 전과 달리 존재감이 잘 보이지 않는다. 큰 활약을 하지 못할 뿐 아니라, 전반적으로 뛰는 양이 부족하고, 순간적인 움직임도 부족한 편이다.

경기 결과도 좋지 못할 뿐 아니라 때로는 부상을 당하기도 한다. 이러한 이유는 평소에 하지 않던 과한 동작, 무리한 행동을 하는 데서 비롯된다. 또한 심적 여유가 없기에, 사고방식도 극도로 경직되기에 순발력 있게 대응하지 못하고 굼뜨게 반응한다.

잘하려는 마음자세 그 자체는 필요하지만, 이로 인해 오히려 더 성과가 나빠게 될 수 있다는 점을 유념할 필요가 있다. 따라서 '마음을 비우라는 것'도 이러한 과욕過慾의 마음의 짐을 덜라는 의미와 같다.

중요한 결전의 순간에 '잘하려는 마음'을 가지는 것은 어쩌면 당연하다. 문제는 이러한 '절실한 마음'의 저장량reservoir을 어떻게 몸으로 원활하게 방출해 내는가, 또는 이의 자유자재 통제 능력이 관건이다. 이를 통제하지 못하면 평소보다 부담스럽게 커진 마음으로 인해 몸 자체가 경직되지만, 반대로 이를 원활히 통제할 수 있다면, 그러한 마음의 부담은 오히려 몸을 힘있게 움직이는 자극제가 되기도 한다.

전술한 바와 같이 중요한 시합에 임하는 선수는 모두 이기고자 하는 마음을 자연스럽게 가지게 된다. 이때 '반드시 이겨야만 한다'는 생각은 때로는 지나친 긴장, 또는 과도한 행동을 불러일으키기도 한다. 문제는 이러한 긴장으로 뭉쳐진 힘을 어떠한 곳으로 어떻게 원활하게 방출하느냐에 달려 있다. 1993년 월드컵 예선에서 한일전이 끝난 뒤 양팀 감독의 인터뷰 내용은 시사하는 바가 크다. [김호 감독] "선수들이 이겨야 한다는 정신적 부담이 겹쳐 위축된 경기를 펼친 것이 경기에 끌려다니는 원인이 됐다." [오프트 일본감독] "무엇보다 한국에 꼭 이겨야 한다는 전체선수들의 정신력이 가장 큰 승리의 요인이었다." '꼭 이겨야 한다'는 동일한 각오가 한국에게는 실패요인으로, 일본에게는 성공요인으로 지적되었다는 점이 흥미롭다. 결국 마음의 큰 부담 자체는 성공 또는 실패요인이 아니다. 다만 이러한 마음의 큰 부담을 원활하게 방출할 수 있는 능력이 관건인 것이다.

007

Ready-Catch 법칙

좋은 기회가 바로 자기 앞에 떨어지는 경우도 있다. 마치 프로 야구 외야석에 앉아 있는데 바로 그 자리로 홈런 볼이 날아오는 것과 같이~. 그렇지만 그걸 잡을 준비가 되어 있지 않거나, 그럴 능력이 없다면, 그러한 황금의 기회를 잡지 못한다(예: 홈런 볼이 바로 내 앞으로 떨어져도 글러브를 가지고 있지 않거나 또는 그걸 잡을 준비가 되어 있지 못하면 그것은 결국 남의 것이 된다; 집 값이 하락해도, 그리고 지금이 사야 할 시점이라는 것을 알고 있어도 이를 살 재원이 없다면 그걸 구입 못한다).

좋은 기회를 놓치는 이유는 여러 가지이다. 좋은 기회라는 것을 감지하지 못하는 경우도 있고, 또는 좋은 기회라는 것을 감지하였더라도 이에 대한 대응자세가 갖춰져 있지 못한 경우도 있다. 준비가 되어 있어야만 기회를 잡을 수 있다. 준비가 되어 있지 않다면 손 안에 떨어진 기회도 잡지 못한다.

자식들에게 부모는 좋은 기회를 많이 제공하고자 한다. 학원에 보내기도 하고, 공부 여건(예: 공부 방, 주거 환경 등)을 마련해 주기도 하고~. 그런데 이러한 노력을 다 기울이더라도 자식이 그러한 기회를 받아들이려는 마음자세가 되어 있지 않다면 이러한 노력은 모두 수포로 돌아가게 된다. 즉 글러브를 주었더라도 그 안에 이미 잡동사니(예: 게임, 유흥 등의 말초적 즐거움)로 꽉 차있다면, 좋은 기회를 던져주어도 자식들은 받지 못한다.

천하의 인재가 내 옆에 있어도 이를 알아보지 못하면 자기 사람으로 만들 수 없다. 초한지, 삼국지 등을 보면, 천하의 영웅 또는 전략가가 먼저 찾아가도 이를 알아보지 못해 놓쳐버린 경우가 많음을 알 수 있다(예: 한신韓信을 자기 사람으로 만들지 못한 항우項羽).

뱃속이 비어야 눈앞에 있는 산해진미를 먹을 수 있다. 이미 맛없는 것으로 속을 꽉 채웠거나 또는 배탈이 났다면 눈앞에 있는 음식을 먹을 수 없다. 또한 음식은 시간이 지나면 식거나 또는 상하게 되기에, 다시는 절정의 순간의 맛을 못 보게 된다.

기회는 그리 자주 찾아오지 않는다. 그리고 예고하지 않고 오는 경우도 많다. 따라서 그 언젠가가 될지는 모르지만 그러한 기회가 올 수도 있다는 것을 알고 준비를 항상 하고 있어야 한다. '기회란 놈의 머리는 앞은 숱이 많지만 뒤는 대머리'란 말과 같이, 한번 지나치면 이를 다시 잡기는 어렵다. 준비ready하고 있어야 잡을catch 수 있다.

008

방망이 돌리기 전 0.01초의 법칙

예전에 테니스를 칠 때 자주 들었던 말은, 공을 타격하기 전에 아주 잠깐이라도 좋으니 반드시 '멈춤' 자세를 가지라는 것이었다. 흔들리는 동적 자세로 공을 치게 되면, 공에 대한 컨트롤을 제대로 할 수 없다는 것이 그 이유였다. 차분히 자세를 잡을 수만 있다면 그 짧은 순간에도 안정된 공격이 가능하다. 또한 상대방의 위치를 보고 하기에 빈 곳을 공격할 수 있다. 그러나 서두르거나 자세가 움직이면 공을 컨트롤해서 타격하기보다는 그저 얼떨결에 맞힐 뿐이다.

타자가 야구 방망이를 휘두르면 그걸로 끝이다. 0.01초라도 더 끝까지 투수가 던진 볼을 보고 그 궤적을 따라 방망이를 휘둘러야 안타를 칠 수 있다. 모든 행동, 언행 등은 한번 밖으로 날아가면 다시 주워담을 수 없다. 이를 조금이라도 더 제대로 하기 위해서는 이를 실행하기 바로 전에 조금이라도 멈춰서 이를 살필 수 있는 '마음의 쪼가리'가 있어야 한다. 때로는 이러한 마지막 바로 전의 0.01초가 전체 승부를 가르기도 한다.

여행할 때, 서둘러 차를 몰면 세세한 경치가 보이지 않는다. 그저 눈에 우연히 들어오는 경치만을 볼 뿐이다. 그러나 여유를 가진 여행은 여러 가지를 볼 수 있게 된다. 따라서 여유로운 마음 자세는 그 과정을 제대로 하게 할 뿐 아니라 과정 자체를 즐기면서 하는 데도 도움이 된다.

- 내려갈 때 보았네, 올라갈 때 보지 못한, 그 꽃 – 고은의 시

009

선순환(/악순환)의 법칙

악순환惡循環, vicious circle이란 나쁜 현상이 꼬리를 물면서 자꾸 되풀이됨을 의미한다. 즉 현상이 좋지 않은 결과를 낳는 방향으로 자꾸 되풀이되어 일어나고, 그러면서 나쁜 현상이 더욱 악화되는 것을 의미한다.

- 운동부족이면 살이 찌게 되고 그러면 몸이 무거워져서 운동하기 힘들어지고 운동을 하더라도 다치는 경우가 발생하여 다시 또 운동부족이 되고 그래서 또 살이 찌게 된다. 여기에 더해 스트레스가 쌓여서 더 먹게 되기도 한다; 공부를 하지 않으면 성적이 오르지 않고, 성적이 좋지 못하면 공부에 취미도 생기지 않아 더 공부를 멀리하게 된다. 그러면 성적은 더욱 떨어진다; 판매가 부진하면 규모의 경제에 도달하기 어려워 제품원가를 낮출 수 없다. 원가가 높기에 가격을 높게 책정하게 되고 그러면 다시 또 판매는 부진을 면치 못하게 된다. 이러한 판매부진으로 인해 수입이 줄어들면 자금 여력이 없기에 광고 등의 마케팅 커뮤니케이션 활동도 줄이게 되고, 미래를 위한 연구개발비도 줄이게 된다.

선순환善循環, benevolent circle은 이와 반대되는 현상이다.

- 생산성이 향상되면 가격을 인하할 수 있고 이에 따라 수요가 확대되고 이렇게 증대된 수요로 인해 대량 생산을 하게 되고 이는 규모의 경제를 통해 다시 원가가 낮아지고 이는 다시 가격을 인하시킬 수 있는 힘이 된다; 성적이 오르면 공부가 재미있어지고, 따라서 공부를 더 많이 하게 된다. 그러면 성적은 더욱 또 올라간다.

이렇게 한번 순환고리에 들어가서 이를 반복하게 되면, 그렇게 순환 체류시간 및 횟수에 비례해서 그러한 순환고리에 더욱 얽매이게 된다. 따라서 이러한 고리를 탈피하기 더욱 어렵게 된다.

선순환은 순환고리가 느슨해져서 이탈할지도 모를 취약한 곳을 잘 관리하여 이를 유지하여야 한다. 반면에 악순환의 경우에는 어디서든 탈피를 시도해도 좋다. 물론 상대적으로 느슨한 고리부분을 공략하는 것이 효율적이겠지만, 그것에 관계없이 어떻게든 또는 어디서든 가능한 신속하게 그 순환고리에서 탈피해야 한다.

010

'현재부터 최선'의 법칙(벨만의 최적성 원리)

문서 편집기의 무척이나 편리한 기능 중 하나는 '명령 취소' 버튼이다. 이걸 누르면 바로 전의 잘못된 작업을 없애고 원위치시켜 준다.

[그림 2-2] 명령 취소 버튼

우리의 삶에도 이러한 버튼이 있다면, 잘못된 행동, 남에게 상처준 말, 실패한 과거 등을 쉽게 원위치시킬 수 있을 것이다. 그러나 현실에서는 이러한 명령취소 버튼은 없다. 이러한 현실을 그대로 받아들인다면, 여기서 최선의 법칙은 바로 벨만의 최적성 원리를 따르는 것이다.

R. Bellman의 최적성 원리principle of optimality는 돌이킬 수 없는 현실을 인정하면서 제시한 의미 있는 원칙이라고 볼 수 있다. 다단계적 의사결정에서는 선택의 결단을 요하는 분기점이 많기 때문에 경영자는 시초에 의도했던 노선에서 본의 아니게 빗나가 있는 상황에 처해 있음을 발견하게 되는 경우가 많다. 본인의 잘못으로 인해 이러한 원치 않는 상황이 올 수도 있지만, 상황적으로 나쁜 운에 의해 이런 상황이 빚어지기도 한다. 나침반을 잘못 보고 엉뚱한 곳으로 가기도 하지만, 풍랑 때문에 엉뚱한 곳으로 가기도 한다. 최적성 원리는 시초에 의도했던 노선에 대한 미련을 버리고 현 시점 또는 현 상황에서 미래를 향해 잔존하는 대안 중에서 최선의 것을 택해야 한다고 주장한다(참조: 윤석철, 1982, 경영학적 사고의 틀, 경문사, 38쪽). 결론적으로, 과거에 대한 모든 미련을 버리고, 현재부터라도 최선의 새출발을 권장하는 법칙이다.

011

효율성 vs 효과성 법칙

효율성efficiency과 효과성effectiveness은 경영관리에서 추구해야 할 중요한 사항들이지만 둘 간에는 차이가 있다. 효율성은 들인 대가나 노력에 비하여 더 나은/많은 결과를 얻을 수 있는 기능이나 성질을 의미한다. 즉 투입한 자원input에 대비하여 산출물output이 얼마나 많이 나오는가로 평가된다. 한편 효과성은 어떤 목적성을 지닌 행위에 의하여 나타나는 보람 있는 일이나 결과를 의미한다. 따라서 원하던 결과의 성취 여부, 즉 목표달성 여부로 효과성을 평가한다. 따라서 투입대비 산출물을 많이 얻을수록 효율성이 높다고 평가되고, 목표 달성의 여부에 따라 효과성이 있다 또는 없다라고 평가된다.

어떤 알약(a)은 1g에 5시간의 진통효과가 있고, 다른 알약(b)은 100g에 7시간의 진통효과가 있다고 가정하자. 만약 6시간의 진통효과를 보고자 하는 사람의 경우, 알약(a)은 매우 효율적이지만 이 사람이 원하는 효과를 볼 수 없다. 반면에 알약(b)은 매우 비효율적이지만 이 사람이 원하는 효과를 얻을 수 있다.

- 벽에 붙어 있는 파리를 잡을 때 공사장에서 벽을 부수는 데 쓰이는 해머로 때려 잡았다면, 파리를 잡는다는 목표는 100% 달성하였기에 이는 '효과적'이라고 말할 수 있지만, 파리채 정도를 휘두르는 힘만 투입해도 잡을 수 있었던 파리를 엄청난 힘이 요구되는 해머를 휘둘러 잡았기에 이는 '효율적'

이라고 하기는 어렵다. — Kaplan(BSC, Balanced Score Card의 창시자)

효율성은 속도를 의미하고, 효과성은 방향을 의미한다. 효율성이 높게 자동차를 몰더라도 효과성이 없다면 점점 더 목표지점으로부터 멀어질 수 있다. 효율성은 'do a thing right'(~을 적절히 처리하다)로 표현하고, 효과성은 'do the right thing'(올바른 일을 하다)으로 표현되기도 한다.

최선의 일 처리는 효율성과 효과성을 동시에 갖춘 것이다. 그러나 이 둘을 동시에 취하기는 현실적으로 어렵기도 하며, 때에 따라서는 상충적 성격을 가지기도 한다. 사안에 따라 어떤 하나를 좀 더 추구해야 하는 것이 결정되는 경우가 많으므로, 이를 먼저 확인하고 대안을 취하는 것이 바람직하다.

012

상대적 체감시간의 법칙

나이 들수록 시간은 빠르게 흐른다고 느낀다. 두루마리 휴지처럼 처음에 꽉 찬 상태에서는 천천히 돌아가지만 남아 있는 휴지가 얼마 없을수록 빠르게 회전하는 것과 같은 이치이다. 물론 절대적 시간의 길이는 동일하겠지만 사람마다 그리고 처한 상황에 따라 시간에 대해 느끼는 체감의 길이는 다르다. 체감시간이 상대적으로 다르다는 것은 삶의 여러 현장에서 발견된다. 예를 들어 여행지를 향해 가는 길은 시간이 더디게 느껴지지만, 여행을 마치고 집으로 돌아오는 길의 시간은 빠르게 느껴진다. 이러한 시간의 상대성에 대해 동의하지 못하는 독자가 있다면, 다음의 문구를 읽어보길 바란다: "1분이 얼마나 긴가는 당신이 화장실 문의 안쪽에 편히 앉아 있는가 또는 바깥쪽에 초조하게 서 있느냐에 따라 결정된다."

러시아의 대문호인 도스토예프스키Fyodor Mikhaylovich Dostoyevsky는 28세에 사형대에 올라가 집행되기까지 남아 있는 5분을 2분, 2분, 1분으로 나누어 자신이 살아온 인생 모두에 대해 회고하였다고 한다. 다행히도 사형집행 바로 전에 멈춰졌고, 그는 다시 일상으로 돌아오게 되었다. 그렇지만 이러한 극한 경험으로 인해 남은 인생을 좀 더 밀도있게 살았다고 한다.

- 1년의 소중함을 알고 싶으면 1년 동안 시험 준비해 낙방한 사람한테 물어보고, 1달의 소중함은 1달 부족한 미숙아를 난 산모에게, 1주일의 소중함은 주간지 편집장에게, 하루의 소중함은 하루 벌어서 하루 먹고사는 가장에게, 1시간의 소중함은 애인을 위해서 1시간을 기다려야 하는 사람에게, 1분의 소중함은 1분차로 비행기를 놓친 사람에게, 1초의 소중함은 1초 차이로 대형 참사를 모면한 사람에게, 1/10초의 소중함은 올림픽에서 은메달 딴 사람에게 물어봐라. – 웨인 다이어가 말한 시간의 소중함에 관한 문구

- 스티비 원더Stevie Wonder의 시력 회복 수술에 대해서는 세상에 널리 알려졌다. 많이 알려진 바로는 너무나 눈의 상태가 좋지 않기에 수술이 성공하

더라도 10분 남짓밖에 세상을 볼 수 없다고 의사가 말렸지만, 스티비 원더는 그래도 해달라고 우겼는데 그 이유는 자신의 딸아이 얼굴을 그 짧은 순간이라도 보고 싶기에 그랬다고 한다. 물론 이 이야기는 나중에 사실이 아닌 걸로 밝혀졌지만, 이러한 내용 자체에는 많은 사람들이 공감하였다. 어떤 사람에게는 단 10분이 영원보다 더 소중할 수도 있는 것이다.

013

알짜 시간의 법칙

작가는 하루 온종일 글을 쓰며 시간을 보낸다. 그렇지만 집중적으로 글쓰기 작업을 하게 되는 시간은 불과 3시간 내외일 것이다. 그리고 기막힌 아이디어나 좋은 소재가 떠오르는 시간은 이보다 훨씬 짧을 것이다.

이런 관점에서 본다면, 하루 중 3시간만 글을 쓰는 데 할애하고 나머지 많은 시간은 다른 걸 해도 되지 않을까 하는 생각이 들 것이다. 그러나 이러한 알짜 3시간은 보잘것없이 보이는 나머지의 오랜 준비 시간이 있었기에 나타나는 것이다.

- 미국의 시간관리 전문가의 조사에 따르면, 미국인들이 70세까지 사는 동안 실제로 활용하는 시간은 27년에 불과하다. 잠자는 데만 23년, 먹는 데 6년, 줄서는 데 5년, 전화 바꿔주는 데 2년 등 자신의 뜻과 관계없이 보내는 시간이 43년이나 된다고 한다. – 경향신문, 1996년 1월 23일

014

'내일이 시험 보는 날'의 법칙

큰아이가 대학졸업 후 치른 어떤 시험에서 낙방을 하였다. 조금 아쉽게 불합격하였기에 한참 동안을 방황하였다. 그 시험은 1년에 두 번 있기에 불합격이 발표된 날로부터 3개월 뒤에 바로 시험이 있었다. 그렇지만 그 3개월 동안 별로 공부를 하지는 않았다. 마음을 다시 잡고 시험공부를 한 것은 불과 20일이 채 되지 않았다. 시험이 코앞에 닥치고 나서야 예전처럼 집중해서 열심히 하였다. 조금만 더 일찍 정신차리고 했으면 마지막 순간의 초조함은 없었을 거란 아쉬움이 남아 있다.

시간이 많다고 그만큼 준비를 많이 하게 되는 것은 아니다. 대부분의 사람들은 코앞에 닥쳐야 비로소 정신을 바짝 차리게 된다. 그러나 그 때는 남아 있는 시간이 절대적으로 부족하다는 것을 깨닫고 이를 한탄한다. 그러면서 이렇게 열심히 준비하는 것을 조금만 더 일찍 시작하였으면 좋았을 것이란 생각을 한다. 그렇지만 이러한 절실한 깨달음도 그때뿐이고, 그 다음에 맞이하는 시험/과제 등에도 이러한 안이함과 한탄의 시간이 반복되는 경우가 많다.

이러한 습성을 바꾸기란 어렵다. 또한 실제로 시간이 여유롭게 남아 있는데 최선을 다해 달리기란 쉽지 않다. 그러나 이러한 마음의 자세를 바꿀 때 비로소 운명은 달라지게 된다. '내일이 시험 보는 날'이란 급박함과 절실함을 가지고 미리 시간이 많을 때부터 정신을 차리는 노력을 꾸준히 하는 것이 이를 극복하는 하나의 방법일 것이다.

015

바쁠 땐 바빠야 하고 쉴 땐 쉬어야 하는 법칙

약속 시간이 촉박한 경우, 버스 정류장까지는 전속력으로 뛰어가야 하지만, 버스가 올 때까지는 그냥 편하게 기다려도 된다. 거꾸로 버스 정류장까지 느긋하게 걷다가, 정작 버스 정류장에 도착해서는 늦은 것을 알고, 제자리에서 발을 동동거려봐야 소용이 없다.

시험 때까지는 공부를 열심히 하고, 시험이 끝난 다음 그 결과가 나올 때까지는 푹 쉬어도 된다. 그렇지만 시험 때 공부하지 않고 편하게 놀기만 하다가, 막상 시험을 치른 다음에 아쉬움에 책을 열심히 봐야 소용이 없다.

016

기다림의 법칙(역풍 때 지止, 순풍 때 진進의 법칙)

오늘 반드시 해야 할 일이라면 내일로 미루지 말아야 한다. 그렇지만 어떤 일 중에는 내일로 미뤄도 되는 것이 있고, 내일 하는 것이 더 좋은 결과를 가져오는 것도 있다. 날씨, 바닷물의 흐름, 사람들의 기호 변화, 경쟁자의 기세의 흐름 등. 때를 기다려야 할 때가 있다.

역풍逆風이 불 때는 무리해서 전진하기보다 바람이 잦아들 때까지 멈춰서 기다리는 것도 좋은 방책이다. 역풍이 심할 때 억지로 맞서 나가려 하면 성과없이 힘만 뺄 수 있다. 그렇게 될 경우, 순풍順風으로 변했을 때 쓸 힘마저 소진될 수 있다. 바람의 방향에 따라 멈추거나 전진하는 것을 현명하게 취하는 것이 최선의 결과를 가져올 것이다. 최적의 시기에 맞춰서 힘을 쓰면 그 힘의 효과가 가장 크게 나타나지만, 그렇지 않은 어려운 시기에 힘을 쓰면 힘은 힘대로 들고 성과도 적을 것이다.

- 추석 명절 때 성묘를 가기 위해 두 가족이 함께 출발하였다. 그런데 도로가 너무 막히자 한 가족은 차를 돌려 집으로 돌아왔지만, 다른 한 가족은 강행하였다. 집에서 3시간 가량 푹쉰 가족이 다시 출발했을 때 도로는 그리 막히지 않았기에 수월하게 목적지에 다다랐다. 그런데 한참 전에 그대로 차를 몰았던 가족은 30분 전에야 겨우 거기 도착하였다고 한다. 무척 피곤에 지친 얼굴을 하고서~.

- 신제품 실패 중의 하나의 대표적 유형은 시장이 아직 준비되지 않은 상태일때 성급하게 시장에 도입하는 것이다. 애플의 아이폰이 세상에 나오기 15년 전, 최초의 스마트폰이 IBM에 의해 개발된 적이 있었다. 최초의 스마트폰은 약 5만 대만 팔리고 세상에서 소리도 없이 사라졌었다.

목련은 이른 봄에 활짝 피지만, 연산홍은 한 여름에 핀다. 사람도 마찬가지이다. 어린 나이에 두각을 나타내는 사람도 있지만, 만년에 이르러서야 절정의 기량을 보이는 사람도 있다. 이른 봄에 꽃이 피지 않는다고 연산홍을 자르는 우를 범한다면 그 나무의 절정을 우리는 못 볼 것이다.

한편 내부적 여건을 고려해 볼 때도 때로는 오늘 쉬어야 내일 더 잘할 수 있는 경우도 있다. 이런 점에서 보면 휴식과 멍한 시간을 결코 가볍게 여기지 말아야 한다.

미뤄야만 좋은 것들, 예를 들어 쓸데없는 걱정, 그 순간에 즉각 대응하지 않는 게 더 좋았을 말/행동, 긁어 부스럼되는 것 등은 오늘 특히 지금 당장에 하지 않는 것이 더욱 좋다.

017

Cost-Benefit 법칙

우리가 행하는 모든 행동의 이면에는 나름대로 득실을 따지는 과정이 있다. 즉 그 일에 투입되는 제반 비용과 노력costs과 그 일로부터 얻게 되는 혜택benefits을 저울질하여 그 행동을 취할지를 결정한다. 물론 이러한 cost와 benefit 간의 차이가 현격하면, 의사결정은 매우 쉽고 또한 바로 실행에 옮겨지게 될 것이다. 그러나 그렇지 않을 경우에는 주저하고 머뭇거리게 된다.

이러한 인간행동 이면에 대한 이해는 다른 사람들을 설득하거나 또는 어떤 행동을 하게 하는 데 활용될 수 있다. 즉 상대가 어떤 행동을 하게끔 유발하려면 그 행동으로부터 얻게 될 혜택이 그에 들어가는 비용이나 수고보다도 크다는 것을 가시적으로 제시하거나 또는 타당성 있게 설득할 필요가 있다.

물론 가끔은 이러한 cost-benefit를 망각한 우스꽝스러운 사례도 종종 관찰된다.

- 2012년 1월, 영국의 한 도둑이 맨체스터의 한 쇼핑센터 내에 있는 현금지급기ATM를 턴 사건이 있었다. 그런데 그 도둑의 잠입경로는 현금지급기 ATM 아래 길이 30m, 높이 1.2m의 직접 판 땅굴이었고 그 기간은 6개월에 걸친 것이었다. 경찰 관계자들은 그가 직접 만든 땅굴 통로가 매우 길고 안전해 놀라움을 감추지 못했다. 그러나 이러한 막대한 노력에도 불구하고, 그가 손에 쥔 현금은 불과 6,000파운드. 우리 돈으로 1,060만원 가량에 불과했다.

018

장고 끝 악수惡手를 두는 법칙

인생을 뒤돌아보면 오랜 시간 고민에 고민을 하고 결정하였던 내용이 최선이 아니라 오히려 최악인 경우가 많다. 이러한 현상은 왜 일어나는가?

처음에는 상황을 크게 보고, 포괄적으로 모든 변수들을 고려하였지만, 시간이 지나면서 의사결정과 밀접한 특정 요소만을 중심으로 시야가 좁아지기 때문일 것이다. 따라서 반드시 고려해야 할 전체 모습 및 장기적 흐름을 망각하게 되어 어리석은 판단을 하게 되는 것이다.

또 다른 이유로는 중요한 고민거리일수록 사람들은 신중을 기하기 위해 계속 미뤄두는 성향이 있다. 그러다가 결국 마감 시간이 다가오면 그때부터 허둥대면서 촉박하게 결정하게 된다. 즉 장시간 고민을 가지고만 있었지 정작 고민하는 시간을 충분히 갖지 못한 것이다. 마치 시험 공부를 하겠다면서도 그 전에 공부를 잘하기 위해 샤워도 하고 미리 밥도 먹고 또 책상을 닦는 등에 많은 정성을 쏟지만 정작 책을 펼치고 공부하는 시간은 얼마 안되는 것과 마찬가지이다.

019

'불씨' 필수의 법칙(참조: 5장 불씨 놓기의 법칙)

행동이 발화되려면 불씨가 반드시 필요하다. 불씨가 없다면 아무리 장작, 휘발유가 많이 쌓여 있더라도 절대 불은 일어나지 않는다. 특별한 자극 또는 계기(불씨) 등이 필수적이다.

- 천재는 1퍼센트의 영감과 99퍼센트의 노력이다. 1%의 영감이 없다면 99%의 노력이 있더라도 소용없다. – Thomas Alva Edison

- 역경은 죽기 살기로 노력하고 인내하도록 등을 떠밀고, 다른 때 같으면 잠자고 있었을 재능과 능력을 일깨워주는 최고의 동반자이다. – 사무엘 스마일즈

시간과 자원이 많다고, 우리의 행동이 원활하게 일어나는 것은 아니다. 시간은 많았지만 실제 공부 시간은 별로 많지 않았던 우리의 학창시절을 더듬어보면 쉽게 동의할 것이다.

한편 불씨도 필요하지만 동시에 '행동이 발화되는 것을 저해하는 방해꺼리들'을 가능한 초기에 제거하여 정작 중요한 일에 전념할 수 있는 환경을 조성하는 것도 중요하다. 이러한 방해꺼리들은 조직마다, 그리고 사람마다 다를 것이다. 다른 팀원과의 갈등, 기존에 하던 업무에서 벗어나지 못하는 것, 개인의 사생활 등이 여기에 해당할 수도 있다. 어쨌거나 이러한 요소들을 그냥 놔두면 실제 일에 몰입하게 될 때까지 적지 않은 시간이 소요된다는 점을

명심하고 이를 초기에 제거할 필요가 있다.

우리는 어떤 행동을 취하기 전에 이에 대한 충분한 생각을 하였다고 보통 착각하곤 한다. 그러나 실제 우리의 행동은 생각의 결핍으로 발생한 경우도 적지 않다. 잘못된 행동의 발화 후에 이를 다시 끄기란 쉽지 않다.

- 판단력 부족으로 결혼하고, 인내력 부족으로 이혼하며, 기억력 부족으로 재혼하게 된다.

020

운명 결정의 의사결정 법칙

A-제품 개발할 것인지, B-제품 개발할 것인지; 다른 기업의 기술을 수용할 것인지, 나만의 독자 기술을 개발할 것인지; 기존 X-기술을 그대로 이용할지, 아니면 새롭게 떠오르는 Y-기술로 전환할 것인지 등에 대한 결정은 기업 운명을 좌우하는 의사결정이 되기도 한다. 이러한 중요한 의사결정을 잘하는 기업은 장수기업으로 시장에 존속하지만 그렇지 못한 기업은 시장에서 사라지고 만다.

- 차량의 내비게이션, DMB 등에 종사하던 기업은 스마트폰의 등장으로 인해 점차 쇠퇴하고 말았다. 반면에 블랙박스 제조 기업은 여전히 시장에서

존속하고 있다. 저자가 현장 방문하였던 블랙박스 업체는 수년 전 내비게이션과 블랙박스 중에 어떤 품목에 집중할 것인가를 두고 고민하였는데, 다행스럽게도 블랙박스를 선택하여서 시장에 살아남았다고 하였다. 반면에 같은 시기에 유사한 자본과 기술력을 가진 경쟁사는 내비게이션을 선택하였고 그래서 큰 위기를 맞았다고 한다.

- 레인콤은 2002년 초 ODM방식주문자개발 생산방식의 생산을 포기하고, '아이리버'라는 독자 브랜드로 새롭게 시장개척에 나섰다. 창업주인 양덕준 사장은 "수익성은 좋았지만, 나만의 브랜드가 아니면 미래가 없다고 생각했기 때문"이라고 말했다(: MP3 플레이어로 세계를 장악, 샐러리맨에서 벤처부호로 변신한 '레인콤'의 양덕준 사장). SONY 역시 미국시장의 초기 진출 때, 주문자상표부착 방식을 거부하고 자기 브랜드를 고집한 것이 가장 훌륭한 의사결정이었다고 생각한다.

소소한 결정 99개를 잘못하더라도 결정적 의사결정 1개를 잘하면 시장에서 성공한다. 반면에 결정적 의사결정 1개를 잘못하면 소소한 결정 99개를 잘하였더라도 기업은 쇠망하게 된다.

- 삶의 모든 면에서 성공하더라도 배우자를 잘못 만나면 3대가 망할 수 있다. 반면에 삶의 대부분에서 그리 좋은 성과를 거두지 못하더라도 배우자를 잘 만나면 삶이 행복할 수 있다.

좋은 경영자는 다른 사람들보다 좀 더 나은 의사결정을 하는 사람이다. 한편 경영학은 의사결정Decision making을 좀 더 잘할 수 있도록 도움을 주는 학문이다. 이를 위해 경영학적 사고의 틀을 만들어주고 훈련시켜 준다.

021

타이밍의 법칙(참조: 5장 의사소통 타이밍의 법칙; 9장 도입시점의 법칙)

- **우화:** 성질 급한 원숭이는 복숭아가 채 익기도 전에 따 먹고는 복숭아는 떫어서 맛이 없는 과일이라고 생각을 굳혔고, 느림보 원숭이는 너무 익어버린 복숭아를 따 먹고는 복숭아는 시큼해서 맛이 없는 과일이라고 규정지었다.

원숭이와 같은 어리석음을 기업에서도 쉽게 범한다. 신기술로의 전환, 새로운 캠페인의 전개, 그리고 신제품의 시장도입에서 제일 중요시되는 것은 최적의 타이밍이다. 드라마, 공포 영화, 코미디도 결국 타이밍의 싸움인 것이다.

- 아이들이 어린 시절에는 부모에게 같이 놀자고 떼를 쓴다. 그런데 그때는 보통 부모들은 해야 할 일이 많기에 아이들과 많은 시간을 함께 못한다. 그런데 아이들이 성장하면 이제 더 이상 부모와 함께 하려 하지 않는다. 어린 아이들이 어린아이로 머무는 시간은 생각보다 훨씬 짧다. 이런 점에서 보면 아이들과 보내는 시간은 그 어떤 일을 하는 것보다도 더 높은 우선순위를 둬야 하지 않을까 생각된다.

022

사소한 일에 시간 허비의 법칙

하루 종일 바삐 지냈지만 이러한 하루를 다 보내고 잠자리에 들 때, '정작 중요한 것에는 시간을 쓰지 못했구나'란 생각을 해 본 적은 없는지, 분주하고 정신없이 여러 일을 하였지만 한참 후에 다시 돌아 보면 '그 어떤 중요한 것도 이룬 것이 없구나'란 생각을 가져본 적은 없는지?

쉬피겔Spiegel의 모델은 사람들이 중요한 일이라는 사실을 알면서도 정작 중요한 일에 시간을 쓰지 않고, 사소한 일에 대부분의 시간을 보내는지에 대한 현상을 설명해준다.

우선 중요성의 크기를 Y축으로 하고, 긴급성(요구되는 일의 처리 시점)의 정도를 X축으로 한다. 그리고 여기에 처리해야 할 과업들을 그린다. 예를 들어 A란 과업은 중요성 정도는 낮지만 긴급성은 높고, B란 과업은 중요성은 매우 높지만 긴급성은 낮다. 그러면 A란 과업은 긴급성이 높기에 현재 시점인 원점으로부터 가까운 X좌표에 위치하게 된다. 여기에 한 가지 선을 더 연결하면 되는데, 즉 현재 시점인 원점으로부터 각 과업을 잇는 선을 그리면, 각 과업에 대한 각도의 크기가 나타난다.

모델은 사람들이 어떤 일을 실제로 언제 처리하느냐를 중요성과 긴급성의 두 개념으로 설명한다. 즉 이로부터 그려지는 각도의 크기에 의해 결정된다는 것이다. 그림에서 알 수 있듯이 B과업은

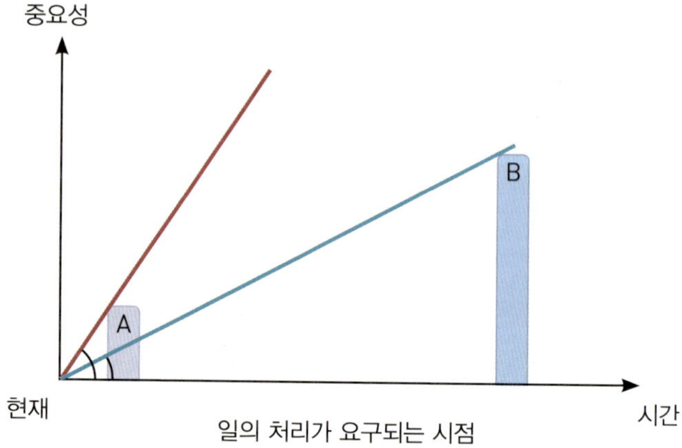

[그림 2-3]

A과업보다 중요함에도 불구하고, 사람들은 각도가 큰 A과업에 시간을 먼저 할애하게 된다. 결과적으로 정작 중요한 B과업에 쏟아야 할 시간 중에서 점선부분만큼의 시간이 없어지게 된다(참조: 유필화, 1993, 시장전략과 경쟁우위, 박영사, 238~239쪽). 한편 이러한 허드렛일들(예: 행정 서류처리, 소소한 회의 참석, 자동차 고장수리 등)은 자주 생기기에 앞으로도 계속 중요한 B과업(예: 승진 시험, 실력 배양, 노후준비 등)을 하는 시간을 뺏기게 된다. 이와 같이 사소한 A과업도 처리가 요구되는 시점이 당겨지면(즉 각도가 커지게 되면) 그 일을 하게 될 수밖에 없게 된다. 이러다 보면 정작 중요한 일은 계속 뒷전으로 밀려나고, 중요하지 않은 것들에 계속 귀한 시간이 파편적으로 낭비된다. 결국 중요한 과업에 집중해서 오랜시간 동안 써야 될 에너지와 시간이 불필요한 일에 분산되어 없어지고 만

다. 사람들은 본능적으로 눈 앞에 있는 일(발등에 떨어진 불)을 처리하지, 저 멀리 있는 중요한 일(멀리서 다가오는 곰)에 대처하지는 않는다. 그러나 이러한 현상을 이해한다면, 눈 앞의 긴급한 일도 중요하지만, 저 멀리 떨어져 있는 중요한 과업이 무엇인지 그리고 그 일에 쓸 수 있는 시간이 그리 많지 않다는 것도 자각하게 될 것이다. 따라서 이러한 현상 및 법칙에 대한 이해는 향후 과업들 간의 균형적 시간분배에 도움이 될 것이다.

023

소탐대실小貪大失의 법칙

- **인디언들의 원숭이 사냥법:** 원숭이 손 하나가 간신히 들어갈 만한 구멍을 나무에 파고 설탕 덩어리를 넣어 놓는다. 이를 발견한 원숭이가 일단 손을 넣고 덩어리를 움켜쥐면 사냥은 끝난다. 원숭이는 사람들이 다가오는 것을 빤히 보면서도 손에 쥔 설탕을 놓지 않아 결국 잡히게 된다.

영화 '인디애나 존스-3편'에서는 함몰된 구멍에 떨어진 성배聖杯를 잡으려는 욕심에 자신을 구하려는 손을 뿌리치고 결국엔 죽게 되는 여주인공을 보게 된다.

024

총량 한도의 공평성 법칙

하루가 24시간인 것은 누구에게나 공평하다. 그러한 24시간을 어떤 일에 사용하는가에 따라 그 날의 성과가 결정된다. 기업 전체 구성원 또는 기업의 경영자가 사용할 수 있는 시간/정열/힘은 무한無限하지 않다. 이러한 제한된 자원을 얼마나 현명하게 사용하는가에 따라 그 기업도 그리고 그 경영자의 운명도 좌우된다. 만약 경영자가 집안 일, 또는 개인적인 걱정에 모든 신경이 가 있다면 그 기업의 앞날은 결코 밝지 않을 것이다.

역사에서도 태평성대에는 문물이 발달하고 과학도 발달하지만, 그렇지 않은 경우(예: 전쟁, 왕위쟁탈전, 파벌싸움 등)에는 나라의 발전이 정체 또는 퇴보되었음을 알 수 있다. 따라서 중요한 것은 기업 또는 경영자의 최고의 시간과 힘을 올바른 데 사용할 수 있게끔 관리하는 것이다. 사소하거나 엉뚱한데 모든 힘과 자원을 불가피하게 또는 부주의해서 날리게 된다면 정작 중요한 일에는 쓸 자원이 없게 된다.

- 다른 사람이 당신을 위해 해 줄 수 있는 일을 결코 자신이 하지 말라. 다른 사람이 당신을 위해 해 줄 수 있는 일이 늘어날수록, '당신 외에는 그 누구도 할 수 없는 일'에 당신이 쏟아 부을 수 있는 시간과 에너지도 늘어난다.

– E. W. 스크립스

- 누구에게나 같은 양의 에너지가 잠재되어 있기 마련이다. 하지만 사람들은 보통 여러 가지 하찮은 일에 정력을 소비하고 만다. 나는 단 한 가지 일, 즉 그림에만 내 에너지를 소비할 뿐이다. 그림을 위해 다른 모든 것은 희생될 것이며, 거기에는 모든 사람들, 그리고 물론 나 자신까지 포함된다.

  – 피카소

025

인생 총량의 법칙

우리가 인생 전체에서 흘리는 땀과 눈물은 총량이 있다는 법칙이다. 즉 초기에 눈물, 또는 땀을 많이 흘리게 되면, 나중에 눈물이나 땀을 흘릴 일이 적어진다. 반면에 초기에 눈물과 땀을 흘리지 않았다면, 나중에 눈물과 땀을 흘릴 일이 많아진다. 결국 합산해보면 전체적으로 흘리는 양은 같다는 것이다. 젊어서 고생을 한 사람은 노년에 편하게 살지만, 젊어서 편하게 산 사람은 노년에 힘들게 살 것이란 내용도 여기에 담겨 있다.

아래의 일화를 보면, 사람이 평생 마시는 술의 양도 총량이 정해진 것이 아닐까 한다.

- [질문] 준우승만 해서 아쉬움이 많을 테고, 우승해 보겠다는 욕심은 여전하신 거 아닌가요? **〈서능욱 9단〉** "아쉽죠. 어떤 때는 우승만 한다면 악마에게 영혼이라도 팔겠다는 생각을 했었어요. 그런데 술을 안 마셨는데 쉰 살이

되고 나서부터 술을 먹기 시작했어요. 승부를 포기했다는 거죠. 올라오는 젊은 애들이 나보다 잘 두고 세니까, 이제는 어렵다는 생각이 들고 그때부터 편하게 두자, 그러면서 술을 자주 마셨죠. 욕심을 거두니 편해진 거죠." [질문] 그전에는 술을 안 했나요. 〈서능욱 9단〉 "거의 입에 안 댔어요. 우승을 위해 나름대로 쉰까지 자기 관리를 철저히 했다고 생각해요. 그래서 주변에선 제가 술을 못하는 줄 알았어요." [질문] 요즘은 얼마나 자주, 누구하고 술을 드십니까? 〈서능욱 9단〉 "거의 매일 마신다고 보면 돼요. 사람마다 평생 마실 주량이 있다잖아요. 지금까지 안 마셨으니 그것까지 마실 요량인가 봐요.

– 문화일보, 2011년 11월 18일

물론 그렇지 않은 경우도 있다. 평생 웃으면서 사는 사람도 있고, 평생 울면서 사는 사람도 있다. 그러나 대부분의 보통 사람의 경우에는 이러한 총량의 법칙이 적용되지 않을까 생각된다.

026

감기에는 감기약 법칙

감기에 걸렸을 때는 감기약을 먹어야 낫지, 소화제를 먹는다고 낫지는 않는다. 설혹 그 소화제가 아무리 비싸고 효험이 좋은 것일지라도 감기하고는 전혀 상관이 없기 때문이다. 기업 경영에서도 이와 마찬가지로 각 문제에는 그 문제를 야기시킨 원인이 따로 있기에, 이를 풀 수 있는 해결책 역시 따로 존재한다. 따라서 문제에 적합한 처방을 해야지, 이와 관련 없는 방법으로 해결하려 했다가는 시기를 놓칠 수도 있고 오히려 문제를 키울 수 있다.

사람들은 보통 어떤 결과를 산출하는 성공과 실패의 요인에 관심이 많다. 신제품 개발에서도 중요한 연구 분야 중의 하나는 신제품 성공요인과 실패요인을 규명하는 것이다. 그러나 이러한 요인 규명에 대한 노력은 때로는 엉뚱한 것을 요인으로 판정하는 오류를 범할 수 있다. 예를 들어, 2012년 싸이가 '강남스타일'로 월드스타가 되자, 사람들은 싸이의 성공요인을 찾으려 하였다. 농담 삼아 '군대를 두 번 다녀와야지 성공한다'란 말도 나왔다. 성공이란 결과를 거두면, 그 주체가 행한 모든 것이 성공과 연관된 것으로 보이지만, 반대로 실패하면 모든 것이 실패와 연관된 것으로 보인다. 극단적으로 9개를 잘하고 1개를 못해서 실패할 수도 있고, 거꾸로 9개를 못했지만 1개를 잘해서 성공할 수도 있다. 만약 10개의 요인 모두가 모두 성공과 실패에 영향을 미치는 요인이라고 한다면, 결과론적으로 요인을 해석할 경우, '9개를 못해야 성공한다'라고 잘못된 해석을 할 수 있다. 요인을 발견하는 것도 어렵지만, 그 요인의 역할을 정확하게 규명하는 것은 더욱 어렵다.

'감기에는 감기약을 써야 한다'란 것은 너무도 상식적인 내용이지만, 때로 우리는 엉뚱한 해결책에 너무도 많은 노력과 비용을 투자하고 있다. 못을 박는 데는 망치가 필요하지 대패나 드라이버가 필요한 것은 아니다.

027

'원인 없는 결과란 없다' 법칙

모든 결과에는 그 원인이 존재한다. 그냥 발생하는 결과란 없다. 따라서 어떤 현상이 발생하였다면, 반드시 어딘가에 그 현상의 원인은 있기 마련이다.

- 중학교때 아무런 이유 없이 눈이 조금 불편한 적이 있었다. 눈을 감고 뜰 때마다 뭔가 모르게 이상하였지만, 거울에 눈을 비춰봐도 이상한 점은 발견되지 않았다. 딱히 아픈 것도 아니었기에 그런 상태로 일주일 정도 지내다 결국 병원에 갔다. 원인은 눈동자 윗부분에 아주 작고 가느다란 눈썹이 박혀 있었기 때문이었다.

어떤 문제가 발생하였다면 이에 대한 원인 규명이 항상 최우선적 과제이다. 물론 원인 규명이 항상 용이한 것은 아니다. 우리의 과학적 지식이 부족해서 원인 규명을 하지 못하는 경우도 있지만, 때로는 그러한 원인을 인위적으로 감추려는 사람들의 방해가 존재하기도 한다.

원인 규명을 하지 못하면, 백약이 무효하다. "수영할 줄 모르는 사람은 수영장을 바꾼다고 해결 안되고, 일하기 싫은 사람은 직장을 바꾼다고 해결이 안되며, 건강을 모르는 사람은 비싼 약을 먹는다고 병이 낫는 게 아니고, 사랑을 모르는 사람은 상대를 바꾼다고 행복해지는게 아니다. 모든 문제의 근원은 내 자신이다"란 말이 있다. 여러 대책을 마구잡이로 쓰려고 하기보다는 차분히 앉아서 그 원인이 무엇인지를 좀 더 생각해보는 것이 필요하다. 그런 다음에 원인이 명확하게 '감기'로 밝혀졌다면, 그때는 전술한 법칙에서 제시한 바와 같이 반드시 '감기약'을 처방해야 한다.

028

보이지 않는다 해서 그 존재마저 없는 것은 아니란 법칙

착시를 이용한 미술작품 전시회

우리 눈에 띄지 않는다고 해서, 그것 자체가 존재하지 않는 것은 아니다. 눈에 보이는 변수만 가지고 상황을 파악해서는 문제해결이 되지 않는 경우도 많다. 생각을 바꾸면 보이지 않던 변수들invisible factors이 보이게 된다. 때로는 지금 눈앞에 보이는 것들로 인해 생각이 막히거나 상상력이 제한되기도 한다. 보이는 것만을 너무 믿어서는 안된다.

- 청소, 치안, 유지보수 등은 보이지 않지만 누군가 열심히 하고 있기에 사회 전체가 문제 없이 잘 돌아가고 있는 것이다. 따라서 섣부른 인원감축, 조직 축소, 예산삭감 등은 큰 화를 불러올 수도 있다.

029

100도가 되어야만 끓는 물의 법칙

(참조: 16장 일정 수준 이상이 요구되는 법칙)

99도의 물과 100도의 물은 온도로는 1도밖에 차이가 없지만 이 둘은 전혀 다르다. 즉 물은 100도가 되고 나서야 비로소 끓기 시작한다.

- 물은 끓고 난 다음에 수증기를 발생시킨다. 엔진은 증기 게이지가 212도를 가르키기 전에는 1인치도 움직이지 않는다. 열정이 없는 사람은 미지근한 물로 인생이라는 기관차를 움직이는 사람이다. 이 때 일어날 수 있는 오직 한 가지 현상, 그는 멈춰 버리고 말 것이다. 열정은 불속의 온기이며 모든 살아있는 존재의 숨결과 같은 것이다 – 주타번

밀운불우密雲不雨가 2006년 한국 사회를 정리하는 사자성어로 선정됐다. 그 의미는 '구름은 짙으나 비가 오지 않는다'는 뜻으로 여건은 성숙했으나 아무 일도 성사되지 않는 답답한 상황을 의미한다. 0.999는 결코 1.0과는 다르다. 흔히 우리는 그 조금이 부족했기에, 성공에 다다르지 못한 경험을 많이 하였을 것이다. 마지막으로 한번만 더 데이트 요청을 했으면 들어줬을텐데라는 사실을 상대편은 아마도 모르고 포기했을 것이다. 이와 마찬가지로 그 조금만 서비스를 더했더라면 소비자는 만족하였을텐데, 그 조금의 가격할인을 더해줬더라면 팔렸을텐데 등의 아쉬운 경험을 마

케팅관리자들은 하였을 것이다. 다만 불운한 데이트 신청자처럼 그 조금이 얼마나 조금인지를 모르고 더 이상의 노력을 포기했을 뿐이다.

- 어느 기자가 물었다. "당신은 수많은 장애에도 불구하고 어떻게 포기하지 않고 한 가지 일에만 전념할 수 있었습니까?" 벤자민 프랭클린은 다음과 같이 대답했다. "당신은 혹시 일하는 석공을 자세히 관찰해 본 적이 있습니까? 석공은 아마 똑같은 자리를 백 번은 족히 두드릴 것입니다. 갈라질 징조가 보이지 않더라도 말입니다. 하지만 백한 번째, 망치로 내리치면 돌은 갑자기 두 조각으로 갈라지고 맙니다. 이는 한 번의 망치질 때문이 아니라 바로 그 마지막 한 번이 있기 전까지 내리쳤던 백 번의 망치질이 있었기 때문입니다."

마중물(: 펌프에서 물을 처음에 끌어 올리려 할 때 위에서 붓는 물)이 조금이라도 모자라면 마중물을 전혀 넣지 않은 것과 결과는 마찬가지다. 완성과 불완성은 아주 조금의 차이로 갈리게 된다. 조금의 차이가 아주 큰 차이를 가져오는 경우가 적지 않다.

- 승용차 두 대가 주차장에서 밖으로 나가려고 똑같이 출구에 접근한다. 어느 쪽도 상대방에 양보하려 않는다. 이때 그중 한 차가 앞쪽으로 코를 내밀고 다른 차는 어쩔수 없이 멈춘다. 여기서 두 차의 차이란 아주 미미했지만 그것은 어느 쪽이 먼저 주차장에서 나가느냐를 결정짓기에는 충분할 정도로 큰 차이였다. 어떤 두 가지의 사물이 거의 똑같을 때는 아주 조그마한 차이가 대단한 중요성을 띠게 된다. 대서양 횡단노선에 취항하고 있는 모든 항공사들은 대개 동일한 여객기를 동일한 스케줄에 따라 운항하고 있

다. 그렇지만 개별승객들의 입장에서는 그중 어느 한 항공사가 이코노미 승객에게 기내식의 선택권을 허용하므로 다른 항공사들보다 유리한 것으로 비쳐질 수 있다. 이처럼 가장자리에 불과한 사소한 차이점이 때로는 다른 모든 본질적인 문제들을 젖히고 관심의 초점으로 등장한다. 인간 마음은 어떤 결정을 내릴 때 무엇인가 확고한 기준을 필요로 하는 것 같다. 그렇기 때문에 사실상 동일한 어떤 두 가지 선택 가지에서 조그마한 차이를 발견하게 되면 우리는 그것을 한껏 부풀려서 어느 한쪽이 다른 쪽보다 월등히 나은 것처럼 만들어 버린다. 담배, 비누, 승용차, TV와 같은 상품의 선전광고들은 각기 서로의 제품이 경쟁제품보다 어떤 뚜렷한 우위를 가지고 있다는 것을 내보이려고 대단한 힘을 쏟는다. 이것은 아주 사소한 우위점이나마 과시해 보일 수 있게 되면 판매에 현격한 효과가 나타나기 때문에 해볼 만한 가치가 있는 노력이라고 할 수 있다. 비록 가장 좋은 것과 그 다음으로 좋은 것의 차이가 먼지만큼이나 미세하다고 할지라도 사람들은 한사코 가장 좋은 것만 사려고 하는 것 같다(참조: 한국경제, "E. 드보노 칼럼," 1988년 11월 26일). 몇 년 전 우리나라 소주업계는 알코올 1도 낮추기 싸움을 벌인 바 있다. 서로 자신의 제품이 더 알코올 도수가 낮은 저도주임을 강조하였지만, 정작 소비자는 그 차이를 식별하지 못한다. 다만 이러한 광고문구에 현혹되어 구매를 하기에 업체들은 치열한 광고전쟁을 벌이는 것이다.

- 10번을 얘기하지 않으면 한번도 얘기하지 않은 것과 같다. — 잭 웰치

030

목표의 법칙

상황분석을 토대로 기업은 추구할 목표目標를 설정하게 된다. 확고한 목표설정은 지금 이 순간 기업이 무엇을 해야 할 것인지에 대한 대답을 주며, 주변 상황에 흔들리지 않게 해준다. 개인의 경우에 있어서도, 자신의 목표에 대한 확고한 신념이 있다면, 지금 하고 있는 일의 가치와 의미에 대한 판단이 분명해질 것이다. 만약에 자신이 세운 목표를 향해 한발한발 다가가고 있다는 생각이 든다면, 아마도 매일 아침 행복하게 눈을 뜨게 될 것이다.

때로는 최고경영층의 무모한 목표와 고집이 의외의 성과를 가져오는 경우도 있다. 스티브 잡스는 막무가내식 리더였다. 제품 출시 일정을 일방적으로 통보하거나 판매수치를 근거 없이 부풀리기 일쑤였다. 한번은 "볼을 사용하는 마우스를 제작하라"는 그의 지시에 담당 엔지니어가 "상업적으로 제작이 불가능하다"고 답했다. 그는 다음 날 해고당했고 후임 엔지니어의 첫마디는 "저는 그거 만들 수 있어요"였다. 실패를 부르는 경우도 있지만, 그러나 확고한 목표는 때로는 혁신의 원동력이 되곤 한다. 워즈니악은 "스티브의 비전은 비논리적이었지만 결국 그의 주장대로 제품이 완성되곤 했다"고 회상했다.

- 모든 것을 실현하고 달성하는 열쇠는 목표 설정이다. 내 성공의 75%는 목표설정에서 비롯되었다. 목표를 명확하게 설정하면 그 목표는 신비한 힘을 발휘한다. 또 달성 시한을 정해놓고 매진하는 사람에게는 오히려 목표가 다가온다.

  – 폴 J. 마이어

- 우리 중 약 95%의 사람은 자신의 인생 목표를 글로 기록한 적이 없다. 그러나 글로 기록한 적이 있는 5%의 사람들 중 95%가 자신의 목표를 성취했다.

  – 존 맥스웰

- 사슴을 쫓는 사람은 토끼를 돌아보지 않는다(逐鹿者不顧兎).

  – 〈淮南子〉 說林訓

- 앨리스는 갈림길에서 나무 위에 앉아 있는 체셔 고양이를 발견하자 그 고양이에게 '어느 길로 가야 할까?'라고 물었다. 그러자 고양이는 '어디로 갈 건데?'라고 되물었다. '모르겠어'라고 앨리스가 답하자 고양이는 '그렇다면 어느 길로 가든 상관없어'라고 대답했다.

  – 〈이상한 나라의 앨리스〉 중에서

목표는 가능하면 양적 수치로 설정되는 것이 좋다고 한다. 그렇지만 목표의 달성을 실제로 책임지는 실무자는 수치적 목표를 회피하는 편이다. 그 이유는 수치 목표는 정해진 기간이 지나면 그것의 달성 여부가 명백히 드러나기 때문이다.

031

머피의 법칙

머피의 법칙Murphy's law이란 엔지니어와 과학자들 사이에서 전해 내려오는 말 또는 격언 등으로 다음과 같은 내용을 담고 있다: "어떤 일이든지 실패할 소지가 있는 일은 실패하게 마련이고, 처음 생각했던 대로 쉽게 되는 일은 없으며, 그래서 어떤 일이든지 기한을 넘기게 된다. 어떤 일을 하는 데에 둘 이상의 방법이 있고 그것들 중 하나가 나쁜 결과disaster를 불러온다면 누군가가 꼭 그 방법을 사용한다."

예를 들어, 잼과 버터를 잔뜩 바른 식빵이 깨끗한 양탄자 위에 떨어졌는데, 하필 잼과 버터를 바른 면이 바닥을 향했다면 머피의 법칙이 작동한 것이다. 버스 정류장에 가면 항상 내가 타려던 버스는 바로 앞에서 출발하고, 그래서 기다리다 지쳐서 택시를 타면 바로 뒤에 버스가 도착한다.

이와 같이 어떤 일이 잘못되어 가는 상황에 대해 이야기할 때 흔히 머피의 법칙이 작동됨을 말한다. 이 용어는 1949년 미국 공군에서, 인간이 중력에 얼마나 견딜 수 있는지에 대한 실험을 할 때 엔지니어였던 에드워드 머피Edward A. Murphy의 이름을 딴 것이라고 한다.

한편 머피의 법칙의 반대 용어도 있다. 샐리의 법칙Sally's law은 계속해서 자신이 바라던 대로 일이 순조롭게 일어남을 뜻한다. 여기서 샐리는 1989년의 미국영화 '해리가 샐리를 만났을 때'When Harry Met Sally에서 유래되었다고 한다.

032

호사다마好事多魔 법칙

좋은 일에는 흔히 시샘하는 듯이 안 좋은 일들이 많이 따른다. 따라서 좋은 일이 왠지 계속 발생한다면 이와 연관된 안 좋은 일이 발생할 가능성에 대해서도 경계할 필요가 있다.

- 명성이 나면 훼방이 따라붙고, 선행이 드러나면 악행이 따라 나온다(譽見即毁隨之, 善見即惡從之). – 文子

- **자동차 글로벌 1등의 저주:** 폴크스바겐, 토요타, GM의 공통점은 뭘까? '글로벌 시장 1위를 달리다 리콜 사태로 정상에서 굴러 떨어진 기업'이 정답이다. 토요타는 2009년 가속 페달 결함으로 1,400만 대를 리콜하면서 1등을 내줬다. GM은 2014년 점화 스위치 결함으로 인한 3,000만 대 리콜로 몰락했다. 토요타, GM이 비운 자리를 차지한 폴크스바겐도 2015년 9월 디젤 차량 배출가스 조작 사태로 브랜드 이미지와 신뢰성에 치명적인 타격을 입었다. – 조선일보, 2015년 11월 1일

033
주변 사람들로 인해 받는 영향의 법칙

자신의 의도 및 노력과 관계 없이 주변 사람들 때문에 운명이 엉뚱하게 바뀌는 경우가 종종 있다.

- 2015년 국제수영연맹FINA의 결정에 따라 도핑문제를 일으킨 박태환 선수(26)는 2014년 9월 인천아시안게임에서 획득한 메달을 박탈당하게 되었고, 이와 동시에 그와 함께 메달을 딴 선수들도 '동반 박탈'이라는 애꿎은 피해를 보게 됐다. 계영 200m, 혼계영 100m에서 동메달을 함께 획득했던 7명이 여기에 해당하는데 남기웅, 양준혁의 경우는 메달을 2개나 잃는 아픔을 겪게 됐다. 명예뿐 아니라 메달리스트 혜택(연금 등)도 잃을 위험이 있다.

주변 사람들에 의해 자신의 결과가 어떻게 바뀔지에 대해 우리가 미리 예측하기도 어렵고, 또한 여기에 대비하는 것도 용이하지는 않다. 다만 이런 현상이 발생할 수 있다는 것을 인지할 필요가 있고, 그리고 그러한 현상이 발생할 때 이를 초래한 주변 사람에 대해 어떻게 대할 것인지 등에 대해 미리 생각해 보는 것은 나쁘지는 않을 것이다.

034

원래대로 회귀回歸의 법칙

때로는 자신의 본성과 다른 마음을 먹을 때도 있고 평소와 다른 행동을 할 때도 있다. 그러나 사람은 언젠가는 다시 본래의 모습으로 돌아오게 되어있다.

- 영국 일간지 데일리메일에는 최근 남아프리카의 한 사파리에서 포착된 사진이 실렸는데, 거기에는 태어난 지 얼마 되지 않은 어린 스틴복(아프리카산 작은 영양의 일종)과 표범이 지척에서 한가로운 오후를 보내는 모습이 담겨 있다. 이 스틴복은 표범 가까이로 가 몸을 부비거나 심지어 젖을 빨려고 시도하는 등 '겁 없는' 행동을 일삼았다. 표범 역시 스틴복이 가까이 오는 것을 가만히 지켜보거나 가볍게 장난을 치는 등 먹이사슬과는 어울리지 않는 친근함을 보여 사파리 내 사육사들을 놀라게 했다. 하지만 이들의 우정은 해피엔딩이 아니었다. 표범은 무려 45분 동안이나 스틴복과 즐거운 한때를 보낸 뒤, 어미가 한눈을 판 틈을 타 결국 잔혹하게 잡아먹어 포식자로서의 면모를 드러냈다. 스틴복은 결국 자연의 법칙대로 포식자에 의해 최후를 맞았다. – 서울신문, 2012년 4월 18일

이런 관점에서 본다면, 현재의 구성원을 그대로 두면서, 기업문화를 바꾸거나 또는 대폭적인 혁신을 꾀하는 것은 사실상 불가능하다고도 볼 수 있다.

035

못 말리는 DNA 법칙(참조: 15장 기존 DNA의 제거 법칙)

이 법칙은 위에서 제시한 '원래대로 회귀의 법칙'과 유사하다. 선천적으로 부여받은 것(DNA)의 영향력은 상당하다. 물론 후천적으로 노력하면 일정부분 물질적 변화는 가능하다.

- 돼지도 열심히 훈련하면 근육질 돼지가 될 수 있지만, 치타도 게으르게 생활하면 굼뜬 치타가 되기도 한다.

"차이코프스키Tchaikovsky의 전기傳記를 읽었다고 해서 우리가 '백조의 호수Swan Lake'를 작곡할 수 있는 것은 아니다"란 말이 있듯이, 스티브 잡스의 일대기를 꼼꼼하게 읽었다고 해서 우리가 아이폰을 만들 수 있는 것은 아니다. 동일한 자극을 받더라도 사람마다 반응이 천차만별 다르다. 같은 수준의 노력을 기울이더라도 그 성과는 제각기 다르다. 이와 같이 타고난 DNA는 어찌할 수 없는 부분이다.

- '지금부터 빨리 뛰어야지!'라는 생각이 들면, 열심히 뛰기 시작한다. 그런데 이때 일반인은 100m를 20초에 뛰지만, 우사인 볼트Usain Bolt는 9초에 뛴다. 생각과 목표 지향점이 같아도 이를 실천하는 능력에는 차이가 어쩔 수 없이 존재한다.

역도선수 장미란은 피겨스케이팅 선수가 되려 하기보다는 자신에게 적합한 역도선수가 되었기에 성공한 것이다. 원하든 원치않든 간에 관계없이 자신에게 주어진 DNA의 특성을 인정하고 거기서부터 최적의 것을 선택하는 것이 현명하다.

036

후천적 노력의 법칙

이것은 전술한 DNA 법칙과 상반되는 법칙이다. 많은 드라마 PD들이 '저 친구가 연기자로 성공하면 손에 장을 지지겠다'고 했던 연기자들이 꽤 있었다고 한다. 예를 들어, 이정재, 조인성, 황신혜 등이 이러한 부류에 해당된다. 그렇지만 그들은 자신의 부족한 부분을 집중 교육 받고, 단점을 커버하는 노력을 끊임없이 기울였기에 멋진 연기자로 거듭났다. 물론 탁월한 연기자 및 가수는 태어나는 게 맞지만 이와 같이 후천적 노력으로 좋은 연기자 및 가수로 거듭 날 수 있다.

미국의 연극 학원에서 동기들 중 절대 배우가 되지 못할 것으로 생각되는 학생들 두 명이 있었다고 한다. 그런데 그중 한 명이 바로 '레인맨', '크레이머 대 크레이머'로 아카데미 남우주연상을 두 번 수상한 연기파 배우 더스틴 호프만Dustin Hoffman이라고 한다. 그리고 나머지 한명은 잭 니콜슨Jack Nicholson이었다('뻐꾸기 둥지 위로 날아간 새', '이보다 더 좋을 순 없다'로 두 번의 아카데미 주연상을 받음).

- 불세출의 테너였던 루치아노 파바로티Luciano Pavarotti, 그의 어렸을 적 음악선생은 그가 성악가로서의 능력이 부족하다고 하였다고 한다.

그런데 이러한 후천적 노력을 게을리 하게 만드는 요인들은 여러 가지가 있지만, 그중 하나는 너무도 좋게 타고난 DNA이다. 예를 들어, 예쁜 얼굴, 고운 목소리만 믿고 자신의 부족한 점을 무시하며 노력을 등한시한다면, 언젠가는 무대에서 사라지고 말 것이다. 그런 연기자, 가수, 개그맨 등을 찾아보기란 어렵지 않을 것이다.

- 성공의 비결은 좋은 패를 쥐는 게 아니라 나쁜 패를 쥐고도 잘 활용하는 것이다'
 – 워런 레스터

037

당연시되는 것들의 소중함 법칙

당연시되는 것이란 익숙한 것, 너무도 당연시 되는 것, 가장 기본적인 것 등을 의미한다. 이렇게 늘상 옆에 있던 것에서 문제가 생기면, 이로 인한 타격은 훨씬 크다는 것을 의미한다. 변기가 고장나거나, 전기가 끊기거나, 물이 나오지 않게 되거나, 스마트폰을 분실하거나 등. 이런 것들을 상상해보면 이의 부재로 인한 타격은 상당함을 느낄 것이다.

얼마전 PC가 고장이 났다. 구매 후에 한 번도 말썽을 부린 적이 없었기에 백업도 잘 하지 않고 중요한 파일은 그 안에 모두 두었기에, 한동안 멍하니 있었다. 다행히 그래픽 카드로 인한 단순한 문제였고 이의 교체를 통해 해결하였지만, 이것이 잘못 되었더라면 엄청난 손실을 입었을 것이다.

휴대폰, 컴퓨터, 인터넷 등이 되지 않는다면, 그 피해는 상당할 것이다. 그만큼 여기에 의존하는 생활을 하고 있기 때문이다. 주변에 항상 있기에 너무나 당연시 하였던 사람들, 가족, 친구들도 이러한 존재이다. 공기에 항상 의존하지만 그 존재의 고마움을 우리가 쉽게 잊는 것처럼.

당연한 것을 둘러보고, 그러한 당연한 것들이 문제없게끔 꾸준히 관심을 가져야 한다. 손 안에 없는 것을 추구하느라 정작 내 주변에서 나를 지켜주는 소중한 것을 소홀히 해서는 안된다.

038

취사선택의 법칙

(참조: 9장 제품정리 또는 폐기의 법칙, 10장 군더더기 제거의 법칙)

취사선택取捨選擇이란 여럿 가운데서 쓸 것은 골라 쓰고 버릴 것은 버린다는 의미이다. 말은 간단하지만, 좋은 것을 남겨두고 나쁜 것만을 버린다는 것은 생각처럼 쉽지 않다.

- 예전에 어떤 거지가 우연히 거리에 떨어져있던 복권을 발견하였다. 그런데 재미삼아 맞춰본 그 복권이 바로 일등 당첨된 것이란 걸 알게 되었다. 이제부터 팔자를 고칠 수 있다는 기쁜 마음에 거지는 한강 다리에 올라가 그동안 가지고 다녔던 지긋지긋한 거지깡통을 강물을 향해 멀리 집어 던졌다. 마치 자신의 과거도 깡통과 함께 먼 바다로 떠나 보내고 싶은 것처럼. 후련한 마음으로 다리에서 내려오다 보니, 그 복권이 거지깡통 깊숙한 밑바닥에 두었던 것이 생각났다.

어릴 적 어른들로부터 들은 위의 이야기가 실제 일어났던 일인지는 모르겠지만, 우리들은 때로 이와 같은 어리석음을 범하지 않을까 생각된다(예: 집이 낡아서 자꾸 수리하는 번거로움 때문에 집을 팔았더니 얼마 후 그 지역에 지하철이 들어오고 이마트가 들어서면서 크게 값이 뛴 경우, 먼지가 뽀얗게 쌓인 책들을 고물장수한테 팔았는데 그 책 중에 희귀본이 있었다는 것을 나중에 알게 된 경우 등).

처음에는 지니고 있던 것을 버리기를 주저하지만 한두 번 버리기 시작하다 보면 주변이 정리되고 깨끗해진다는 생각이 들어 점차 버리는 것에는 가속도가 붙게 된다. 문제는 이러다 보면 초기에는 차분하게 검토하고 버렸지만 나중에는 그 속도에 취해서 정작 중요한 것도 같이 버리게 되는 경우가 생기게 된다. 버리는 것도 잘 해야 하지만, 이를 잘 선택해서 버리는 것이 진짜 중요한 것이다.

039

적극적 행동 및 실천만이 현상을 바꾸는 법칙

얼마 전 여러 명이 함께 뛰는 단축 마라톤 대회에 나갔다. 여러 명이 함께 뛰기에 홀로 뛰는 것에 비해서 힘은 덜 들었다. 그렇지만 결국 뛰는 것은 혼자이다. 목표로 세운 거리를 자신이 뛰지 않는다면 결코 그 거리를 완주할 수는 없을 것이다. 자기 자신이 움직이지 않는다면, 바뀌는 것은 하나도 없다.

- 30대 초반, 테니스 동호회에 가입한 적이 있었다. 50대 후반의 어떤 교수님이 테니스를 잘 치시기에, 당시 저자는 어떻게 해야 교수님처럼 그렇게 잘 칠 수 있는지에 대해 여쭤보았다. 교수님께서는 빙그레 웃으시면서 당신이 저자 나이 때부터 더우나 추우나 하루도 빠짐없이 테니스를 치셨다고 하시면서, 저자도 그렇게만 한다면 원하는 만큼 잘 치게 될 것이라고 하셨다.

- Happiness is not something ready-made. It comes from your own actions. – 달라이 라마

- 渡도: 무언가를 건너간다는 의미의 한자이다. 아프리카의 얼룩말들은 초원을 찾아가기 위해 악어가 득실대는 강을 건너간다.

040

균형적 노력의 법칙

열매를 많이 맺은 나무는 부실한 열매를 맺은 나무에 비해 가지가 쉽게 부러진다고 한다. 어느 한 방향으로의 집중된 투자는 그렇지 않은 부분에 허점을 남기게 되어 전체적으로는 오히려 큰 문제를 가져올 소지가 있다.

장기적으로 생각한다면, 열매가 본격적으로 맺히기 전에 가지치기를 하여 적정 열매만 맺게 하는 것이 합당하다. 그러한 기반이 마련된 뒤에 열매를 맺는 노력을 하면 열매도 튼실하고 나무에도 무리가 가지 않을 것이다. 사람도 마찬가지이다. 어느 한쪽만 기형적 발달을 한다면, 문제가 생기게 된다. 지·덕·체를 모두 강조하는 전인교육이 중요한 것도 이런 이유에서다.

041

총체적 모습(공간차원)을 볼 수 있는 역량의 법칙

- 유엔 사무국에서 35년간 근무하면서 코피 아난은 모든 사물을 볼 때 그 일부를 보면서 동시에 전체도 볼 줄 아는 공평한 사람으로 알려져 왔다. 오늘날 코피 아난이 가장 인기있는 유엔 사무총장으로 꼽히고 있는 것은 그가 지닌 이러한 자질 때문이다. 코피 아난 사무총장은 자기가 17살 때에 배

운 잊을 수 없는 교훈을 다음과 같이 회상한다: 하루는 교장선생님이 교실 안으로 들어오더니 구석에 검은 점이 하나 있는 넓다란 흰 종이를 펼쳐놓고 우리에게 무엇이 보이느냐고 물었습니다. 그러자 학생들은 일제히 "검은 점 하나요!" 하고 대답했죠. 그때 교장선생님은 이렇게 말했습니다. "여러분 가운데 이 널찍한 흰 종이를 본 사람은 하나도 없군요. 이 다음 사회에 나가거든 절대 그런 시각을 갖지 않도록 하세요."

– 리더스 다이제스트, 1997년 10월호

모든 것들은 알게 모르게 서로 연관되어 있다. 이러한 연관성을 모르고 일을 추진하다가는 큰 낭패를 볼 수 있다. 그런데 대부분의 경우, 이러한 연관성은 너무 늦게 깨닫게 되는데 그로 인한 손해는 엄청나다.

- 2,300억원 넘게 들여 짓고 있는 부산항 국제여객터미널이 2015년 1월 완공을 앞두고 있다. 이 터미널이 완공되면 10만 톤급 크루즈선 1척과 2만 톤급 페리선 5척이 동시에 접안할 수 있게 된다. 그런데 문제는 이 터미널을 이용하려면 2014년 5월 새롭게 개통된 부산항 대교를 반드시 거쳐야 한다는 점이다. 해수면에서 부산항 대교 상판까지 높이는 중심부가 66m로 파도와 만조를 고려해 통과하는 선박의 높이가 60m 이내로 제한되어 있다. 따라서 높이가 60m가 넘는 대형 크루즈선은 부산항 대교를 통과할 수 없다. 즉 부산항 대교 안쪽에 있는 국제여객선터미널로의 입항 자체가 불가능하다. 2014년 한해 높이가 60m가 넘는 대형 크루즈선의 부산항 입항 횟수는 30차례가 넘을 것으로 예상된다. 즉 이 크루즈 전용 부두가 완공되더라도 전체 크루즈 선박의 25% 가량은 아예 이용할 수 없게 된다. 부산시와 항만청은 예산 문제로 다리 높이를 더 높일 수 없었다고 해명하였다. 부산지방항만청 관계자: "항만청에서는 70m까지는 돼야 한다. 배도 커지고

있고 그렇긴 했는데, (부산시에서) 다리 높이가 5m 높아짐에 따라 공사비가 늘어난다고 하더라고요." – SBS 8시 뉴스, 2014년 6월 8일

해충이라고 여기고, 이의 박멸을 절실하게 원하는 모기, 그렇지만 이 모기가 지구상에서 영원히 사라진다면, 그 어떤 결과가 초래될지 아직 우리는 잘 모른다.

- 현재 '유전자 조작GM 모기'에 대한 연구가 진행되고 있다. 이를 통해 새끼를 제대로 낳지 못하게 해 자연히 개체 수가 줄어들게 만드는 방법이다. 그 한 가지 방법은 생존에 꼭 필요한 유전자 중 일부가 제대로 기능하지 못하도록 수컷 모기의 단백질을 조작하여 만든 수컷 GM 모기를 자연에 풀어놓으면, 야생에 있는 암컷들과 짝짓기를 해도 암컷이 낳은 알은 유충 단계에서 번데기가 되지 못하고 죽는다. 이것 이외에도 유전자를 조작하는 방식은 여러 가지가 있다. GM 모기의 효과는 확실하게 나타나고 있는데, 플로리다대 연구팀이 2014년 GM 수컷 모기 330만 마리를 일부 지역에 풀어놓고 6개월간 실험한 결과, 전체 모기의 96%가 사라졌다. 하지만 GM 모기가 생태계 전체에 영향을 미칠 수 있다는 반대 목소리도 높다. 모기는 사람에게는 쓸모가 없지만 박쥐와 일부 새의 중요한 먹이다. 유전자가 조작된 모기를 먹은 동물에게서 부작용이 생길 수 있다는 우려도 있어 신중한 검토가 필요한 상황이다. – 조선일보, 2015년 4월 26일

042

총체적 흐름(시간차원)을 볼 수 있는 역량의 법칙

2014년 브라질 월드컵은 여러 면에서 재미도 있었지만 유용한 시사점도 많이 얻을 수 있었다. 그 중 하나의 시합이 네덜란드와 코스타리카의 8강전이었다.

- **120분을 참은 반 할의 인내심:** 반 할 감독이 이끈 네덜란드는 코스타리카와의 8강전에서 승부차기로 힘겹게 승리했다. 경기내내 네덜란드는 불운했다. 네덜란드는 전반부터 연장 후반까지 골대만 3번을 때렸다. 전후반 90분을 향해 가고 있었지만 반 할 감독은 좀처럼 움직이지 않았다. 가능한 빨리 끝내려 공격자원을 넣어야 함에도 반 할 감독은 급하지 않았다. 90분 동안 교체 자원이라고는 후반 21분에 한 것이 전부였다. 분명 소극적이었다. 연장전이라고 다르지 않았다. 반 할 감독은 연장 전반에야 새로운 선수를 교체하였다. 이미 3장의 카드를 다 쓴 코스타리카와 달리 반 할 감독은 계속해서 1장을 아껴뒀다. 승부차기까지 각오한 반 할 감독의 마지막 카드는 팀 크룰 골키퍼였다. 반 할 감독으로선 이미 경기의 흐름을 무승부로 파악하고 마지막 승부수를 띄운 셈이다. 객관적 전력에서 앞선 네덜란드가 보여주기엔 다소 소심한 선택이었지만 효과는 대단했다. 크룰 골키퍼는 코스타리카 선수들의 페널티킥 습성을 모조리 파악한 듯 승부차기 내내 코스를 완벽하게 읽어냈고, 2명의 페널티킥을 막아내는 수훈을 펼쳤다. 경기를 짧게 보지 않고 길게 내다본 반 할 감독의 인내심은 소극적이라는 평가를 단숨에 뒤집었고 명장다운 용병술로 네덜란드를 준결승으로 이끌었다.

  – 엑스포츠뉴스, 2014년 7월 6일

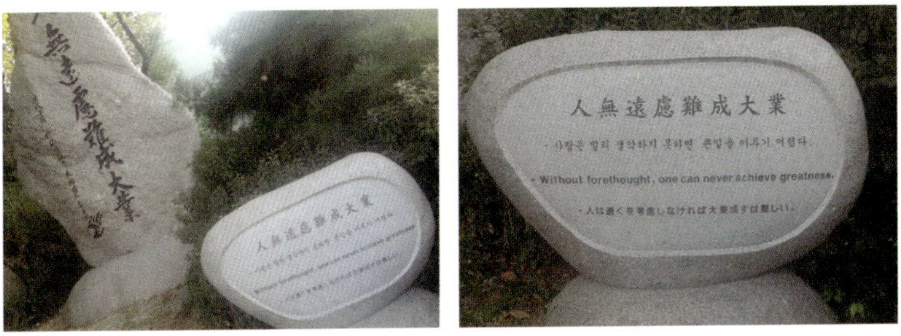

남산의 안중근 기념관 앞의 기념석

- 사람은 멀리 생각하지 못하면 큰일을 이루기 어렵다(人無遠慮難成大業).

  – 안중근 의사

- 우리에게 내일의 행복이 있는 건 오늘의 고통이 있기 때문이야(We can't have the happiness of tomorrow without the pain of today).

  – 영화 'Shadowlands(1993년작)'의 대사

043

실체 직시의 법칙

어떤 대상에 대해 잘 모르면 그에 대해 공포를 가지게 된다. 그런데 막상 어떤 연유에 의해 그 대상을 제대로 알게 되면, 그동안 필요 이상의 공포를 가졌다는 사실을 깨닫게 되기도 한다.

- 우리들이 두려워해야 할 것은 오직 공포(즉 공포를 주는 외부 대상이 아니라, 공포감을 느끼는 마음 그 자체)뿐이다. – F. D. Roosevelt

그런데 실체를 제대로 모르기에 생기게 되는 사람의 왜곡된 심리는 공포에서만 나타나는 것은 아니다. 실체에 대한 필요 이상의 과대 평가(예: 명품), 과소 평가(예: 하룻강아지 범 무서운줄 모름), 낙관 또는 비관, 위험예상 등에 대해서도 나타난다.

실체를 제대로 이해하게 되면 이에 적절한 수준의 대응을 하게 된다. 따라서 무엇보다 중요한 것은 실체를 먼저 제대로 이해하는 것이다. 들리는 소문에 의존해서만 막연히 실체를 평가하였다가는 큰 낭패를 볼 수도 있고 또는 큰 기회를 놓칠 수도 있다.

- 바다에 대한 지식이 전혀 없던 시기에 살던 사람들은 바다에 대해 막연한 공포를 가졌을 것이다. 이러한 공포가 너무 심하였다면 아무도 물에 들어가지 못했을 것이고 따라서 맛있는 물고기를 잡지도, 저 너머의 풍족한 자원의 섬에도 가 보지 못했을 것이다. 반면에 바다에 대한 얄팍한 지식만 가지고 무모하게 바다를 정복했다고 생각한 사람들은 상어, 고래, 태풍 등의 위험에 직면하였을 것이다.

044

워밍업 법칙(단계적으로 고난도로 가야 하는 법칙)

워밍업warming up이란 본격적인 운동이나 시합을 하기 전에 몸을 풀기 위해 하는 가벼운 운동을 의미한다. 그런데 이러한 워밍업은 육체적인 운동에서만 필요한 것은 아니다. 음식을 섭취할 때도, 그리고 새로운 지식을 소화할 때도 워밍업은 필요하다.

뷔페음식을 먹을 때 우리는 전채 음식부터 먹으면서 위장에 약한 자극을 주기 시작하고, 그런 다음에 차차 기름지고 찰져서 소화가 쉽지 않은 음식을 먹으며, 제일 나중에는 디저트를 먹는다. 달달한 디저트부터 먹거나, 바로 기름기 있는 고기음식부터 먹는 사람은 드물다. 이러한 것에서 볼 수 있듯이 전체 성과의 극대화를 위해서는 일의 순서가 중요하다. 동일한 음식의 양과 내용을 섭취하더라도 이를 어떠한 순서로 먹는가에 따라 음식 섭취 과정에서의 즐거움, 그리고 섭취 후의 소화에도 영향을 미치게 된다. 이와 같이 순서는 전체 성과를 결정하는 데 중요한 역할을 한다.

워밍업을 위해서는 충분하면서도 적당한 시간을 할애할 필요가 있다. 젊은 시절 저자가 광고대행사에 근무했을 때, 월요일 오전마다 부서 회의가 있었는데, 그 회의에서는 우선 주말에 무엇을 하였는지, 새롭게 시작한 취미활동은 무엇인지 등 업무와는 전혀 무관한 얘기부터 한가롭게 잡담을 하면서 월요일 오전의 분위기를 조금씩 다잡아갔다. 물론 이러한 얘기로만 한없이 늘어지게 하지는 않았다. 주말에 풀어진 분위기가 어느 정도 가라앉았다고 판단되면, 중요한 안건과 그 주에 처리해야 할 일에 대한 내용으로 전환되었다.

045

과정이 힘들지 않아야 목적지 도착 후에 힘을 발휘하는 법칙

여행 목적지에 도달하는 과정이 너무 힘들고 고단하다면, 막상 여행지에 도착하여도 이를 즐기지 못하게 된다. 사람의 체력, 정신력은 일정 한계가 있기에 목적지까지 가는 과정에 자신의 모든 것을 쏟아 부었다면, 목적지에 도착해서 사용할 게 별로 남아 있지 않게 된다. 따라서 이러한 현상을 미리 잘 이해하고 계획을 세울 필요가 있다.

- 수비목적으로 지어진 예전의 산성山城은 보통 높은 산에 위치하고 있다. 그러한 산성에 오르기까지 힘을 모두 낭비하였다면, 정작 싸워야 할 때 기진맥진한 상태일 것이다.

- 대학시절은 그 어느 때보다도 학습에 정진해야 할 때이다. 그런데 우리나라 학생들은 이미 중고등학교부터 대학입시를 위해 모든 에너지를 소진한 상태가 되었기에, 정작 공부에 매진해야 할 대학에 들어와서는 이에 쓸 에너지가 고갈된 상태가 된다. 그래서 대학생활의 많은 부분을 무의미하게 낭비하는 경우가 많다. 이러한 점이 우리 교육의 고질적이고 구조적인 문제라고 할 수 있다.

우리 인생은 어떤 목적지를 향해 나아가는 여정의 연속이라고 볼 수 있다. 판사, 의사, 장관, 사장, 무대의 주인공 등 사람마다 추구하는 목적지는 다를 것이다. 그런데 이러한 자리까지 가는 과정이 너무도 힘들었다면, 막상 그 자리에 가서 실력을 제대로 발휘하지 못하게 된다. 이미 힘이 고갈되었기에 아무것도 하지 못하기 때문이다. 그리고 그렇게 원하였던 자리지만 이를 즐겁게 지내지도 못하게 된다. 따라서 너무 힘든 과정이 예상된다면 이러한 목적지로 가는 것이 과연 내게 어떤 의미가 있는 것인가에 대해 재삼 고민할 필요가 있다. 목적지까지 가는 과정에서 치르게 되는 비용이 목적지에서 누리게 되는 혜택보다 더 커서는 안될 것이다.

046

일체유심조一切唯心造의 법칙

이 말은 '인간 세상의 모든 것이 마음이 지어내는 것'을 의미하는 불교용어이다. 일체유심조와 관련된 것으로 유명한 것은 신라의 고승 원효의 이야기가 있다. 661년 원효는 의상과 함께 당나라에 가기 위해 당항성으로 가는 도중 일체유심조를 깨닫고(: 어둠 속에서 그릇에 담긴 물을 맛있게 마셨지만, 날이 밝자 그 물이 담겼던 그릇이 해골임을 알게 됨) 다시 신라로 돌아왔다고 전해진다.

흔히 우리는 일상의 복잡함, 힘듦을 탈피하고자 멀리 여행을 떠난다. 그렇지만 이렇게 물리적으로 먼 곳으로 떠난다 하더라도 우리 삶의 문제를 탈피하게 되는 것은 아니다. 일상의 고민을 맘속에 여전히 담아두고 있다면, 거리상으로 지구 반대편으로 가더라도 그대로 일상의 삶에 있는 것과 마찬가지이다. 결국 마음이 중요하다. 일상의 복잡하고 불편한 현장에 있더라도 마음에서 이를 다스릴 수만 있다면, 우리는 태평양의 한적한 섬에서와 같은 마음의 평화를 가지게 될 수 있다. 모든 우리가 느끼는 것은 결국 일체유심조인 것이다.

글을 맺으며

이제부터 여러 분은 경영 일반 및 마케팅에 관한 다양한 법칙들을 접하게 될 것이다. 본 장에서 다룬 내용들이 앞으로 소개될 내용을 이해하는 데 바탕이 되기도 하겠지만 조금은 워밍업적인 성격도 있다. 모쪼록 책의 마지막 페이지까지 읽으면서 삶에 도움이 되는 지식을 많이 흡수하기를 바란다.

제 3 장

경쟁전략의 법칙

(또는 경쟁우위 확보의 법칙)

Chapter 03

기업의 세계는 경쟁 세계이다. 그것도 아주 치열한 경쟁 세계이다. 이러한 세계에서 남들에게 뒤처지지 않으려면, 무언가 남들보다 잘하는 것이 하나 이상은 있어야 한다. 잘하는 것의 종류는 마치 지구상 존재하는 생명체 모두가 나름대로의 생존방식이 있듯이 무척이나 다채롭다.

생존하기 위해 남보다 잘하는 방식은 이와 같이 무수히 많지만 이를 크게 두 가지로 분류해 본다면 다음과 같다. 첫째는 남들이 하지 않는 그 어떤 다른 것 또는 새로운 것을 하는 것이고(예: 고슴도치의 가시, 스컹크의 방귀), 둘째는 남들과 유사한 것을 한다면, 그것을 조금이라도 더 잘하는 것이다(예: 치타의 달리는 능력). 요약하면, 남들이 하지 않거나 또는 못하는 것을 하거나, 남들과 유사하다면 이를 좀 더 잘하는 것이다. 이러기 위해서는 창조와 혁신의 역량이 있어야 한다. 창조는 남들이 하지 않던 새로운 것을 하는데 도움이 되고, 혁신은 기존에 하던 방식을 대폭 개선하는 데 도움이 된다.

어쨌거나 이러한 두 가지 경쟁우위의 길 중에서 그 어떤 것을 취하기로 결정하였다면, 그에 걸맞은 인적/물적 자원과 역량, 그리고 조직문화를 보유하고 있어야 한다. 그런데 이러한 자원, 역량, 문화 등은 단기간에 갖춰지거나 조성되지 않는 경우가 많기에, 이를 미리 계획하고 꾸준하게 실천하는 것이 필요하다. 내부적으로 역량을 증대하는 것이 어렵다면 외부로부터 유입할 수도 있다. 참고로 외부와의 제휴에 대한 법칙은 4장에서 다룰 예정이다. 여기서는 경쟁우위의 여러 대안, 전략의 집행 등과 연관된 제반 법칙들을 소개하겠다.

047

강점 강화의 우선 법칙

약점을 보완하는 노력을 기울이기보다는, 오히려 그러한데 투자할 시간과 자원이 있다면 현재의 강점을 더욱 강화하는 쪽으로 노력을 기울이는 것이 더 나을 때가 많다. 즉 '자신이 (남보다 더) 잘하는 것'을 더 잘할 수 있는 방향으로 투자하는 것이 낫다. 물론 이미 강점을 가진 부분을 더 성장시키는 것은 성장속도가 눈에 띌만큼 빠르지 않고 또 성장률도 미미할 것이다. 이는 이미 어느 일정수준에 올라와있는 상태이기에 이를 조금 더 향상시키기란 쉽지 않기 때문이다. 반면에 취약점은 워낙 현재의 상태가 바닥에 머물러 있기에 이에 대한 조금의 투자만으로도 눈에 띄는 성과를 거둘 것이다. 예를 들어, 100m의 세계기록 보유자인 우사인 볼트Usain Bolt가 0.01초를 줄이는데도 엄청난 노력을 기울여야 하지만, 평소 30초에 달리던 사람이 1초를 줄이는 것은 며칠만 노력해도 되는 것과 마찬가지이다. 성장 속도가 느리다고 해서 그러한 강점의 강화 노력을 덜 기울여야 하는 것은 아니다. 그러한 조금의 차이(예: 100m 달리기에서의 0.01초)가 고수들 간의 싸움에서는 결국 승패를 좌우하기 때문이다. 따라서 귀한 시간과 자원을 한가하게 약점을 보완하는 데 허비할 여유는 없다. 트로트가 어울리는 장윤정이 소녀시대처럼 예쁘게 노래를 부르거나 춤을 추려하기보다는 자신의 장점을 살리는 방향으로 더욱 노력을 기울여야 한다. 장미란은 김연아처럼 멋진 외형을 위해 1kg을 감량하기보다는 바벨 1kg이라도 더 들 수 있도록 계속 노력을 기울여야 한다. 모든 것을 다 잘할 수는 없다. 자신만의 특정 분야를 잡아야 한다. 그리고 집요하게 그 분야에서 승부를 걸어야 한다.

- 인생의 진정한 비극은 우리가 충분한 강점을 갖고 있지 않다는 데 있지 않고, 오히려 갖고 있는 강점을 충분히 활용하지 못하는 데 있다.

  – 벤자민 프랭클린

- 나는 특정영역에서 나보다 탁월하지 못한 사람을 결코 만난 적이 없다.

  – 랄프 왈도 에머슨

- 경쟁우위가 없다면 경쟁하지 말라. — 잭 웰치(Jack Welch, GE 회장)

- 모차르트나 프로이트처럼 한 분야에서 탁월한 성취를 이룬 비범한 인물들은 남과 다른 점을 알아차리고 그 점을 활용한다. 그들은 자신의 취약 분야는 무시하고, 대신에 '내가 추구하려는 영역에서 경쟁력을 갖기 위해 나의 장점을 어떻게 활용해야 할 것인가'라는 질문을 스스로 제기하고 효과적인 답을 찾아 대응한다. — 하워드 가드너, '비범성의 발견'에서

강점을 강화하려면 우선 자신의 강점과 약점, 그리고 잠재력이 어떠한가에 대해 냉철하게 판단할 필요가 있다. 또한 자신이 가진 강점의 역량을 시장에서의 경쟁우위로 전환시킬 필요가 있다. 범죄의 유형도 자신의 강점과 약점을 고려해서 할 필요가 있지 않을까?

- **뚱뚱한 대학생 강도, 도주하다 탈진해서 붙잡힘:** 2008년 7월 부산의 한 아파트 입구에서 신모(19, 대학1년) 군은 귀가하던 조모(51, 여) 씨를 골목으로 끌고가 목을 조르고 주먹으로 얼굴을 때린 뒤 현금 50만원과 귀금속 등 150만원 상당의 금품이 든 손가방을 빼앗아 달아났다. 신고를 받고 출동한 경찰은 사건발생 장소 인근에서 도주하는 신 군을 발견, 공포탄 1발을 쏘며 추격했으나 신 군이 손가방을 버리고 주택가 골목길로 달아나는 바람에 범인을 붙잡는데 실패했다. 몸무게가 90kg 정도로 비만체형인 신 군은 수백여m를 전력질주해 경찰의 추격을 따돌리는 데 성공했으나 체력이 바닥나자 인근 초등학교 뒤 놀이터 벤치에 취객으로 위장해 누워있다 순찰 중이던 다른 경찰관에게 발견돼 붙잡혔다. — 동아일보, 2008년 7월 23일

물론 승부에 결정적으로 영향을 미치는 약점이 존재한다면 이러한 부분만큼은 최우선적으로 보완해야 한다. 그러나 그 약점이

그다지 문제되지 않을 수준이라면 이에 대해서는 최소한의 노력만 기울이면 우선은 족하다. 모든 것을 잘하겠다는 욕심은 강점의 강화 노력에 집중 투자하는 데 방해가 된다. 물론 이러한 법칙은 '싸움의 장場'이 어떠한 규칙에 의해 움직이는가를 전제로 해야 한다. 예를 들어 고등학교의 전 과목이 시험에 나오는 입시제도라면, 강점이 있는 과목에 더 치중을 하기보다는 취약과목을 없애는 것이 성적향상에 유리하다. 반면에, 특정한 몇몇 과목 중심의 본고사 체재의 입시라면 강점을 더 강화할 필요가 있다. 강점을 우선시할지 또는 약점을 우선 보완할지에 대한 판단은 그 경쟁이 열리는 무대의 규칙을 먼저 고려할 필요가 있다.

- 절대적 우위를 점하기가 불가능한 곳이라면, 의사결정 시점에 가진 것을 잘 활용하여 상대적 우위를 점하여야 한다. – Karl von Clausewitz, 1832

- It is not possible to fight beyond your strength even if you strive. – Homer

048

경쟁역량의 총량비교 법칙

마케팅에서는 4Ps라는 용어가 흔히 사용된다. 시장의 활성화에 사용되는 대표적인 도구를 의미하는데, 여기에는 제품

Product, 가격Price, 유통Place, 촉진Promotion이 포함된다. 이 중 어떤 한 가지 요소만 가지고 마케팅 목적을 달성할 수 있는 것은 아니고, 제반 종합적인 노력이 동시에 요구되기에 '마케팅믹스mix'란 개념이 등장한다. 마케팅역량 총량의 법칙이란 기업이 소비자에게 제공하는 마케팅믹스의 여러 요소들의 혜택의 합이 다른 경쟁사보다 높을 때 그 기업의 제품과 서비스가 선택될 것이라는 것이다. 요소들 모두가 경쟁사에 비해 절대우위에 있다면 더욱 좋겠지만, 그렇지 않을 경우, 즉 어떤 한두 가지가 부족하더라도 다른 것들의 경쟁력이 있다면, 전체적으로 총량이 커지기에 경쟁사보다 우위를 점할 수 있다는 의미이다. 예를 들어, 상처치료제, 소화제 또는 몸살약이 급하게 필요할 때는 가까운 곳의 약국에 가서 약을 사게 된다. 이때는 그 약이 평소에 잘 알려지지 않거나 약값이 조금 비싸거나 약사가 불친절하더라도 우리는 그 약을 서슴지 않고 사게 될 것이다. 이는 제품, 가격, 촉진이 약해도 유통(입지)이 엄청나게 강하였기에 선택되는 사례를 보여준다.

049

리비히의 최소량 법칙

'총량의 경쟁력 법칙'에서는 어떤 한 요소의 결함이 다른 요소의 경쟁력에 의해 보완적으로 메워질 수 있다는 점을 언급하였다. 그러나 때로는 어떤 한 요소의 결함이 전체 성과를 좌우하는 경우도 있다.

마케팅 활동과 그 성과 사이에는 리비히의 최소량 법칙Liebig's law of minimum이 존재할 수 있다. 최소량의 법칙은 독일의 식물학자 리비히가 1843년에 제창한 법칙인데, 생물체의 생존에 필요한 물질이나 조건들이 충족되지 않을 때 성장이 제한되는 사실을 정의한 이 법칙은 '필수 영양소 중 성장을 좌우하는 것은 넘치는 요소가 아니라 가장 부족한 요소'라고 하였다. 즉 질소, 인산, 칼륨, 석회 중 어느 하나가 부족하면 다른 것이 아무리 많이 들어 있어도 식물은 제대로 자랄 수 없다는 원칙이다. 이러한 법칙은 마케팅에서도 발생할 수 있다. 예를 들어, 아무리 가격, 유통, 촉진을 아무리 잘해도 제품이 좋지 않다면, 결국 마케팅 성과는 가장 미흡한 요소인 제품이 좌우하게 된다. 이런 점에서 볼 때, 최적의 마케팅 성과를 거두기 위해서는 믹스에 포함되는 요소 모두를 골고루 관리할 필요가 있다. 아래 사진은 캐나다 오타와의 미술전시관 앞에서 찍은 거미 조형물이다. 이 중 어떤 다리 하나라도 부실하다면, 이 조각상은 균형을 이루지 못해 쓸어질 것이다. 마케팅믹스도 마찬가지다.

캐나다 오타와의 미술전시관 앞에 설치된 거미 조형물

- 나무 판대기를 이어붙여 만든 물통의 경우, 물이 차는 최대 높이는 이러한 막대기들 중 가장 짧은 판대기가 결정한다.

050

시간 흐름상에서 어떤 단계의 최소치가 전체 성과를 결정짓는 법칙

일련의 시간적 흐름으로 이뤄진 과정process에서는 다른 모든 과정들이 잘 관리되더라도 어떤 특정 과정에서의 결함이 생기면 전체 다른 과정에서의 모든 노력이 수포로 돌아갈 수 있다는 법칙이다. 채소가 청결하게 생산되도록 농부는 씨앗부터 토양, 수분, 비료 등을 모두 다 잘 관리하여 수확을 한다. 이렇게 수확된 채소를 유통업자는 청결하게 포장하고 운반하고 또 저장을 한다. 슈퍼마켓에 깨끗하게 진열된 채소를 구매한 주부는 집에 와서 깨끗이 정수된 물로 세척을 하여 살균소독된 그릇에 올려 놓는다. 그런데 밖에서 더러운 흙장난을 하다 들어온 아이가 손을 씻지 않고 그 채소를 먹는다면~? 아마도 그간의 모든 과정에 들어간 노력은 수포로 돌아갈 것이다.

실제로 기업 현장에서도 이러한 사례는 종종 발견된다. 냉동식품 회사는 좋은 재료를 엄선하여 최상의 배합과 조리법을 통해 제품을 만들고 고가의 냉동장비를 도입하여 신선도를 유지하는 급속냉각을 하였다. 또한 공장 안의 창고는 최신식의 저장 창고였다. 그런데 문제는 이를 배급하는 외주 운송업체가 냉동운반차의 냉동실 온도를 일정하게 유지하지 않았다는 데 있었다. 결국 최종 소비자는 여러 차례 해동과 냉동 과정을 겪은 신선치 않은 때로는 상한 음식을 받게 되었다.

- 급하게 미국에 보내야 할 중요한 서류가 있어서 당시 가장 비싸고 안전한 운송수단을 채택하였다. 그런데 정작 서류가 담당자에게 도착한 것은 생각보다 한참 지나서였다. 그 이유를 알아보니, 서류는 미국 현지 기관에 신속하게 도착했는데, 서류 전달을 담당하는 총무부서의 직원이 2~3일 휴가를 다녀왔기에 그렇게 늦게 전달되었다고 한다.

시간 흐름상 어떤 한과정의 최소치가 전체 성과를 결정한다는 사실은, 역으로 경쟁사보다 이러한 단계에서 더 나은 결과물을 산출할 수 있다면 의미 있는 경쟁력의 확보가 가능하다는 점을 시사한다.

051

장시간 존속의 위대성 법칙

성공하고 싶은가? 그렇다면 한 가지—그것이 무엇이라도 크게 상관은 없다—를 단지 오랫동안 계속해서 하였다는 것

오랜 전통을 강조하는 식당, 빵집의 간판

만으로도 엄청난 경쟁력을 쌓을 수 있다. 장시간 한 가지 일에 매진하였기에 그만큼 실력이 쌓였기에 그러할 수도 있다. 그리고 그렇게 장시간 동안 한 가지 일을 하는 기업, 조직, 사람은 사실 그리 많지 않아서 희소성이 생길 수도 있다. 어쨌거나 수많은 세월 동안 같은 자리에서 같은 일을 하면서 존속하였다는 사실 그 자체만으로도 사람들에게 신뢰감, 관록, 친근감 등을 준다.

세월로부터 오는 힘을 무시하기란 어렵다. 시간의 힘은 실로 대단한데, 예를 들어 지금 이 순간에는 볼품없는 그릇 또는 장식장일지라도 앞으로 몇백 년 묵히면 귀한 골동품이 될 것이다.

영국의 예술가인 제이 케이 켈러는 1998년 10월 1일, 22살의 나이에 카메라 구입한 기념으로 처음 셀카 사진을 찍었다. 그리고 같은 자세로 매일 자신의 얼굴을 카메라에 담았다. 그는 16년의 세월을 3분 25초로 압축 셀카 사진을 영상으

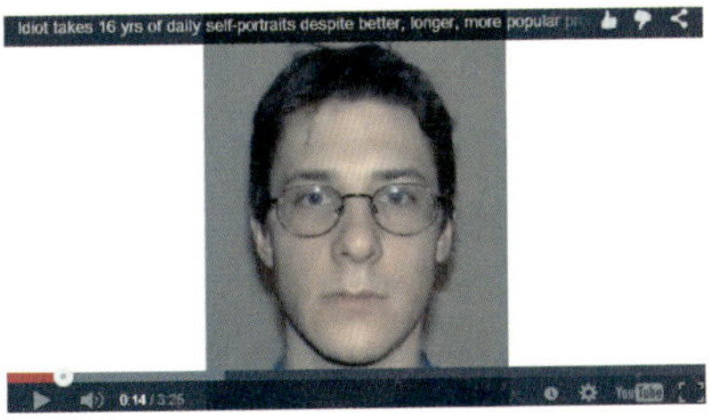

16년 동안 매일마다 셀카를 촬영한 남자의 유튜브 동영상

로 편집하였다.

인사동에 위치한 해정병원의 최광준 부원장은 저자와 초등 및 고등학교 동창이다. 그런데 이 병원은 아주 고지식하게 운영된다. 보통 병원이 커지면 다른 진료과목까지도 확장하려 하지만 해정병원은 지금껏 위장병(내과)만 고집하고 있다. 최 부원장은 이 병원 40만여 건의 위 내시경 시술 중 혼자 15만 건 이상을 담당했다. 난치성 위장병 환자에 대한 완치율도 높은 편이다. 따라서 명성을 듣고 지방에서 오는 환자들도 많다. 아직도 많은 사람들은 위장병 하면 해정병원을 떠 올리는데, 이는 아마도 선대로부터 쌓은 40년간의 뚝심에 대한 믿음 때문일 것이다.

처음 가보는 여행지에서 가게를 선택하는 경우, 그 가게가 얼마나 오래된 지를 알게 되면 편하게 이를 선택하지 않을까? 아래의 사진은 독일 프랑크푸르트의 가게로 1796년부터 영업을 시작하였다는 것을 앞세우고 있다. 또한 일본 긴자에 있는 기무라 빵집은 1869년에 설립되었음을 보여주고 있다. 이러한 역사성은 저자와 같은 초행객들께 많은 신뢰감을 준다.

독일의 프랑크푸르트의 어떤 점포(1796년 설립), 일본 기무라 빵집(1869년 설립)의 봉지

- 예전에 어떤 일본인이 영국을 여행할 때의 실화이다. 여행 중에 우연히 어떤 집의 잔디를 보게 되었는데, 너무도 예쁘게 관리되어 있었다. 평소 정원의 잔디 관리를 위해 여러 잔디품종을 시도해보기도 하였고, 다양한 비료를 처방하기도 하였지만, 아직까지 만족스럽지 못했기에 그 집의 잔디 비결이 못내 궁금하였다. 그래서 염치불구하고, 문을 열고 들어가 주인에게 그 비결을 물었다. 그런데 집 주인의 대답은 매우 단순하였다. 즉 하루도 빠짐없이 잔디를 정성 들여 가꿨을 뿐이라는 것이었다. 이러한 평범한 대답에 실망한 일본인은 자기도 그렇게 하고 있다고 얘기하니, 그 영국인은 빙긋이 웃으며 50년 동안 하루도 빠짐없이 그렇게 하고 있다고 말하였다.

아주 평범하고 보잘것없는 행동일지라도 그것을 수십 년 또는 수백 년 동안 계속 해온다면 그것은 전통이 되고 또 전설이 될 수도 있다.

052

경쟁자 존재의 긍정 법칙

경쟁자가 있어야 자기 자신도 더 강력하게 성장하고 그 산업 전체도 건강하게 발전한다는 법칙이다. 2011~12년 '나는 가수다'란 인기 프로그램이 있었다. 매주 7명의 실력 있는 가수들이 등장해서 자신의 곡 또는 다른 가수의 곡을 편곡해 부르는 등 여러 미션에 도전하는 서바이벌 프로그램이었다. 일반인 500명으로 구성된 평가단의 2회에 걸친 투표를 통해 최저 득표를 한 1명이 탈락하고, 이를 새로운 가수가 채워가는 방식이었다. 이 프로그램이 대중적 인기를 얻게 된 이유는 탈락하지 않기 위해, 매주 혼신의 힘을 다해 가수들이 무대를 채우기 때문이었다. 이러한 경쟁방식이 없었다면 시청자들은 이러한 고품격 무대를 감상하기는 어려웠을 것이다. 한편 여기에 참여한 가수들은 그 주에 누구와 경쟁하는가에 따라 좀 더 노력을 더 기울이기도 하거나 또는 조금은 쉬어가는 듯한 인상을 주기도 하였다. 어쨌거나 경쟁자는 알게 모르게 나의 마음자세와 행동에 영향을 미친다. 따라서 경쟁자는 시장이 정체되지 않고 활발하게 움직이게 하는 하나의 동력원이다.

- 식당에 홀로 밥을 먹을 때보다는 주변에 여러 사람들이 밥을 먹고 있을 때 훨씬 밥 맛이 좋다. 텅 빈 도서관에서 혼자 공부할 때보다는 주변에 여러 사람들이 공부를 하고 있을 때 훨씬 공부가 잘된다.

멸치는 성질이 급해 잡아 옮기는 과정에서 대부분 죽지만 그 사이에 가물치 한 마리만 풀어놓으면 바닷가에서 서울로 옮겨 와도 싱싱하게 살아남는다고 한다. 경쟁자들이 사라지면, 경영여건이 개선되었다고 생각할 수 있겠지만, 정반대의 파급효과를 가져오기도 한다.

- 공동의 적이 사라지자 공생共生관계가 무너져 내렸다. 아프리카 사바나에서 아카시아 나무와 개미는 서로에게 도움을 주는 공생관계를 유지하고 있다. 아카시아는 개미에게 수액을 먹이로 주고 속이 빈 가시에 살 수 있게 해준다. 대신 개미는 아카시아 나무를 먹는 코끼리와 기린에게 들러붙

어 쫓아버린다. 그렇다면 코끼리나 기린이 사라지면 둘 다 더 행복해질까? 2008년 1월 10일 '사이언스'지에 발표된 논문에 따르면 공동의 적이 사라지자 각각 제 욕심만 차리게 되고, 결국 둘 다 파멸의 길로 접어드는 것으로 나타났다. 미국 플로리다대의 토드 파머Palmer 교수팀은 케냐의 12곳에서 아카시아 나무와 개미의 공생 관계를 분석했다. 이 중 절반은 1995년 이후 코끼리나 기린 같은 대형 초식동물들이 사라진 곳이었다. 분석 결과, 대형 초식동물이 사라진 곳에서는 아카시아 나무가 수액을 다른 곳보다 덜 분비하고 속이 빈 가시도 줄어든 것으로 나타났다. 나무가 더 이상 개미의 보호가 필요 없게 된 게 원인인 것으로 분석됐다. 개미에게 신경을 쓰지 않아도 되니 아카시아에겐 더 좋은 일로 보이지만 실제로는 정반대였다. 수액이 부족해지자 아카시아를 보호해 주던 개미 종은 30% 가량 줄어들었다. 아카시아에 남은 보호자 개미도 과거와 달리 침입자를 공격하지 않고 나무에 구멍을 뚫어 제 배 채우기에 급급했다. 결국 아카시아 나무는 잘 자라지 못하고 다른 곳보다 일찍 죽었다. 파머 교수는 "이번 연구는 대형 초식동물이 사람들 때문에 계속 수가 줄어들면 서식지 내 다른 생물까지 위험에 빠뜨린다는 것을 보여준다"고 밝혔다. 결국 생태계의 먹이사슬이 제대로 살아 있어야 먹는 동물도 먹히는 식물도 다 잘살 수 있는 셈이다.

– 조선일보, 2008년 1월 15일

물론 경쟁이 없어야 기업이 더 크게 성장하기도 한다. 특히 스스로의 자생력이 생기기 전까지 너무 큰 경쟁에 시달리면 크게 자라질 못하는 경우가 많다.

053

그래도 '지금이 최선'이란 법칙

20~30대엔 시간은 있는데 돈이 없어서 놀지 못하고, 40~50대엔 돈은 있는데 시간이 없어서 놀지 못한다. 그리고 60~70대엔 시간도 있고 돈도 있는데, 체력이 따라주지 못해서 놀지 못한다고 한다. 지금 현재 부족한 것에 대해서 우리는 항상 아쉬워한다. 그리고 결핍된 그 무엇이 갖춰지기만 한다면 최선일 것이라고 한탄한다. 그러나 현실에서 모든 요건을 다 갖추게 되는 경우란 매우 드물다. 지금이 좋지 않은 상황이라고 여기던 사람에게는 그보다 더 못한 상황이 나타나기도 한다. 해답은 하나다. '지금이 조금은 아쉽고 무언가 부족하지만 그래도 최선의 상황'이라고 생각하고, 지금의 과업을 묵묵히 수행하거나 또는 어려운 과업에 도전하는 것이 가장 좋은 방책이다.

- '신발이 없다고 우는 아이에게는 발이 없는 사람을 보여줘라'라는 말이 있다.

054

개인 밀착의 법칙

매년 연말, 친구가 근무하는 은행으로부터 저자 이름이 표지에 새겨진 수첩을 받는데 이 수첩은 내게는 언제나 특별하다. 한편 몇 해 전 선물로 받은 볼펜(저자 이름이 새겨진~)도 소중히 간직되고 있다.

저자의 이름이 새겨진 수첩

기술력의 발달로 표준화되고 규격화된 제품이 아니라, '나만을 위한 제품'을 쉽게 주문할 수 있게 되었다.

- 2011년 7월에 영국의 엑스터 대학은 입체 초콜릿을 만들어내는 초콜릿 프린터를 개발했다. '3D 프린터'는 특수잉크나 액화 금속·플라스틱 등을 분사해 출시할 제품의 입체 모형을 미리 만드는 데 주로 쓰인다. 연구팀은 기존의 '3D 프린터'를 응용해 잉크나 금속 대신 액체 초콜릿을 분사하여 등고선을 쌓아 올리듯 얇은 초콜릿 층을 계속 덧씌우는 방식으로 원하는 모양의 초콜릿을 만드는 것이다. 이는 초콜릿이 액체도 되고 고체도 될 수 있기에 가능하다. 이 3D 초콜릿 프린터는 고객이 요구한 모양대로 프린팅을 할 수 있는 장점이 있다.

평범한 개인을 화려한 주인공이 되게끔 하는 것도 하나의 방법일 것이다. 예전에 버거킹은 고객이 주문하는 동안 그들의 사진을 몰래 찍어서 햄버거 포장에 고객 얼굴을 인쇄하여 주는 서프라이즈를 제공한 적이 있었다.

지인이 부산은행으로부터 연말에 받은 골프를 주제로 한 달력의 한 사진(양용은, 타이거우즈보다 지인의 스코어가 좋게 나타나고 있다)

055

할 수 있는 것, 할 수 없는 것의 구분 법칙

차이코프스키의 일대기를 읽었다고 하여, '백조의 호수'를 우리가 작곡할 수 있게 되는 것은 아니다. 노력의 문제가 아니라, 불가항력적인 요소는 언제든 있을 수 있기 때문이다. 그리고 그것을 있는 그대로 인정할 때 현실에 기반을 둔 도전을 시작할 수 있다. 우리 인간의 힘으로 날 수 없는 것을 깨달았을 때 비로소 인간의 힘을 포기하고 비행엔진을 생각해낼 수 있었다.

경쟁전략에서도 자신의 기업이 할 수 있는 것, 할 수 없는 것, 해서는 안되는 것 등을 잘 구분하는 것이 무엇보다도 중요하다. 여담이지만 저자는 배드민턴을 즐겨 친다. 그런데 복식 시합에서는 파트너와의 업무분장(?)이 무척 중요한데, 이것의 핵심은 자신이 쳐야 할 볼과 파트너에게 맡겨야 할 볼을 빠르게 상황판단하는 것이다. 이것이 잘 되면 파트너와 호흡이 잘 맞는 것이고 그렇지 않다면, 서로 몸이 부딪히거나 또는 두 명 모두 한쪽으로 몰려서 빈 공간을 상대팀에게 내주는 상황이 오게 된다.

056

기대했던 것보다 한 개 더 주기의 법칙

고객은 기대한 것보다 조금이라도 더 많이 받았을 때 감동하게 된다. 물리적으로는 매 개수마다 동일하고 각각 들어가는 원가도 동일하겠지만, 그 각각에 대해 소비자가 느끼는 혜택, 감동은 결코 모든 단위에서 동일하지 않다. 특히 기대하지 못했던 마지막 플러스 한 개의 가치는 엄청나게 크다. 따라서 '기대하지 않았던 마지막의 한 개 더주기'는 그 물리적인 개수 한 개 이상의 효과가 나타나는 경우가 많다. 마지막 한 개에 대해 기업이 추가적으로 부담하는 것은 크지 않겠지만 그 효과는 예상 밖으로 크게 나타날 수 있다. 이러한 현상은 제품뿐 아니라 서비스에서도 발견된다.

한편 조직생활에서도 이와 유사한 현상을 발견할 수 있다. 한 개의 일을 시키면 딱 그 일만 해서는 성장하기 어렵다. 시키지 않았지만 이와 연관된 일을 자발적으로 찾아서 해나갈 때 관리자를 감동시킬 수 있고 또한 조직에서 인정받게 된다. '한 개를 시키면 열 개를 하는 자세'로 해야 그 조직에서 성장할 수 있다. 그러나 실제 대부분의 구성원은 시키는 일만 하려 하고 또한 시키는 그 한 개도 제대로 못하는 경우가 많을뿐 아니라, 그것도 마지못해 하는 경우가 많다.

- 저자는 가끔은 학생들의 리포트에 감동을 받기도 한다. 비유적으로 표현한다면, '남산'을 그려오라는 과제를 부과했을 때 대부분의 학생은 남산이 아닌 집앞의 동산을 그려오기에도 급급한데, 때로 몇몇 학생들은 '에베레스트'를 그려오기도 한다.

한 개를 더 주는 것의 효과는 그것을 언제 누가 어떤 상황에서 제공하였는가에 따라 달라진다. 따라서 제반 상황을 고려하여 최적의 타이밍에 이를 실시할 필요가 있다.

057

대체가능성의 법칙(참조: 6장 대체불가능한 인적자원의 법칙)

자신을 대체할 경쟁제품이 없을수록 그 제품이 시장에서 거두는 성과는 크다. 그러나 대체가능성이 크다면 그 제품은 조금의 빈틈만 생겨도 경쟁에서 밀리게 된다. 직장인도 마찬가지이다. 그를 대신해서 같은 업무를 대체할 사람이 없다면 그의 위치는 확고하다.

- SBS 주말드라마 '미녀의 탄생'에서 한예슬이 연기하고 있는 '사라'는 주위 사람들의 시선을 한 몸에 받는 초절정 미녀지만 기본적으로 유도 선수 출신의 아줌마 근성을 그대로 지니고 있는 인물이다. 섬세한 내면 연기와 더불어 망가지는 모습까지도 그 어떤 가식이나 내숭 없이 사랑스럽게 그려내며 대중에게 친근하게 다가가고 있다. 이와 같이 한예슬은 코믹과 진지함

을 넘나드는 폭넓은 연기 스펙트럼으로 그녀 아니면 안 되는 대체불가 캐릭터를 완성시키고 있다. — 텐아시아, 2014년 11월 9일

058

엣지edge의 법칙

'엣지edge'가 있어야 시장에서 존재감을 가지게 되며, 그러한 존재감이 있어야 시장에서 살아남을 수 있다. 엣지란 모서리, 날섬, 통렬함과 같은 뜻을 지니고 있는데, 이는 주로 기존 관념, 스타일, 생각 등에 충격을 주는 독특한 스타일을 칭할 때 쓰인다. 요새의 탤런트들은 거기서 거기처럼 보인다면 이는 아마도 화장법, 성형수술 패턴이 비슷하기에 그럴 것이다. 그런데 남들과 구별되지 않는 그저 평범한(?) 미모를 가지기보다는, 눈에 띄는 자신만의 날edge이 있어야 대중에게 주목을 받을 수 있다. 관광지의 기념품 가게에서 어느 관광지에서나 볼 수 있는 그저 그런 무난한 제품들은 선택되지 않는다. 조금 조악하더라도 또는 실용성이 떨어지더라도 무언가 다른 특징을 가진 제품에 손이 가기 마련이다. 그런데 엣지는 누구나 하는 평범한 노력으로는 결코 생성되지 않는다. 남과 다른 처절한 노력, 남과 다른 안목과 시야, 남과 다른 비범한 능력 등에서 비롯된다. 장영희 교수의 글, 작가 박완서의 작품들, '나는 가수다'에서 보여준 박정현의 열창, 영화 '러브레터',

'4월 이야기' 등을 감독한 일본의 이와이 슌지岩井俊二, 동계 올림픽 금메달 획득할 때의 김연아, 평창동계올림픽 유치 PT에서의 나승연 등은 확실하게 자신만의 날을 갖고 있다.

059

1 인치 또는 반보半步만으로도 승부가 갈리는 법칙

위에서 언급한 '엣지'는 남들과 구별되는 나만의 독특하거나 다른 색깔로 인한 경쟁우위를 의미한다면, 여기서의 '1 inch'의 법칙은 남들과 같은 것을 할 때, 남보다 아주 조금이라도 앞서면 경쟁에서 승리한다는 것을 의미한다.

올림픽에서 100m 달리기의 우승자는 남들보다 0.001초라도 빠르면 우승할 수 있다. 대학수학능력 시험의 수석합격생은 단지 한 문제를 남들보다 더 맞혔기에 수석이 되는 것이다. 선거에서 단 한 표 차이로 당락이 결정되기도 한다. 이와 같이 승부의 세계에서는 그렇게 많은 차이가 필요 없다. 조금의 사소한 차이로도 승부가 결정된다. 이런 점에서 보면 마지막 순간의 1 inch, 1초, 한 걸음, 한 문제 등이 얼마나 소중한지를 알 수 있다.

- 두 명이 산행을 하다가 곰을 발견하게 되자, 그중 한 명이 신발끈을 조이기 시작했다. 그러자 다른 한 명이 곰은 우리보다 더 빠르기에 신발끈 조인다고 곰에게서 도망칠 수 없다고 얘기하자, 신발끈을 마저 묶은 사람은 곰보

다 더 빨리 뛰려는 게 아니고 당신보다 더 빨리 뛰기 위해서라고 하면서 멀찍이 달아나기 시작했다.

경쟁자보다 반보만 앞서면 된다. 검도, 배드민턴, 탁구 등은 반박자만 빠르게 공격하면 성공한다. 이와 같이 아주 조금의 차이만 있어도 승부는 갈리게 된다. 그런데 그 결과는 엄청난 차이를 초래한다. 진검眞劍 승부라면 한 명은 살지만 한 명은 죽는다. 올림픽 경기라면 한 명은 금메달로 엄청난 명예와 부를 얻을 수 있지만, 패배한 사람은 은메달 수상자로 점차 잊혀지게 된다. 국회의원으로 당선된 사람은 4년 동안 명예와 권력을 얻지만, 차점자로 떨어진 후보는 4년 동안 힘겹게 살아야 한다. 그리고 이보다 더 어려운 점은 아마도 다음 선거에서 이기리란 보장도 없다는 것이다. 기업의 세계도 마찬가지이다. 경쟁입찰에서는 단 1원의 차이로 승패가 바뀌고 이로 인해 기업의 성쇄가 결정되기도 한다. 학문의 세계도 마찬가지이다. 동일한 주제의 연구라면 누가 하루라도 빠르게 세상에 발표하는가에 따라 그 연구의 성과를 누리는 자와 그간의 모든 노력이 수포로 돌아가게 되는 자로 나뉘게 된다.

- "적과 맞붙을 때 1인치씩 밀리기 시작하면 끝장난다. 인생이나 풋볼이나 모두 1인치 게임이다. 1인치들이 모여 승패를 바꾸고, 삶과 죽음을 갈라놓기 때문이다. 죽을 각오가 돼 있는 사람만이 1인치를 얻는다. 동료를 위해, 팀을 위해 희생할 때 1인치를 얻게 된다. 자, 어떻게 할 건가!"

  – 영화 'Any Given Sunday'의 대사 중에서

경쟁은 상대적이다. 아무리 자신이 죽을 써도 상대가 자기보다 더 못하면 성공할 수 있다. 반면에 자신이 너무도 잘해도 상대가 자신보다 조금이라도 더 잘한다면 패배할 수밖에는 없다.

060

상상력과 창조력의 법칙

치열한 경쟁시장red ocean에서 피 터지게 1등을 해야만 되는 것은 아니다. 그 시장을 벗어나 전혀 새로운 시장blue ocean에서 편하게 살 수 있는 방법 또한 가능하다. 이를 위해선 인식의 전환이 필요하고 상상력이 필요하다. 기업에서는 상상력이 자본력보다 더 큰 무기가 되는 경우가 많다.

- 우리나라는 올림픽과 예술을 혼동하고 있어요. 무조건 이겨야 한다고 밀어붙이고, 일등을 너무 좋아하는 거 같아요. 다름이 중요하지 누가 더 나은가는 문제가 아닙니다. 미로와 피카소는 그림이 서로 다른 것이지 누가 더 잘하는 게 아니지요. 다른 것을 맛보는 것이 예술이지 일등을 매기는 것이 예술이 아닌 것입니다. – 백남준

상상력을 발휘하려면, 자신이 기존에 가지고 있던 틀, 안목, 성공 공식 등을 뛰어넘을 필요가 있다. 구성원들의 상상력은 기업의 가장 소중한 자산이다. 설비투자, 마케팅 비용 등에 비교하면 여

2007년 독일 하이델베르크의 여행에서 찍은 '철학자의 길'

기에 많은 돈이 들지 않는다. 그저 상상력의 날개를 맘껏 펼칠 수 있는 여건을 마련해주면 된다.

차별화의 방법은 무궁무진하다. 다만 그것을 남들보다 먼저 생각해낼 수 있는가, 그리고 그것을 실천할 수 있는가에서 성과가 갈리게 된다.

061

30% 도전의 법칙

여러 분들은 몇 %의 성공확률 또는 확신이 섰을 때 행동에 나서는가? 아마도 대부분의 사람들은 그 일에 대한 확신이 70~80% 섰을 때 행동에 나설 것이다. 어떤 사람들은 거의 100%에 가깝지 않으면 실행에 나서지 않는 극단적 위험회피 성향을 가지고 있기도 하다. 꽤 오래전 국내굴지의 S사는 해외사업의 타당성 검토를 '돌 다리도 두들겨 보는 자세'로 6개월 이상 검토에 검토를 거듭한 적이 있었다. 그러다 그 사업의 가능성이 엿보이자 사업을 추진하기로 조금씩 마음을 먹기 시작하였다. 그런데 바로 한 달 전에 그 사업을 검토하기 시작한 H사는 불도저 식으로 그 사업 추진을 밀어붙여 결국 그 알토란 같은 사업은 H사가 하게 되었다. 결국 계속 타진만 하고 머뭇거리던 S사는 닭 쫓던 개 신세가 되고 말았다. 기업의 신제품 개발은 기업의 미래성장 동력이 된다는 점에서 매우 중요하다. 그러나 그 실패가능성 또한 매우 높은 과업이다. 따라서 기업은 이의 추진을 망설이는 경우가 많고 그러다가 간혹 실기失機하기도 한다. 50%의 성공확률은 반반이기에 이미 높은 확률이다. 70% 이상의 성공확률은 이미 다른 기업들도 이의 성공가능성을 알고 있기에 이미 늦은 경우가 많다. 그렇지만 30%의 성공확률은 경쟁사들도 머뭇거리는 상태이기에 성공만 한다면 초기 진입자로서의 확고한 이익을 얻을 수 있다. 물론 20% 이하의 성공확률에서 도전하는 것은 너무 무모하다. 따라서 30%의 성공확률이면 도전해보는 것이 바람직하다. 남들보다 조금 먼저 과감히 도전했기에 거두게 되는 경쟁력, 그리고 그로 인한 이익은 상당할 수도 있다.

062

방심시 참극발생의 법칙

예전에 검도를 잠시 배운 적이 있다. 그때 접했던 검도 용어 중 인상 깊었던 것이 바로 '잔심殘心'이다. 이는 타격을 가한 후 즉시 신속하게 정상적 자세로 되돌아와 다음에 일어날 수도 있는 변화에 대응하도록 자세를 갖추는 마음의 자세이다. 상대방에게 강력한 공격을 가한 다음에는 방심하고 원래의 자세로 돌아오는 것을 잊는다. 테니스나 탁구에서도 강한 스매싱smashing을 하고 나서는 그것으로 승부가 결정되었다고 지레짐작하여 방심하다가 상대의 반격에 허를 찔리는 경우가 많다. 이러한 것을 방지하는 마음자세가 바로 잔심이다. 스포츠 경기에서 실점의 대다수는 좋은 공격 후에 나타나는 방심에서 비롯된다. 잔심은 말뜻 그대로 완전히 마음을 비워두지 말고 조금이라도 남겨두라는 의미이다.

우승을 직감한 한 콜롬비아 국가 대표 알렉스 쿠야반떼(Alex Cujavante)는 결승선을 앞두고 너무도 일찍 두 팔을 벌려 환호하다가 뒤따른 한국 선수에게 우승을 놓치는 것을 보여주고 있다.

2010년 10월 YouTube에는 '롤러 스피드 스케이터가 너무 일찍 환호해 우승에 실패했다'Celebrating early fail는 동영상이 게재됐다.

교통사고는 보통 집에 도착하기 전 5분~10분 사이에 많이 발생한다고 한다. 특히 장

거리 여행을 한 운전자의 경우 그렇다고 하는데, 이는 긴장을 계속 놓지 않고 운전을 하다가 이제 거의 집에 다왔다는 생각에 마음이 풀려 그렇게 된다고 한다. 등산에서 많이 사고가 나는 것은 산 정상을 오르는 동안의 험난하고 힘든 코스가 아니고 정상을 정복하고 내려올 때라고 한다. 마케팅도 마찬가지이다. 회심의 신제품출시, 가격인하, 새로운 점포 개설, 신규 광고물 게재 등을 하고 난 다음에 마음을 풀고 있을 때가 가장 위험한 때이다.

● Security is the greatest enemy(방심이 제일 무서운 적).

063

PLAN-B의 법칙

한 가지 대책만 가지고 있어서는 안된다. 또 다른 복안을 가지고 있어야 한다. 상황은 항상 예측한 대로 흐르는 것은 아니다. 이럴 때 또 다른 복안이 있어야 한다. 그래야 최선의 결과는 아니더라도 차선의 결과를 얻게 된다. 그리고 계속해서 원래 가던 길로 나아갈 수 있게 된다. 그러나 아무런 복안도 없다면, 예기치 못한 상황에 대처하지 못하게 된다. 아무리 열심히 최선을 다했더라도 원하는 결과가 나오지 않을 수 있고, 그렇게 될 경우엔 그 다음 단계로 미리 세워둔 모든 후속 계획들은 무용지물이 된다.

새로운 상황에 대한 준비가 전혀 없다면, 갑자기 다가온 기회를 놓칠 수도 있고 또는 예기치 못한 위협에 대처를 못해 최악으로 흘러 가는 것을 막을 수 없게 될 수도 있다.

'배수의 진'은 효력이 있다. 그러나 장수는 부하들에게 그렇게 비장하게 다른 방법은 없다라고 얘기하더라도 또 다른 PLAN-B를 가지고는 있어야 한다Expect the unexpected.

064

마지막 보루가 되는 경쟁무기 보유의 법칙

경쟁자와 대비되는 어떤 압도적인 경쟁무기(예: 핵무기)가 있다면 아마도 큰 걱정은 없을 것이다.

- 남아프리카공화국 크루저 국립공원에서 촬영된 영상에는 수사자 1마리와 16마리의 암사자로 구성된 사자 가족이 이동 중에 산미치광이를 만난다. 산미치광이의 방어 무기는 날카로운 가시다. 적을 만나면 고슴도치처럼 가시를 세운다. 사자들은 산미치광이를 포위했고 가시투성이의 작은 동물을 사냥하려는 행동을 취한다. 하지만 산미치광이는 겁을 먹지도, 당황한 기색도 없다. 당당하고 의연하게 사자 떼와 맞선다. 한참 동안의 대치 끝에, 사자들은 산미치광이 사냥을 포기하고 제 갈 길을 간다. 아쉬운 표정이 역력하다. – PopNews, 2014년 11월 7일

그러나 대부분의 개체에는 그러한 경쟁무기가 없다. 이와 같이

어떠한 최소한도의 경쟁무기가 없이, 그저 남들이 탐내는 것만 가지고 있다면, 그것은 멸망, 또는 멸종의 지름길이 될 것이다.

- 백성들은 코와 귀가 있기에 죽었다.

  – 김훈(2001), [칼의 노래] 중에서(왜군이 전투성과를 증명하기 위해 코와 귀를 배기 위해 군인뿐 아니라, 일반 백성을 죽이는 것을 알고서~)

청어는 고기 맛이 좋지만 가시는 엄청나게 많다. 예전에 이 생선을 먹으면서 “참 맛이 좋은데, 가시가 너무 많아 먹기 불편하다”라고 하였더니 옆에 있던 사람이 말하기를, 만약 이런 가시가 없었더라면 청어는 모두 잡아 먹혔기에 벌써 멸종하였을 거라고 말하였다. 또 다른 예로 복어, 영원(도마뱀)은 자신만의 치명적 독이 있기에 지금까지 종을 유지하고 있다.

065

금상첨화錦上添花: 비단이 먼저고 꽃은 나중이란 법칙

금상첨화란 비단 위에 꽃을 더한다는 뜻이다. 좋은 것 위에 또 다른 좋은 것을 더한다는 의미이다. 진료를 할 때, 의사의 감정(/감성), 그리고 지식(/경험)이 개입되게 마련이다. 의학적 경험과 지식(능력)이 풍부하다면 숨어 있는 질병도 찾아낼 수 있지만, 그런 지식이 부족하다면 눈에 빤히 보이는 질병을 찾아내지 못해 환자에게 큰 피해를 줄 수 있다. 따라서 환자들이 의사를 고를 때는 풍부한 경험과 뛰어난 지식을 가진 의사를 찾아야 한다. 그런 다음 그가 친절하다면 금상첨화이다. 그러나 여기에는 반드시 순서가 존재한다. 실력이 먼저이고 친절은 나중이다. 자동차를 고를 때도 차의 기본 성능을 우선적으로 보아야 한다. 그런 다음에 차의 디자인, 시트의 안락함, 차량의 색깔 등을 보아야 한다. 물론 이러한 점은 평생을 함께할 배우자를 고를 때도 마찬가지이다.

주성분 요소가 우선이다. 부수적 요소는 그 다음이다. 시험에 합격하려면 그 시험에 대비되는 실력이 우선되어야 한다. 그 다음에 시험날의 컨디션, 체력, 집중이 요구된다. 실력과 준비가 갖춰지지 않았다면, 아무리 시험날 컨디션이 최고라 할지라도 그 시험에 합격하기란 어렵다. 냉면집에서는 일단 냉면이 맛이 있어야 한다. 그런 다음 밑반찬, 종업원 친절 등이 눈에 보이게 된다.

단팥빵은 단팥이 맛이 있어야 한다. 농구선수는 우선 농구실력이 좋아야 한다(외모, 재치 등은 그 다음이다). 이러한 기본적 조건들이 갖춰지지 않았다면 그 나머지의 우수리는 있어도 크게 의미가 없다.

066

집 짓기의 법칙

집을 짓는 데는 순서가 있다. 땅을 고르고, 바닥을 다지고, 기둥을 세우고, 대들보를 올리고, 그런 다음에 집안 내부를 시공한다. 만약 이 순서를 뒤바꾸거나, 앞의 단계를 확실히 해 놓지 않은 상태에서 뒷 공사를 시작하면 집을 완성하기도 어려울 뿐 아니라, 설혹 완성되었다고 해도 그 집은 언젠가는 하자가 발생하게 될 것이다. 운동도 마찬가지이다. 예를 들어 축구선수가 기초 체력이 없으면 아무리 전술훈련과 심리훈련을 많이 하더라도 그 기량을 발휘하기는 어렵다. 기업의 마케팅활동도 집 짓기와 유사한 성격이 있다. 우선적으로 해 놓아야 할 일을 하지 않고, 한참 뒤에 해도 충분할 과업에 시간과 돈을 투자한다면, 결국 그러한 데 투자한 시간과 돈은 그 가치를 발휘하지 못하게 될 것이다. 예를 들어, 브랜드 작명, 광고모델 및 메시지 결정 등은 제품과 기술이 어느 정도 확실한 경쟁우위를 가진 다음에 해야 한다. 후속 단계의 마케팅 과업을 아무리 화려하고 훌륭하게 수행하였다고 해도 그 전 단계가 부실하면 그 가치를 발휘하기는 어렵다. 된장찌개를 끓일 때 된장, 야채, 두부, 버섯 등을 넣는 순서가 있듯이 마케팅 관리도 그 순서를 잘 파악해서 해야 제대로 과업을 수행할 수 있게 된다.

● "운동을 더 잘하고 싶다면 스트레칭을 하지 마라." 운동 전에 적당히 스트레칭을 해주는 게 당연하다고 생각하는 사람이라면 귀를 의심할 만하다. 그러나 많은 피트니스 전문가들은 운동 전에 하는 스트레칭이 역효과를 내거나 심지어 몸에 해로울 수 있다고 말한다. 아일랜드 리머릭 대학의 키런 오설리번 교수는 스트레칭이 유연성을 늘려주는 것은 사실이지만, 운동하기 전에 하면 별로 도움이 되지 않는다고 말했다. 즉 본격적 운동을 시작하기 전에 스트레칭을 하면 몸은 근육이 과도하게 이완될 위험성이 있다고 인식해 오히려 수축하려는 경향이 있다고 전문가들은 지적한다. 결국, 운동 전에 하는 스트레칭 때문에 근육이 이완되기는커녕 긴장을 하게 되고, 막상 본격적 운동을 시작하면 신체는 신속하고 자유로운 활동에 제약을 받는다는 것이다. 이는 결국 부상의 위험으로 이어진다. 오설리번 교수는 "운동하기 직전에 웨이트 트레이닝을 하지 않는 것처럼 스트레칭 역시 마찬가지"라면서, 오히려 운동을 마치고 난 다음이나 하루 일과를 끝내고 스트레칭을 해주는 것이 좋다고 말했다. 미국 질병통제예방센터CDC의 전문가들도 스트레칭의 효과를 다룬 100여 개 논문을 조사한 결과, 운동경기 전에 스트레칭을 한 사람들은 오히려 근육파열과 같은 부상을 당하기 쉽다고 결론지었다.

— 연합뉴스, 2010년 4월 16일

067

전화위복轉禍爲福의 법칙

누구나 곤란한 상황을 겪게 된다. 중요한 것은 이러할 때 그것을 어떻게 활용하는가이다. 실패했을 때 그리고 길을 잃었을 때 비로소 사람들은 그전까지 가보지 않았던 곳, 보지 못했던 곳을 알게 되기도 한다.

- 68개 국어로 번역된 동화 '말괄량이 삐삐'는 빙판길 덕분에 탄생했다. 1941년 스웨덴의 일곱 살 소녀 카린이 빙판에 미끄러지면서 다리를 다쳐 자리에 눕게 됐다. 엄마 아스트리드 린드그렌은 침대 신세가 된 딸을 위해 재미난 이야기를 들려주기 시작했다. 안테나처럼 하늘로 치솟은 두 갈래 머리칼에 주근깨투성이 얼굴, 커다란 신발을 신은 소녀 얘기다. 삐삐라는 이름은 딸 카린이 붙였고 이야기는 소설로 출간됐다. – 조선일보, 만물상, 2008년 12월 6일

2009년 4월경, 판교에 볼 일이 있어서 용인에서부터 출발하였다. 집사람과 서너 번 판교를 같이 가 본 적이 있었지만, 길눈이 어두웠기에 가는 길을 다시 물었다. 집사람은 분당-수서 도로를 타고 가다가 늘푸른 고등학교가 보이면 거기서 좌회전하고 그 다음부터는 아파트들이 보일 테니 잘 알 것이라고 하였다. 그래서 들은 대로 가다가 좌회전을 하였는데, 문제는 그 다음부터였다. 즉 예상과 달리 아파트 단지가 보이질 않았기에, 그냥 무심결에 직진하다가 결국 안양 가는 길로 접어 들고 말았다. 약속시간이 얼마 안남았기에 조바심이 났다. 그러나 다행히 안양 가는 준고속도로에서 판교로 빠지는 길이 행운처럼 갑자기 나타났는데, 그 길은 바로 약속장소로 이어지는 지름길이었다. 길치였기에 때로는 이렇게 더 잘 뚫리고 빠른 길을 알게 되기도 한다.

● 늘 다니던 길을 벗어나 숲 속으로 몸을 던져라. 그러면 반드시 전에 보지 못한 무언가를 발견하게 될 것이다.

– 루슨트 벨 연구소 로비에 새겨진 벨의 명언(유언)

중국 헤이룽장성에는 세계유일의 90도 직각의 러닝 트랙이 있다. 이 트랙에서 달리기를 하려는 이들은 급정지, 급회전 달리기 기술(?)을 반드시 익혀야 한다. 이러한 기괴한 공공 시설물이 만들어진 이유는 관료주의 때문이라고 한다. 원래의 트랙 설계는 당연히 곡선이었는데, 고위 관리가 운동장 방문 계획을 갑자기 결정했고, 고위 관리의 방문에 맞춰 급하게 공사를 진행하다 보니 이렇게 엉뚱한 모양이 나왔다는 것이다. 곡선이 아닌 직각으로 트랙을 만드는 것이 훨씬 시공 시간을 단축시킬 수 있다는 것이 그 이유다. 이러한 직각 트랙이 웃음거리와 조롱의 대상이 되자 관계자는 다음과 같은 변명을 하였다: "타원형 트랙은 고무가 빨리 닳는 문제가 있다. 직각 트랙이 훨씬 수명이 길다." 언론 등을 통해 소개된 관계자의 변명이다(참조: PopNews, 2014년 8월 1일). 그런데 이러한 우스운 행동이 우리나라에도 있었다. 2014년 개교한 울산의 한 초등학교 운동장에도 직각 트랙이 있는데, 학부모들이 문제를 제기하자, 시교육청 관계자는 운동장 면적을 줄이는 대신 트랙 길이는 충분히 확보하려고 모서리를 타원형이 아닌 직각으로 만들었다"고 답했다(참조: 뉴시스, 2014년 8월 12일).

그런데 이러한 어리석은 결과도 관점을 달리해서 보면, 직각 러닝 트랙은 나름대로 흥미로운 육상경기를 만들 수도 있다. 보통의

웨이보에 게재된 중국의 직각 러닝트랙과 울산 초등학교의 직각 트랙

육상 경기는 빠르게 달리는 단일 능력만을 측정하지만, 직각 트랙은 빠른 달리기 능력과 동시에 민첩한 상황판단 능력, 급정지/급회전 능력을 동시에 측정할 수 있다는 장점(?)이 있다.

068

옛것을 버려야 새것을 얻는 법칙

새로움을 얻으려면 기존 생각 또는 전제를 타파해야 한다. 즉 새로운 경영 또는 마케팅은 기존의 지식, 상식, 전제 등을 깨뜨릴 때 발생한다. Dell 컴퓨터 회사의 성공은 기존의 판매방식을 버렸기에 가능하였다.

- 델 회장은 1984년 텍사스 의대 1학년 재학 시절 단돈 1,000달러로 델의 모체인 'PC 리미티드'라는 회사를 창립할 때 직접판매 방식을 채택하였다.

> 그는 소비자는 중간 유통 마진이 빠지는 만큼 제품을 싸게 살 수 있고, 회사는 유통 재고 비용이 줄어 이득이라는 점에 착안했다. 이에 따라 델의 PC 제품은 대리점을 통해 유통하던 경쟁 업체에 비해 10~20%의 가격 경쟁력을 확보할 수 있었고, 결국 IBM과 HP 등 '골리앗 기업'들을 밀어내고 세계 1위 PC 업체가 됐다.

기존의 유통경로에 비해 더 효율적이고 효과적인 새로운 유통경로의 개발이 중요하다. Timex는 최초로 시계전문점이 아닌 일반 슈퍼에서 판매하였다. 식물나라는 전통적인 유통형식인 방문판매나 할인점이 아닌 슈퍼에서 판매하였다. 2008년 Toyota가 미국시장에서 경쟁사보다 더 좋은 성과를 거둔 이유 중의 하나는 다른 경쟁사들이 여전히 힘과 외부디자인을 중시하는 남성을 타깃으로 하여 시장을 공략할 때, 여성을 중심으로 자동차를 판매하는 데 역점을 두었기 때문이다. 즉 외부 디자인보다는 내부디자인, 자동차의 연비 등을 중시하는 여성의 선호를 자동차에 반영하여 이를 여성들에게 집중적으로 소구하였다. 기존의 방식과 관점을 떨쳐버리는 노력을 통해 기업의 마케팅 활동은 발전하였고 또한 이를 통해 삶의 질은 향상되어 왔다.

기존 생각 또는 가정을 떨쳐버리기 어려운 것은 우리가 이미 학습한 지식들이 우리 머릿속을 차지하고 있기 때문이다. 따라서 혁신을 위해 조직학습에서 중요시되는 것은 Unlearning(배운 것들을 버리는 것)이다. 위장 속에 있는 오래된 음식을 소화해서 배출해야 새로운 음식이 들어올 수 있는 것과 마찬가지 이치이다.

- 내가 오늘까지 100편의 영화를 제작한, 성공한 감독으로 남을 수 있었던 이유는, 첫째, 50년을 한결같이 남에게는 관대하고 자신에게 엄격하게 대했기 때문이다. 둘째, 영화 외에는 아는 것도, 할 수 있는 것도 없었다. 따라서 영화에 미칠 수밖에 없었다. 셋째, 머무르지 않고 떠났다. 즉 하나를 이룰 때마다 거기에 안주하지 않고 만들어 놓은 영화로부터 도망치려는 자기와의 싸움을 필사적으로 계속했다.

— 임권택 감독이 밝힌 '내가 성공한 감독으로 남은 이유'

- 사람은 동시에 두 마리의 말을 탈 수 없으므로 이쪽 말을 타기로 결정했으면 반드시 다른 한쪽의 말을 버려야 한다. 똑똑한 사람은 무엇을 하기로 결정하면 다른 일에 에너지를 분산시키지 않고 그 일에만 매진해서 좋은 결실을 맺는다.

— 판구조론으로 유명한 독일 기상학자, 알프레드 베게너

- 인간은 누구든 현실에 안주하려는 속성을 지니고 있다. 어느 정도의 단계에 이르면 거기에 만족하고 그만 멈추려고 한다. 그런데 인간이 처한 운명은 자꾸만 변하기 때문에 그럴 수가 없다. 운명은 인간에게 다음 단계로 올라가라고 도전장을 던진다. 그 단계에 이르면 다른 도전이 와서 또 다음 단계로 올라가게 한다. 그렇게 죽는 순간까지 인간은 도전을 받고 살아간다.

— 아놀드 토인비

069

의지의 법칙(참조: 16장 절실함 법칙)

성공(또는 경쟁에서 승리)하려면, 단지 마음만 가지고 있어서는 안된다. 그렇지만 성공을 갈망하는 절실한 마음이 없다면, 절대 성공하지 못한다.

- 권력의지will to power란 열등감을 극복하기 위해서 개인이 우월성과 지배성을 얻으려고 노력하는 것을 의미하는데, 정치 및 선거의 현장에서 자주 이 용어가 등장한다. 결국 정쟁에서 승리하는 사람은 좀 더 절실한 권력의지를 갖는 경우가 많다.

성공을 갈망하고 이를 인내하고 기다리면, 결국 언젠가는 뜻하지 않은 기회도 생기는 법이다. 따라서 중요한 것은 그때까지 참고 버티면서 다양한 생존의 길, 또는 경쟁력 확보의 방법을 모색하는 것이다.

생존의 방식은 생존개체 종류만큼 그 수가 다양하다. 계속적으로 이를 찾는다면 언젠가 한번은 그 기회를 만나게 된다. 그렇지만 부단한 노력은 끈질긴 마음이 선행되지 않으면 결코 일어나지 않는다. 따라서 강인한 의지는 성공을 위한 가장 필수적인 요소이다.

- 살고자 하면 죽을 것이요, 죽고자 하면 살 것이다(必生卽死, 必死卽生).

  – 충무공 이순신

- 로저 페더러(스위스, 세계랭킹 2위)가 진정한 '테니스 황제' 자리에 올랐다. 페더러는 2009년 6월 7일에 끝난 프랑스오픈 테니스대회 남자단식 결승에서 로빈 소더링(스웨덴, 25위)을 3－0(6－1, 7－6〈1〉, 6－4)으로 꺾었다. 페더러는 생애 첫 프랑스오픈 우승컵을 품에 안고 커리어 그랜드슬램(호주오픈, 프랑스오픈, 윔블던, US오픈에서 모두 우승)을 달성했다. 역대 남자 테니스에서 커리어 그랜드슬램을 달성한 사람은 페더러까지 6명에 불과하다. 프레드 페리(영국), 돈 버지(미국), 로드 레이버, 로이 에머슨(이상 호주), 앤드리 애거시(미국) 등이 주인공들이다. 페더러는 프랑스오픈과의 악연을 끊고 우승을 차지해 더 큰 박수를 받았다. 그는 지난해까지 이 대회 3차례 연속 준우승에 머물렀다. '클레이 코트의 황제' 라파엘 나달(스페인, 1위)에게 번번히 막혔다. 하지만 올해 나달은 소더링에게 16강전에서 덜미를 잡혔다. 올해 호주오픈 결승에서 나달에게 우승컵을 내주고 시상식에서 눈물을 흘렸던 페더러는 이번에는 아쉬움이 아닌 감격의 눈물을 보였다.

  – 중앙일보, 2009년 6월 8일

- 무릇 반 걸음이라도 쌓이지 않으면 천 리에 이를 수 없고, 작은 물줄기가 모이지 않으면 강과 바다가 될 수 없다. 천리마도 한번의 도약으로 열 보를 갈 수 없으며, 둔한 말이라도 열 마리가 끌면 그 결과가 달라진다. 인내심을 갖고 끝까지 하면 쇠와 돌도 조각할 수 있다. – 순자

- 한 번은 한 열성 팬이 무대 뒤에 있는 바이올리니스트 프리츠 크라이슬러에게 다가와 말했다." 크라이슬러 씨, 당신처럼 연주할 수만 있다면 목숨이라도 내놓겠어요." 그러자 프리츠 크라이슬러는 이렇게 대답했습니다. "부인, 전 이미 제 목숨을 내놓았답니다."

- 진정한 노력은 결코 배신하지 않는다. – 국민타자 이승엽의 좌우명

- 나는 굴이 무너져 갱 속에 갇혀 버린 광부가 목숨을 걸고 곡괭이를 휘두르듯 글을 썼다. — 세계적인 문호 발자크

- 무언가를 마음을 다해 원하면, 온 우주가 그 소망이 실현되도록 도와줄 것이다. — 파울로 코엘류의 소설 속 문장

070

선견先見의 법칙

놀이공원에 가면, 사람들은 되도록 공원 가까운 곳에 주차하려고 한다. 그러나 한번 더 생각해 본다면, 입구에서 멀리 떨어져 있더라도 주차장의 출구 근처에 주차하는 것이 좋다는 것을 알 수 있다. 이는 나중에 퇴장시간때 사람들이 한꺼번에 몰려나오면 입구에 세워진 차들은 빠져 나오는데 한참 걸리게 되기 때문이다. 남들보다 훨씬 멀리까지 내다볼 필요는 없다. 남들이 보는 것보다 조금만 더 멀리, 그리고 조금만 더 좌우를 살펴볼 수 있다면, 그로 인해 나중에 거둘 효과는 매우 크다.

071

콩-Input 팥-Output의 법칙

(참조: 8장 좋은 의도가 반드시 좋은 결과만을 가져오지 않는다는 법칙)

'콩 심은데 콩이 나고 팥 심은데 팥이 난다'는 말이 있다. 그러나 마케팅에서는 이러한 말이 통하지 않는 경우가 많다. 즉 같은 풀을 먹고도 젖소는 사람에게 유익한 우유를 만들어내지만 독사는 사람에게 치명적인 독을 만들어내듯이, 동일한 Input이 들어간다고 하여 동일한 Output을 산출하지 않는 경우가 많다.

동일한 마케팅 노력도 의도한 바와 전혀 다른 결과가 나올 수 있다. 각각의 시장은 소비자, 경쟁사, 유통망, 공급상, 상황적 여건 등이 다르기에 예상 밖의 전혀 다른 성과가 나올 수 있다. 따라서 이러한 점을 충분히 염두에 두고 기업을 경영하여야 한다.

072

강력한 기선제압의 법칙(무형적 경쟁력)

영화 'Catch me if you can'에서는 다음과 같은 대사가 나온다: "양키즈가 늘 이기는 이유를 아니? 미키 맨틀이란 (훌륭한) 타자 있어서? 아니란다! 다른 팀들은 양키스 유니폼에 기가 꺾여서란다." 우리나라의 프로야구에서도 한때 해태 타이거즈는 다른 팀들한테 그러한 공포의 대상인 적이 있었다.

브랜드(예: 애플, 샤넬, 나이키), 포장 등만 가지고도 고객의 마음을 흔들 수 있다. 이러한 무형적 자산은 생각보다 큰 효과를 시장에서 발휘한다. 이러한 힘을 인지하기에 신규 창업한 기업 또는 점포는 유명 브랜드를 라이선스로 들여오기도 한다. 예를 들어, 동네에서 피자가게(또는 치킨, 빵, 커피 가게 등)를 개시한다고 가정해보자. 아무리 가게 주인의 실력이 좋고, 맛도 좋고, 가격도 적절할지라도, 처음부터 사람들이 모여들지는 않을 것이다. 그러나 가게 간판에 유명 피자 브랜드를 붙여 놓게 된다면 그 브랜드를 선호하는 사람들은 이를 신뢰하고 가게를 방문할 것이다.

073

희소성의 법칙

경쟁의 세계에서는 특별한 강점이 없더라도, 그 세계에서 성공적으로 자리를 잡는 경우가 있다. 그중 하나가 희소성稀少性이다.

- 영화 'Wind Talkers'는 제2차 세계대전 당시 태평양 전선에 투입된 인디언 암호병 벤 야지와 그를 지키는 임무를 맡은 호위병 조 엔더슨을 주인공으로 한 영화이다. 미군은 이미 제1차 세계대전때부터 여러 인디언 언어로 이루어진 암호를 사용했다. 인디언 언어를 암호로 사용한 것은, 인디언 언

어는 인디언을 제외한 사람들은 거의 알지 못해 해결의 실마리를 주지 않기 때문이었다. 게다가 인디언 언어는 고유의 문자도 없고, 그 발음이나 문법구조 자체가 너무 어려운 탓에 외부인들이 배우기 힘들었다. 나바호어 암호는 나바호족 언어를 잘 알고 있던 백인인 필립 존스턴의 아이디어로 미군에 채용되었다. 미군은 나바호 암호가 없었더라면 태평양 전쟁에서 이기기는 지극히 힘들었을 거라고 할 정도였다.

- '국민 볼펜' 모나미 153 발매 50주년을 기념해 출시되자마자 품절된 '모나미 153 리미티드 1.0 블랙'의 가격이 중고거래 사이트에서 천정부지로 치솟고 있다. 옥션www.auction.co.kr에 따르면 모나미 153 한정판 제품은 판매 물량이 동난 이후 중고 매장을 통해 일부 거래가 이뤄지고 있다. 중고판매 최저 가격은 이 제품의 소비자가격 2만원의 5배인 10만원이며, 대부분 제품이 15만원에 포스팅돼 있다. 모나미 한정판은 원래 제품의 육각형 디자인은 그대로 유지하면서 플라스틱 대신 황동으로 몸체를 만들었다. 또 독일산 금속 심과 고급잉크를 넣었다. 모나미 측은 추가 생산을 하지 않겠다고 선언한 만큼 몸값은 앞으로 더 치솟을 것으로 전망되고 있다.

– 연합뉴스, 2014년 2월 1일

074

'버티고'의 법칙

경쟁에서는 반드시 우월한 실력자가 승리하는 것은 아니다. 또한 강자가 가장 많은 것을 얻는 것도 아니다. 경우에 따라서는 그저 오랜 시간 동안 버티고 견디고 참고 기다렸더니 좋은 결과를 거두게 되기도 한다.

- 영국 동북부에서 열린 한 마라톤에서 2, 3위를 달리는 선수를 따라 5,000여 명의 참가자들이 경로에 잘못 들어서면서 선두에서 잠시 달리던 한 명만 완주한 사건이 일어났다. 영국 데일리 메일에 따르면 2013년 4월 28일 영국 북부에서 열린 한 마라톤 경기에서 주최 측이 경로 표시를 제대로 하지 않아 2, 3위를 달리던 선수를 포함해 5,000여 명이 실격 처리됐다. 전체 42.195㎞에서 264m를 덜 달렸기 때문이다. 이로 인해 유일하게 정확한 경로를 따라 간 마크 후드가 우승 및 유일한 완주자가 됐다.

— 서울=뉴시스, 2013년 5월 18일

일본에서 경영의 신이라 불렸던 이나모리 가즈오稲盛和夫 교세라京セラ株式会社 명예회장은 '자기는 일생에서 한 번도 실패한 적이 없었다'는 말을 여러 사람들 앞에서 한 적이 있다. 사람들 모두는 이를 의아하게 생각하였다. 그러자 그는 '자신은 추구하는 일이 성공할 때까지 계속해서 끝까지 하였다'고 말했다. 예전 북미대륙에서는 비가 오지 않을 때 추장이 기우제를 지냈는데, 어떤 부족의 추장은 100% 비를 내리게 하였다고 한다. 그런데 그 비결이란, 비가 내릴 때까지 산 위에서 내려오지 않고 기우제를 지낸다는 것이었다.

075

경쟁의 상대성 법칙

인터넷에 흥미롭게 떠도는 것 중의 하나로 '잘못된 위치 선정의 예'란 사진이 화제가 된 적이 있었다. SBS '스페셜'의 한 장면을 캡처한 것으로 앙드레김의 패션쇼장에 참석한 스타들이 기념사진을 찍고 있는 모습인데, '피겨 여왕' 김연아는 양 옆으로 송윤아, 김희선, 김태희, 이영애 등 우리나라 최고의 여신급 미모를 자랑하는 여자 배우들 사이에 자리하는 바람에 뜻하지 않은 굴욕(?)을 당하는 모습이다.

경쟁은 상대적인 것이다. 내가 아무리 뛰어나더라도 상대가 나보다 더 뛰어나다면 그 경쟁에서 좋은 성과를 거두기는 힘들다. 반면에 내가 죽을 쓰더라도 상대가 나보다 더 못한다면 그 경쟁에서는 뜻밖의 성과를 거둘 수도 있다. 따라서 경쟁에선 자신의 실력이 부족하다고 해서 미리 겁먹을 필요도 없지만 그렇다고 자신의 실력이 출중하다고 해서 과신해서도 안된다. 경쟁의 결과는 결국 상대방에 따라 달라지는 게임이기 때문이다.

● 경제학에는 '바보이론The Greater Fool Theory'이라는 것이 있다. 즉 어떤

자산(예: 아파트, 땅, 건물 등)의 거래가격이 상식적인 수준을 훨씬 뛰어넘고 있는데도 바보처럼 이 자산에 투자하는 사람들이 있는 이유는 앞으로 이것을 더 높은 가격에 사들일 사람, 즉 '더 큰 바보'가 존재할 것이라는 믿음이 있기 때문이다. 그리고 그러한 믿음이 맞아떨어져서 자산을 더 오른 가격에 매도하면 자신은 바보가 아닌 게 된다는 것이 경제학에서 말하는 '바보이론Greater Fool Theory'이다. 즉 자신이 비록 상투를 잡았더라도 그보다 더 높게 상투를 잡을 사람(즉 더 큰 바보)만 있다면, 자신은 손해보지 않게 된다.

076

여건에 적합한 경쟁역량 추구의 법칙

권투시합을 보면, 경량급 선수들은 몸이 매우 민첩하고 테크닉이 화려하다. 반면에 헤비급 선수들은 빠른 것에서 승부가 나기보다는 파괴력에서 보통 승부가 난다. 이와 같이 체급별로 각기 필요한 역량은 다르다.

- 2000년대 초반, 미국 메이저리그의 오클랜드 애슬래틱스는 30개 구단 중 최소 연봉으로 꾸린 팀이었다. 선수진들이 뛰어나야 성적이 오르지만, 이를 위해선 고액 연봉 선수를 스카우트해야 한다. 그렇지만 오클랜드 구단이 선수단 구성에 쓸 수 있는 예산은 언제나 성적대로 메이저리그 최하위였다. 따라서 돈을 많이 쓸 수 있는 다른 구단들과 같은 경영전략으로는 절대 이길 수 없다. 그래서 고안한 방법은 다른 구단과는 상이한 방식으로 선

수들을 평가하는 것(즉 야구통계학인 Sabermetrics의 사용)이었다. 그 결과 다른 구단에서 눈여겨보던 선수들을 적은 연봉으로 데려와서 최대효과를 거둘 수 있었다. 그 결과 30개 구단 중 최소연봉을 사용했지만, 2001년 정규 시즌 102승을 거두는 성과를 냈다.

– Money Ball 이론(오클랜드 구단주 Billy Beane)

경영 여건이 불리하면 다른 거대 기업과 같은 방법으로는 경쟁에서 이길 수 없다. 품질경쟁력, 가격경쟁력, 유통장악력으로는 거대 기업을 결코 이길 수 없다. 이를 고집한다면 거대 기업이 가장 좋아하는 방식으로 싸움에 임하는 것이다. 여건이 불리하면 자기 여건에 맞는 새로운 방법을 찾아야 한다. 또한 자신만의 틈새시장을 찾아야 한다.

077

그래도 저가격 우위의 법칙

경쟁우위를 확보하는 데 있어서 가장 우선적으로 생각되는 방법 중의 하나는 저가전략이다. 저가전략을 하기 위해서는 무엇보다도 원가절감을 해야 한다. 원가절감의 방법은 여러 가지가 있다: 재료비, 인건비 등의 절감 등. 그러나 이것은 다른 경쟁사들도 동시에 추구하는 방법이기에 생각보다 이를 달성하기는 쉽지 않다.

그러나 다른 성격의 경쟁우위 전략을 추구한다고 하더라도, 이러한 저가노력은 항상 염두에 두는 것이 필요하다. 특히 경기 불황일 때는 다른 어떤 경쟁우위보다 저가의 파괴력은 매우 크다. 이러한 저가전략을 수행하기 위해서는 무엇보다도 저원가 역량을 구축할 수 있어야 한다.

지하철에 부착된 임플란트 광고(참고로 서울대학교 치과병원에서의 임플란트 시술은 대략 300~400만원 정도이다)

078

선善한 행동의 법칙(참조: 8장 윤리 활동의 이익창출 법칙)

제품, 서비스 등에 대한 막연한 불신감이 사회적으로 퍼져 있는 상황에서는 양심적으로 운영하고 제조한다는 사실 그 자체만으로도 경쟁우위를 확보할 수 있다. 특히 먹을거리, 입을거리, 건강 등과 연관된 제품은 이러한 신뢰감이 더욱 중요하다.

기업간 거래에 있어서도 양심적인 기업으로 인정 받은 기업은 그 자체가 경쟁력이 된다. 따라서 오랫동안 그 업계에서 살아남을 수 있다.

079

36계의 법칙

전쟁은 지게 될 것이 명약관화하더라도 명분을 위해 피해선 안되는 경우가 있다. 그렇지만 기업 및 시장의 세계에서 이렇게 무모하게 맞서는 것은 결코 현명하지 않다. 경쟁사의 강한 부분은 피하는 것이 상책이다. 즉 때에 따라서는 36계 줄행랑이 최선의 전략이 될 수 있다. 경쟁전략에서 차별화란 결국 다른 기업 또는 조직과 다르게 하는 것이다. 만약 다른 사람보다 내가 모든 면에서 뭐든 절대적으로 잘할 수 있는 역량이 있다면, 굳이 차별화 노력을 기울일 필요는 없다.

- 칼이 참외 위에 떨어지든 참외가 칼 위에 떨어지든, 찔리는 쪽은 언제나 참외다. – 인도 속담

080

모든 것을 활용하고 포용하는 개방의 법칙

경쟁우위를 확보하는 방법은 정해진 것만 있는 것이 아니다. 그 모든 것이 가능하다.

- 헝가리의 무히에는 몽골과의 무히 전쟁 750주년(즉 패전)을 맞은 1991년

에 세운 「무히 전투 기념물」이 있다. 기념관에는 다음과 같은 문구가 있다: "타타르(몽골족을 의미)는 헝가리 군대 집결지를 향해 활을 쏘기 시작했다. 타타르의 화살은 멀리서 날아오는데 헝가리의 활은 짧게 날기에 적진에 이르지 못하니 절망, 무력감, 그리고 자포자기 상태가 되어 도망자가 속출하게 되었다." 유럽의 기사들은 창과 칼을 무기로 썼다. 그들에게 활은 비겁한 무기로 여겨졌기에 법으로 금지시키기도 했고 하층민의 무기로만 제한했다. 그러니 활의 성능이 개선될 여지는 적었다. 그리고 이러한 점은 실제 전투에서 백일하에 드러났던 것이다.

합스부르크는 결혼 정책을 통해 전 유럽을 장악하였다. 때로는 전쟁이 아닌 다른 방식으로도 권력을 유지할 수 있는 것이다. 중요한 것은 그러한 새로운 대안을 생각하는 융통성 있는 안목이다. 이를 위해서는 폼과 형식에 얽매이지 않는 자유로운 마음자세이다.

081

좋아하는 것(즐기는 것) 선택의 법칙

(참조: 16장 꾸준함의 위력 법칙)

경쟁전략의 제1법칙으로 '자신이 (남보다 더) 잘하는 것'을 더 강화하는 방향으로 투자하는 것이 낫다는 것을 제시하였다. 그런데 막상 자신에게 이렇게 잘하는 것이 없다면, 그럼 무엇을 할 것인가? 그럴 때는 자신이 제일 좋아하는 것, 자기 기질에 제일 맞는 것을 하는 것이 낫다. 좋아하는 것은 싫증이 덜 나고 그러다 보면 그것을 꾸준히 하게 된다. 그러다 보면 누구보다도 그 일을 제일 잘할 수 있게 될 날이 오기 때문이다. 물론 이러저러한 성과가 없을지라도, 자신이 원하던 것을 맘껏 하였으니 최악의 결과에도 그리 후회는 없을 것이다.

재미가 있고 즐겁다면, 그 일에 대한 열정은 '꺼지지 않는 불꽃'과 같을 것이다. 열정이 식지 않아야 지속성도 발현되는 것이다. 그런데 꾸준한 지속성과 끈기야말로 가장 강력한 경쟁력의 원천인 것이다.

- 알기만 하는 사람은 좋아하는 사람만 못하고, 좋아하는 사람은 즐기는 사람보다 못하다. – 공자

- 오랜 기간 유지되는 동호회의 특징은 우선 그 일(예: 등산, 낚시, 배드민턴 등) 자체가 즐겁다는 것이다. 그리고 거기에 모인 사람들의 기질이 서로 맞는다는 것이다.

082

승패에 대한 여타의 경험 법칙

전쟁, 스포츠 경기, 도박, 게임, 선거 등의 공통점은 승자와 패자가 있다는 점이다. 수많은 경쟁과 승부의 세계를 경험하거나 또는 관찰하고, 거기로부터 독자들 자신만의 경험법칙을 수확하길 바란다. 아래 열거한 것은 이에 해당하는 몇 가지 법칙들이다.

- 까탈스런 사람보다는 털털한 사람이 승리한다.
- 말만 앞세우는 사람보다는 작은 거라도 실천하는 사람이 승리한다.
- 하다말다 하는 사람보다는 조금씩이라도 꾸준하게 하는 사람이 승리한다.
- 생각이 복잡한 사람보다는 생각이 간결한 사람이 승리한다.
- 잃을 게 많은 사람보다는 잃을 게 적은 사람이 승리한다.
- 취미삼아 하는 사람보다는 절실함이 많은 사람이 승리한다.
- 위험을 겁내 눈을 감는 사람보다는 위험을 계산하면서 눈을 뜬 사람이 승리한다.
- 감정 및 감성에 흔들리는 사람보다는 태산같이 흔들림 없는 사람이 승리한다.
- 좁게 보는 사람보다는 크게 보는 사람이 승리한다.
- 가깝게 보는 사람보다는 멀리 보는 사람이 승리한다.
- 친구가 없는 사람보다는 친구가 주변에 많은 사람이 승리한다.
- 주머니가 빈약한 사람보다는 주머니가 두둑한 사람이 승리한다.
- 시간에 쫓기듯 사는 사람보다는 시간적 여유를 가지는 사람이 승리한다.
- 허약한 사람보다는 체력이 튼튼한 사람이 승리한다.
- 기가 약한 사람보다는 기가 센 사람이 승리한다.
- 경험이 일천한 사람보다는 경험이 많은 백전노장이 승리한다.
- 견문이 좁은 사람보다는 견문이 넓은 사람이 승리한다.
- 기록하지 않고 흘려버리는 사람보다는 기록하면서 이를 학습하는 사람이 승리한다.
- 비관적인 사람보다는 낙관적인 사람이 승리한다.
- 질 것 같다는 불길한 생각을 먼저 떠올리는 사람보다는 이길 것 같다는 기분 좋은 생각을 먼저 떠올리는 사람이 승리한다.
- 대응reactive하는 사람보다는 선제proactive하는 사람이 승리한다.
- 자신감이 없는 사람보다는 자신감이 넘치는 사람이 승리한다.
- 늘 지던 사람보다는 승리 경험이 많은 사람이 승리한다.

글을 맺으며

기업은 자사의 제품/서비스에 다양한 마케팅 노력들을 덧붙여서 그 가치value를 최대화하고자 한다. 그 이유는 소비자들은 시장에 나와 있는 여러 제품들 간의 가치 크기를 비교하여 이 중에서 최고의 가치를 제공한다고 생각되는 대안을 선택하기 때문이다. 따라서 기업은 고객의 손에 전달되기까지 일어나는 모든 마케팅 활동(예: 재료, 제조, 디자인, 유통, 판매 등)을 통해 가치를 최대화하려고 한다.

경쟁 제품/기업/브랜드에 비해 더 나은 강점, 즉 경쟁우위를 확보할 수 있는 방안은 본 장에서 살펴본 바와 같이 다양하다. 기업이 시장에서 오랫동안 존속하려면 다음과 같은 질문을 항상 염두에 두어야 한다: 어떠한 경쟁 우위를 확보하는 것이 지금의 이 시장에서 가장 의미 있는 것인지? 이러한 우위 확보를 위해 어떠한 역량 및 노력들이 전제되어야 하는지? 이러한 우위는 어느 정도 지속성 있게 유지될 것인지? 이러한 우위는 환경 변화에 따라 어떻게 달라지는지?

무엇이 문제인지, 그리고 무엇을 고민할지를 아는 기업은 막연히 하루하루 그냥 흘러 보내는 기업에 비해 경쟁력 있는 기업이 될 것이다. 그리고 시간이 흐를수록 이들 간의 경쟁력 격차는 더 크게 벌어질 것이다.

제 4 장

협력 또는 제휴의 법칙

Chapter 04

다른 기업 또는 조직과의 협력은 현대의 경영에 있어서 중요시 된다. 이는 점차 기업이 다루는 문제의 규모가 커지고 복잡해지기에 이를 기업 홀로 해결하기란 효과적이지도 않고 또 효율적이지도 않기 때문이다. 따라서 제휴는 어떤 면에서는 선택이 아니라 필수가 되고 있다. 그러나 동시에 제휴는 기존에 당면하던 문제들과는 상이한 문제들을 야기하기도 한다. 즉 제휴는 서로 다른 두 개 이상 조직 간의 협력이기에 단일조직이라면 없었을 여러 문제들(예: 성과 배분, 책임 규명, 문화적 차이, 의사소통의 장애 등)을 발생시킨다.

'백지장도 맞들면 낫다"라는 말이 있듯이, 제휴를 잘하면 성과는 기대 이상이 될 수 있다. 따라서 중요한 것은 제휴로 인해 발생하는 문제점을 최소화하면서 어떻게 하면 최대의 결과물을 산출할 것인가이다. 여기서는 제휴 또는 협력에 연관되는 법칙들, 그리고 이와 연관된 갈등의 법칙을 소개하고자 한다.

- 빨리 가려거든 혼자 가라. 멀리 가려거든 함께 가라. 빨리 가려거든 직선으로 가라. 멀리 가려거든 곡선으로 가라. 외나무가 되려거든 혼자 서라. 푸른 숲이 되려거든 함께 서라. – 인디언 속담

- 세력을 보고 모인 자는 세력이 기울면 떠나가고, 이득을 보려고 모인 자는 이득이 줄어들면 흩어진다(以勢交者, 勢傾則絕; 以利交者, 利窮則散).
– 王通의 〈文中子〉

- 레드우드redwood는 미국 오리건 남서부에서 캘리포니아 중부에 이르는 해변가의 해발 1,000m 지역에서 자란다. 키가 90m 이상 자라고 120m가 넘는 나무도 있기에 현존하는 나무 중 가장 크다. 그런데 그렇게 키가 큰 나무를 지탱해주는 뿌리가 묻힌 땅속 깊이는 3m에 불과하다. 이렇게 큰 나무를 얕은 뿌리가 지탱해주는 건 고작 3m의 땅속이지만 30m 이상 주변으로 뻗어나가고 다른 나무의 뿌리들과 서로 엉켜 있기 때문이다. 그래서 강한 바람이 불어도 부러지지 않고 가뭄이 와도 뿌리끼리 서로 수분을 나눈다.

물론 경영 및 마케팅 과업 중에는 성격상 혼자서 해결해야만 하는 것도 있다. 일반적으로 창의력 분야에서 그러한 경우가 적지 않다. 아이는 한 엄마가 9달을 임신해서 낳는 것이지, 9명의 엄마가 한 달씩 번갈아 가면서 임신해 낳을 수는 없기 때문이다.

083

한 우물 깊게 파기의 법칙

융합融合이란 말이 한때 유행하였다. 융합이란 다른 종류의 것이 녹아서 서로 구별이 없게 하나로 합하여지거나 또는 그렇게 만드는 것을 의미한다. 제품 간, 서비스 간의 경계를 무너뜨린 IT 업종에서 이러한 현상은 매우 두드러졌다. 이러한 현상은 다른 분야에서도 많이 시도되었다. 더 나아가 대학에서도 융합이란 이름이 들어간 학과를 새롭게 만들기도 하였다(예: 녹색기술융합학과, 창의융합학과, 신산업융합학과, 환경에너지공간융합학과).

융합을 하는 방식은 여러 가지가 있겠지만, 제대로 된 효과를 거두려면 어떤 하나의 분야를 깊이 있게 이해한 다음에야 가능하지 않을까 생각된다. A, B, C란 전문분야들이 있다면, 이를 모두 얕은 수준에서 다 알고 있는 상태보다는, 차라리 어떤 하나의 분야에 깊이 있는 연구와 이해가 있은 연후에 이와 연관된 다른 분야를 접목하는 것이 바람직한 성과를 거둘 것이다. 이런 점에서 본다면, 초기부터 여러 분야를 얕고 넓게 공부하는 것보다는 어떤 하나의 분야만을 깊게 파는 것이 지름길일 것이다. 물론 한 분야만 파고 든다면, 시야가 제한될 것이라는 우려가 있겠지만, 혹시 아는가? 깊이 판 땅 속에서 옆으로 넓게 이미 뚫려져 있던 동공을 발견하게 될지도~!

이런 점에서 본다면, 외부와의 협력을 잘하기 위해서는 우선 자기 분야에 대한 깊이 있는 통찰과 이해가 선행되어야 한다.

084

공개를 통한 참여의 법칙

오픈 소스open source(소프트웨어의 설계도 격인 소스코드를 공개, 누구나 고칠 수 있도록 하는 것)를 개발한 리눅스는 지리적으로 여기저기 흩어져 있는 개인들의 힘을 끌어내고 조합하는 새로운 방식을 보여줬다. 이러한 공개와 참여를 잘만 활용한다면 무수히 많은 보통 직원, 일반 개인 등의 능력을 모아서 최대 성과를 거둘 수 있다. 토요타는 현장 직원들이 단순 노동자가 아니라 혁신과 변화의 주역이 될 수도 있다고 믿었다. 미국 자동차 회사들이 간부 직원들의 전문 기술에만 의존하고 있을 때 토요타는 모든 직원들에게 문제를 해결할 수 있는 도구와 권한을 부여했다. 구글의 경영진은 거대 전략을 짜기 위해 시간을 보내지 않는다. 대신 수많은 구글리트Googlettes의 탄생을 조성하기 위한 환경을 위해 애쓴다. 구글리트는 직원들의 머리에서 나온 작은 아이디어를 말한다. 구글 직원들은 근무시간의 20%를 기존 상식에 도전하고 구글의 사용자들에게 도움이 되는 아이디어를 만들어 내는 데에 사용한다. 구글에는 혁신의 책임이 전 사원에게 광범위하게 퍼져 있다. 신제품 아이디어를 일반 소비자들로부터 얻는 것도 이와 같은 방식이다.

공개를 통한 아이디어들을 취합하여 가장 최적의 조합을 만드는 것은 복잡한 과정이 필요하다. 또한 그 성공에 따른 성과배분도 결코 쉬운 과정은 아니다. 그러나 공개를 통한 여러 사람과 조직으로부터의 아이디어 수집과 이들과의 협업은 밀폐된 체계보다 강하다.

공개적으로 외부와의 협력관계를 구축하려면 외부 연결망의 개수, 속도, 질적 내용, 취합능력 등을 중요시하여 관리해야 한다.

085

제휴 파트너 선정의 최우선 법칙

제휴의 경우, 적절한 파트너의 선정이 무엇보다도 중요시된다. 따라서 모든 노력과 시간을 이를 위해 기울일 필요가 있다.

● "우리는 우리의 리듬을 이해하는 사람을 만나기 위해 전생애를 낭비한다."

– '4월 이야기' 시인 하재연

운동 시합에 있어서도 자기와 잘 맞는 파트너를 만나는 것이 시합의 성패뿐 아니라, 그 시합에서 느끼는 즐거움에도 많은 영향을 미친다.

기업 인수의 경우에도 마찬가지이다. 인수기업acquiring firm과 피인수기업acquired firm 간의 적합성이 인수에 따른 성과에 영향을 미친다. 여기에는 기술적 유사성 또는 과거 기술혁신의 정도 등과 같은 기술적 특성뿐 아니라 조직 문화, 구성원 특성 등도 고려되어야 한다.

한편 제휴선을 선정할 때는 때로는 융통성을 발휘할 필요도 있다.

- 동생과 나는 함께 훈련소에 입소했다. 첫날 아침 우리는 연병장에 집합했다. "나는 잭슨 중사다." 조교가 으르렁거렸다. "너희들 가운데 나와 붙어서 이길 수 있다고 생각하는 녀석 있나?" 188cm의 키에 체중이 128kg이나 나가는 내 동생이 손을 들고 말했다. "네, 제가 해보겠습니다." 중사는 동생의 한 팔을 잡고 그를 앞으로 끌어낸 다음 이렇게 말했다. "훈련병들, 이 친구가 내 조수다. 너희들 가운데 우리 두 사람과 붙어서 이길 수 있다고 생각하는 녀석 있나?" – 리더스 다이제스트, 2005년 10월

086

상황별로 달라지는 제휴파트너 선정의 법칙

운동 경기에는 혼자 하는 시합도 있지만, 파트너와 짝을 맞춰서 하는 시합도 있다. 이때의 승패는 운동경기의 유형에 따라 다르다. 어떤 경우는 가장 최약체 선수가 들어간 팀이 패하는 경우가 많은 시합도 있다. 배드민턴과 테니스가 그러하다. 이는 상대팀 선수들이 약체 선수만을 집중 공략하기에 그러하다. 따라서 실력의 순서로 1,2,3,4위에 해당하는 선수들을 [1,4], [2,3]의 두 팀으로 나눠서 시합을 한다면, [2,3]의 팀이 이길 가능성이 크

다. 반면에 검도의 단체전은 그렇지 않다. 검도의 승발승 시합은 팀의 다른 선수들 모두가 약체더라도 한 명만 최강의 선수가 있으면 그 팀이 이길 가능성이 크다. 이는 이긴 사람이 계속적으로 상대팀 선수와 일대일로 대련을 하기에 가장 잘하는 선수가 있는 팀이 결국엔 이기게 된다. 즉 [1,6,7,8]의 팀이 [2,3,4,5]팀을 이길 가능성이 크다.

기업 제휴를 할 때는 이와 같이 시장의 경쟁 성격을 우선적으로 파악할 필요가 있다. 제품, 산업의 성격에 따라 경쟁 양상은 다르기에 이러한 점을 유념해서 승리할 수 있는 제휴선을 선정할 필요가 있다.

087

양극화 현상과 그것의 가속화 법칙

제휴가 비교적 활발하게 일어나는 분야에서 흔히 발견되는 현상은 강자는 강자끼리 모이고 약자는 약자끼리 모인다는 것이다. 그리고 이렇게 묶인 그룹 간의 상호작용으로 인해, 강자는 더욱 강해지고 약자는 더욱 약해지게 된다. 따라서 초기에 운이 없거나 또는 아주 사소한 실력의 차이로 약자의 무리에 일단 속하게 된 어떤 단위체(사람, 조직, 기업, 국가 등)가 이를 박차고 나가는 노력을 조금 게을리 하여 여기서 지체하면, 강자 그룹에 속한 단위체와의 간극이 더욱 벌어지게 된다. 국가간 연대, 기업간 제휴, 남녀간 결혼(가문과 가문의 연결), 스터디 그룹 등은 이러한 현상을 잘 보여주고 있다. 한편 결혼은 그로 인한 자녀 양육 및 교육 등의 역량으로 연결되기에 이러한 흐름이 대물림되는 성향이 강하다.

088

처음(만날 때)보다 마지막(헤어질 때)에 더 잘해야 하는 법칙(참조: 14장 필 때보다 질 때 더 아름다워야 하는 법칙)

서로 다른 조직 간의 협력은 언젠가는 결별을 해야 한다. 때로는 새롭게 협력을 시작할 때보다 결별할 때 더 신경을 써야 하는 경우도 있다. 언제 다시 그 상대와 거래관계를 하게 될지도 모르는 일이고, 또한 결별 과정에 대한 불미스런 내용이 세상에 알려져서 시장에서의 기업 평판에 영향을 미치기도 한다. 따라서 좋은 관계에 있을 때도 결별을 염두에 두고 말하고 행동하고, 만약 이것이 발생한다면 이의 과정에 정성을 기울여야 한다.

- 거래처 한 군데를 지키는 것이 결과적으로는 거래처 백 개를 늘리는 길이다. 반대로 거래처 한 개를 잃는 것은 거래처 백 개를 잃는 것과 같다.

  – 경영의 신이라 불리는 마쓰시타 고노스케

- 오래전 미국의 대통령 후보 지명전에 출마하였던 미국 정치인은 서너 차례의 이혼경력이 있었다. 그런데 흥미로운 점은 3~4명의 전처들 모두가 선거유세에서 그를 전폭적으로 지원하는 모습이었다. 이러한 점은 2014년 서울시 교육감에 출마하였던 K모 후보의 경우와 극명하게 대비된다.

- 군자는 절교할 때도 악담은 하지 않는다(君子絕交不出惡言). – 삼국지

089

이득(/손실) 배분에 따른 갈등의 법칙

협동 과업의 전체 성과를 위해 참여자들은 서로 최선을 다해 협력을 한다. 그런데 어떤 식으로든 결과가 나타났을 때, 그때부터 슬슬 갈등이 발생하기 시작한다. 일반적으로 성공했을 경우의 성과배분이 실패했을 경우에 비해 더 큰 갈등을 빚는다. 때로는 갑자기 생긴 재물이 갈등을 불러오기도 한다. 그래서 옛말에 친한 두 사람 사이를 갈라 놓는 가장 좋은 방법은 그들이 좋아하는 어떤 것을 둘 사이에 던져주는 것이라고 한다.

- 신격호(92) 롯데그룹 회장이 여동생의 장례식 때 낸 부의금을 놓고 그의 조카들이 법정 분쟁을 벌였다. 서씨와 남매들은 어머니이자 신격호 회장의 여동생인 신모 씨의 장례를 치르며 받은 부의금을 두고 다툼을 벌였는데, 원고인 서씨는 신 회장이 수십억원의 부의금을 보내왔는데 다른 형제들이 자신에게 액수를 속인 채 돈을 나눠가졌다고 주장했다. 반면에 남매들은

신 회장의 부의금은 1,000만원뿐이라며 이를 기준으로 산정한 647만원만 줄 수 있다고 반박했다. 이에 대해 서울중앙지법 민사합의36부는 신 회장 여동생의 둘째 딸인 서모 씨가 남매들을 상대로 낸 부의금 반환 소송에서 원고 패소 판결했다고 2014년 7월 18일 밝혔다.

– 2014년 7월 18일 조선일보

090

갈등의 근본 원인에 대한 재고의 법칙

때로 우리는 하던 싸움을 멈추고 무엇 때문에 이리 힘들게 싸우고 있는지를 살펴볼 필요가 있다. 때로는 그러한 다툼의 원인이 무의미한 경우도 있고, 그러한 다툼의 승리로부터 얻는 혜택이 보잘것없을 수도 있다. 즉 대머리들끼리 서로 빗을 가지겠다고 싸우는 것과 같은 경우도 있다. 그렇기에 갈등과 다툼의 원인을 냉철하게 재고하여 직시한다면 상호간 갈등은 그만큼 적어질 수 있다.

글을 맺으며

지금의 시대는 혼자 잘난 항우項羽 같은 사람보다는 자신의 부족함을 깨닫고 이를 채워줄 사람을 활용하는 유방劉邦 같은 사람이 필요한 시대이다. 초한지를 준비하면서 소설가 이문열은 "다른 이들의 힘을 모아 펴는 자는 승리하고, 제 스스로 힘을 소진하는 자는 패배한다"는 말을 하였다.

- 버얼테(테무친이 갓 결혼한 신부)를 구하러 갔다가 결국 메르키트 부족에게 참패한 테무친(즉 칭기즈칸)은 귀한 사실을 깨달았다. 즉 막강한 힘을 구축하기 전까진 남의 도움도 받아야 한다는 사실이다. 그리고 그러한 교훈은 나중에 그를 성공으로 이끈 주춧돌이 되었다. 결국 그는 챠트란 부족(차무하)과 커레이트 부족(토우린 완칸)의 도움으로 메르키트 부족에게 승리를 거두게 되었다.

의사소통의 법칙

Chapter 05

강의실에서 주로 가르치는 재무-회계-인사-조직-생산-마케팅 등의 경영학 전공 지식을 하드 스킬hard skill이라고 하는 반면, 의사소통-협상-갈등관리-리더십-팀워크 등에 대한 지식과 지혜에 대한 것을 소프트 스킬soft skill이라고 한다. 저자의 짧은 직장생활 경험에서 볼 때, 직장에서 오래 생존하거나 또는 높은 자리에 오른 사람일수록 전문지식이나 과업해결 능력을 많이 가진, 즉 하드 스킬의 수준이 높은 사람이라기보다는, 포용력, 감수성, 의사소통 능력이 뛰어난, 즉 소프트 스킬 능력이 뛰어난 사람이라는 점이다. 이러한 능력을 가진 상사의 경우에는 같은 말을 하더라도 상대방의 기분을 좋게 해주고, 같은 지시를 내리더라도 좀 더 마음에서 우러나서 이를 따르게 만든다.

사람의 마음을 사로잡는 소프트 스킬은 학교에서 가르칠 수 있는 것이 아니다. 인성이 뒤따르지 않는다면 쉽게 자기 것으로 만들기도 어렵다. 본 장에서는 소프트 스킬과 연관된 여러 법칙들,

특히 의사소통을 중심으로 다뤄보겠다.

- '여기에 절대 소변금지'라는 팻말보다는, '여기에 소변을 보시면 CCTV로 멋지게 기념촬영 해드려요'라는 문구가 좀 더 사람을 즐겁게 만들고, 이를 따르게 하지 않을까 생각된다.

참고적으로 교육 역시 의사소통이다. 즉 선생과 학생, '더 많이 알고 있는 자'가 '더 적게 알고 있는 자'에게 자신의 지식을 전달하는 것이 교육인데, 이러한 교육 역시 의사소통을 통해 이뤄진다. 따라서 의사소통의 과정을 잘 이해하면 교육 효과 역시 높일 수 있다.

의사소통은 우리 생활에서 빠질 수 없다. 서로간의 주파수가 맞춰질 때 훨씬 큰 의사소통 효과를 거둘 수 있다. 그러나 잘못 맞춰진 주파수로는 내용 전달이 되지 않으며, 아무리 오랜 시간 얘기를 해도 공감되는 부분은 여전히 적을 것이다. 여기에는 의사소통에 관련된 일반 법칙들을 소개하겠다. 한편 마케팅믹스 중 한 요소인 마케팅 커뮤니케이션에 적용되는 법칙은 제2부에서 소개하겠다.

091

착각과 오해의 법칙

서로간에 대화를 하였다고 해서 항상 의미 공유가 이뤄진 것은 아니다. 또한 동일 단어를 사용했다 하더라도 같은 의미를 공유했다고 확신하기는 어렵다. 수년 전 방영되었던 드라마('미스터 굿바이')에 다음의 장면이 있었다.

- 점원이 주인에게 '잠시' 외출하고 들어 오겠다 하고 남자 친구를 만나러 갔다. 속 깊은 남자 친구는 그녀에게 '잠시' 외출의 허용시간은 몇 분 정도일 것으로 생각하냐 물었더니, 그녀는 대략 30분 정도라고 답하였다. 그러자 그는 주인 입장이라면 그것은 아마도 10여 분 정도로 생각할 것이라며, 서둘러 그녀를 가게로 돌려보냈다.

의사소통의 불일치 현상은 주변에서 쉽게 조우할 수 있다. '일찍' 들어오겠다고 나간 대학생 아들은 밤 12시가 넘어서야 귀가하였다. '일찍 귀가'의 의미를 저자는 대략 10시 전이라고 생각하였지만, 아이에게는 새벽에 들어오지 않고 12시에 들어온 것이 '일찍 귀가'였던 것이다. 가을 학기가 시작되고 어느 정도 자리가 잡힌 9월 중순, 학과장실에 오랜 만에 여러 명이 모였다. 학과장은 조교에게 커피 6잔을 부탁하였다. 그런데 조교가 사가지고 온 커피는 모두 아이스커피였다. 학과장은 '커피'라 하면 당연히 뜨거운 커피를 생각하고 부탁한 것인데, 뜨거운 피가 흐르는 젊은 조교의 Default기본 값는 아이스커피였던 것이다.

좋은 의사소통이 되려면, 듣는 상대가 자신의 얘기에 귀 기울이고 있다는 것을 확인하는 것도 중요하지만, 동시에 자신이 의도한 내용 자체를 상대방이 얼마만큼 제대로 이해하고 있는지 또는 공감하고 있는지를 수시로 확인할 필요가 있다. '열심히 공부해라'에 대한 생각도 부모의 개념과 자녀의 개념이 다를 수 있다. 즉 하루에 몇 시간 정도 해야 '열심히 공부하는 것'이 되는가에 대한 개념은 사뭇 다를 것이다.

의사소통에서 일어나는 오해와 착각은 기업과 소비자간 다툼과 불신의 근원이 되기도 한다. 이와 같이 타인과의 의사소통은 생각처럼 쉽지 않다.

- 대부분의 사람이 자신을 판단할 때와 남을 판단할 때, 완전히 다른 이중 잣대를 적용한다. 남을 판단할 때는 그의 '행동'을 기준으로 삼으며, 그 기준은 가혹하기 이를 데 없다. 반면에 자신을 판단할 때는 '의도'를 기준으로 삼는다. 자신이 어떤 잘못을 범하더라도, 그 의도가 훌륭했다면 쉽게 자신을 용서한다. 따라서 우리는 (변화를 요구 받을 때까지) 실수와 자신에 대한 용서를 반복한다 – 존 맥스웰, 〈리더십 골드〉에서

기업은 다양한 의사소통을 한다: 부서내 사람들간, 부서와 부서간, 기업과 협력업체간, 기업과 소비자 간의 의사소통 등. 이 모든 의사소통에 있어서 착각과 오해가 일어날 수 있다는 가능성을 염두에 두고 의사소통을 관리할 필요가 있다. 우리말에 '아 다르고 어 다르다'란 말이 있듯이 동일한 내용이라도 이를 상대방에게 어떻게 전달하는가는 그 의사소통의 성과에 많은 영향을 미친다. 올바른 의사소통이 되기 위해서는 상대방의 입장과 관점을 우선 이해할 필요가 있다.

- 나는 건축업을 하면서 혼자 살고 있다. 그런데 얼마 전에 딸아이가 내게 자

기가 좋아하는 음식들의 조리법이 나와있는 요리책을 한 권 주었다. 그 책에는 내가 요리 전문용어를 전혀 모른다는 것을 알고 딸이 조리법에 덧붙여 놓은 말이 있었다. "시멘트를 섞어 콘크리트를 만들 때처럼 잘 섞으세요." 그 말대로 하니까 기막히게 맛있는 음식이 만들어졌다.

– 리더스 다이제스트, 1989년 5월

기업은 마케팅 커뮤니케이션 활동을 통해 소비자에게 어떤 메시지를 전달하고 싶어한다. 소비자와의 의미공유가 올바로 일어날 때 최선의 마케팅 성과를 거둘 수 있으므로, 이에 대한 관리는 중요하다. 쉽고도 올바른 의사소통이 되려면 이에 좀 더 많은 노력을 기울여야 한다.

- 타이어의 마모 상태는 타이어 측면에 있는 삼각형(▲) 표시로 확인이 가능하다. (▲) 표시 위쪽을 보면 홈 속에 돌출된 부분을 볼 수 있는데 이게 마모 한계 표시다. 승용차용 타이어는 마모 한계 표시 높이가 1.6㎜인데, 타이어가 마모돼 홈 속에 돌출된 부위가 밖으로 나오면 교체해야 한다. 100원짜리 동전을 홈에 넣어 이순신 장군의 감투가 보이면 수명이 다 된 것이라고 한다. 이러한 의사소통은 자동차 전문가가 아니더라도 쉽게 이해할 수 있고 또한 직접 하기도 쉬울 것이다.

의사소통의 첫 번째 법칙으로 착각과 오해의 법칙을 제시한 것은 그만큼 의사소통이 쉽지 않다는 것을 보여주고 따라서 의사소통을 할 때 한층 더 신중할 것을 당부하고자 하기 때문이다.

092

암묵적 기대의 확인 법칙

기대에는 세 종류가 있다. 첫째, '불분명한 기대'는 문제가 해결되길 바라나 정확히 무엇이 문제인지 자신도 모르는 상태에서 갖는 막연한 기대를 의미한다. 둘째, '명시적 기대'는 고객이 드러내는 확실한 기대를 의미하는데 여기에는 현실적인 것과 비현실적인 것이 모두 존재한다. 셋째, '암묵적 기대'는 고객의 속마음에 당연히 받을 수 있다고 생각하는 기대이다. 아마도 상대방으로부터 받는 것이 너무도 당연하기에 고객은 이를 굳이 드러내 놓고 얘기하지 않을 것이다. 고객은 내심 상대방도 이에 대해 잘 알고 있을 것이라 생각하고 있다. 그런데 이와 같이 일부러 드러내는 경우가 드물기에 상대방(거래 당사자, 서비스 담당직원 등)이 인지하지 못하는 경우가 생기는 경우가 종종 있다.

결혼생활을 오래 유지한 부부들은 이러한 여러 상황에서 나타날 기대들에 대한 공감대가 형성되어 서로 싸울 일이 적지만, 갓 결혼한 신혼부부들은 이러한 기대에 대한 불일치가 많기에 싸움이 잦을 수 있다. 예를 들어 처가집에 한달에 두세 번 인사가는 것을 당연하게 생각(–암묵적 기대)하는 부인 입장에서 볼 때, 안부전화마저 한번도 안하는 신랑을 보면 크게 실망하게 될 것이다.

사업을 오래 한 친구의 경험 원칙인데, 일을 처음 시작할 때, 듣는 사람 편하라고 '알아서 잘 해주세요! 편하게 생각해서 해주세요!'라며 두리뭉실하게 자신에게 일을 맡기는 고객이 나중에 더 까다롭게 군다고 한다. 반면에 처음에 까다롭게 이것저것 요구한 사람, 즉 자신의 기대하는 바를 명확하게 드러내는 사람은 일이 끝나면 군소리하지 않는다고 한다. 이와 같이 기대를 분명하게 드러내는 사람도 있지만 잘 드러내지 않는 사람도 있다. 중요한 것은 기대를 잘 드러내지 않는다고 해서 그 사람이 기대하는 바가 더 적거나 또는 없는 것은 아니란 점이다. 오히려 암묵적 기대를 많이 가지고 있는 경우가 많다. 따라서 암묵적 기대가 무엇인지 처음부터 확실하게 파악하고 그에 대해 명확히 정리한 다음에 일을 시작하는 것이 나중의 다툼 및 실망을 방지하는 데 좋을 것이다.

093

사전기대의 지속적 증강 법칙

(참조: 13장 나쁜 소식은 먼저, 좋은 소식은 나중에의 법칙)

기대에는 순서효과sequence effect가 작용한다. 즉 사람들은 시간이 경과함에 따라 점점 더 좋아지는 경험을 하길 원한다. 서비스 업종은 고객의 이러한 성향을 이해하여 서비스를 설계하는 것이 좋다. 만약에 기업이 어쩔 수 없이 고객에게 미흡한 서비스를 제공할 수밖에 없다면, 이것을 앞쪽에 제공하는 것이 좋다(물론 미흡한 서비스를 제공하는 것은 계약을 마무리한 다음이다. 계약서 도장 찍기 전이라면 고객들은 당연히 계약체결을 하지 않을 것이다). 그리고 뒤로 갈수록 고객에게 더 좋은 경험을 제공해야 한다. 일반적으로 뒤쪽에 경험한 것이 전체 경험에 대한 인식을 결정한다Ende gut, alles gut. 따라서 마무리 경험을 최상으로 제공하는 것이 좋다. 여행상품의 경우, 초반에는 조금 부실한 식사, 잠자리를 제공하지만, 마지막 날에 보통 좋은 식사와 멋진 잠자리를 제공하는 것도 이러한 현상을 고려한 것이다.

음악에서 크레센도crescendo는 연주할 때 '점점 세게' 표현하라는 의미이다. 고객의 사전기대는 지속적으로 높아지기에 서비스 제공은 크레센도로 해야 한다.

094

울어야 젖 주는 법칙

예전에 지방에서 열린 학회에 갔다가 아침에 조금 여유를 부리다 보니 기차 시간이 매우 촉박하게 되었다. 급히 옷을 입고 가방도 제대로 닫지 못한 상태로 숙소 앞에 도착한 택시를 타고 다급히 기차역으로 가자고 하였다. 나의 차림새와 말투를 보고 급박성을 실감한 기사분은 평소 30분 걸리는 거리를 10여 분 만에 주파했고, 가까스로 기차를 탈 수 있었다.

오래 살면서 깨달은 것 중의 하나는 당사자가 급하지 않으면 주변에서 먼저 이를 알아서 급하게 서둘러 주지는 않는다는 것이다. 대입 수험생이 자발적으로 열성을 다하지 않으면 가르치는 선생도 그렇게까지 열성적으로 가르치지는 않는다. 모든 것은 상대적이다. 특히 사람 간의 관계에 있어선~.

095

아날로그의 법칙

때로는 예전 방식의 커뮤니케이션이 가장 강렬할 수 있다. 이메일/문자메시지/카톡보다는 손으로 직접 쓴 편지나 엽서, 디지털사진의 전송보다는 앨범에 정성스럽게 집어넣은 사진첩이 좀 더 심금을 울린다.

곰배령에서 발견한 우편함

- 예전에 아이리버는 A/S한 제품의 배송 택배에 대표이사의 친필 사과 편지를 동봉하여 보냈다. 비록 사본이긴 하였지만, 고객은 회사가 자기 제품에 대한 높은 책임감을 가진다는 이미지를 받았을 것으로 생각된다.

096

'한번 더' 입에 물었다가 밖으로 내뱉는 법칙

삼사일언三思一言, 즉 세 번 생각하고 한 번 말함이란 뜻이다. 이렇게 세 번까지 생각은 못하더라도, 한 번이라도 더 생각second thoughts한 다음에 말을 내뱉는다면, 세상의 다툼은 아마도 반 이상 줄어들지 않을까 생각된다. 머릿속에 떠오른 생각을 바로 말로 표현하는 것, 또는 상대방의 말을 듣자마자 거기에 반응을 여과 없이 즉각적으로 하는 것 등은 뒤에 가서 두고두고 후회하는 경우가 많다. 그러니 0.01초라도 좀 더 생각하고 말을 하거나, 또는 (확신이 서지 않을 때는) 아예 말을 하지 않고 참는 것이 더 나은 의사소통이 될 것이다.

- 소설가 집에 평소 사이가 좋지 않던 평론가가 찾아 왔다. 두 사람은 마주 앉아서 세 시간 동안 아무 말도 하지 않고 서로 쳐다만 보았다. 마침내 평론가가 자리에서 일어서자, 소설가는 환하게 웃으면서 오늘처럼 즐거운 대화를 나눈 적은 없었다고 말했다.

직장, 또는 외부 기관의 여러 회의에 참석해본 결과, 적지 않은 사람들이 회의가 끝나고 '그때 내가 왜 그 말을 하였지'에 대해 후회하는 것을 많이 보아 왔다. 물론 저자도 예외는 아니다.

097

사례事例의 강렬함 법칙

전쟁의 참상을 전쟁에 대한 이론서 및 논문을 여러 번 보고 이해하는 것보다는 영화 '쉰들러 리스트'나 '라이언 일병 구하기'를 보면 더 많은 것을 느낄 수 있다. 핵전쟁의 위험도 일일이 설명할 필요가 없다. 영화 'On The Beach(2000)'는 핵전쟁의 비극을 웅변적으로 보여주고 있다. 하나의 강렬하고 실감나는 사례가 백권의 책보다 더 많은 영향을 미칠 수 있다.

한편 비유를 통한 의사소통은 상대방의 이해를 쉽게 구할 수 있다는 점에서 장점이 있다.

- **"여배우의 노출은 연탄 배달과 같다"**: 영화 '관능의 법칙' 언론시사회에서 문소리는 노출 연기에 대한 얘기로 화제가 됐다. "내가 연탄 배달하는 일을 하는데 손에 검은 재를 안 묻힐 수 없잖나"며 "손에 묻게 마련이고 집에 가서 씻으면 된다. 그렇다고 내가 더러운 사람은 아니잖나. 여배우로서 살아가다 보면 힘든 일이 많다"며 노출에 대한 편견이 심한 한국 사회에서 살아가는 여배우로서의 삶을 연탄에 비유하며 자신의 어려운 심경을 고백했다.

  – 조선일보, 2014년 1월 28일

098

데이터의 설득력 법칙

주장하는 바를 그냥 목소리 크게 말한다고 해서 상대가 설득되는 것은 아니다. 자신의 주장을 뒷받침할 수 있는 객관적 데이터가 있을 때 좀 더 설득하기 쉬워진다. 부모님께 용돈을 올려달라는 주장을 할 때, 막연하게 돈이 부족하다고 떼를 쓰기보다는, 현재의 물가 수준, 주변 친구들의 평균 용돈, 용돈 사용처 등을 조목조목 정리해서 제시하면 더 설득력이 있을 것이다.

- 이탈리아의 저명한 물리학자인 티치아노 비르질리 박사는 유력 피겨 사이트 커뮤니티에 '소치 동계올림픽 여자 피겨의 통계학적 분석'이란 논문을 올리고 러시아 선수에 대한 편향된 평가가 존재했음을 통계학적으로 밝혔다. 그는 쇼트프로그램과 프리스케이팅에서 상위 입상 13명에 대한 채점표를 바탕으로 심판 패널 9명의 점수 분포를 분석하였다. 우선 프리스케이팅 12개 과제에 대한 기술점수 가산점을 분석한 결과 금메달리스트 소트니코바에 대한 9명의 가산점 편차는 5.287로 김연아의 3.478 등 다른 선수들의 평균 편차보다 훨씬 크다. 편차가 크다는 것은 산술 평균과의 차이가 크다는 것으로 심판 개개인이 들쭉날쭉한 점수를 줬다고 의심할 만하다. 또한 심판 9명이 각각 평균보다 높은 점수를 준 횟수를 분석한 결과 소트니코바에겐 4명의 심판이 극단적으로 높은 점수를 준 것으로 확인됐다. 한편 더 큰 편향성은 주관성이 큰 구성점수에서 발견된다. 비르질리 박사는 구성점수 요소가 5개로 적기 때문에 상위 입상자 13명의 2013년도 성적을 전부 비교해 평균점을 잡았다. 그 결과 김연아는 전체 평균 편차에

가까운 1.64를 기록한 반면 소트니코바는 평균의 3배나 높게 기록했다. 비르질리 박사는 "이런 편차가 자연스럽게 나온 것이라면 기적"이라면서 "구성점수는 예술적인 요소를 평가하기 때문에 기술점수에 비해 보통은 편차가 크지 않다. 소트니코바의 점수 폭등은 평범한 피아니스트가 어느날 갑자기 천재가 된 것과 같다"고 비유했다. 분석결과를 토대로 "이 계산법이 진리가 될 수 없지만 체계적인 편향이 존재했음을 증명한다"고 결론내렸다. 이러한 연구는 심증으로만 갖고 있던 일부 심사위원의 편향된 점수배점 의혹을 물리학자가 수학적으로 증명했다는 데 의의가 있다.

– 스포츠조선, 2014년 4월 1일

데이터 제시를 통한 주장은 막연한 주장보다 설득력이 더 있다. '계단을 오르는 것은 건강에 좋다'라고 하기보다는, "두 칸 오르면 8초 더 산다"라는 말에 사람들은 좀 더 계단을 오르게 된다. 비록 그것이 8초라는 아주 짧은 순간일지라도…

099

말이나 글보다는 직접 보여주고 체험하는 것의 강렬함 법칙

구두쇠 스크루지Scrooge로 잘 알려진 '크리스마스 캐럴'은 영국의 위대한 소설가인 찰스 디킨스Charles Dickens(1812~1870)가 썼다. 스크루지는 늙어서까지 자신의 인색한 구두쇠 행태를 버리지 않았지만, 크리스마스 밤의 유령을 통해 자신의 과거, 현재,

미래의 모습을 리얼하게 보게 된 다음, 이를 뼈저리게 느끼게 되었고, 결국 개과천선하게 되었다.

- 갑판원들이 바다 한가운데 있는 유정 굴착 장치의 갑판 위에 서 있다. 바다 속에는 상어가 득실거릴 수도 있다. 선장이 갑자기 "물속으로 뛰어 내려" 하고 고함을 친다. 하지만 이 고함 소리를 듣고 바다 속으로 뛰어 내리는 갑판원은 없다. 선장에 대해 좋지 않은 감정만 가질 뿐이다. 그러나 갑판에 화염이 솟아오르는 것을 직접 목격하면 어떨까? 선장이 소리를 치지 않아도 너도나도 앞다투어 물속으로 뛰어 들 것이다. 물속에는 날카로운 이빨을 벌리고 사람을 노리는 상어가 있을 수도 있다. 그러나 불타는 갑판 위에 그대로 머물러 있다가는 죽을 것이 뻔하기 때문에 물속으로 뛰어내릴 수밖에 없다. 변화는 물속으로 뛰어내리라는 고함 소리에 의해서가 아니라 이처럼 사람들이 진정으로 위기의식을 느낄 때 시작된다. 리더의 첫 번째 임무는 배에서 실제 화염이 솟구쳐 오르던 그렇지 않던 간에 모든 임직원들이 갑판이 불타고 있는 것을 보도록 하는 것이다. 이것은 바로 현실을 직시하는 것을 뜻한다. 장밋빛 안경을 벗어 던지고 현실을 냉철하고 잔인하게 이해하는 것이 중요하다.

– 하니웰사 CEO 보시디, [영원한 것은 없다]

사회적 성금을 모으는 TV 특집 프로그램을 보면, 성금이 필요한 사람들의 상황을 리얼하게 보여주거나 또는 감성적으로 접근하는 경우가 많다. 영상은 말보다 더 웅변적이기에 이러한 장면에 의해 마음이 움직이는 사람들은 많기 마련이다.

100

제한된 경험만 가진 교육자의 문제점 법칙

아주 작은 산을 오르는 데도 여러 갈래 길이 있다. 하물며 긴 인생을 사는 데 있어서, 여러 다양한 인생살이 길이 존재한다는 점에는 두말할 나위도 없을 것이다. 그런데 우리 부모들은 자기 자식들에게 한두 가지의 제한된 길(즉 안전하고 성공이 보장된 길)로만 가기를 원한다. 살아온 인생이 편협할수록 더욱 그러한 성향은 강하게 나타난다.

주방장이 능력 있을수록 손님에게 다양한 종류의 음식을 제공한다. 메뉴에 없는 요리이더라도 융통성 있게 손님의 식성에 맞게 만들어줄 수 있다. 그렇지만 한 가지 조리 방법밖에 모르는 요리사는 그 누가 오더라도 획일화된 음식밖에는 제공하지 못한다.

훌륭한 교육자는 교육에는 다양한 길이 있음을 알고 있다. 따라서 학생 각자의 성향에 알맞게 길을 찾아 주기도 한다. 그러나 편협한 교육자는 자기가 걸어온 길밖에 모른다. 그래서 모든 학생들에게 자신의 교육방식만을 엄격하게 강요한다.

101

교육의 최우선 요건은 사랑이라는 법칙

교육의 효과를 높이는 데 대해 많은 연구들이 있겠지만, 그중 최우선 요건은 아마도 가르치는 사람이 가진 애정의 크기일 것이다. 책을 저술할 때도 이를 읽을 사람에 대한 애정이 중요한데, 이러한 애정을 많이 가진 집필자는 글 한자마다 좀 더 정성을 기울일 것이다.

- 완벽한 이해가 없어도 완전한 사랑은 가능하다.

– 영화 '흐르는 강물처럼'에서의 대사

102

불씨 놓기의 법칙(참조: 2장 '불씨' 필수의 법칙)

교육은 가르치는 내용을 학생들 머릿속에 억지로 우겨 넣고 그것이 제대로 기억되었는지를 평가하는 것으로 끝나서는 안된다. 학생들 스스로 이에 대해 스스로 되뇌고 반복하면서 자기 나름대로 자발적으로 발전시키는 것이 되어야 한다. 이를 위해 학생들 머릿속의 유전 지대(재능이 있거나 관심을 가지는 영역)에 불씨를 놓아야 한다. 이렇게 놓은 불씨는 어떤 사람의 경우에는 평생 동안 꺼지지 않고 일생의 방향을 결정짓기도 한다.

수업은 짧지만, 수업 끝난 후의 시간은 장대하다. 긴 시간 동안 학생들 스스로 지식을 발전시키려면 이들에게 동기부여를 해야 한다. 결국 동기부여가 핵심이다. 머릿속의 유전 지대를 우선은 제대로 찾는 것이 중요하다. 그리고 여기에 불씨를 떨어뜨려야 한다.

103

감정전이의 법칙(참조: 6장 핵심인재의 파괴력 법칙)

하품이 전염되는 것처럼 감정(공포, 슬픔, 행복 등)도 전염이 된다. 긍정적 기운 역시 전염성이 강하기에, 주변 사람들에게 좋은 기운을 불러일으킨다. 2010년의 인기 드라마 '제빵왕 김탁구'에서 보면 신유경(유진)이 구마준(주원)에게 다음과 같은 대사를 하는 장면이 나온다. "내가 탁구(윤시윤)를 좋아하는 이유는 탁구랑 같이 있으면 내가 착한 사람이 된 것 같은 기분이 들어. 웃어도 어색하지 않고, 마음껏 행복해져도 부끄럽지 않은 그런 기분 말이야. 사실은 내가 착한 애도 아니고 얼마나 뒤틀리고 상처투성이인데…"

조직에 긍정적 기운을 불어넣는 파이팅 넘치는 조직원의 효과는 예상보다 크다. 용맹한 전우가 있으면, 그 부대 전체가 용맹해진다고 한다. 이는 자신도 그 용맹한 전우처럼 될 수 있다는 생각이 들기 때문이라고 한다. 조직 전체의 성적 또는 분위기는 새로

들어온 사람에 따라 달라진다(예: 신입선수, 교체된 축구감독, 신규 임용된 오케스트라 지휘자 등). "독수리와 같이 나는 비둘기는 평소보다 높게 날게 된다"라는 말이 시사하듯이, 주변인에 따라 조직원의 성과는 달라지게 된다. 이와 같이 동료, 근무환경에 따라 사람들의 능력발휘는 달라질 수 있다.

- If I have seen farther than others, it is because I have stood on the shoulders of giants. — Isaac Newton

침체되고 정체된 조직에 변화를 가져오려면 조직 안에 '다른 감각'을 지닌 사람을 너그럽게 받아들일 수 있어야 한다. 혁신의 에너지는 '창의적 충돌' 없이는 발현되지 않는다. 독특한 직관과 감수성으로 무장한 모난 돌들을 포용하고 이들이 마음껏 기량을 발휘할 수 있도록 도와주는 것이 중요하다. 경영은 결국 사람들이 하는 것이다. 단 한 사람의 투입에 따라 조직 전체의 화학적 융합이 엄청나게 변화될 수 있다.

104

'강 건너 불'이 아닌 '제 발등의 불' 법칙

다른 사람이 나를 위해 어떤 행동을 진심에서 우러나서 해주길 바랄 때는, 그러한 행동이 다른 누구도 아닌 바로 타인 자신의 이해관계에 직접적 관련이 있음을 시사할 때 좀 더 강력한 동기부여가 된다.

- 치명적 질환으로 수술을 기다리던 아버지. 다른 유능한 의사들도 많은데 굳이 자기 아들이 집도하기를 원했다. 수술 직전 아버지가 의사인 아들에게 말했다. "얘야, 난 이제 살 만큼 살았으니 어찌 되어도 괜찮다. 긴장하지 말고 최선을 다해라. 다만 수술이 잘 안 되어서 이 애비한테 무슨 일이라도 생긴다면 아마도 네 어머니가 너희 집에 가서 평생 함께 지내야 할 것 같긴 하구나." 아들은 심각한 표정을 지으며 한참 동안 말이 없다가 혼신의 힘을 다해 수술했다. 그날 며느리와 손자들까지 총동원돼 수술실 앞에서 간절히 기도를 올렸으며 수술은 대성공이었다.

교수 연구실이 있는 층에 휴게 공간이 있는데 가끔 그곳에 학생들이 와서 수다를 떨곤 한다. 그러한 소음 피해를 보던 어떤 교수는 휴게실 벽면에 "교수님들의 연구에 방해가 되니 조용히 대화를 해주세요"라고 붙여 놓았다. 그래도 여전히 개선이 되지 않자, 이번에는 다음과 같은 문구로 바꿨다. "여러분들의 대화 내용이 옆방 교수님 귀에 들어올 수 있습니다." 이러한 문구를 붙인 다음부터는 훨씬 말소리가 줄었다고 하였다. 처음의 문구는 교수가 혜택자로 되어 있지만, 두 번째 문구는 학생들이 피해 당사자가 될 수 있다는 차이점이 있다. 이런 점에서 보면, 당사자에게 직접적으로 이해관계가 있는 문구로 바꾸는 것이 훨씬 강력한 메시지가 될 수 있음을 알 수 있다.

● "아무리 중요한 것일지라도 우리하구 직접 관련이 없으믄 무의미하다는 거지"

– 윤후명의 소설 〈돈황의 사랑〉에서

105

정보 원천에 따른 무게감 법칙

동일한 정보일지라도 그 정보가 누구로부터 나왔는가에 따라 그 커뮤니케이션의 영향력은 차이가 있다. 예를 들어 동일한 말이더라도 교황이 하였는지 또는 일반 사람이 하였는지에 따라 그 말의 무게감은 다르게 다가온다.

● "신앙이 없으면 양심에 따라 살면 된다."

– 프란치스코 교황("신을 믿지 않거나 믿음을 추구하지 않은 사람들을 신이 용서할 것이냐"라는 한 무신론자의 질문에 대한 대답)

정보원천에 따라 같은 내용일지라도 수신자가 받아들이는 무게감은 다르다. 똑같은 잘못에 대한 지적을 받을 때도, 매일 잔소리를 하는 엄마에게 받을 때와 어쩌다 한번 혼을 내는 아빠에게 받을 때 그 무게감이 다른 것도 이러한 이치이다.

106

주목도의 법칙

언제 사람들은 다른 사람들이 말할 때 주목하게 되는가? 식사 모임에서는 돈을 내는 사람이 말을 할 때, 사람들이 이를 들어준다. 또는 어떤 모임을 주선한 사람이 말을 할 때 사람들은 귀를 기울인다. 그러나 이러한 입장은 상황의존적이기에 상황이 바뀌면 그 지속성은 떨어진다.

상황과 모임의 성격에 관계 없이 전반적으로 주목을 많이 받는 사람들은 어떠한 속성을 가지고 있는가? 일반적으로 파워, 명성, 전문성, 신뢰감, 매력 등이 높은 사람이 입을 열면 거기에 사람들은 집중하게 된다. 회의에서는 가장 높은 지위의 상사가 말을 할 때, 그 분야에 대해 가장 많이 알고 있다고 인정되는 사람이 말을 할 때, 매력적인 사람이 말을 꺼낼 때 등에 집중을 하게 된다. 만약 모임에서 자신의 말에 아무도 집중하지 않는다면, 필히 이러한 요소들이 부족하기 때문이다.

말의 내용, 즉 콘텐츠contents는 그 다음의 문제이다.

일단 다른 사람들로부터 주목과 집중을 받지 못한다면, 콘텐츠가 아무리 실하더라도 그 커뮤니케이션의 영향력은 미흡할 수밖에 없다. 이런 점에서 본다면, 콘텐츠를 충실히 준비하는 것도 중요하지만, 우선 자기 자신에게로의 주목도를 높일 수 있는 방안을 강구하는 것이 더욱 중요할 수도 있다.

107

정보 원천의 선별 법칙

의사결정에 영향을 미치는 정보의 질은 정보 원천에 좌우되기에 신중하게 선정할 필요가 있다. 예를 들어 자신과 같은 전공분야 또는 비슷한 지식 수준의 사람으로부터 정보를 얻는다면 이는 장님이 또 다른 장님의 손에 이끌려가는 것과 다를 바 없다. 또한 질문 내용에 대한 지식이 부족한 사람에게 묻는다면, 올바른 대답을 기대하기는 어렵다(예: 한번도 결혼해본 적이 없는 사람에게 이혼 상담을 하는 것, 육아 경험이 없는 사람에게 자녀와의 갈등에 대한 상담을 하는 것 등). 물론 아픔에 대한 위안을 얻을지는 모른다. 그러나 이러한 감성적 동조가 현재 자신이 당면한 문제의 해결에 도움이 되는 것은 결코 아니다.

사업 및 승진 기회에 대한 정보는 자신보다 더 나은 사람들에게 얻는 것이 바람직하다. 물론 정보를 얻기에는 자신 주변의 사람, 친밀한 사람 또는 자신보다 못한 사람에게 얻는 것이 쉽다. 그렇지만 접근이 용이하다고 해서 그 사람을 선택하면 안된다. 비록 까다롭게 굴더라도 자신보다 더 나은 사람으로부터 정보를 얻는 것이 더 중요하다. 해당 분야에 전문지식과 경험이 많은 사람, 사심 없이 조언을 해 줄 사람 등을 찾아야 한다. 물론 이들은 자신과 친밀한 사람보다 대하기가 까다롭고 이들을 만나기가 쉽지 않은 것도 사실이지만, 이들로부터 얻는 정보와 조언이야말로 그만

한 가치가 있다.

친분, 감성 위주로 만나는 사람과 정작 필요한 정보를 제공하는 사람은 다르다는 것을 깨달을 필요가 있다. 양쪽 모두 인생에서 중요한 사람들이다. 그렇지만 이들을 혼용해서는 안된다.

108

의사소통 타이밍의 법칙

(참조: 2장 타이밍의 법칙; 9장 도입시점의 법칙)

동일한 메시지라도 이것을 언제, 어디서, 어떤 여건에서 말하는가에 따라 그 효과는 달라진다. 즉 타이밍이 중요하다.

여행 상품 메시지에 대한 수용도가 가장 높은 시점은 휴가시즌 또는 황금연휴를 앞두고 여행계획을 세울 때이다. 학원이나 학습지 광고는 자녀의 초라한 성적표를 받고난 다음에 더 보일 것이다. 이러한 순간, 즉 정보를 받아들이는 자세가 되어 있는 순간을 열린 틈apertures이라고 부른다.

이와 같이 제품 및 서비스는 사람들에게 특별하게 잘 수용되는 시점, 장소, 상황TPO, time, place, occasion이 있다. 그 제품과 서비스가 자신의 역할을 발휘하는 절호의 기회는 따로 있다. 고객이 제품에 대한 욕구가 최고조의 상태에 도달했을 때, 이와 관련된 메시지가 보인다면 좀 더 주의를 기울이고 관심을 가지게 되며 더 나아가 행동까지 하게 된다.

감성을 자극하는 멋진 영화를 보고난 뒤, 풍광이 기막힌 장소에서, 또는 기쁜 소식을 들은 다음에 연인에게 고백을 하면 이를 받아줄 가능성이 더 크게 될 것이다. 용돈 인상에 대한 요구도 부모님이 기분이 좋은 상황에서 하는 것이, 다른 일로 피곤하고 짜증날 때 하는 것보다는 훨씬 성공가능성이 높다.

- 고맙다는 인사는 빨리 할수록 좋다. — 그리스 속담

- 광고가 방영되는 전후 프로그램의 성격에 광고는 영향을 받는다. 지금은 시장에서 사라졌지만 '815콜라'의 광고는 삼일절 또는 광복절 때의 특집 프로그램 뒤에 광고를 하는 것이 더 효과적이다.

109

조그만 소리의 강렬함 법칙

우리는 좀 더 큰 소리로 외칠 때 사람들이 잘 들을 것이라 생각한다. 좀 더 강렬하고 화려할 때 사람들이 볼 것이라고 생각한다. 그러나 반드시 그렇지는 않다. 작은 소리에 귀 기울이고, 눈에 띄지 않는 모습일수록 눈을 더 크게 뜨고 본다. 강단에서 강의할 때, 있는 힘껏 목에 힘을 줘서 계속 얘기하면 처음에는 주목을 하지만 일정 시간이 흐르면 주의력이 떨어진다. 반면에, 조용하지만 분명한 어조로 얘기하면 오랜 시간 주의를 끌 수 있다.

- 2014년 8월 한국을 방문하였던 프란치스코 교황은 '아주 작은 서명'을 하였다. 서울 광진구 한국천주교중앙협의회를 방문할 때도, 충남 당진 솔뫼성지의 아시아 청년대회 행사장을 방문할 때도 큰 크기의 방명록에 비해 아주 작은 서명을 남겼다. 여기에 대해 대전교구장 유흥식 주교는 "교황의 서명이 점점 작아지는데, 자신을 낮추려는 취지 같다는 주위의 얘기를 들었다"고 말했다. — 경향신문, 2014년 8월 17일

기업체 사장의 사인의 크기는 기업 규모가 커짐에 따라 글씨체도 따라서 점점 커진다고 한다. 그리고 기업이 커짐에 따라 외부 홍보물에 자신의 모습을 넣고 매스컴 타기를 원한다고 한다. 그런데 흥미롭게도 이렇게 사인이 커지고 매스컴을 타길 즐겨하는 최고경영자일수록 그가 이끄는 기업의 발전은 더뎌진다고 한다. 이에 대해선 여러 설명이 가능하겠지만, 내실보다는 형식/겉모습에 더 치중하기 때문일 것으로 짐작된다.

110

실제적 도움되는 정보의 법칙

지금도 인터넷에 떠도는 고려대 농구팀 박한 감독의 전설적인 어록이 있다. 언젠가 고대와 연대 경기때 고대가 3점차로 뒤지고 있는 상황이었다. 마지막 공격 때 전희철이 종료벨과 함께 3점슛을 쏘았으나 상대팀 파울로, 공은 안 들어갔지만 자유투 3개

를 얻은 상태에서 감독이 타임을 불렀다. 감독: 희철아 잘 들어라. 전희철: 넵. 감독: 3개 다 넣어라. 알았지?

오래전 TV로 중계된 권투시합에서 어떤 코치는 링사이드에서 코너에 몰린 자기 선수에게 기막힌 작전을 내렸다: "야! 계속 맞지만 말고 이제 때려~!"

우습게 들릴지 모르겠지만, 전문가들이 말하는 마케팅 지식도 이와 다를 바 없는 경우가 많다: 기존 제품에 비해 상대적 장점이 큰 신제품의 확산속도는 빠를 것이다, 개발하려는 제품이 복잡할수록 제품개발과정은 오래 걸린다, 역할이 모호할수록 스트레스는 커진다, 상표태도는 구매행동에 영향을 미친다, 광고비는 매출에 영향을 미친다, 만족한 고객은 재구매의향이 높다 등. 물론 이러한 점은 경영학자에게만 해당하는 것은 아닌 것 같다.

- 미국 LA 주택가에 나타나 개를 물었다 사라진 하얀색 코브라를 잡기 위해 정부 관계자 및 전문가들이 출동했다. 하지만 아직까지 이 하얀색 코브라는 잡히지 않았다. 코브라에게 물린 개는 병원으로 후송되었지만 위중한 상태로 전해진다. "뱀을 만나면 절대로 가까이 다가가지 말라"는 것이 전문가들의 충고다(참조: PopNews, 2014년 9월 4일). 하얀색 코브라를 보고 거기에 가깝게 다가가려는 사람이 얼마나 있겠는가?

- "질병관리본부는 추석연휴기간 동남아 지역 여행객은 출국 2~4주 전 필요한 예방접종을 받고, 손 씻기 등 개인위생을 철저히 해야 한다고 설명했다. 또 생수와 익힌 음식을 섭취하고, 모기에 물리지 않도록 주의하라고 강조했다." 그런데 모기에게 물리고 싶은 사람이 세상에 어디 있겠는가?

광고비가 매출에 연관된다는 사실, 즉 이러한 상식은 누구나 갖고 있다. 여기서 더 나아가 실질적으로 도움이 되는 광고비와 매출액의 관리를 위해서는 이에 대한 과학적이면서도 구체적인 지식이 필요하다. 광고비와 매출이 어떠한 관계로 연결되는가에 대한 실제적 도움이 되는 지식은 광고비 단위가 수백만원이 아니라 수백억원으로 그 규모가 커질수록 더욱 중요해진다. 조금의 오차로 인해, 화성을 향해 쏘아 올린 로켓이 화성이 아닌 저 먼 우주의 미아가 될 수 있다. 이 경우 우리가 흔히 얘기하는 조금의 오차는 결코 그 '조금'이 아니게 된다. 마치 병원에서 몇 mg의 주사액의 오차로 환자의 생사가 바뀔 수도 있듯이.

실제적으로 도움이 되지 못하는 지식이나 조언은 오히려 시간낭비인 경우가 많다. 따라서 도움이 되는 정보, 현실적인 지식을 제공하는 것이 상호간의 유익한 커뮤니케이션이 될 것이다.

- 누구나 식은 피자보다는 따뜻한 피자가 맛있다는 것을 안다. 그러나 어느 정도로 따뜻한 것이 좋을까에 대해서 누구나 아는 것은 아니다. "구울 땐 300도 정도의 불에서 5~10분 정도, 먹을 땐 65~75도 사이를 '피자의 황금 온도'라 한다." 이를 아는 것과 모르는 것 사이에는 큰 차이가 있다. 특히 피자 가게 사장입장에서는…

111

이심전심(공감)의 법칙

50대들의 모임에서 나온 얘기이다: 시간에 쫓겨 급히 택시를 타고 "전설의 고향으로 빨리 좀 가 주세요"라고 무의식중에 말했는데, 그걸 들은 60대 택시 기사는 아무 말 없이 '예술의 전당'으로 잘 데려다 주었다고 한다. 개그콘서트 '뿜 엔터테인먼트' 코너의 개그우먼(김지민)의 대사로 익히 알려진 "느낌 아니까~"는 어느 정도 공감대가 형성되어 있는 사람들 사이에 많이 적용된다. 즉 상호간의 공감대가 형성되어 있다면, 모호한 의사표현 또는 표정만으로도 양자간의 의사소통은 원활하게 진행된다.

외국인에게 청국장의 맛을 설명하기란 무척 어려울 것이다. 그렇지만 우리는 그 맛의 느낌을 잘 아니까 청국장하면 동일하게 떠오르는 어떤 느낌을 우리끼리는 공유할 수 있다. 같은 시대 또는 같은 문화를 살아온 사람들 간에는 의사소통이 잘 된다. 코드가 일치하기에 그렇지 않을까 한다. 코드의 일치는 머릿속에 들어 있는 기억 소재가 유사하기 때문일 것이다. 반면에 다른 세대 또는 다른 문화에서 살아온 사람과는 동일 단어를 사용하더라도 서로 다른 느낌, 말이 되는 경우가 많다.

사람의 감정은 피아노와 같다. 하나의 피아노 건반은 하나의 경험 또는 감정이다. 따라서 여러 가지의 건반을 가진다는 것은 다양한 경험과 감정을 마음속에 가지고 있다는 것이다. 이때 그걸 건드려주는 자극이 생기면 그에 해당하는 건반이 울리지만, 반면에 그걸 건드려 주는 동일한 외부자극이 있어도 그걸 감지할 수 있는 건반 자체가 마음속에 없다면 그러한 공감과 울림은 생길 수 없다.

- **우스개 이야기:** 회사동료인 철수, 영철, 범수는 회사일로 지방 출장을 갔다가 시간이 남아 커피를 마시려고 다방에 들어갔다. 세 명은 한번도 다방이라는 곳을 가본 적이 없었다. 자리에 앉아 있는데 다방아가씨가 주문을 받으러 왔다. "뭘로 드릴까요?" 철수가 먼저 말했다. "여기 뭐가 있지? 난 모카 커피!" 영철이는 "나는 헤이즐넛"이라고 했고, 범수는 "저는 카푸치노로 주세요"라고 말했다. 그러자 주문을 받은 다방 아가씨는 짜증나는 말투로 카운터를 보고 말했다. "언니! 여기 커피 세 잔!"

이런 점에서 볼 때, 커뮤니케이션의 양 당사자 간에 공감대의 영역이 크다면, 이들 간의 커뮤니케이션은 원활할 것이다. 적지 않은 교수들이 학생들의 시청률이 높은 '개그콘서트,' '응답하라 1994' 등과 같은 드라마를 본다. 여기에서 나온 장면 또는 대사를 강의중에 인용하면 훨씬 학생들의 반응 속도가 빠르기 때문이다.

굳이 자질구레한 설명을 하지 않아도 서로 이해할 수 있는 단계가 사람들간 형성될 수 있는 가장 밀접한 관계라고 한다. 이러한 관계는 그간의 경험, 시간, 신뢰 등을 통해 형성되며, 따라서 이러한 관계는 아주 공고하다. 이러한 수

오랜 시간 세월을 함께 하였기에 말이 필요 없는 친구들

준의 관계를 소비자에게 구축해놓은 브랜드(예: Apple, McDonald, Starbucks, Nike 등)는 광고에서 아무 군더더기 설명없이 그저 브랜드, 또는 심볼만 보여줘도 의사소통 효과를 충분히 거둘 것이다.

112

상위 계급으로 갈수록 의사소통의 정성이 떨어지는 법칙

일반적으로 파워를 가진 계층은 의사소통에 정성을 덜 기울이는 경향이 있다. 이들은 주로 명령, 지시를 일방적으로 해왔고, 또한 이에 대해 하위 계층 사람들이 군소리 없이 따르는 것에 익숙해져 왔기에, 굳이 의사소통에 많은 시간을 소요하지 않게 된다. 그들은 보통 자신의 지식과 경험에 자부심이 강하기에 남들이 이러한 자신을 그저 믿고 따라주기만을 바란다. 또한 자신이 표현하거나 내색하지 않더라도 이를 잘 헤아려 자신의 뜻을 간파하는 것은 하위 계층의 의무라고 생각하는 경향마저 있다. 따라서 그들은 자신의 말에 대한 생각이나 이유에 대한 의사전달 또는 설득의 노력을 경시하는 성향이 점차 심해지게 된다.

이러한 현상이 있기에, 나이가 들수록 또는 지위가 높아질수록 좀 더 겸허해지고 상대방 특히 힘이 약한 상대에 대해 더 많은 배려를 해야 한다는 생각을 의식적으로 기울일 필요가 있다.

글을 맺으며…

의사소통은 생각보다 그리 쉽지 않다. 동일 언어를 사용한다고 해서 모두 이해되는 것은 아니다. 동일 단어를 사용한다 하더라도 각 단어에 대한 사람들마다의 주관적 차이는 있기 마련이다. 지금 바로 옆에 있는 사람에게 사랑, 실연, 성공, 행복에 대해 얘기해보면 서로간에 적지 않은 생각의 차이가 있음을 발견할 것이다.

여기에 더 해 자기가 알고 있거나 느끼는 것을 말(/글)로 표현하기 어려운 것도 적지 않다. 암묵적 지식implicit knowledge이 여기에 해당한다. 이러한 내용일수록 이해하기 쉽게 표현하고, 간결하면서도 정곡을 찌르는 표현을 찾는 것이 중요하다.

- 연구자의 생각과 이미지를 개념화하기 위해서는 우선 그 본질을 표현할 수 있는 언어로 바꾸어야 한다. 특히 글을 쓰는 행위는 암묵지implicit knowledge를 형식지explicit knowledge로 변환시키는 적극적인 활동이다.

  – Nonaka and Takeuchi (1995)

유사한 내용이더라도 그것을 어떻게 표현하는가 또는 발상하는가에 따라 전혀 다르게 받아들여질 수도 있다. 예를 들어, '아스피린 맛이 나는 사탕'은 고객들이 외면하겠지만, '사탕 맛이 나는 아스피린'은 고객들이 원할 것이다.

인류가 발전한 것은 동물에 비해 의사소통을 좀 더 정확하게 할 수 있기에 가능했다고도 볼 수 있다. 의사소통을 잘하는 조직은 그렇지 않은 조직에 비해 더 오랫동안 생존하고 발전할 가능성이 크다.

- 아프리카 어떤 부족의 언어에는 숫자를 세는 단어가 '하나, 둘, 많다'가 전부라고 한다. 이러한 언어체계에서는 정밀한 수학적 사고가 발전하기는 어려울 것이다.

- 지구의 별에서 만난 여우가 어린 왕자에게 이렇게 말한다. "마음으로 보지 않으면 모든 게 잘 보이지 않는다. 중요한 것은 모두 눈에 보이지 않는단다. 사람들은 이 소중한 것을 잊고 있단다." – 생텍쥐페리의 〈어린 왕자〉

사람과 조직의 법칙

offee, music, ··· business principles

Chapter 06

아무리 위대한 경영 및 마케팅 계획을 가지고 있다 하더라도, 실천하는 사람이 이를 따라와주지 못한다면 그것은 아무 쓸모가 없다. 모든 것의 실천은 결국 사람이 하게 된다. 따라서 일을 직접 담당하는 사람에 대한 관리가 제대로 이뤄지지 못한다면 아무리 훌륭한 전략, 최선의 조직구조, 최첨단 기계 등이 있더라도, 제대로 작동하지 못한다. 마치 축구에서 최고의 전략/포진/감독/장비 등이 갖춰졌더라도, 직접 그라운드에서 뛰는 선수들의 체력, 정신력, 작전 이해력 등이 따라주지 못한다면 모두 무용지물인 것과 마찬가지이다. 첨단기술, 과학적 시스템 등도 예외는 아니다.

- 2012년 5월, 여수 엑스포는 160년 박람회 역사상 처음으로 실시한 예약제를 개막 16일 만에 폐지하였다. 이는 예약을 안하고 줄 선 관람객들의 항의 때문이었다. 여수 엑스포는 개장 때부터 관람객들이 기다리지 않도록 '주제관·한국관·아쿠아리움' 등 8개 주요 전시관의 경우 인터넷이나 현장 예약용 단말기(미디어 키오스크)에서 예약을 한 사람만 받는 첨단 시스템으로

운영해 왔다. 그러나 이러한 첨단 예약제가 조기 폐지된 것은 관람객들의 인식 부족과 어려운 예약 방식이 복합적으로 작용했다. IT에 익숙하지 않은 일부 노인들은 예약하지 않고 길게는 한 시간 넘게 줄을 섰다가 입구에서 안내요원에게 예약이 없으면 들어올 수 없다며 제지당한 뒤 실랑이를 벌이는 모습이 자주 벌어졌다. 결국 예약제 포기 방침에 따라 77개 모든 전시관 관람은 선착순으로 바뀌게 되었고, 긴 줄을 설 필요가 없었던 8개 전시관도 앞으로는 3~4시간 기다리는 일이 불가피하게 됐다.

사람과 조직 관리에서의 주요 이슈들은 여러 가지가 있다: 조직에 어떠한 사람들로 채워 넣을 것인지, 그리고 이들의 업무배치는 어떻게 할 것인지; 조직이 갖춰졌다면 이들 구성원들을 어떻게 관리할 것인지, 그리고 이들이 활기차게 일하게 하기 위해선 어떠한 노력이 필요한지; 조직원들을 이끌어갈 리더에게 필요한 자질은 무엇인지, 리더가 유념해야 할 사항은 무엇인지; 조직 전체에 흐르는 문화(정신적 교감대 및 관행 등)는 어떻게 관리할 것인지; 사람들간에 발생하는 일반적 현상들로는 어떠한 것들이 있는지 등. 여기서는 이러한 주요 이슈들, 즉 조직의 구성, 운영 및 활성화, 리더십, 조직문화, 사람 간의 관계 등을 중심으로 이와 연관된 법칙들을 소개하겠다.

I. 조직의 구성

조직 성과를 높이기 위해서는 무엇보다도 훌륭한 인재들을 조직에 가능한 많이 모으는 것이 우선시 된다. 우수한 인적자원이 확보되지 않았다면, 그 다음에 기울이는 조직에 대한 관리 노력 모두는 수포로 돌아갈 수 있다. 예를 들어, 축구 시합에서 좋은 성적을 거두려면 우선은 팀에 메시, 호나우두, 박지성 등과 같은 걸출한 선수, 또는 잠재력이 풍부한 선수들을 많이 확보하여야 한다.

- 기업을 창업하고 4~5년까지는, 나가려는 직원을 붙잡는 게 사장으로서 가장 어렵고도 힘든 일 중의 하나였다. 때로는 새벽까지 술을 마시면서 회사의 장래 비전에 대한 확신을 주기도 하였다. 어쨌거나 진정성 있는 대화가 제일 주효하였다. 그렇지만 기업이 어느 정도의 위상을 갖추게 된 다음에는 좋은 직원들을 유지하기가 훨씬 쉬워졌다.

  – 국내 중견기업 사장과의 인터뷰에서 나온 말

- 돈이 돈을 번다고도 하지만 돈을 버는 것은 돈이나 권력이 아니라 사람이다. 나는 내 일생을 통해서 80%는 인재를 모으고 기르고 육성시키는 데 보냈다. 삼성이 발전한 것도 유능한 인재를 많이 기용한 결과이다.

  – 이병철 삼성 창업회장

113

역량별 배치의 법칙

조직이 최선의 성과를 내려면, 능력을 갖춘 인원을 선발해서 그들 각자의 역량에 걸맞은 자리를 주어야 한다. 리더의 중요한 역할 중의 하나는 사람들을 그 능력과 적성에 맞게 적재적소에 배치하는 것이다. 흔히 지위는 머리에 쓰는 '모자'로 그리고 재산은 '지게의 짐'으로 비유된다. 따라서 자신이 쓸 감투보다 버거운 자리의 감투를 쓰게 되면 그 무게를 이기지 못하고 목이 부러지며, 자신이 감당할 재산보다 더 많은 재산을 짊어지게 되면 앞으로 고꾸라지게 된다. 누구나 높은 지위를 가지고 싶어하고 또한 많은 재산을 가지고 싶어 하지만, 자신의 역량 범주를 넘어선 것이라면 그것은 오히려 행복보다는 불행을 초래하는 경우가 많다.

인사배치는 우두머리가 한다. 경우에 따라 우두머리가 회장 또는 사장인 경우도 있고, 총무이사, 인사부장, 팀장 등인 경우도 있다. 어떤 경우이건 간에 관계 없이 인사권자가 올바른 사고방식을 가지고 있다면 그 조직의 인사배치 역시 올곧게 진행된다. 그러나 인사권자가 인정, 의리, 연줄 등의 사심과 사욕을 가지고 인사배치를 한다면 언젠가는 곪아 터지게 될 문제를 잉태하게 되는 것이다. 아래의 사례에서 알 수 있듯이, 능력을 기반으로 한 최상의 멤버들로 구성해야 할 조직이 때로는 이런저런 이유로 인해 그렇지 않게 되는 경우가 있다.

- 한국야구위원회KBO와 대한야구협회는 2014년 7월 28일 인천아시안게임 대표팀 24명의 명단을 확정했다. 하지만 프로야구 각 구단별 선수진의 안배와 군미필자에 대한 배려에 치중한 나머지, 최상의 멤버들을 선발하지 못하였다는 비판이 많다. 아시안게임에서 금메달을 획득하려면 일본, 대만을 이겨야 하는데, 실력보다는 다른 변수에 근거하여 선발된 팀이 과연 최고의 성과를 거둘 것인가에 대해서는 많은 사람들이 의문시 하고 있다.

흥하는 조직은 일 잘하는 사람을 자리에 앉게 하지만, 망하는 조직은 일 잘하는 것보다는 말 잘 듣는 사람을 자리에 앉힌다. 결국 조직의 흥망은 사람이 결정하고 그러한 사람의 자리는 우두머리가 결정한다. 따라서 우두머리가 올바른 판단을 하지 못하면 조직도 위태롭게 된다.

114

용도별 배치의 법칙

위에서 언급된 '역량에 따른 인사배치'는 역량의 양적 크기에 관한 법칙이라면, '용도에 따른 인사배치'는 질적/유형별 역량을 고려하는 법칙이다(물론 사람의 역량을 양적, 질적 차원으로 구분하여 접근하는 것이 좋은 방법이 아닌 경우도 많고 또한 용이하지 않을 수도 있다. 따라서 전술한 법칙과 지금의 법칙을 묶어서 이해하여도 괜찮다).

굳고 단단하거나 거친 땅을 처음에 깨뜨릴 때는 곡괭이가 필요하다. 그렇지만 이렇게 부서진 땅을 고르거나 일굴 때는 쇠스랑이 필요하다. 그리고 종자를 심거나 김을 맬 때는 호미가 필요하다. 호미를 가지고 굳고 단단한 땅을 파헤치려다가는 호미도 망가지고 땅도 깨뜨릴 수 없을 것이다. 사람을 농기구에 직접적으로 대응시킬 수는 없겠지만, 사람의 기질과 능력에 따라 각자 좀 더 적합한 과업이 있는 것은 사실이다. 예를 들어, 새로운 시장 개척을 잘 하는 사람도 있지만 이에 비해 안정된 시장에서 영업을 잘하는 사람도 있다. 돈을 합리적으로 대출해 주는 사람도 있지만, 빌려간 돈을 잘 회수하는 능력을 가진 사람도 있다.

- 인사고과(S, A~F 등급)에서 늘상 C, D만 받던 직원이 부서 내의 맡은 역할을 바꿔주자 S등급을 받았다. 그전에 그가 하던 일은 주로 팀과 함께해야 하는 작업이었는데, 새로 바뀐 역할은 개인별 과제의 성격이 짙었다. 아마도 성격상 홀로 하는 과업이 좀 더 적성에 맞았던 것 같다.

  – 국내 중견기업 사장과의 인터뷰에서 나온 말

- **선배들의 신입사원 엽기 성추행:** 2013년 출범해 게임물의 등급분류를 결정하는 게임물관리위원회는 게임물의 윤리성과 공공성 확보, 사행심 유발이나 조장 방지, 청소년 보호, 불법게임물 유통 방지 등을 설립 목적으로 하고 있다. 그런데 게임물관리위원회의 최근 채용된 신입사원 A(27)씨에게 2014년 7월 부서 회식에서 선배 2명은 A씨의 팔을 잡은 채 강제로 상의를 벗긴 뒤 바지 지퍼를 내리는 등 심한 모멸감을 주었다. 여직원들까지 함께 있던 자리였다. A씨는 수차례 거부했지만 무시당했고 또 다른 선배는 강제로 입맞춤을 하고 이 장면을 촬영하기도 했다. A씨는 이날 충격으로 현재

정신과 치료를 받고 있는 것으로 알려졌다. 문화체육관광부는 게임물관리위원회를 대상으로 복무실태 전반에 대한 감사를 실시하기로 했다.

– 조선일보, 2014년 8월 12일

위의 사례에서 알 수 있듯이, 현실에서는 업무 성격에 부적합한 사람들이 업무를 맡고 있는 경우가 적지 않다(예: 비도덕적 사람이 윤리평가 업무를 맡음, 도벽 있는 사람이 창고지기를 맡음 등). 퍼즐 맞추기와 같이 자리에 적합한 사람을 배치하는 것이 중요하다.

- 고양이는 고양이가 할 일을 하고, 오리는 오리가 할 일을 하며, 독수리는 독수리가 해야 할 일을 해야 한다. 오리를 데려다가 독수리의 역할을 하라고 요구하면, 전적으로 리더의 잘못이다. 리더의 역할은 오리를 더 나은 오리로, 독수리를 더 나은 독수리로 향상시키는 것이다. 요컨대 팀원들을 적재적소에 배치해 모두가 잠재능력까지 발휘할 수 있도록 돕는 것이 리더의 역할이다. – 존 맥스웰

- 곧은 나무는 끌채를 만들고 굽은 나무로는 바퀴를 만든다. 긴 나무는 기둥을 만들고 짧은 나무는 지붕 받침으로 쓴다.

  – 송나라 소순(蘇洵)의 〈권서(權書)〉

115

궁합의 법칙

궁합이 맞아야 한다. 각기 따로 평가해 보면 모두 괜찮은 사람들이지만, 이들을 한데 합치면 마이너스가 되는 사람들이 있다. 리더의 중요한 역할 중의 하나는 사람들에 대한 특징을 잘 살펴서 이들간의 최적 조합을 맞춰내는 것이다.

- 칼이 참외 위에 떨어지든 참외가 칼 위에 떨어지든, 찔리는 쪽은 참외다.

– 인도 속담

116

참여자가 많아질수록 개인별 공헌도는 떨어지는 법칙(링겔만 효과)

링겔만 효과Ringelmann effect란 집단에 참여하는 사람이 늘어날수록 조직의 전체성과에 대한 개인의 공헌도가 떨어지는 현상을 의미한다. 즉 집단 구성원의 수에 비례한만큼 그 집단의 역량이 증가하지 않는다는 것이다. 그 이유는 각 개인의 집단 공헌도는 집단에 참여하는 인원이 많아질수록 감소하는 경향이 있기 때문이다.

독일의 심리학자 링겔만은 이를 줄다리기 실험을 통해 밝혔다.

한 사람이 줄을 당기게 하고 이어서 두세 사람으로 참가자를 늘렸다. 그리고 줄을 당기는 장력張力의 합을 계속 측정했다. 링겔만은 한 사람의 힘을 100이라고 봤을 때 전체 힘의 합이 사람 수에 정비례할 것으로 봤지만, 결과는 예상보다 줄곧 작게 나왔다. 두 사람이 줄을 당길 때는 기대치의 93%만 충족시켰고 세 사람으로 늘리자 85%로 낮아졌다. 이를 8명까지 확대하자 한 사람당 역량의 49%만 발휘하는 것으로 나타났다. 즉 사람은 혼자일 때보다 집단 속에서 일을 하게 되면, 자신의 최대 역량을 발휘하지 않는다는 것이다. 링겔만 효과는 집단의 최적 크기를 결정할 때 종종 활용되고 있다. 인터넷의 강자인 아마존amazon.com은 소규모 팀의 관리에 능한데, 피자 라지 사이즈 2판으로 식사를 함께 해결할 수 있는 6~10명이 최적의 팀 크기라는 의미에서 '피자 두 판의 규칙'을 도입했다.

- 사람들이 많아지면 사회적 태만social loafing 현상이 발생한다. 즉 사람들은 혼자일 때보다, 집단으로 모여 있으면 책임감을 덜 느끼고 게으름을 부리게 된다.

물론 이러한 현상은 일의 성격과 집단에 속한 사람들의 성향 및 리더의 역량에 따라 다르게 나타날 것이기에 모든 조직에 일률적으로 적용하기는 어렵다. 전쟁터에서는 자신이 속한 그룹의 사람 수가 많아질수록 이긴다는 확신이 더 많이 들기에 신바람 나서 전투에 임하게 되기도 한다.

117

능력의 탄로 법칙

평탄한 도로에서는 좋은 차와 후진 차의 성능 차이가 별로 드러나지 않는다. 그러나 가파른 언덕을 오르거나, 장시간 주행을 하거나 또는 사고가 발생한 경우엔, 좋은 차와 후진 차는 극명하게 그 차이가 드러난다.

사람도 마찬가지이다. 평상시의 일상업무 또는 허드렛일을 할 때는 사람들간 역량차이를 판가름하기 어렵다. 그러나 새롭거나 중요한 문제 상황에 봉착하거나, 엄청난 스트레스 상황에서 과업을 수행해야 할 때와 같은 극한 상황에서는 훌륭한 인재들만이 자신의 역량을 발휘한다(예: 임진왜란때의 이순신 장군).

- 프로야구 투수 중에는 평상시, 즉 페넌트 레이스 경기에서는 무척 잘 던지지만, 막상 중요한 경기인 코리안 시리즈에서는 투구가 흔들리는 선수들이 있다. 물론 큰 경기에 오히려 강한 모습을 보이는 투수(예: 롯데 자이언트의 최동원 투수)도 있다.

- 군자는 어려울수록 단단해지는 사람이고, 소인은 어려움이 닥치면 쉽게 포기하는 사람(君子固窮 小人窮濫)이다. – 論語

118

대체불가능한 인적자원의 법칙(참조: 3장 대체가능성의 법칙)

2008년 영국의 일간지 텔레그래프는 지구상에서 절대 사라져서는 안될, 즉 대체불가능한 세계의 가장 귀한 다섯 가지의 종을 선정하였다. 지구의 산소의 절반을 생산하는 식물성 플랑크톤, 인류와 유전자 90%를 공유한 영장류, 동식물의 사체를 분해하는 지구의 청소부인 균류, 식물의 수분을 담당하는 벌, 그리고 곤충의 개체 수를 조절하는 박쥐 등이다. 이들 종은 다른 생명체가 이들이 하던 일을 절대로 대체할 수 없기에 이들의 멸종은 곧 지구생태계의 위기를 초래하게 된다.

기업에도 대체불가능한 인적자원이 있는 경우가 종종 있다. 예를 들어 특정 기술에 대한 전문가(프로그래머, 소프트웨어 기술자, 보안요원 등), 특정 언어 및 문화권에 대한 전문가, 창의적 전략가, 디자이너 등이 이에 해당한다. 촉나라의 제갈공명, 애플의 스티브 잡스 등의 인물은 다른 인력으로의 대체가 어려운 독보적 존재이다. 따라서 이러한 역량의 소유자들을 조직에서 확보하는가, 조직에 오랫 동안 존속하게 하는가, 그리고 이들의 최대 역량을 발휘하게 하는가 등의 여부는 기업의 사활과 연관된다.

이러한 특별한 인적자원은 경쟁우위를 창출하는 근원이므로 이들을 우선적으로 확보하고 이들에 적합한 관리를 지속적으로 해나가야 한다. 그러나 대부분의 경우 이들에 대한 관리는 무척 까다롭다. 이들만을 위한 특별 관리가 요구되지만 동시에 이러한 특별 대우는 그렇지 않은 다른 조직원들에게 상대적인 박탈감을 주는 경우도 있다. 따라서 기업은 이들 소수에 대한 특별 관리와 전체 조직원들의 관리를 균형적으로 잘 해나갈 수 있는 방안을 마련해야 한다.

- 실리콘밸리의 한 벤처사업가는 기업 내의 뛰어난, 그래서 대체가 불가능한 프로그래머에 대해 언급한 적이 있다. 그에 따르면 그 프로그래머 덕분에 기업은 큰 수익을 얻고 있으며, 해당 제품의 지속적 향상은 그의 머리에 달려있기에 그는 기업에서 보석 같은 존재라고 하였다. 동시에 조직이 자신에게 많은 것을 의존하고 있다는 사실을 너무도 잘 알고 있는 그의 오만방자한(?) 처신 때문에 골머리 썩고 있다고도 하였다.

- 문과文科 출신의 평범한 사람들 10명이 회의를 하면, 그들 각자가 생각할 수 있었던 것보다 더 기발한 문제해결 방안을 도출해낼 수 있다. 그러나 이과理科 출신의 평범한 사람들 10명이 모여서 몇날며칠을 회의를 하더라도, 특출한 지적 능력을 갖춘 단 한 명보다 더 나은 대안을 제시하기는 어렵다고 한다.

- 이슬람 수니파 근본주의 무장단체 '이슬람국가'IS가 미국인 기자 제임스 폴리를 참수하기 전 미국 정부에 과학자 출신 여성 테러리스트와의 교환을 요구한 것으로 드러났다. 그 여성은 아피아 시디키로 '레이디 알카에다'라고도 불린다. 시디키는 미국 브랜다이스대에서 박사학위를 받고 매사추세츠공대MIT에서 신경학을 연구한 파키스탄 국적의 엘리트 여성으로, 지난 2008년 아프가니스탄에서 테러계획이 적힌 종이를 가지고 있다가 현지 경찰에 붙잡혔다. 당시 시디키가 가지고 있던 종이에는 폭탄 제조법과 자유

의 여신상, 엠파이어스테이트빌딩, 브루클린 다리, 지하철 등을 겨냥한 대량살상테러 계획이 담겨 있었다. 또 에볼라 바이러스를 퍼뜨리는 계획과 방사성 물질이 든 '더티밤'Dirty Bomb 제작 계획, 성인만 살해하고 아이들은 해를 입지 않는 이론 화학무기에 대한 세부 계획도 갖고 있었다(참조: 아시아투데이, 2014년 8월 22일). 만약 그녀의 능력이 대체가능한 것이라면 그녀의 석방을 위해 IS가 이렇게까지 노력하지는 않았을 것이다.

119

경험자 우대의 법칙(참조: 16장 현장의 법칙)

과학적 지식은 중요하다. 그렇지만 경험을 무시할 수는 없다. 김치찌개는 식품영양학과 교수보다는 수십 년간 이를 조리한 주방장이 더 맛있게 끓일 줄 안다. 더욱이 단골손님별로 어떤 식으로 취향이 다른지는 경험이 없으면 절대 알 수 없다. 택시 기사는 도로교통 과학자보다 더 빠르게 길을 운전한다. 그들은 수년간의 경험을 통해 언제 어디가 막히고 뚫리는지를 누구보다도 잘 알고 있다. 경험은 이렇게 과학으로 설명하거나 해결하기 어려운 부분을 채워준다. 따라서 경험은 인적자원 평가에서 중요한 고려요소가 되어야 한다. 조직에는 현장 경험이 풍부한, 즉 세상물정에 밝은 사람street smarts이 있어야 한다.

120

핵심인재의 파괴력 법칙(참조: 5장 감정전이의 법칙)

핵심인재의 존재 여부는 그 조직 또는 팀의 성과에 엄청난 영향을 미친다. 그러한 인재는 조직 또는 팀의 나머지 사람들에게도 좋은 기운을 준다(예: 프랑스의 잔다르크; 한화 야구팀에 박찬호, 류현진이 있었을 때를 생각해보라).

좋은 기운의 유형은 여러 가지가 있다. 예를 들어 난관에 봉착했을 때 살 길을 찾아 준다; 팀에 파이팅을 불러넣어준다; 팀의 응집력을 강화한다 등. 사려 깊은 관리자는 조직에 다수의 팀이 있다면, 각 팀마다 이러한 좋은 영향을 미치는 사람이 적어도 한사람 이상은 있도록 관리할 것이다.

디즈니 만화영화 '뮬란Mulan'에 다음과 같은 대사가 나온다: "쌀 한톨이 저울을 기울게 할 수 있다. 단 한 사람 때문에 승리와 패배가 갈리기도 한다(A single grain of rice can tip the scale. One man may be the difference between victory and defeat)."

121

Star 인재의 필요성 법칙

아기는 한 명의 엄마가 아홉 달 동안 뱃속에서 홀로 품고있다가 세상에 태어난다. 아홉 명의 엄마가 한 달씩 번갈아 품으면서 태어나는 것이 아니다. 뛰어난 스타 인재가 없다면, 어떤 기업이 당면한 해결책을 절대로 생각해낼 수 없는 경우가 많다. 따라서 그만큼 스타 인재를 확보하고 있는 것이 중요하다.

- 아마추어 바둑 동호인 수만 명이 머리를 맞대더라도 세계적인 프로기사 한 명에게 이길 수는 없다.

122

'잘 드는 칼'은 양날이 있다는 법칙

잘 드는 칼은 상대를 베는 데 치명적으로 잘 듣지만, 거꾸로 그것을 잘못 사용하면 자신을 베기도 한다. 반면에 둔한 칼은 쓸모가 많지는 않지만, 그로 인해 자신이 다치는 일도 그리 많지 않다. 조직의 유능한 인재는 조직에 큰 도움이 되는 것은 사실이지만, 만약에 이들 인재가 경쟁사로 가게 되거나, 또는 조직에 앙심을 가지게 된다면 조직은 큰 타격을 받게 된다.

조직 보스에게 입안의 혀처럼 아주 유능하고 마음을 잘 읽는 비서는 거꾸로 그 보스로부터 맘이 상해서 떠나면 원래의 조직에 치명적 상처를 입힐 수 있다.

능력이 뛰어난 인재를 관리하는 것은 날카로운 칼을 관리하는 것처럼 세심하게 관리할 필요가 있다. 이러한 관리능력이 부족하다고 느껴지면, 아예 처음부터 이들을 멀리하는 것도 하나의 방책이 될 수 있다.

Ⅱ. 조직의 운영(활성화)

조직 성과를 최대화하려면, 일단 조직이 확보한 인적자원의 능력이 출중해야 한다. 그렇지만 이렇게 좋은 인적자원을 확보하였다고 하더라도, 이들에 대한 관리가 소홀하면 그러한 인재들은 자신의 최대 역량을 발휘하지 못하거나 또는 발휘하려 하지 않는다. 조직 활성화는 이러한 면에서 중요시 다뤄야 할 주제이다.

123

보람찬 일의 제공 법칙

일본의 한 바닷가 마을에 방직공장이 들어섰다. 그런데 방직공장의 폐수가 바다로 들어가 물고기의 기형 현상이 발생하였다. 어부들이 강력하게 항의하자 사장은 기형 물고기를 잡아오면 원래의 수확량에 합당하였던 것과 같은 금액의 물고기 값을 쳐주겠다고 하였다. 그래서 어부들은 그전처럼 바다로 나가 기형 물고기를 건져 올렸고 이를 공장에 가져다 주어 그에 해당하는 돈을 받았다. 그러나 이러한 생활은 그리 오래가지 않았다. 어부들은 더 이상 바다에 나가려 하지 않았고 생기를 잃어가기 시작했다. 그 이유는 예전에 어부들은 싱싱한 물고기를 잡아서 누군가의 식탁에 올리는 보람찬 일을 한다고 생각하였지만, 이제는 단지 돈만을 위해 기형물고기를 잡고 있다고 생각하게 되고 그러한 행위 자체에서 예전과 같은 보람이 없어졌기 때문이었다.

조직 구성원들의 사기를 앙양하고 신바람을 올리는 방법은 여러 가지가 있다. 봉급인상, 휴가연장, 승진, 해외 워크숍 등. 그러나 무엇보다도 자기가 하는 일 자체가 즐겁고 보람차다고 느낄 때, 자부심을 가지게 되고 자신의 일에 최선의 노력을 기울이게 된다.

- My office is at Yankees Stadium. Yes, dreams do come true.

  – 데릭 지터(뉴욕 양키스 선수, 20년의 선수생활 동안 5번의 월드시리즈 우승을 함)

- 옛날 소련의 고문 방법 중에 최고로 지독한 것은 벽돌 옮기기였다고 한다. 즉 정치범인 죄수가 하루 온종일 하는 일이라곤 한쪽에 쌓여 있는 벽돌을 10m 앞으로 이동시켜서 그 모양 그대로 옮겨 쌓고, 그러한 옮김이 끝나면 이를 다시 원래의 위치로 다시 옮겨서 쌓는 일을 무한반복시키는 것이었다고 한다. 사람의 심리를 꿰뚫는 고문이었던 것 같다.

124

보상의 행동유도 법칙

2008년 6월, 캐나다의 수도인 오타와Ottawa를 방문한 적이 있었다. 시내 한복판에는 눈에 띄는 전쟁기념상이 있었는데, 기념상 받침대의 각 면에는 캐나다가 참전했던 전쟁, 즉 1차 세계대전, 2차 세계대전, 그리고 한국전쟁의 연도를 기록해두고 있다. 캐나다는 이 동상을 통해 국가는 결코 이들의 희생을 잊지 않는다는 것을 강하게 표현하고 있다. 이 동상을 보는 캐나다 국민들은 이를 통해 어떤 신념과 가치관을 자연스럽게 가지게 될 것이다.

보상은 구성원의 행동의 방향과 그 정도에 영향을 미친다. 일상의 사소한 결정부터 배우자 및 직업 선택과 같은 막중대사에 이르기까지 보상 또는 벌은 우리의 의사결정과 행동에 적지 않은 영향을 미친다. 만약 축구팀 구단에서 득점하는 선수에게만 보너스를

캐나다의 수도 오타와에 있는 전쟁기념상

지급하고 다음 해 연봉에 이를 반영한다면 어느 누구도 골대 근처에서 다른 사람에게 패스하지 않고 무리해서라도 자신이 직접 슈팅하려 할 것이다. 팀 공헌도에 대한 합당한 평가와 보상체제의 개선이 없다면, 선수들에게 개인 플레이를 자제하고 동료에게 슛 찬스를 양보하라고 하는 윤리적 원칙을 강조해도 소용이 없을 것이다. 보상체제로 말미암아 발생한 문제는 결국 보상체제를 통해서만 해결할 수 있다.

- 예전에 우리나라의 택시 미터기는 주행거리에 따라서만 요금이 올라갔다. 그래서 택시를 타는 승객들은 비록 길이 막히더라도 짧은 거리를 선호하였고, 반면에 기사들은 막히는 길보다는 잘 뚫리는 길을 선호하였다. 그래서 기사와 승객 간에는 적지 않은 갈등이 있었다. 그러나 거리·시간 병산제의 미터기가 도입되자 기사들은 더 이상 정체 구간에서 조급해 하지 않고 느긋하게 운전하게 되었다.

기업의 건강성은 그 기업의 건전한 보상체제와 밀접한 관계가 있다. 따라서 보상의 기틀을 올바르게 마련한다는 것은 매우 중요하다. 팀 전체를 위한 개인플레이의 자제, 장기적 결실을 위한 단기적 불편함의 감수 등에 합당한 처우와 정신적 보상이 뒤따르는 기업이야말로 건전한 기업이 될 것이다. 따라서 건전한 보상의 기틀은 무엇보다도 최우선적으로 구축되어야 하고 이를 통해 기업문화를 건실하게 조성할 필요가 있다.

한편 보상은 사려 깊게 실행할 필요가 있다. 자칫 잘못하면 보상을 받은 직원들은 행복하지만, 그렇지 못한 직원들의 마음은 조직을 떠날 수도 있다. 이러한 상대적 박탈감은 조직에 좋지 못한 영향을 미친다. 자신보다 늦게 입사한 사람이 별다른 업적도 없는데 특진을 하거나, 성과에 실제적 공헌은 적었음에도 자신보다 더 나은 칭찬을 받거나, 단지 시장에서 행운이 따랐기에 더 큰 성과를 얻었음에도 보너스를 더 받는 것을 보는 등의 경험을 자주하게 되면 직원은 보상체계에 적지 않은 불만을 가지게 되고 더 이상 업무에 온 정성을 기울이지 않게 될 것이다.

125

보상 크기의 법칙

붕어빵 1개에 천원을 받을 때보다, 만원을 받을 때 좀 더 신바람나게 그리고 좀 더 정성들여 붕어빵을 만들 것이다. 편의점 또는 식당에서 아르바이트를 하는 학생의 경우에도 시간당 5천원을 받을 때보다, 시간당 5만원을 받게 되면, 좀 더 고객들에게 미소 짓고 정성을 다해 일을 할 것이다. 시간당 10만원일 때보다는 시간당 100만원의 강연에서 연사는 좀 더 정성을 기울여 원고를 준비하고 최선을 다해 강연을 할 것이다. 이와 같이, 보상의 크기는 일하는 사람이 그 일에 들이는 노력의 크기에 영향을 미친다.

- 말이 어떤 일을 하게 하는 조련사는 위대한 조련사가 아니다. 위대한 조련사는 말이 어떤 일을 하고 싶어 하게 만든다.

– 만티 로버트(영국 엘리자베스 여왕의 말 조련사)

126

주고 받음의 균형 법칙

대부분의 인간관계는 주고 받음이 균형적인 편이다. 단기간에 비록 약간의 불균형이 발생할 수도 있지만 장기적으로 보면 결국 그 주고 받음의 양은 균형을 향해 움직인다.

설날, 추석, 크리스마스 등에 우리는 선물 또는 안부인사를 한다. 관계의 밀접함, 고마움의 크기 등에 따라 휴대폰 문자만의 안부인사에서 멈출지 아니면 귀한 선물을 직접 가지고 갈지 등이 결정된다.

상대방으로부터 많은 것을 받기를 원한다면, 상대방에게 자신이 받기를 원하는 양만큼을 먼저 베풀어야 한다. 만약에 자신이 먼저 상대방에게 베푸는 것이 어렵다면, 상대방으로 하여금 자신에게 잘해 주면, 앞으로 더 많은 것을 자신으로부터 받을 수 있다는 것에 대한 확신을 주어야 한다.

127

소진消盡의 법칙

일에 몰두하던 사람이 신체적이든 또는 정신적이든 모든 에너지가 소진된 상태를 '번 아웃burn out'이라고 한다. 번 아웃 신드롬은 이런 상황에 빠진 사람이 피로를 호소하며 무기력증, 자기혐오, 직무거부 등에 빠지는 현상을 말한다.

그런데 이렇게 몸 안의 모든 에너지가 다 타버리게 되면 이것을 다시 회복하기가 쉽지 않다. 마치 자동차의 배터리처럼, 조금이라도 잔존량이 남아 있는 상태라면 이를 발판으로 해서 다시 충전이 되지만, 하나도 남아 있지 않은 상태라면 그것의 재가동이 불가능한 것과 마찬가지이다. 따라서 조직의 리더는 조직구성원들이 이러한 소진상태까지 가지 않도록 예의 주시할 필요가 있다.

이를 위해서는 여러 장치가 필요한데, 예를 들어 적당한 시점에서의 휴식 또는 휴가 부여, 구성원들간 일의 합리적 재배분, 일의 시간적 분산, 새로운 작업으로의 기분전환, 신규 인원의 보강 등의 노력이 요구된다.

128

육성의 법칙

선발도 중요하지만 그렇게 선발한 사람을 어떻게 체계적으로 육성할 것인가 하는 점도 중요하다. 사람을 선발할 때는 되도록 능력이 뛰어난 사람을 뽑아야 하겠지만, 이렇게 뽑힌 사람들이 처음부터 기업이 원하는 완벽한 구성원이 되는 것은 아니다. '모든 면에서 조금씩 부족한 사람'을 '완성도 높은 구성원'으로 육성하여야 한다. 이를 위해서는 교육도 중요하지만 실전 경험을 쌓을 수 있는 기회도 제공하여야 한다. 그러나 이것은 말처럼 쉬운 게 아니다.

- 베테랑 프로축구 지도자인 최강희 전북 현대 감독은 이동국의 국가대표 재발탁은 한국 축구의 비극이라고 하였다. 스트라이커 자원이 너무 부족해 35세 베테랑인 이동국이 다시 태극마크를 달았다는 사실을 큰 틀에서 안타까워하는 말이었다. 최 감독은 2014년 브라질 월드컵 예선을 치러낸 국가대표 사령탑 출신으로서도 득점력이 높은 스트라이커의 부족을 체감했다. 김신욱, 박주영, 이동국 뒤에는 그런 역할을 할 수 있는 스트라이커가 아예 없는 게 안타까운 현실이라고 말했다. 최 감독은 한국 축구에 이 같은 문제의 원인을 젊은 선수들의 해외진출과 K리그 감독들의 고용불안에서 찾았다. 그는 "손흥민처럼 특출한 선수가 아니라면 20대 초반에 해외에 진출해 꾸준히 출전할 수 있는 선수가 있겠느냐"고 말했다. 재능이 뛰어난 선수들이 해외 리그에 진출하지만 주전경쟁에서 밀려 기량을 꽃피울 귀중한 시기를 놓친다는 설명이다. 최 감독은 "K리그에서도 (기량이 덜 무르익은) 젊은

> 공격수를 집중적으로 기용할 수 있을지 의문"이라며 "스트라이커 문제가 성적 지상주의의 폐단일 수도 있다"고 말했다. 단시간에 결실을 보여줘야 하는 구단들의 성과주의 행정 때문에 K리그 지도자들이 젊은 공격수를 꾸준히 내보내 기량이 정상권으로 오르도록 기다릴 수 없는 환경이라는 지적이다.
>
> – 연합뉴스, 2014년 8월 23일

기업 현장을 다녀보면, "○○기업은 이 산업계의 사관학교로 여겨진다"란 얘기를 가끔 듣는다. 이는 그 기업의 구성원들이라면 다른 기업에서 믿고 뽑아갈 만큼 훈련이 잘되어 있다는 말이다. 선발을 잘하는 기업도 있지만, 이렇게 육성을 잘하는 기업도 있다. 같은 능력의 사람이더라도 어떤 기업에서 몇 년간 어떤 훈련을 받았는가에 따라 현격한 기량 차이가 발생한다. '말은 제주도로, 사람은 서울로!'란 옛말은 그 나름 의미가 있는 것으로 보인다.

129

인사고과 및 승진의 법칙

인사고과의 체계가 올바로 갖춰진 조직은 구성원들의 바른 태도와 행동을 유도한다. 그 결과 올바른 성향을 가진 사람이 결국 높은 자리에 올라가게 된다. 그리고 그러한 좋은 사람들로 인해 조직 전체는 선순환되어 올바른 방향으로 움직인다. 하지만 그렇지 않은 조직은 조직상층부에 왜곡된 성향의 사람이 올라가는

데, 이상하게도 그러한 사람 주변에는 그와 비슷한 올바르지 못한 성향의 사람들이 몰리게 된다.

조직이 장기간 존속하고 사회적으로도 존경받는 기업이 되려면 이러한 기본 체계를 잘 갖추는 것이 무엇보다도 중요하다. 그러나 세상은 예전부터 그렇게 되기는 어려웠나 보다(아래의 글 참조).

- "선비가 출세를 하려면 공부도 출중해야 하지만, 거기에 아첨하는 능력도 있어야 한다. 공부가 있으면 출세할 기본이 마련된 것일 뿐 꼭 출세를 하는 것은 아니다. 도리어 남의 질시로 출세를 못할 수도 있다. 반면 공부가 없어도 아첨을 잘 하면 출세할 가능성이 지극히 높다. 요컨대 아첨은 출세에 꼭 필요한 조건이라 하겠다." – 출처 미상

130

사람 대접의 법칙

조직 구성원들은 기업으로부터 사람 대접을 받는다고 생각할 때, 훨씬 더 업무와 직장에 만족하고 일에 열중하게 된다.

- 구글Google의 출근시간은 '10시'가 아닌 '10시경'이라고 한다. 이것은 구성원들에게 그만큼 자율권을 준다는 의미이다.

조직의 모든 의사결정에 있어서 구성원의 행복을 우선 순위에 둘 필요가 있다. 그러한 대접을 받으면 구성원들은 자발적으로 조직을

자신보다 더 위하게 된다. 결국 사람은 사람대접을 받으면 사람처럼 행동하지만, 짐승대접을 받으면 짐승처럼 행동할 수밖에 없다.

- 명품 브랜드를 만들려면 이를 생산, 유통 및 판매를 사람들을 명품으로 대접해줘야 한다.

131

큰 기쁨/큰 슬픔 동일체의 법칙

(참조: 16장 칼로 흥한 자 칼로 망하는 법칙)

큰 기쁨을 주던 것이 언젠가는 큰 슬픔을 주게 되는 경우가 많다. 일반적으로 자신에게 가장 큰 실망을 주는 것은 자신이 가장 희망을 품었던 그 대상 또는 목표이다. 이와 같이 극과 극은 통한다.

열렬하게 사랑했던 사람에게 실연을 당했을 때 더 큰 슬픔을 느끼게 된다. 기업이 가장 애지중지하는 기술, 제품, 직원 또는 고객이 결국 기업을 파탄에 빠뜨리는 원인이 되기도 한다. '믿는 도끼에 발등 찍힌다'란 말이 있다. 믿지 않는다면 조심을 하고 경계를 늦추지 않았겠지만, 너무도 믿기에 발등이 찍히는 것이다.

절친한 사람이 마음에 상처를 주는 것이지, 잘 알지 못하는 사람이 마음에 상처를 주는 것은 아니다. 마음을 열고 받아들인 만큼, 그 마음속 깊숙이 들어와 있다. 그런데 그렇게 깊숙이 들어와서 상처를 주기에 상처는 더 깊고 치명적이다.

어떤 대상 또는 일이든 간에 관계없이 한 방향 또는 한 단면만 보는 것은 어리석을 뿐 아니라 위험하기조차 하다. 모든 면에는 앞면과 뒷면이 있다. 이러한 양면 모두를 볼 수 있을 때 좀 더 폭넓은 사고와 행동을 할 수 있다. 예를 들어, 지금이란 시점은 '앞으로 살아갈 인생에서 가장 젊을 때'임과 동시에 '이때까지 살아온 인생에서 가장 늙은 때'이다.

- 벨기에의 악셀르 데스피겔라르(17)는 2014년 브라질월드컵 러시아전에서 경기 중계 카메라를 통해 일약 스타덤에 올랐다. 벨기에로 귀국한 뒤 개설한 페이스북에는 무려 20만 명의 친구 신청이 있을 정도였으며, 마침내 세계 유명 화장품 회사인 로레알로부터 광고 모델 계약까지 받기에 이르렀다. 그런데 한 순간의 실수로 모든 것을 망치고 말았다. 벨기에-미국의 16강전을 앞두고 페이스북에 아프리카 여행에서 엽총으로 가젤을 사냥한 뒤 미소를 짓고 있는 자신의 사진을 올리면서 그 옆에는 "오늘은 미국을 사냥하러 간다"는 메시지도 남겼다. 그런데 2012년부터 미국 환경보호국에 후원을 해오고 있는 로레알 측은 '엽총으로 가젤을 사냥하는 여성은 모델 이미지와 부합하지 않는다'며 계약 해지를 결정했다. 계약 해지 소식에 그녀는 페이스북 계정을 폐쇄한 채 두문불출하고 있다. SNS를 통해 스타덤에 올랐지만, 결국 SNS 때문에 천금같은 기회를 날린 것이다.

— 스포츠조선, 2014년 7월 13일자

칼로 흥한 자는 결국 칼로 망하고, 입으로 흥한 자는 결국 입으로 망한다.

정치인은 투표에서 이기기 위해 빈민층, 또는 부유층, 또는 검은 세력과 손을 잡아서 이들 덕분에 당선되지만, 그러나 결국 이들 때문에 선거에 이기더라도 그 다음 단계인 통치를 원만히 할 수 없게 되기도 한다(유사 예: 유능한 매니저를 통해 초기에 성공을 거둔 탤런트의 딜레마).

신제품개발에 있어서도, 어느 단계에서의 성공요인이 다음 단계에서는 결정적 장애물, 즉 실패요인으로 작동되는 경우가 있다. 예를 들어, 초기 개발단계에서의 외부조직 도움은 처음에는 긍정적으로 작용하지만, 나중으로 진행될수록 부담으로 작용하기도 한다; 최고경영층의 지원과 관심은 신제품개발의 초기 단계엔 긍정적이나, 후기 단계에선 과도한 부담으로 작용하게 되어 결국 무리한 시장도입을 하게 만들기도 한다; 초기 개발단계에 적합한 조직구조가 후기 개발단계에선 부적합한 조직구조가 되기도 한다.

132

일벌백계의 법칙(집단의 통제 법칙)

매번 잘못할 때마다 벌을 주기란 어렵다. 또한 그럴수록 조직의 분위기는 좋지 않을 것이다. 따라서 현명한 리더는 일벌백계를 하는 데 힘쓴다. 그러려면 타이밍에 맞게 벌을 주는 것이 중요하다.

집단을 효과적으로 통제하기 위해서는 여러 요령이 필요하다. 소수의 사람이 다수를 통제하는 것은 언제나 쉽지 않기 때문이다.

- 낙타 무리는 쉴 때, 한 마리의 다리에만 쇠사슬을 묶는데, 그 낙타는 우두머리이다. 낙타는 무리지어 다니는 동물이라 우두머리만 붙잡아두면 나머지는 도망가지 않기 때문이다. 군대에 신임소대장은 그 소대의 고참 병장만 잘 관리할 수 있다면 나머지 병사들에 대한 통제가 비교적 쉽다.

133

꾸짖기보다는 칭찬의 법칙

어떤 대상을 보면 그것의 잘못 또는 단점이 먼저 눈에 들어오는 법이다. 그리고 사람의 성향상, 그러한 단점에 대해 바로 입에서 지적하는 말이 나오는 경우도 많다. 그러나 이러한 방식은 사람 간의 관계를 악화시키며, 특히 소심한 사람, 반항적 성향의 사람에게는 오히려 악영향을 미치기도 한다.

지적하거나 나무라는 것을 되도록 참아야 한다. 반면에 긍정적인 면을 찾아서 그것을 칭찬하려고 노력해야 한다. 물론 이를 실천하기란 쉽지 않다. 왜냐하면 사람들은 잘못을 저지르기는 쉽지만 칭찬받을 일을 하기란 어렵기 때문이다. 또한 미흡한 점을 발견하기란 쉽지만 장점을 발견하기란 어렵기 때문이다. 그리고 잘못을 대한 나무람은 쉽지만 칭찬받을 일에 대해 칭찬하기란 쉽지 않기 때문이다.

예전에 어떤 노교수가 이런 말을 한 적이 있었다: "아마추어는 다른 사람의 단점을 잘 보지만, 프로는 다른 사람의 장점을 잘 본다." 사람이란 자신의 단점만 들춰내고, 주눅들게 하려는 사람과는 멀리하고 싶다. 반면에 자신의 장점을 찾아주고 격려해주는 사람과는 함께하기를 원한다.

한편 단점들만 지적되면 그러한 단점들로부터 벗어날 생각만 하기에 자연스럽게 행동이 소극적으로 된다. 반면에 장점이 부각되면 오히려 그러한 장점을 적극 살리기 위해 더욱 자신감 있게 행동하게 된다.

이러한 여러 현상들을 고려해볼 때, 어떤 사람을 좀 더 긍정적 방향으로 발전시키려면, 단점을 보려 하기보다는 장점을 보고 이를 키워주는 것이 더욱 효과적이다. 그런데 사실 다른 사람의 단점은 쉽게 보이지만 장점은 잘 보이지 않게 마련이다. '장점을 보는 안목' 역시 훈련을 통해 키워야 하는 소중한 인간의 능력이다.

회사에서 직책이 높아질수록 부하들이 가져온 기획안 또는 업무 진행방식에 대한 지적을 되도록 삼가야 한다. 물론 허점이 눈에 많이 띌 것이다. 그러나 그러한 지적이 많아질수록 부하들은 위축되며, 결국 스스로 알아서 일을 해나가기보다는 상사의 눈치만 보거나 지시에만 따르려 하게 된다. 직책이 높으면서도 존경을 받는 사람들에 따르면, 되도록 부정적인 말을 삼가고, 실망했다는 표정을 감추는 것은 매우 어렵지만 이것이야말로 부하를 잘 다스리는 데 있어서 매우 중요하다고 한다.

134

주인의식(또는 시민의식)의 법칙

규율, 제도, 또는 보상 등에 의해 직원을 기업이 원하는 방향으로 행동하게 할 수 있지만, 매번 모든 일을 이렇게 관리하기란 힘들다. 구성원들 마인드의 뿌리를 잡아주는 것이 가장 큰 효과를 볼 수 있다. 이러한 방법 중의 하나가 주인의식, 또는 시민의식을 가지게 하는 것이다.

”한 사람 주인의 눈이 열 사람 종의 눈보다 밝다”, “사장은 힘들어도 견디지만 직원은 힘들면 사표 낸다. 연인은 불쾌하면 헤어지지만 부부는 불쾌해도 참고 산다. 원인은 한 가지 일에 대한 책임감과 압력이다”란 말들이 있듯이, 주인의식은 조직에의 몰입 및 헌신에 결정적이다.

- 식당 폐점시간이 거의 다 되었을 때 손님이 가도 친절하게 맞아주고 성의 있게 밥차림을 해준다면 이는 주인일 가능성이 높지만, ‘왜 이렇게 늦게와 퇴근을 늦추는가?’란 불편한 인상을 주고 밥 먹는 와중에도 청소를 하려 한다면 이는 종업원일 것이다란 말이 있다.

그런데 실제 주인이 아닌 직원들에게 어떻게 주인 의식을 심어 줄 수 있는가? 이를 자칫 잘못 시도하다간 오히려 냉소주의cynicism가 만연할 수 있다. 현실적인 방법으로 종업원 지주제, 분사제 등을 도입하는 기업도 있기는 하다.

- 칭기즈칸은 부하들과 원대한 꿈을 공유하였을 뿐만 아니라 그들과 똑같이 입고 먹었으며 자기 것을 부하들과 공유하였다고 한다.

135

요구(/기대)하는 만큼 성과가 비례하는 법칙

피그말리온 효과pygmalion effect란 무언가에 대한 사람의 믿음, 기대, 예측이 실제적으로 일어나는 경향이 있음을 말한다(피그말리온이라는 명칭의 유래는 그리스 신화 속의 피그말리온 왕에서 유래되었다. 피그말리온 왕은 자신이 조각한 여성상을 진심으로 사랑하게 되었고, 이를 지켜본 미의 여신 아프로디테가 그의 소원을 들어주어 조각상을 인간으로 만들어 주었다). 한 예로 교사의 기대에 따라 학습자의 성적이 향상되는 것을 들 수 있다.

북은 작게 치면 작게 울리고, 크게 치면 크게 울린다. 사람은 상대방 및 상황의 자극에 따라 달라진다. 즉 자신에게 주어지는 자극의 크기에 따라 사고와 행동도 영향을 받는다. 큰 일을 하게 하려면 큰 일을 맡겨야 한다. 물론 일만 맡겨 놓기만 해서는 안된다. 그에 맞는 동기부여, 권한, 자율권 등을 주어야 한다. 한편 때로는 아무 다른 것 없이 '상대에게 그저 요구는 것'만으로도 얻고자 하는 것을 얻게 되기도 한다.

- 현재의 모습대로 대하면 그 사람은 그대로 남아 있을 것이고, 잠재능력대로 대해주면 그 사람은 결국 그대로 될 것이다. – 괴테

- 당신의 야망을 깔보는 사람을 멀리하라. 하찮은 사람은 항상 남을 깔본다. 하지만 정말 위대한 사람은 남들도 똑같이 위대해질 수 있다는 희망을 심어준다. – 마크 트웨인

- 인간의 삶은 자신만을 위할 때보다 자신보다 더 큰 무엇을 이루려 할 때 한층 더 뜨겁게 타오른다. 자신을 위해 일할 때와 가족을 굶기지 않으려고 노력할 때, 어느 쪽이 더 치열함을 불러일으키는가? 급여를 위해 직장에 매달릴 때와 인류를 위한 싸움에서 목숨을 걸 때 어느 쪽이 더 사명감을 느끼겠는가? – 김광수의 '철학하는 인간'

136

참여의 법칙

원래 자신의 생각과 다르더라도 자신이 참여해서 결정이 내려진 경우엔, 대부분의 사람들은 그 결과를 수용한다. 즉 그

결정에 대한 주인의식을 가지게 된다. 따라서 개인 및 조직에게 힘든 부담을 주는 변화와 혁신을 위해선 조금 늦게 가더라도 초기에 다양한 의견을 수렴하는 과정이 필요하다.

- 변화는 그것에 영향을 받는 사람들이 계획에 참여할 때 가장 성공적이다. 변화가 강요되었다는 믿음보다 더 사람들을 새로운 생각에 저항하도록 만들며 견고하게 대항하도록 만드는 것은 없다 – 워렌 베니스

137

소집단의 부족주의 법칙

소집단small group은 상호간의 직접적인 접촉과 친밀한 의사소통이 가능한 소수자로 이루어진 집단을 의미한다. 흔히 소집단은 학연, 혈연, 지연, 이해관계 등으로 뭉치는 경우가 많다. 소집단은 응집력이 강하다는 장점이 있지만 이에 못지 않게 단점도 있다.

컨설팅 기업 '헤즐타인 파트너스'를 이끌고 있는 메릭 헤즐타인 박사는 "미국이 2001년 9.11테러를 못 막은 것은 미 정보당국들이 생각이 같은 사람들끼리는 잘 뭉쳤지만, 다른 사람들의 말을 잘 듣지 않았기 때문"이라며 '부족주의'트라이벌리즘, tribalism의 문제를 지적했다. '트라이벌리즘'은 이해관계가 같은 집단, 즉 부족Tribe을

중심으로 세력을 형성해 자신들의 집단 이익을 추구하는 현상을 말한다. 이 때문에 종종 '특정 집단의 이익' 때문에 '국가의 이익'과 같은 상위 가치가 희생되는 현상이 발생하기도 한다. 세계적인 전쟁사학자 존 키건John Keegan은 저서 '세계전쟁사'를 통해 국익에 가장 충실해야 할 군인들마저 '트라이벌리즘'에 빠져 있다며 그 심각성을 지적한 바 있다. 키건은 "영국 군대에서 자신들의 부대의 가치를 훼손하는 말은 절대로 입 밖에 낼 수 없다"며 "그들의 행동의 동기는 계급장이나 돈이 아니라 오직 부대 내에서의 평판과 신임"이라고 강조했다. 이러한 특성이 있기에 트라이벌리즘은 때로는 전체 조직의 생존과 발전을 위협하기도 한다.

138

전체 이익보다는 자기(집단) 이익의 우선시 법칙

전체 집단의 이익은 때로는 자기가 밀접하게 속한 작은 집단의 이익보다 밀리는 경우가 많다. 이러한 현상이 자주 발생하면 전체 집단은 점차 쇄락하게 된다. 그리고 이러한 결과로 결국 그 안에 소속된 작은 집단도 쇄락하게 된다. 이러한 상식적인 관계를 잘 알고 있음에도 불구하고, 개인의 의사결정, 행동의 선택은 자기 집단의 이익을 우선시하는 방향으로 기우는 경우가 많다.

- 메르스 사태의 긴급성을 감안한다면 국무총리 대행이나 장관이 나서서 즉각 병원 폐쇄 명령을 내렸어야 한다. … [중략] … 즉각 대응팀마저도 삼성서울병원에 '자발적인 폐쇄' 형식을 취할 시간과 여유를 준 것은 도무지 이해하기 힘들다. 삼성서울병원엔 의료 분야 최고 전문가들이 포진해 있다. 병원장도 감염학 전문가이다. 그러나 메르스 확산 사태를 맞아 병원 측이 스스로 대처하도록 허용하면 병원 측은 '국민 전체의 안전'에 앞서 '병원 손실損失의 최소화'를 추구할 가능성이 높다. 그런데도 방역 당국은 삼성서울병원에 대해 알아서 바이러스 확산 위험 범위를 정하고, 격리 대상을 정하도록 하고 내버려뒀던 것이다. 그 바람에 삼성서울병원의 의사는 감염 후 10일이 넘도록 환자들을 진료해왔고, 응급 이송요원은 병원을 누비고 다니면서 바이러스를 뿌려댔다. —조선일보, 2015년 6월 16일

139

단순화의 법칙

13세기 초 칭기즈칸의 몽골 기마군단이 고려에서 헝가리에 이르는 나라들을 정복했을 때 몽골 본토의 인구는 1백만에 불과했지만 점령지의 인구는 약 1억이었다. 그런데 어떻게 정복과 통치가 가능했느냐에 대해 많은 학자들이 연구를 하였다. 연구결과, 몽골 기마 군단 조직의 간편성simplicity을 승리의 근본으로 꼽았다. 그리고 이러한 간편성으로부터 나타난 신속성speed을 중요한 이유로 들었다.

현대의 기업 업무에서도 단순화는 조직의 활성화에 도움이 된다. 이를 위한 몇 가지 행동요령을 열거하면 다음과 같다: 하루에 해야 하는 일들의 가짓수를 줄인다; 소수의 주제를 붙들고 깊게 파고든다; 일의 절차(승인, 결제 등)에서 필요 없는 부분을 제거한다; 책상 및 물품을 깨끗하게 정리한다; 업무분담 및 위양을 한다; 맺고 끊음을 잘한다(이를 위해 거절과 포기를 잘한다) 등.

단순화를 위해선 필요 없는 부분을 많이 잘라내야 한다. 그래야만 정작 중요한 본연의 일에 집중할 수 있는 시간을 최대한도로 만들어낼 수 있다. 그런데 버리기 위해선 결단과 용기가 필요하다.

Ⅲ. 리더십

조직의 리더는 조직에서 가장 핵심적인 구성원이라고 할 수 있다. 리더는 조직원의 선발, 조직체의 구성 및 운영, 조직 문화의 조성 등 모든 면에 영향을 미치는 강력한 주체이다. 따라서 조직의 성과는 물론이거니와 조직의 명운에 리더만큼 큰 영향력을 미치는 조직의 일원은 없다.

- The best ship in times of crisis is leadership.

– 미국 해군사관학교에 적혀 있는 글귀

리더에 대한 연구는 사실 그 주제 및 내용이 방대하다. 이는 그만큼 리더가 조직 및 사회에서 중요한 역할을 한다는 것을 의미한다. 여기에 소개되는 법칙은 그중의 극히 일부분에 해당하는 내용이다. 리더, 또는 리더십에 관심이 있는 독자는 이에 관련된 서적, 그리고 사례에 대해 충분히 연구해보기를 바란다.

- 신입사원 또는 대리급일 때는 실무적으로 자신의 맡은 일만 성실히 하면 조직에서 쫓겨나는 일은 드물다. 그러나 과장 또는 팀장으로 진급한 다음에는 사정이 달라진다. 장長의 명칭이 붙는 직급부터는 자기 일뿐 아니라 부하직원들을 관리하고 리더십을 발휘해야 한다. 대기업 인사전문가들에

따르면 중간 간부가 부하들을 통솔할 능력이 부족한 경우에는 어느 분야이든지 확실한 전문성을 인정받아야만 조직에서 버틸 수 있다고 한다.

한 사람으로 인해 전세가 바뀔 수도 있다. 오케스트라의 지휘자 한 명이 바뀌면 오케스트라 전체의 음색이 바뀌기도 한다. 축구 감독(예: 2002년의 히딩크), 야구 감독(예: 한화의 김성근)에 따라 팀이 얼마나 바뀌고 팀 성과가 어떻게 달라지는지를 우리는 목격하지 않았는가?

140

비전의 법칙

리더의 가장 중요한 역량 중의 하나는 조직의 비전vision을 설정하는 것이다. 리더는 조직을 이끌고 가는 역할을 한다. 조직을 이끌기 위해서는 향후 그 조직이 어디로 가는지, 왜 그리로 가야 하는지에 대한 명확한 비전을 가지고 있어야 한다. 미국의 초대대통령으로 독립전쟁을 이끌었던 조지 워싱턴, 독일 히틀러에게 끝까지 굴복하지 않았던 영국의 처칠 등은 확고한 비전을 가지고 있었고, 이를 실천한 리더였다.

- 하버드 법대 출신의 듀카키스가 부시를 놀린다. "이 선거는 이데올로기에 대한 것이 아닙니다. 이 선거는 능력에 대한 것입니다." 부시는 이렇게 반박했다. "능력은 기차를 제 시간에 가게 만들지만, 기차는 자기가 어디로

가고 있는지 알지 못합니다."

– 1988년 미국 전당대회에서의 마이클 듀카키스와 부시의 논쟁

리더에게 중요한 것은 '남들에 의해 주어진 문제'를 그저 착실하게 해결하는 모범생의 능력이 필요한 것은 아니다. 조직이 어디로 가고 있는지, 또 어디로 가야하는지를 그 길을 기획하고 제시할 수 있는 리더야말로 진정한 리더인 것이다.

141

솔선수범의 법칙

몸소 실천하는 것이 최선의 조직운영 법칙이다. 말로만 또는 선언적으로만 하는 것은 그때뿐이지, 그 효과의 지속성은 떨어진다. 최고경영층의 솔선수범, 몸소 실천, 희생만이 최고의 의사소통 방법이다. 그렇지 않다면 조직구성원들 사이에는 냉소적 분위기가 만연하게 된다. 자신의 아들은 후방의 안전한 곳에 두고 다른 사람들만 최전선에 나가 용감하게 싸우라고 한다면, 그 말은 아무런 힘이 없을 것이다.

- 신라의 화랑인 관창官昌은 당나라와 더불어 백제를 칠 때 좌장군 품일의 휘하에서 부장副將으로 출전했다. 신라군은 황산黃山벌에서 백제군과 대치했으나, 계백階伯이 이끄는 백제 결사대에 밀려 처음 4차례의 전투에서 이기지 못하고 사기만 떨어졌다. 전세가 불리하자 품일은 관창을 불러 싸움

을 독려했다. 이에 관창은 백제 진영에 뛰어들어 싸우다 사로잡혔으나, 계백은 소년의 용맹에 탄복하여 살려보냈다. 그러나 다시 적진에 돌입했다가 또 사로잡혔다. 계백이 목을 베어 말안장에 매달아 돌려 보내자 신라군은 관창의 죽음에 자극되어 분전함으로써 백제군을 대파했다. 관창의 아버지는 좌장군 품일品日이었다.

어떤 영화의 한 장면이었는데, 전투를 앞두고 부하들 및 그들 가족앞에서 했던 상관(맬 깁슨)의 연설 내용은 매우 인상적이었다: "…나는 전투에 나갈 때는 누구보다도 선봉에서 진격할 것이고, 퇴각할 때는 누구보다도 후미에서 퇴각할 것이다…"

- 모범을 보이는 것은 다른 사람에게 영향을 미치는 가장 좋은 방법이 아니다. 그것은 유일한 방법이다 – 알베르트 슈바이처

142

'현장에서 부하들과 함께'의 법칙

맨 꼭대기 또는 맨 뒤에 편하게 앉아서 명령만 내리는 리더를 부하들은 따르지 않게 된다. 때로는 직접 현장에 뛰어들어 부하들과 함께해야 한다. 이를 통해 일이 돌아가는 전체과정을 알고, 또 변화하는 상황을 느낄 수 있기에 이에 적합한 명령을 내릴 수 있다. 아울러 부하들에게 활력을 불어넣을 수도 있다.

- 영화배우 수애는 전작 '님은 먼 곳에'(이준익 감독) 얘기를 많이 했다. "나를 배우로 만들었다"고도 했다. "예전엔 영화현장의 의미, 공동작업의 뜻을 잘 몰랐다. 내 신Scene만 끝나면 밴Van에 가 있는 배우였다. 그러나 이제는 다르다. 이번 영화에서도 현장을 즐겼다." 현장도 영화의 일부라는 것을 깨달았다는 얘기다.

  – 영화 '불꽃처럼 나비처럼'서 명성황후역을 맡았던 수애(중앙일보, 2009년 9월 25일)

143

감사感謝의 법칙

상대에 대한 감사를 잊지 않아야 또다시 당신에게 좋은 일을 베풀고자 하는 마음이 생긴다. 이런 점에서 볼 때, 리더는 항상 자신의 구성원에게 감사하는 마음을 가져야 하고 이를 표현하여야 한다.

- 당신이 받은 풍요로운 삶에 대해 감사하는 마음은 그런 풍요로운 삶이 지속되도록 해 주는 최고의 보험이다. – 마호메트

- 고맙다는 인사는 빨리 할수록 좋다. – 그리스 속담

144

높이 오를수록 더 많은 사람들의 도움이 필요한 법칙

낮은 산을 오를 때는 장비도 별로 필요 없고 주변 사람에게 크게 도움을 받지 않아도 된다. 그렇지만 높은 산을 오른다면 이야기는 달라진다. 날씨도 궂을 뿐 아니라 여러 험로險路와 갖가지 장애물이 있기에 이를 헤쳐나갈 장비가 필요하고 또한 서로간에 도움을 줄 사람들의 수도 늘어난다. 조직도 마찬가지이다. 리더의 지위나 신분이 높아질수록 더 많은 사람과 관계를 맺어야 하고 그들에게 의존하게 된다.

- 2014년 지방선거에서 제주 지사로 당선한 후보는 172,793명의 득표를 획득하였지만, 서울특별시장에 당선한 후보는 2,726,763표를 득표하였다. 한편 2012년 대선에서 대통령으로 당선한 후보는 15,773,128표를 득표하였다.

145

주변에 올바르게 훈수訓手 두는 사람이 필요한 법칙

조직에서 뛰어난 역량을 발휘한 사람이 보통 리더가 된다. 그렇다고 그 리더가 모든 면에서 능력이 탁월할 수도 없고 매 순간 가장 좋은 의사결정을 내릴 수도 없다. 리더도 하나의 사람이기에 지적능력에는 한계가 있고, 때로는 감성에 휘둘리기도 하며, 장시간 피로로 인해 잘못된 의사결정르 내리기도 한다. 장량, 한신을 가까이 두었던 유방, 제갈량이 옆에 있던 유비 등 뛰어난 리더일수록 자신의 옆에 탁월하면서도 올곧은 훈수꾼을 두었다.

- 리더의 견해가 좁고 상황판단 능력이 부족하면(예: 삼국지에서의 원소), 어리석고 간사한 부하의 말에 솔깃해진다. 그리고 올바른 직언을 하는 인재의 충언을 외면하게 된다.

훈수꾼은 전체 판세를 보기에 경기에 참여한 사람이 보지 못하는 넓고도 장기적인 시야를 가진다.

훈수꾼은 상황에 따라 다른 이름으로 조직에 존재하기도 한다. 때로는 고문, 자문교수, 참모진, 외부컨설턴트, 친구, 가족이 될 수 있다. 중요한 점은 훌륭한 훈수꾼들을 주변에 두는 것이고 그리고 이들이 진정으로 마음속에 우러나 돕게끔 동기부여를 하는 것이다.

146

'모든걸 혼자' 하려 해서는 안되는 법칙

권력은 움켜잡으려 할수록 더욱 작아지지만 반대로 권력은 나눌수록 더 커진다. 권력은 주먹으로 모래를 쥐는 것과 같다. 힘 있게 잡으려 할수록 더욱 많은 모래가 빠져나간다.

항우보다는 유방에게, 그리고 조조보다는 유비에게 좀 더 개성이 강하면서도 역량이 풍부한 인재들이 많이 모였다. 그리고 자신들의 역량을 백분 발휘하였다. 이러한 차이는 무엇에서부터 비롯되었을까? 타고난 신분의 귀천 및 개인적 역량으로만 보면 항우, 조조가 월등하다. 그러나 유방, 유비는 항우와 조조에게 발견할 수 없는 조직을 움직이는 리더십이 있었다. 그들은 자신이 혼자서 모든 권력을 독점하려 하지 않았다. 그리고 개성이 강한 인재들을 감쌀 줄 아는 포용력이 있었다. 이러한 면이 큰 매력으로 작용하였기에 많은 인재들이 이들에게 몰렸다.

조직이 커질수록 한 사람이 모든 것을 다 하기란 어렵다. 또한 그렇게 해서도 안된다. 그렇지만 권력의 정점에 있는 사람은 모든 권력을 자신의 손아귀에서 놓지 않으려는 욕심을 가지는 경우가 많다. 우두머리가 모든 것을 좌지우지하려 한다면, 주변의 인재들은 자신의 역량을 더 이상 발휘하려 하지 않게 된다.

● 용산역에서 압구정동으로 급하게 가야 했기에 택시를 탔다. 퇴근 시간 무

렵이어서 택시기사에게 저자가 알고 있는 가장 안 막히면서도 빠른 길을 말하면서 그리로 가자고 하였다. 그러자 기사분은 조금 생각하더니 저자가 전혀 생각하지 않았던 어떤 경로를 얘기하면서 지금 시간은 그쪽으로 가는 것이 더 낫지 않겠는가 하고 말했다. 저자가 알던 길에 대한 확신은 있었지만 기사분의 의견을 따르기로 하였다. 그 결과 도착 시간은 예상보다 훨씬 단축되었다. 내릴 때쯤 되어 좋은 길을 안내해줘서 고맙다고 하였더니, 기사분은 오히려 자신의 의견을 믿어줘서 고맙다고 하였다. 그러면서 승객들 대다수는 자신의 의견을 고집하는 경우가 많고, 그러면 자신은 그 길이 안 좋다는 것을 너무도 잘 알지만 그냥 그 길을 갈 수밖에 없다는 얘기도 덧붙였다. 짧은 일화이긴 하지만, 어떤 한 사람이 모든 것을 다 잘할 수는 없다. 때로는 전문가, 또는 현장 담당자를 믿고 일을 맡겨야 한다. 그러나 대다수의 독선적인 우두머리는 이 모두를 혼자서 결정하고 조직원들은 조용히 따르기만을 원하는 경향이 있다.

권력은 관계적이고 의존적이다. 따라서 권력을 사적으로 소유하고 자기에게만 집중시키려 하는 순간, 오히려 그 반대로 권력은 작아지게 된다. 즉 권력을 자기 손 안에 강하게 움켜쥐려고 하면 할수록 역설적으로 권력은 작아진다. 지도자 특히 큰 조직의 지도자는 자신이 움켜쥐려 하기보다는 조직 전체로 권력을 나눠줄수록 자신의 권력이 더욱 커진다는 것을 자각해야 한다.

지도자의 역량은 조직 구성원들의 역량 발휘가 자신의 권력의 기반임을 파악하고 그것이 충분히 가능할 수 있도록 환경을 조성하는 것이다. 공동체의 활력이 조직의 생존과 번영의 근본 에너지이고 결국 그러한 활력이 자신의 권력을 더욱 강화하고 증대시킬 수 있다는 근원적이면서도 장기적인 안목을 가지고 있어야 한다. 이러한 점에서 유방, 유비, 그리고 원탁의 기사들을 이끌었던 아더왕의 위대함이 있는 것이다.

- 칭기즈칸은 격의 없는 의사소통을 하였다. 초원에 털썩 주저 앉으면 바로 원탁회의가 된다. 격식을 따지지 않았다. 칭기즈칸이라 해서 좀 더 높고 편안한 자리가 아니었다. 이와 같은 주변 사람과의 동료 의식, 파트너십이 조직을 끈끈하게 유지하였다. 한편 칭기즈칸에게는 참모 역할을 한 '4준마'와 전투 지휘관 역할을 수행했던 '4맹견'이 있었다. 이들과의 관계는 단순히 상하 관계라기보다는 평생 동지 또는 평생 친구에 가까웠다. 유목민의 용어로 각각 '안다'와 '너커르'에 해당되는 동지 내지는 친구가 칭기즈칸에게는 유달리 많았다고 한다.

- 임금은 지혜를 버려야 신하를 바로 살피는 총명을 얻게 되고, 현명함을 버려야 신하들이 저마다 능력을 발휘하여 공적을 세우게 되며, 용맹을 버려야 신하들이 저마다 용기를 다하여 나라를 강하게 할 수 있다. – 한비자

147

형평성 법칙

리더는 모든 구성원들에게 동등한 관심과 애정을 보여야 한다는 의미이다. 어느 한 명 또는 부서를 편애하는 순간, 조직의 균형은 깨진다. 그리고 구성원들의 충성심은 무너진다. 국가대표 축구(/야구) 경기를 보면, 감독이 특정 선수를 중용하는 모습이

가끔 보인다(예: 중요한 승부처에서 기용하여 이름을 떨치게 해줌, 실수해도 기회를 여러 번 제공함 등). 그런데 이러한 모습은 팀의 분위기를 와해시키는 원인이 된다.

물론 사람인 이상 어떤 개인 또는 부서가 자신의 마음에 드는 경우가 있다. 그 연유가 어떠하건 관계 없이, 리더는 모든 구성원들을 동등하게 대해 주어야 한다.

이런 점에서 볼 때, 리더는 이성분별력, sense과 감성sensibility을 균형적으로 가질 필요가 있다. 너무 이성에 치우쳐도 또는 감성에 치우쳐도 좋은 리더가 될 수 없다.

148

'성과(/결과)는 누구 몫?' 법칙(무한책임의 법칙)

저자는 예전에 광고대행사에서 근무한 적이 있었다. 그때 유난히 어떤 팀장을 사람들이 많이 따랐는데, 그 이유는 그가 학벌이 좋거나 실력이 월등해서가 아니었다. 일이 잘되면 팀원들의 공로로 돌리지만, 만에 하나 일이 잘못되면 자신이 모든 책임을 지는 사람이었다.

이와 반대로 '부하의 공적은 상사의 것, 상사의 실패는 부하의 책임'이란 자세를 가져서는 부하들의 마음을 사로잡을 수 없다. 전술한 팀장은 결국 나중에 큰 광고대행사의 사장으로서 그 역량을 충분히 발휘하였다.

- 매출이 떨어지면 보통 영업 직원들을 야단친다. 그런데 1985년 처음으로 삼성전자에게 국내 영업 1위자리를 빼앗겼던 금성사의 구자학 사장은 직원을 야단치는 대신, "당신들이 영업에서 진 건 회사의 정책 지원이 잘못돼서다. 회사가 오히려 미안하다. 용기를 잃지 말고 다시 해보자"고 격려하였다고 한다. 그 결과 다음 해 순위를 다시 뒤집을 수 있었다고 한다.

  – 손욱의 혁신 경영 이야기(한경BUSINESS, 2011년 9월, 823–4호)

리더의 자리는 자기 조직의 모든 면에 대해 무한책임을 지는 자리이다. 일이 잘못되었을 때, 뒤늦게 나타나 현장의 말단직원들에게 질타하는 사람하고 책임을 전가하는 사람이 되어선 안된다. 승객들을 모두 대피시키고 침몰하는 배와 같이 바다에 남아 있을 각오가 되어 있지 않다면 선장이 될 자격은 없다.

- The buck stops here!

  – 트루먼 대통령 책상 위에 항상 있던 말(여기서 최종 책임을 진다, 책임 전가를 하지 않는다, 모든 일은 내가 책임진다란 의미이다)

149

과감한 위임 법칙

운전대를 다른 사람에게 맡기기란 여간 해서 쉽지 않다. 특히 자신보다 운전실력이 못하다고 생각하는 사람 또는 초보에게 운전대를 맡기기란 쉽지 않다. 그러나 언제까지나 혼자서 운전대를 잡고 있을 수는 없다. 어디로 가야 할지를 결정하기 위해 지도를 보는 중요한 일도 해야 한다. 한편 초보라도 운전할 기회를 가지지 못하면 소중한 경험을 쌓지 못한다. 또한 교육시기를 놓치게 되면 운전을 꺼리게 되고 남에게만 의존하려 할 수도 있다.

위임委任을 잘하는 것이 리더가 해야 할 중요한 과업이다. 어떤 일을 언제 누구에게 위임할 것인가의 결정은 그리 쉽지 않다. 그렇지만 이러한 위임을 잘해야 조직이 제대로 움직이게 된다. 물론 리더가 직접 일을 하면 조직 내의 누구보다도 더 잘할 것이다. 그러나 리더는 자신보다 못할 걸 알면서도, 일을 맡겨야 한다. 그래야 자신이 정작 해야 할 큰 일에 집중할 수 있고, 직원들도 키울 수 있다. 위임할 수 있는 과업을 리더가 직접 하는 것은 리더 자신을 위해서도 조직원들을 위해서도 바람직한 것은 아니다.

- 리더라면 자고로 70:30 법칙을 지켜야 한다. 자기 시간의 30%는 실질적인 업무에 쏟되, 나머지 70%는 재충전이나 남들이 하지 않는 일에 투자해야 한다. 위임할 수 있는 결정은 직접 하려 하지 말라.

– 스티븐 샘플, 서던 캘리포니아대 총장

150

일단 위임하였다면, 믿고 맡겨야 하는 법칙

일단 권한을 부여하고 재량권을 주었다면, 되도록 그 위임한 부분에 대해서는 간섭하지 말아야 한다. 부모들은 흔히 자녀들에게 용돈을 주고 그 용처에 대해 시시콜콜 간섭하거나 충고하는 경우가 많다. 일단 주었다면 자녀들을 믿고 맡기는 것이 좋다. 물론 어른들이 보기에 현명하지 못한 소비, 낭비하는 소비도 눈에 많이 띌 것이다. 그럴 때마다 간섭을 하면 아이들은 위축되고 결국엔 자신의 판단에 대한 자신감이 없어지게 된다. 그리고 계속 부모의 눈치를 보게 될 것이다.

처음에 하게 될 시행착오는 웬만한 것은 그냥 모르는 채 놔둬야 한다. 그러한 것을 본인 스스로 겪음으로써 아이들은 차차 실수를 줄여나갈 수 있다. 그러다 보면 언젠가 부모보다 더 현명하게 돈 관리를 하게 될 것이다. 믿어줘야, 그리고 시간과 기회를 주어야 성장할 수 있다.

151

후계자 양성의 법칙

리더는 자신의 뒤를 이을 후계자를 양성하는 것이 무엇보다도 중요하다. 이는 리더의 권리이자 또한 의무이다. 한 사람이 멀쩡한 정신과 튼실한 육체로 하나의 조직을 이끌어가기에는 시간적 한계가 있다. 이를 무시하고 혼자서만 하려다가는 본인의 불명예스런 퇴진은 물론이거니와 조직 전체에도 해악을 가져올 수 있다(예: 2015년 후계자 문제로 사회적 물의를 일으킨 롯데그룹).

만약 적절한 후계자가 준비되어 있지 않은 상태에서 리더의 유고가 생기면 조직 전체는 위태롭게 된다. 리더 자신만을 생각하는 리더는 자신이 조금이라도 권좌에 더 오래 앉아 있을 궁리를 하지만, 자신보다 조직 전체를 더 생각하는 리더는 자신보다 더 나은 후계자의 양성을 위한 궁리를 한다.

무능한 리더가 나중에 유능한 리더로 보이려면 자신보다 더 형편 없는 후임 리더를 지명하면 된다. 그렇지만 조직은 더 구렁텅이로 떨어지게 될 것이다. 한편 무능한 리더라면 조직을 위해 할 수 있는 가장 큰 공헌은 한시라도 빨리 리더의 자리를 자신보다 훨씬 유능한 리더에게 양보하는 것이다.

152

리더의 그릇 크기 법칙

좋은 인재를 끌어 모으고 이를 유지하려면 리더의 인간적 그릇이 커야 한다. 칭기즈칸은 자신의 목숨을 위협하였던 태치후 부족의 '제베' 및 '나야아'마저도 자기 사람으로 만들었고, 다른 부족장의 부하였던 '무화리'도 미천한 노예 출신이지만 자기 휘하에 두어 그의 능력을 발휘하게 하였다. 몽골과 같은 드넓은 초원에 어떤 한 부족 또는 지역에만 용맹한 장군과 현명한 재사가 몰려 있을 수는 없다. 이 부족 저 부족에 흩어져 있는 개성이 강한 영웅들을 끌어 모으려면 리더의 그릇이 커야 한다. 칭기즈칸은 자식들에게 절대 자신이 가장 강하거나 가장 똑똑하다고 생각하지 말라고 가르쳤다고 한다. 삼국지의 조조曹操 역시 인재를 끌어안는 비범한 능력을 소유하였다. 반면에 원소袁紹는 사람들에 대한 의심이 많았기에 자신의 자식, 친척들을 중용하였을 뿐이다.

- 인재가 있다는 소문이 들리면 난 앞뒤 가리지 않고 그에게 달려가 도움을 청할 것이다. 인재를 얻을 수만 있다면 그의 비위를 맞추기 위해 염치를 무릅쓰고 아부하는 일조차 마다하지 않겠다. – 나폴레옹

- 역사상 가장 성공한 통치자로 언급되는 영국의 엘리자베스 1세는 여러 장점을 가지고 있었다. 여러 나라의 언어를 구사할 정도로 대단한 능력과 지성을 갖추었으며, 백성을 진정으로 사랑했다. 그러나 무엇보다도 중요한 능력은 용인술이었다고 한다. 여왕은 유능하고 진실한 대신들을 오랫동안 곁

에 두어 국정에 일관성을 유지했을 뿐만 아니라 신분에 상관없이 인재를 등용하였다. 한 예로 드레이크와 같은 해적 출신도 적극 활용하여 국력을 드높였다. 이러한 능력과 용인술을 바탕으로 여왕은 당시 최강대국인 스페인이 침략해 온 절체절명의 순간에 온 국민을 결집해 나라를 구하는 위력을 발휘했다.

조직의 발전은 리더의 그릇 크기에 비례한다. 자기가 가장 똑똑하다고 생각하는 경영자는 자기보다 큰 사람들을 포용할 수 없기에 결국은 자기보다 작은 사람들로만 이뤄진 조직, 즉 소인국을 만들어낼 뿐이다.

- 2015년 중국의 톈사 그룹 회장은 동고동락해온 6천여 명의 직원들에게 '프랑스 여행'을 선물했다. 회장이 함께 동행한 이들의 여행은 한번 움직일 때마다 버스 백마흔여섯 대가 동원됐다. 이렇게 통이 큰 회사 사장님과 같이 일을 하면 일도 통 크게 벌릴테고 그에 따라 통 큰 수익도 날 것으로 예상된다.

153

맘속으로부터의 칭찬 법칙

주변의 누군가에게 좋은 일이 생겼을 때, 사람들은 축하를 해준다. 그런데 이때 그러한 축하를 맘속으로부터 진정으로 우러나서 하는지 아닌지는 사람마다 또는 그가 처한 여건에 따라 다르다. 만약 진정으로 축하를 한다면, 그 사람은 좋은 품성을 가진 사람이거나 아니면, 상대가 거둔 엄청난 성과를 이미 성취한 사람이다.

산 위의 정상에 서 있는 사람은 아래로부터 사람들이 올라오면 칭찬을 해준다. 그렇지만 자신이 아직 산 아래에 있다면 산 정상을 오른 사람을 편하게 축하하기란 쉽지 않다. 만약 남의 성과에 진정으로 축하를 하기 어렵다면, 한번 자기 자신의 처지를 둘러보는 것이 좋을 것이다.

이런 성향을 고려해볼 때, 뛰어난 업적을 거뒀거나 조직에 많은 공헌을 한 리더는 그 조직에 도움이 될 후계자를 선발하고 이들이 역량을 펼칠 수 있도록 기꺼이 도와주려할 것이다. 그렇지만 별다른 성과를 거두지 못한 리더는 후계자 역시 별볼일 없기를 내심 바란다. 이런 점에서 볼 때, 우수한 리더의 다음에는 좋은 후계자가 계속 생긴다는 선순환구도를 형성하지만, 그렇지 못할 경우 조직은 더 나락으로 빠지게 되기도 한다.

154

올곧은 윤리의 법칙

리더가 윤리적으로 올바르지 않은 상태에서 구성원들에게 높은 윤리의식과 실천을 요구하기란 어렵다. 리더가 마지막까지 포기하지 말아야 할 것은 아마도 윤리적 마인드일 것이다.

- 바닷가에서 어린 게가 옆으로 걷자 어미 게가 '얘야, 앞으로 걸어야지' 하면서 자신도 옆으로 걸었다.

155

신뢰는 먼저 주어야 하는 법칙

리더가 부하들의 마음을 사로잡을 수 있다면 그 조직은 응집력이 높아질 것이다. 그러나 사람의 마음을 사로잡는 것은 결코 쉬운 일이 아니다. 사람의 마음은 신뢰의 뒷받침이 없으면 절대로 사로잡을 수 없다. 따라서 신뢰를 받지 못하는 리더는 조직을 통솔할 수 없다.

- 칭기즈칸은 그의 친척인 백부 '아르탄', 숙부 '따리타이', 당형 '후차얼'으로부터 배신을 당했다. 그렇지만 그의 부하 중에 배신을 한 사람은 한 명도 없었다고 한다.

부하들로부터 신뢰를 받을 수 있는 좋은 방법 중의 하나는 그들에게 먼저 신뢰를 주는 것이다. 그러나 이는 생각만큼 쉽지 않다. 신뢰를 먼저 주는 것도 어렵지만, 오랜 시간 지속성을 가지고 신뢰를 주기는 더욱 어렵다. 조금의 실망에도 신뢰를 거둬들이는 경우가 많기 때문이다. 월트 디즈니는 자신을 배신하고 경쟁회사로 떠났던 창업 동업자가 그 경쟁회사로부터 버림을 받게 되자 아무

조건 없이 그를 다시 받아들였다고 한다. 이렇게 다시 돌아온 동업자는 끝까지 월트 디즈니를 떠나지 않았을뿐 아니라, 그 후 월트 디즈니가 무척 어려운 입장에 놓여 모든 구성원들로부터 비난을 받았을 때도 끝까지 그를 도와주었다고 한다.

- Credit is better than gold(돈보다 신용).
- The mind is like a parachute. It doesn't work if it is not open.

기업에서 비교적 높은 위치까지 성공적으로 올라간 사람들은 공통적으로 동료/선배/후배 등에게 밥을 많이 사준다는 특징이 있다. 때로는 마음을 사로잡는 방법이 의외로 가깝고 쉬운 데 있는지도 모른다.

156

신뢰는 약속 이행으로부터 축적된다는 법칙

사람 간의 신뢰는 어느 날 갑자기 생기는 것이 아니다. 오랜 시간 동안 그 사람과의 관계로부터 나온 경험에 기반한다.

우리는 흔히 지나가는 말로 '언제 한번 밥 먹자'라는 얘기를 한다. 그리고 그 말의 미이행에 대해서는 어느 누구도 사실 부담이 없다. 그런데 가끔은 이러한 것도 반드시 지키는 사람을 보면 그 사람을 다시 보게 된다. 그리고 그 사람의 말에 새삼 무게감을 느끼게 된다.

한편 사소한 약속이라도 이를 자주 어기는 사람에게는 큰 일을 맡기지 않는다. 사회생활을 하면서 반복적으로 경험하는 것 중의 하나는 커다란 업적을 쌓은 사람일수록 자기가 내뱉은 약속을 잊지 않고 지킨다는 것이다. 그것이 아무리 지나치다가 우연히 마주쳐 말했던 점심약속일지라도~

157
태산 같은 신념 및 의지의 법칙

리더가 내린 결정에 부하들이 전적으로 따라오게 하려면, 리더는 자신이 내린 결정에 태산처럼 흔들리지 않는 신념과 의지를 보여줘야 한다. 리더 자신이 스스로 내린 결정에 일말의 불안감과 주저함을 보인다면, 부하들 역시 혼심의 힘을 다해 이를 따르기란 어렵다.

● 명량대첩은 이순신 장군의 수많은 전투에서 가장 극적인 싸움이다. 조선수군의 배는 13척, 일본수군의 배는 133척에서 최대 333척까지였다. 전투가 시작된 후 오랜 시간 적선과 대치, 전투를 벌인 조선수군은 단 한 척, 이순신이 타고 있는 대장선만이 전선에 나가 전투에 임했다. 다른 배들은 겁을 먹고 멀찌감치 뒤에서 때를 봐 도주할 모양새를 취했다. 대장선은 오랜 시간동안 적선에 둘러쌓인 채 위급함을 드러냈다. 하지만 이순신의 대장선이

적선을 계속 격파하며 버티는 모습을 보자 뒤로 물러서 있던 조선 수군의 마음도 조금씩 바뀌기 시작하면서 전선으로 하나둘씩 배들이 돌아왔다.

- 남보다 앞서려면 어떤 상황에서나 냉정과 침착성을 잃지 않아야 한다.

– 토머스 제퍼슨

158

과장된 행위 또는 포커 페이스poker face의 법칙

리더는 때로는 과장된 확신과 의지를 보여줄 필요가 있다. 응원단장의 몸짓은 과장이 심하다. 그러나 그렇게 과장된 동작을 해야 그 60%라도 대중들이 따라서 하게 된다.

- The speed of the leader determines the rate of the pack.

리더는 아무리 위기 상황이더라도 자신의 감정을 드러내서는 안된다. 포커 페이스는 포커 용어로 아무것도 드러내지 않도록 무표정하게 있는 얼굴을 의미한다.

- 야구 감독은 위기가 닥칠 때 더욱 처신을 잘해야 한다. 감독이 위기 상황에서 갈팡질팡하고, 허둥거리게 되면, 그 위기는 실제보다 훨씬 큰 초조함으로 체감되게 된다. 그리고 이러한 감정은 곧바로 그라운드에서 뛰는 선수들의 플레이에도 영향을 미치게 된다.

159

긍정의 힘이 부정의 힘보다 더 강한 법칙

'할 수 있다'란 긍정, 낙관적인 기대치가 조직원들에게 좀 더 '좋은 기운'을 준다. 감기처럼 기운/기세도 옆사람에게 전염된다. 근거 없는 비관론을 가진 리더보다는 근거 없는 낙관론을 가진 리더가 더 좋은 법이다. 대장大將의 무기력은 바로 병사들 사기저하로 이어지기에 이러한 점은 특히 강조 된다.

- A sad soul can kill quicker than a germ. – Steinback

동일한 감정 상태이더라도 그것을 (+) 또는 (−)의 어떤 방향으로 이끄는가는 매우 중요하다. 물론 이러한 방향의 설정과 유도에는 리더의 역할이 매우 크다.

- 경기에 임하는 선수는 모두 이기고자 한다. 이때 '반드시 이겨야만 한다'는 생각은 때로는 지나친 긴장을 불러일으키기도 한다. 문제는 이러한 긴장으로 뭉쳐진 힘을 어떠한 곳으로 어떻게 원활하게 방출하느냐에 달려 있다. 1993년 월드컵 지역예선에서 일본과의 경기가 끝난 뒤 양팀 감독의 인터뷰 내용은 시사하는 바가 컸다. **김호 감독:** "선수들이 이겨야 한다는 정신적인 부담이 겹쳐 위축된 경기를 펼친 것이 경기에 끌려다니는 원인이 됐다." **오프트 일본감독:** "무엇보다 한국에 꼭 이겨야 한다는 전체 선수들의 정신력이 가장 큰 승리의 요인이었다." '꼭 이겨야 되겠다'는 동일한 각오가 한국에게는 실패요인으로, 일본에게는 성공요인으로 지적되었다는 점이 매우 흥미롭다.

리더는 조직의 긍정적인 분위기를 주도해야 할 책임이 있다. '실버라이닝silver lining'은 하얗게 빛나는 구름 테두리를 뜻한다. 최악의 경우라도 언젠가 쨍하고 해 뜰 날이 올 거란 말을 할 때 쓰는 말이다. 즉 어두운 구름 뒤 어딘가에는 찬란한 해가 있다는 희망을 의미한다. 리더는 이러한 희망을 구성원들에게 열성적으로 전파하여야 한다. 그냥 웃으면, 또 웃을 일이 생기게도 된다.

- 우주의 기운은 자력과 같아서 우리가 어두운 마음을 지니고 있으면 어두운 기운이 몰려온다. 그러나 밝은 마음을 지니고 긍정적이고 낙관적으로 살면 밝은 기운이 밀려와 우리의 삶을 밝게 비춘다.

  – 법정 스님, 〈버리고 떠난다는 것은〉에서

- 지배적인 생각이나 마음가짐은 자석처럼 비슷한 것을 끌어당기는 법이므로, 마음가짐이 어떠하든 그에 어울리는 조건이 삶에 나타날 수밖에 없습니다. – 찰스 해낼

- 웃지 않으면 울게 된다. – 벨기에 속담

이런 웃음인형 하나를 리더의 책상 위에 놔두는 것도 나쁘지는 않을 것이다.

160

응석받이Spoil 법칙

어린 아이의 응석을 자꾸 받아주면 그 아이는 결국 버릇이 없어지게 된다. 마찬가지로 리더의 모든 요구와 잘못된 판단을 부하직원들이 자꾸 들어주거나 이를 방치하게 되면, 그러한 리더 역시 망치게 된다. 초반에 분별력 있고 현명하던 리더도 점차 시간이 흐르고 권력의 맛에 심취하다 보면 판단력이 흐려지는 경우가 종종 있다. 그 이유 중의 하나는 아마도 주변의 예스맨들 또는 리더의 감정을 거스르지 않는 직원들 때문에 리더가 그러한 잘못된 타성에 젖어들기 때문일 것이다.

- Spare the rod and spoil the child. (매를 아끼면 아이가 못쓰게 된다)
- What luck for rulers that men do not think. – Adolf Hitler

리더의 잘못된 습관 및 행태를 부하직원들이 먼저 나서서 고치기란 참으로 어렵다. 최선의 방법은 리더 스스로가 예스맨 부하직원들로부터 자신이 응석받이 어린이처럼 버릇 나쁘게 될 위험성이 있다는 점을 스스로 깨닫는 것이다. 그리고 주변에 직언과 고언을 서슴지 않는 참모들을 두는 것이다.

161

자신보다는 전체 조직 우선의 법칙

진정한 리더라면 자기 자신보다 전체 조직을 더 소중히 여겨야 한다. 그리고 이러한 우선 순위의 체계를 구성원들 모두에게 확신시켜 줘야 한다. 구성원들이 특정 개인에 대한 충성이 아니라, 조직 전체에 대한 충성을 하게끔 만드는 자가 바로 진정한 리더이다. 이러한 리더의 지휘를 받는 구성원들은 어떤 일을 할 때, 리더의 안색을 눈치 보지 않고, '그것이 조직을 위한 것인가?'라는 확고한 단일 기준을 가지고 일에 임하게 된다. 그 결과 그들은 스스로 알아서 의사결정할 수 있다. 그리고 생동감 있게 일하고 결과에 책임을 자발적으로 지게 된다.

특정 개인에게만 충성을 해야만 살아남는 조직의 구성원들은 자신의 판단보다는 리더의 판단(변덕스런 마음 등)을 항상 염두에 두기에 적시에 조직 전체를 위한 올바른 판단을 하기도 어렵고, 스스로 판단해서 일을 하기도 어렵다.

- 모든 조직이 가지는 문제 중 하나는 리더의 교체로부터 비롯된다. 예를 들어 정권이 바뀌면 행정부처 및 관련 공기업의 수장들도 바뀐다. 그럴 경우, 그 전의 수장들과 사이가 좋았던 직원들은 미운 털이 박히고 한직에 물러나게 된다. 그렇다고 리더가 교체되지 않고 영구적으로 집권한다면, 이로 인한 문제는 더 클 것이다. 힘 있는 사람 또는 힘 있던 사람과 가깝고 친밀한 것은 장기적 관점에서 보면 결코 축복이 아니라고 볼 수 있다.

162

역량있는 리더 선출의 법칙

조직의 성과와 리더의 역량은 비례한다. 이러한 연관관계를 사람들은 느끼기에, 기업체의 수장이 바뀌면 그 기업의 주가株價도 흔들리게 된다.

조직 구성원 중에서 리더를 선정한다면, 그중 가장 뛰어난 능력을 가진 사람을 선택해야 한다. 특히 여러 면에서 고르게 능력을 갖춘 사람을 뽑아야 한다.

- 조직내 지도적인 위치에 업무 성과가 저조한 C등급 실적 수행자를 그대로 놔두게 되면 모든 구성원들의 성과 수준을 떨어뜨리는 결과를 초래한다. 이것은 성과를 중시하는 조직 문화를 만들려는 기업에게는 분명히 위험 요소라고 할 수 있다 — 멕킨지, Beth Axelrod 외

보스 기질은 있지만, 전술이 없는 리더는 조직 응집력을 가질지는 모르지만 조직의 성과를 최대화하는 데는 별 도움이 되지 못한다. 월드컵 감독을 역임한 거스 히딩크(2002년)와 홍명보(2014년)는 분명 소신도 있고 나름의 리더십도 있는 감독이다. 홍명보는 히딩크로부터 많은 유산을 얻었지만, 카리스마 넘치는 지략가보단 여전히 '큰형님' 느낌을 내고 있다는 지적을 많이 받았다.

- 2014년 브라질 월드컵의 우승은 독일이 하였고 그 중심에는 뢰브 감독이 있다. 뢰브는 2부리그를 전전하였고, 선수시절 단 한번도 월드컵 대표팀

> 에 선발되지 못한 무명 선수였다. 17년 동안 10개의 팀을 옮겨 다녔다. 선수 은퇴 후에는 유소년 축구감독을 하며 11년간 9개의 팀을 옮겨 다녔다. 그러나 그는 좌절하거나 포기하지 않았다고 한다. 오히려 다양한 팀을 경험하면서 전략과 전술의 능력을 키워나갔다. 자신에 대한 믿음과 자부심이 있었기에 이러한 과정을 버텨냈고 결국엔 정상에 오르게 된 것이다.

리더에 대한 인사 하나만 잘 해도 개혁의 절반은 성공한다고 한다. 이는 유능한 인재를 리더의 자리에 앉히고 그에게 재량권을 부여하면 스스로 알아서 조직을 변화를 주도하기 때문이다. 말로만 혁신과 개혁을 외치면서도 정작 일을 주도적으로 수행할 리더의 자리(사장, 본부장, 팀장 등)에 엉뚱한 사람을 정실이나 연줄에 의해 앉히면, 혁신과는 동떨어진 결과가 나올뿐이다.

163

역사적으로 뛰어난 리더들에 대한 학습 법칙

좋은 리더가 되고자 하는 사람은 우선은 훌륭한 리더들의 삶을 많이 읽어야 한다. 그들의 삶은 책, 영화, 신문 등에 많이 소개되어 있다. 역사상 훌륭한 리더는 많다(예: 이순신 장군, 세종대왕, 윈스턴 처칠, 조지 워싱턴 등). 또한 논란의 여지가 있지만 선별적으로 본받을 만한 리더도 많다(예: 조조, 칭기즈칸 등). "큰 나무숲을 걸어 지나 왔더니 나도 모르는 사이 키가 커져 있더라"란 말이 있듯이, 이들에 대한 삶을 충실하게 검토하는 것 자체로도 리더십을 함양하는 데 도움이 될 것이다.

164

절제, 금욕의 법칙

리더는 조직 구성원 그 누구보다도 절제력이 강한 사람이 되어야 한다.

- 지도력의 첫 번째 열쇠는 자기 절제이다. 자만심을 삼키지 못하면 남을 지도할 수 없다. 자만심을 누르는 것은 들판의 사자를 이기는 것보다 어려우며, 분노를 이기는 것은 가장 힘센 씨름꾼을 이기는 것보다 어렵다.

– 칭기즈칸

Ⅳ. 조직문화

165

문화로 정착하기까지에는 일정수준 이상의 누적 시간이 필요한 법칙

영국 런던대학교의 제인 워들 교수팀은 같은 행동을 얼마나 반복해야 무의식적, 즉 자동적으로 습관적 행동을 하게 되는지를 실험하였다. 실험 참가자들은 점심 식사때 과일 한 조각 먹기, 물 한 병 마시기, 저녁 식사 전 15분 뛰기 등 건강에 도움이 되는 행동 중 하나를 선택하게 한 뒤 매일 반복하게 했다. 그리고 이들이 매일의 과업을 수행할 때, 이를 의무감과 의지로 하는 것인지, 아니면 생각 없이 자동적으로 하는 행동인지를 조사했다. 연구결과 평균 66일이 되어서야 습관으로 자리 잡게 되는 것으로 나타났다. 사람에게 습관을 붙이게 하기 위해선 60일이 넘게 걸리는 것이다.

다양한 사람들로 이뤄진 기업에서 하나의 기업문화 또는 기업 컬러를 정착시키려면 적지 않은 시일이 걸린다는 것을 각오해야 한다.

- 얼마 전에 이메일의 비밀번호를 변경한 적이 있었다. 그런데도 이메일에 로그인할 때마다 예전 비밀번호를 무심코 누른 적이 한두 번이 아니었다. 습관적으로 새로운 비밀번호를 치게 된 것은 약 2주가 지난 다음이었던 것으로 기억된다. 이와 같이 뇌 회로에 깊게 각인되어 습관이 되기까지는 무수한 반복이 필요하다.

- 100원 동전을 집어 넣는 슈퍼마켓의 카트. 그런데 홈플러스의 카트는 100원을 집어 넣지 않아도 되는 것으로 바뀌었지만, 이제는 많은 사람들이 카트를 제자리에 습관처럼 잘 갖다 놓고 있다.

166

조직 문화를 변형하려면 일정수준 이상의 사람이 필요한 법칙

오랜 동안의 대학에서의 강의 경험상, 수업 분위기는 몇 명이 좌우함을 알 수 있다. 그 몇 명이 열심히 하면 다른 학생들도 자극을 받아서 열성적으로 수업에 임한다. 이러한 몇 명의 학생들은 자연스럽게 등장하는데, 한 학기 동안 의미있는 수업이 되려면 이러한 학생들을 초기에 잘 파악해서 이들을 격려해야 한다. 여기서 관심을 가질 부분은 그 몇 명이 과연 몇 명이냐는 점이다. 대략 수강생의 10～20% 정도로 판단된다.

이와 같이 어떤 조직 또는 집단이 문화를 조성 또는 변형하려면 일정 숫자 이상의 사람이 필요하다. 이러한 점을 알기에 리더는 자신이 추구하는 조직문화를 이식할 수 있는 사람들을 데리고 오기도 한다.

- KT는 황창규 회장 취임 이후 삼성출신 4명을 연이어 영입해 관련업계에서는 'KT가 삼성계열사인가'라는 우스갯소리가 나올 정도다. 한편 SK그룹, 한화그룹도 삼성맨을 대거 영입하였다. 재계 관계자들은 "기업들이 삼성맨 영입에 열을 올리는 이유는 이들을 통해 조직과 시스템에 삼성DNA를 심기 위한 것이다"라고 하고 있다. – 뉴데일리경제, 2014년 5월 8일

167

문화의 변화는 용기가 필요한 법칙

세상 그 어떤 것도 그냥 두면 저절로 좋은 방향으로 굴러가지 않는다. 사람이 사는 사회는 특히 그러한 경우가 많다. 자유, 평등, 민주주의, 국민투표권도 무수한 희생과 투쟁 끝에 정착된 것이다. 조직문화가 좋은 방향으로 가기 위해서는 적지 않은 사람들의 용기와 희생이 필요하다.

- 선善의 방관이 악惡을 꽃 피우게 한다(The only thing necessary for the triumph of evil is for good men to do nothing).

– Edmund Burke(1729~1797)

168

문화적 배경 및 맥락의 이해 법칙

어떤 지역 사람들의 생활과 문화를 이해하려면 그 상황 및 맥락에 대한 이해가 필요하다. 그러한 배경지식이 없다면, 인구수에서 남성과 여성의 숫자가 유사하다는 데이터를 근거로 해서 고속도로변 화장실 변기수를 남성, 여성용을 동일하게 설치하는 우매한 결정을 하게 된다. 변기 숫자에 대한 제대로 된 의사결정을 하려면, 남성과 여성의 화장실 사용행태, 사용시간 등에 대한 이해가 선행되어야 한다.

- 임진왜란때 일본은 우리나라의 의병을 보고 적잖게 놀랐다고 한다. 일본에서는 적군의 장수가 죽으면 거기서 싸움이 끝나는 전쟁 문화이다. 그런데 우리나라는 그러한 싸움 양상이 아니었다. 장수가 죽어도, 관군, 의병, 농민, 부녀자까지 계속해서… 도대체 싸움을 멈추지 않았다.

- 동전이 떨어져 있다. 그렇지만 동전 위에 개가 오줌을 눈 것을 아는 사람들은 그 동전을 줍지 않았다. 그렇지만 한참 뒤에 그런 사실을 모르는 사람이 다가와서 그 동전을 줍는다. 문화도 이것과 비슷한 성격이 있다. 그 사회에 살지 않고 그 사회의 내력을 모르면, 낭패를 보기 마련이다.

169

업무 성격과 조직문화의 상관법칙

조직문화란 어떤 조직에 속한 사람과 사람들의 태도, 가치관, 행동양식 등이 모여서 형성된다. 따라서 그 조직에 속한 사람들의 천성, 성장 배경, 생활 환경 등에 의해 알게 모르게 영향을 받아 형성된다. 여기에 한 가지를 더 추가한다면 바로 그 조직에서 하는 업무의 성격이다. 업무 역시 사람들의 성향에 영향을 미치고 이렇게 영향을 장기간 받은 사람들로 인해 그 조직문화가 조성된다.

은행, 군대, 학교, 병원 등은 업무성격과 조직문화 간에 상관이 있다는 것을 보여주는 대표적 사례이다.

- 오케스트라에는 여러 악기들이 있다. 깊고 장중한 소리를 내는 첼로, 높고 빠른 음을 내는 바이올린, 호흡이 가쁘게 돌아가는 플루트 등. 전공하는 악기에 따라 연주자 성격이 따라간다고 한다.

저자는 배드민턴을 즐겨치는데, 배드민턴 클럽은 다른 운동 동호회에 비해 비교적 진입장벽이 높은 편이다. 이는 실력이 엇비슷한 사람들끼리 시합을 해야 서로 재밌게 운동할 수 있기 때문이다. 따라서 실력이 부족한 초보자가 기존 멤버들과 즐겁게 어울리기란 쉽지 않다. 아마도 배드민턴 운동의 성격이 이렇기에 배드민턴을 치는 사람들의 성향도 그러할 것이고, 이에 따라 배드민턴

배드민턴 클럽

클럽의 조직문화도 그렇게 형성되었을 것이다. 이에 반해 낚시, 등산 등은 초보자라도 큰 무리없이 기존의 멤버들과 잘 어울릴 수 있다.

다른 항에서 언급한 바와 같이 이미 형성된 조직 문화를 바꾸기란 그리 쉽지 않다. 기존 문화에 젖어 있는 사람을 쉽게 내칠 수 있는 것도 아니고, 조직 본연의 업무 성격을 바꿀 수도 없기 때문이다. 그렇지만 조직문화의 변화가 절실하다면, 조직 본연의 업무는 그대로 두되 이를 수행하는 프로세스에 변화를 꾀하거나 또는 시스템 틀을 변경하는 것도 고려해 봄직하다.

170

사람 자체가 바뀌어야 문화도 바뀔 수 있다는 법칙

예법, 의식, 교육 등을 통해 단기간 그렇게 행동하는 척은 할 수 있다. 진정으로 마음이 바뀌지 않는 한, 문화는 항상 그 자리에서 맴돌게 된다. 명품 브랜드의 옷을 입는다고 해서 사람이 명품이 되는 것은 아니다. 속이 바뀌어야 한다.

● 마음으로 신사가 아닌 사람은 예법으로도 진정한 신사가 될 수 없다.

– 찰스 디킨스의 '위대한 유산'에서의 인용

171

시스템 및 제도를 통해 사람을 바꿀 수 있다는 법칙

사람을 변하게 하는 방법은 여러 가지가 있겠지만, 그중 하나로 시스템 및 제도를 들 수 있다. 예를 들어 사무실 전기를 절약하자고 하는 구호적 운동보다는 전기료 절약분과 월급과의 연동을 통해 행동변화를 유도할 수도 있다. 명함도 자신의 월급과 연동시킨다면 훨씬 절약하여 사용할 것이다.

'fair play'란 말은 스포츠에서 나왔다. 그래서 보통 사람들은 '스포츠=공정함'이란 인식을 가지고 있지만, 원래 스포츠 경기는 불공정함으로 매우 혼탁하였다고 한다. 그래서 역으로 fair play라는 말이 등장하였다고 한다. 어쨌건 간에 공정한 시합을 위해 규칙을 만들고 심판제도를 도입하였다. 이러한 장치를 통해 스포츠는 이제 공정하게 운영되는 문화가 정착되었다. 또한 스포츠 선수들도 이러한 문화에 익숙해졌다. 따라서 시스템 및 장치는 건전한 문화를 위해서 필요하다면 적극 활용하여야 한다.

172

물고기와 물의 급수와의 연관 법칙

1급수에서만 살 수 있는 물고기도 있지만, 오염된 3급수에서도 사는 물고기가 있다. 3급수에서 살 정도로 저항력이 생기기까지 적지 않은 진화의 노력을 기울였겠지만, 유감스럽게도 그러한 물에서 사는 물고기를 사람들은 별로 좋아하지 않는다.

혼탁한 정치문화에서 정치인으로 생존하려면 3급수의 물고기처럼 생존력이 강해야 한다. 그렇지만 동시에 1급수의 물고기와 같은 선명성과 깨끗함을 갖추기는 어렵다. 아마도 그러한 혼탁한 물에서 살아남기 위한 나름대로의 생존방식이 그러한 면을 초래했을 수도 있다. 그들은 때로는 부정과 불의를 못 본 척하기도 하거나 또는 이들과 타협을 하기도 하면서 살아남았을 것이다. 아마도 깨끗함을 추구하거나 이상만을 추구하는 정치인은 이러한 3급수에서 멸종하였을 것이다.

그러나 국민들은 1급수의 물고기를 원한다. 따라서 인사청문회에서 그렇게 많은 정치인들이 탈락하는 것도 이러한 모순적 상황에서 나온 비극일 것이다. 혼탁한 문화에서 살아남아 높은 자리까지 오르려면 3급수의 물고기가 되어야 하지만, 정작 그 자리에 앉기를 국민들이 원하는 사람은 1급수 물고기이기 때문이다. 국민들도 이러한 맥락을 이해한다면 조금은 시각이 넓어지지 않을까도 생각된다.

173

작은 변화를 통해서도 사람의 행동 그리고 조직 문화를 바꿀 수 있다는 법칙

- 해충 박멸 전문업체는 초기에 직원들 때문에 골머리를 앓았다. 바퀴벌레며 모기며 온갖 험악한 해충을 잡는 일이라서 그런지 직원들 분위기도 험하기 때문이었다. 사무실에서 비속어는 예사이고, 현장에 나가서도 어찌나 불친절하게 행동하는지 고객들의 항의 전화가 일주일에 수십 통씩 걸려올 정도였다. 그동안 인사팀에서는 회사 전체의 분위기를 개선하기 위해 평가시스템도 바꿔 보고 채용 면접도 강화해 봤지만 별 소용이 없었다. 그런데 이 상황을 해결한 것은 아주 간단하게도 제복 하나였다. 마치 경찰 제복같이 깔끔하고 전문적인 인상을 주는 블루톤 제복을 맞춰줬더니, 그 옷을 입고 일하는 직원들이 스스로를 해충 박멸 전문가로 인식하게 된 것이다. 말투도 행동도 자연스레 전문가답게 달라졌다. 고객을 응대하는 태도도 확연히 개선됐다. 평가·채용 등 제도를 통해 직원들의 행동 방식을 바꾸려 아무리 노력해도 되지 않던 변화가 제복 하나로 쉽게 이뤄진 것이다. 실제 해충박멸 전문업체 세스코에서 실제 있었던 일이다.

– 조선일보, 2013년 12월 8일

- 미국 캘리포니아주에 있는 '카이저 사우스' 병원에서는 한 해에 250번 정도 발생하는 간호사들의 투약投藥 실수로 인해 의료 사고가 빈번했다. 의료 사고는 확률상 1,000분의 1 수준으로 발생했지만, 이는 환자의 생명이 걸린 심각한 문제였다. 투약 실수가 발생하는 원인을 살펴보니, 업무 중 간호사들의 집중력이 문제였다. 투약하고 있을 때 의사나 수간호사가 지나가면서 말을 걸거나 업무 지시를 하는 경우가 있는데, 까딱 잘못하는 사이에

간호사의 집중력이 흐트러져 실수가 일어나는 것이었다. 해결책으로 카이저 사우스 병원은 간호사들의 업무 환경에 변화를 주었다. 투약을 할 때마다 간호사복 위에 눈에 잘 띄는 노란색 조끼를 의무적으로 입힌 것이다. 조끼에는 “나 지금 투약 중이니 누구도 나를 방해하지 마세요”라는 메시지가 적혀 있었다. 그 결과 조끼를 입고 있는 간호사에게는 업무 지시를 하지 않았고, 결국 반 년 만에 투약 실수가 절반 가까이 줄었다.

– 조선일보, 2013년 12월 8일

아주 작은 환경의 변화만으로도 사람들의 행동이 달라질 수 있다. 따라서 아무리 사소한 것일지라도 변화를 가능하게 하는 작업 환경을 만드는 것이 중요하다. 문제는 변화의 실마리를 어떻게 마련할 것인가에 대한 창의적 발상이다.

- 아주 사소한 생각조차 영향을 미쳐 뇌구조를 바꾼다. 생각 하나하나가 뇌구조를 쉬지 않고 바꾼다. 좋은 생각이든 나쁜 생각이든 뇌에 배선을 만든다. 같은 생각을 여러 번 반복하면 습관으로 굳어버린다. 성격도 생각하는 방향으로 바뀐다. 그러니 생각을 원하는 방향으로 바꾸고 그 상태를 단단히 유지해 새로운 습관을 들여라. 그러면 뇌 구조가 거기에 맞게 변경될 것이다.

  – 하버드대, 윌리엄 제임스 교수

174

성공공식 고착화의 위험 법칙

(참조: 15장 과거 혁신이 현재 혁신의 장애가 되는 법칙)

과감한 의사결정, 위험에 대한 도전, 대담함, 약간의 독재 등은 상황에 따라 매우 필요시 되는 경우가 있다. 그러나 여기서 주의해야 할 점은 이러한 성공공식이 기업문화의 일부로 내재화 되어 고착되는 경우이다. 이럴 경우, 조직원들은 상황이 바뀌어도 예전의 성공공식 또는 관행을 그대로 따르게 되는데 그럴 경우, 큰 피해를 입을 수 있다.

- 안초비anchovy(지중해산 멸치)는 무리를 지어 생활하는 성향이 있는데, 이는 그렇게 함으로써 큰 물고기처럼 보여 포식자에게 잡아 먹히지 않기 때문이다. 그런데 이러한 성향은 쌍끌이 어선이 등장하면서 오히려 위험스런 행태가 되고 있다. 그럼에도 불구하고 이러한 습성을 안초비는 버리지 못한다.

환경이 바뀌었음을 알아채고, 과거의 성공공식이 더 이상 무용하다는 것을 알아채는 누군가는 있어야 한다. 그리고 변화하는 환경에 늦지 않게 새롭게 적응해야 한다. 누구보다도 조직의 리더는 이러한 큰 흐름을 빠르게 인식하고 이에 조직이 대응할 수 있도록 조직을 지휘해야 한다.

- 일류기업이 과거에 성공을 거두는 데 도움을 주었던 제품, 프로세스, 조직

형태가 이제는 파멸의 원인이 되는 경우가 많다. 여기서 생존 기업이 되려면 제 1법칙은 뚜렷해진다. 즉 과거의 성공을 미래의 가장 위험한 요소로 파악하여야 한다

— Alvin Toffler

175

좋은 문화 고착화의 어려움 법칙

히딩크 감독은 우리 축구를 월드컵 4강에 올린 공로만 있는 것이 아니라, 우리 축구의 문제점이 어디에 있는가를 보여주었다. 그러나 유감스럽게도 그러한 좋은 경험과 지혜는 대물림되지 못하였다. 좋은 지식과 경험을 내부적으로 고착화시키고 이를 대대손손 되물림하려면 적지 않은 노력을 기울여야 한다. 가업을 오랫동안 잇는 기업 및 점포는 나름대로의 방책(예: 자녀에 대한 훈육방식, 대를 이어가며 내려오는 매뉴얼 등)이 있다. 그냥 저절로 되는 것은 아니다.

- 도고 헤이하치로東鄕平八郎가 혁혁한 전공을 세운 것은 사실이지만, 이순신 장군과 비교하면 그 발가락 한 개에도 못 따라간다. 이순신에게 넬슨과 같은 거국적인 지원과 그만큼의 풍부한 무기와 함선을 주었다면, 우리 일본은 하루 아침에 점령을 당하고 말았을 것이다. 대단히 실례인 줄 알지만, 한국인들은 이순신 장군을 성웅이라고 떠받들기만 할 뿐 그분이 진정으로 얼마나 위대한 분인가 하는 것은 우리 일본인보다도 모르고 있는 것 같다.

— 일본 해군 전략 연구가, 가와다 고오(川田功)

V. 사람들 간의 관계에 대한 일반 법칙

176

만유인력의 법칙

만유인력의 법칙law of universal gravity이란 1687년 뉴턴이 발견한 것으로, 모든 물체 사이에 작용하는 인력, 즉 끌어당기는 힘은 두 물체의 질량의 곱에 비례하고 거리의 제곱에 반비례한다는 법칙이다. 이는 질량을 가진 물체 사이의 중력끌림을 기술하는 물리학 법칙으로 질량이 큰 물체쪽으로 질량이 작은 물체가 끌리게 되는 현상을 설명한다. 그런데 자연계의 물리적 현상에 작용되는 이 법칙은 사람들 간의 사회적 현상에도 적용된다. 즉 힘이 강한 사람쪽으로 힘이 약한 사람은 끌리게 된다. 만약 어느 한쪽으로 끌리지 않고 자신의 위치를 지키려면 일정 수준 이상의 힘이 있어야 하고, 또한 힘이 강한 사람들과 일정 거리를 유지할 수 있어야 한다.

- 부부싸움을 하면 어린 자녀는 힘이 약하기에 아빠 또는 엄마 중 어느 한편에 쏠리게 된다. 그렇지만 성장한 자녀는 어느 한쪽에 치우치지 않을뿐 아니라 더 나아가 부모 모두에 대해 잘못된 점을 얘기하기도 한다.

177

시기와 질시의 법칙

사람들이 함께 사는 세상에서 시기와 질시는 일반적인 현상이다. 다만 좀 더 격식을 차리는 상류사회에서는 이것이 좀 더 복잡하고 교묘하게 나타날 뿐이지 그 밑바탕의 흐름은 동일할 것이다.

- 백금을 갖고 있으면 시기하고, 천금을 갖고 있으면 모함을 하지만, 억만금을 갖고 있으면 아부를 한다. – 사마천의 〈사기〉

178

인연因緣의 법칙

사람들 간의 인연을 소중하게 여기는 사람에게 그러한 인연은 언젠가 큰 복이 되어 돌아온다.

중국 상하이 공원의 풍경: 우산에 자기 소개 및 원하는 상대방 프로필 등을 써 놓고 새로운 인연을 기다리는 남녀노인들

- 어리석은 사람은 인연을 만나도 몰라보고, 보통사람은 인연인 줄 알면서도 놓치고, 현명한 사람은 옷깃만 스쳐도 인연을 살려낸다.

– 피천득의 수필 '인연'

179

친밀감 생성의 법칙(물리적 시간과 공간의 영향력)

사람들 간의 친밀감은 시간, 공간의 영향을 받는다. 지금도 친한 친구들을 살펴보면, 아주 오랜 시간 동안 함께하였던 사람들이다. 굳이 생산적이고 즐거운 시간을 함께하여야만 친밀감이 생기는 것은 아니다. 별 할 일 없을 때, 무료한 시간을 보낼 때 등, 그저 그냥 함께 있던 친구들이 친밀감이 많다. 이와 같이 시간은, 즉 오랜 시간 흐른다는 것은 장맛이 무르익는 효과를 내는 것과 같이 사람들 간의 친밀감을 깊고 풍부하게 하는 데 영향을 미친다.

한편 공간 역시 친밀감 조성에 영향을 미친다. 우연히 여러 명이 테이블에 앉아서 어떤 문제에 대해 토론을 하게 되면, 이상스럽게도 가깝게 앉아 있는 사람의 의견을 좀 더 지지하는 것으로 나타난다. 이와 같이 물리적 공간의 근접성도 알게 모르게 영향을 미친다.

180
머리보다는 가슴의 법칙

사람들간 관계는 머리로만 되는 것은 아니다. 가슴으로 되는 것이다. 만약 머리로만 된다면, 사랑, 리더십, 분노 등을 책으로 공부한 사람이 좀 더 잘할 것이다. 사람 간의 관계는 머리로 되지 않는 영역이 분명 존재한다.

- 한때 대권주자 반열까지 올랐던 어떤 정치인은 정치가로 입문하기 전에 어떤 대학교의 대학원장을 맡은 바가 있었다. 그런데 그가 대학원장으로 있는 동안 그 부서에 속한 직원들에게 밥 한번을 사주지 않았다고 전해진다. 누가 왜 그랬냐고 물은 적이 있었는데, 그때 그에게선 '왜 내가 직원들에게 내 돈으로 밥을 사야 하나? 그럴 이유가 있는지 모르겠다'란 답변이 돌아왔다고 한다. 그가 정치가로 성공할지 안할지는 모르겠지만, 분명한 것은 그를 아는 사람들은 그를 좋아하지 않을 것이란 사실이다.

글을 맺으며

사업 실행business implementation이란 사업 계획에 따라 조직의 임무를 부과하고 또한 그 부과된 임무가 계획 내에서 정해진 목표를 성취할 수 있는 방법대로 실행될 수 있도록 하는 과정이다. 아주 잘 만들어진 사업 전략도 그것이 적절하게 실행되지 못한다면 아무 의미가 없다. 이러한 사업 실행의 핵심이자 주체는 바로 사람과 조직이다. 결국 이들에 대한 관리가 사업 성과에 직결된다.

사람, 조직에 대한 여타의 유용한 말들을 아래에 적어 놓겠다:

- 인내는 한 번 뛰는 장거리 경주가 아니라, 숱한 단거리 경주의 연속이다.

  – 월터 엘러어드

- 낙타가 무릎을 꿇는 법을 배우지 않았다면, 등에 짐을 지는 신세는 면했을 텐데.

  – 그리스 속담

- 안전한 길도 위험한 사람과 함께 가면 위험하고, 위험한 길도 믿을 수 있는 사람과 함께 가면 안전합니다. 안전하고 위험한 건 언제나… 길보다 사람입니다.

  – 조정민, 〈사람이 선물이다〉에서

- 만일 당신이 배를 만들고 싶다면, 사람들을 불러 모아 목재를 가져오게 하고 일을 지시하고 일감을 나눠주는 등의 일을 하지 말아라! 대신 그들에게 저 넓고 끝없는 바다에 대한 동경심을 키워줘라.

  – 〈어린왕자〉 저자, 생텍쥐페리

환경, 미래의 법칙

Chapter 07

사람과 조직은 환경 및 상황으로부터 많은 영향을 받는다. 물론 인간(/조직)의 의지로 환경을 극복하거나 또는 환경으로부터 전혀 영향을 받지 않는 경우가 없는 것은 아니다. 그러나 원하는 대로 또는 의지만으로 안 되는 경우가 대다수인 것 역시 사실이다. 환경으로부터 영향을 받는 것은 사람과 조직만이 아니다.

- 북극곰은 아무 잘못을 하지 않았지만, 인간들이 초래한 지구온난화로 인해 점점 삶의 터전을 잃어가고 있다.
- 2003년에는 조류독감과 광우병 파동으로 육류 기피현상이 발생하자 청정 보신용 음식을 찾는 손님들을 겨냥해 토종 개구리를 구입하려는 식당들이 늘어났고, 그 결과 동면하고 있던 개구리들이 수난을 당하였다. 개구리는 마리당 2천~3천원씩 사들여 탕과 튀김으로 조리한 뒤 접시(10마리)당 5만원 안팎에 팔렸다.

사람과 조직은 환경으로부터 영향을 받지만, 사람과 조직 자체가 환경에 영향을 미치기도 한다.

환경과 상황은 알게 모르게 우리의 마음과 행동에 영향을 미친다. 인간의 삶에 폭넓게 영향을 미치는 것들을 열거하면 다음과 같다: 자연(예: 지형, 기후, 토질, 자연재해), 사회(예: 계층, 사회제도, 인종차별, 고령화, 저출산), 문화(예: 문화적 충돌, 종교 갈등), 정부(예: 입법, 규제, 철도망, 지하철 노선, 전쟁 등), 경제(예: 호황 및 불황, 무역자유화, 환율 변동), 기술(예: 디지털, 인터넷, 스마트폰), 기업(예: 이마트가 들어서면 그 주변 부동산 가격은 오른다). 이러한 상황의 변화로 우리 삶이 얼마나 달라졌는지를 생각해보면 그 가공할 영향력에 대해 짐작이 갈 것이다.

- 2011년의 3·11 대지진은 일본인들의 일상을 바꿔 놓을 정도로 깊은 상흔을 남겼다. 미쓰비시 종합연구소가 일본인 3만 명을 대상으로 대지진 이후의 의식구조에 관한 조사를 실시한 결과, 권력욕, 성취욕, 외부 자극에 대한 관심 등은 이전보다 크게 낮아졌다. 연구소는 2011년 6월과 12월에 걸쳐 두 차례 조사했는데 '여가생활에 돈을 더 쓰겠다'는 응답이 22%에서 29%로, '여유로운 휴양을 즐기겠다'는 응답이 54%에서 60%로 각각 늘어났다. 반면 '오래 쓸 수 있는 물건을 산다'는 응답은 60%에서 54%로 떨어졌다. 미래에 어떤 일이 벌어질지 모른다는 불안감이 소비의식에도 영향을 준 것이라고 연구소 측은 분석했다.

- 날씨로부터 매출에 직접적 영향을 받는 의류산업의 한 관계자는, "날씨가 영업부장이다"란 말을 하였다. 실제로 2013년은 장마가 기록적으로 길었는데 그에 따라 의류 매출, 특히 오프라인의 대리점 매출은 격감하였다고 한다.

- 새로운 도로명 주소는 아파트 가격을 바꿀 것인가? 2014년부터 도로명주소가 전격 시행됐다. 대치동, 압구정동, 목동 등의 '동洞'이 사라지고, 대신에 길과 도로명이 그 역할을 대신하게 되었다. 그 결과 양재천을 사이에 두고 대치동, 개포동으로 나뉘던 지역이 삼성로란 이름으로 통일되었다. 그 전에는 양재천을 두고 바로 옆에 붙어 있는 아파트라도 대치동과 개포동의 이름에 따라 가격은 1억원 이상 차이가 났다. 그렇지만 대치동이란 이름 프리미엄이 사라진다면 대치동의 집값은 떨어지고, 개포동은 오를까? 한 전문가에 따르면 기존의 동별 프리미엄이 없어지고 일정 부분 평준화가 일어날 것으로 전망하고 있다. 이와 같이 이름은 실체의 가치인식에 적지 않은 영향을 미치고 있다. – 헤럴드경제, 2014년 1월 9일

중요한 것은 자신이 처한 환경과 상황을 올바르게 이해하고, 이러한 환경과 상황이 자신의 기업 또는 삶에 어떠한 영향을 미치는지를 명확하게 인식하는 것이다. 그리고 더 나아가 환경과 상황이 미래에 어떻게 변화할지를 예측함으로써 이러한 변화에 맞게 적응하거나 또는 대비하는 것이다.

문명에 적응한 '보도 블록과 합체한 나무': 자연에 적응, 스스로의 모습을 바꾼 나무들은 쉽게 볼 수 있다. 벼랑 끝의 암석 사이에도 뿌리를 내리고 도저히 자랄 수 없는 환경에서도 스스로의 몸을 비틀어가며 살아 남는 나무들이 그렇다. 그런데 사진 속의 나무는 보도 블록에 적응하여 자신의 모습을 바꾸었다. 보도 블록의 틈 사이로 수많은 뿌리를 내렸기에 보도 블록 모양의 형태를 띠고 있다(PopNews, 2013년 12월 18일).

- 일본 SoftBank의 손정의 사장은 100년 앞의 사람과 사회의 모습을 그려보고 이에 기초해서 새로운 사업을 구상하고 이를 실현에 옮긴다고 한다.

여기서는 환경과 상황에 연관된 법칙, 그리고 미래에 대한 법칙 등을 소개하겠다.

181

상황이 요구하는 것(시장이 원하는 것)을 해야 하는 법칙

자기가 잘하는 것이 아니라 상황이 요구하는 것을 하는 게 중요하다. 기업이 잘 만들 수 있는 제품을 시장에 내놓을 때보다는 시장이 원하는 것을 만들어 제공할 때 그 제품은 팔리게 되어 있다. 물론 시장마다 원하는 것은 다르다. 목표로 하는 시장이 자신의 적성(또는 역량)에 너무 맞지 않다고 생각되면 그 시장을 떠나는 것이 최선이다(절이 싫으면 중이 떠나야 하는 것처럼).

수년 전 인기프로그램이었던 MBC의 '나는 가수다'에서 치열한 경쟁에서 계속 살아남는 가수는 예술성을 추구하는 가수도 아니고, 자기 음악세계를 고집하는 가수도 아니다. 경연날 투표권을 가진 청중들이 감동하고 공감한 가수이다.

음식점 주인은 자신이 가장 잘 만드는 것을 내놓고 싶겠지만, 고객들은 자신이 원하는 음식을 먹을 때 만족스러워 한다. 예를 들어, 배가 고파 쓰러질 듯한 사람, 급히 먹고 어디를 가야 하는 사람은 가장 신속하게 나오는 음식이라면 무어라도 환영이다. 격식 차림, 음식 맛 내기를 위한 시간지체는 원하지 않는다. 기업이 가장 잘 만드는 제품을 시장에 내놓을 때보다는 시장의 소비자들이 원하는 속성을 충족시키는 물건을 내놓을 때 소비자는 지갑에서 돈을 꺼낸다. 이러한 당연한 사실을 우리는 가끔 잊고 있다.

- 해외탐방 프로그램에 지원한 학생들이 지도를 요청한 적이 있었다. 선발 여부는 탐방주제의 참신함에 있었다. 지원하려는 학생들의 전공 및 학년을 고려하고, 그리고 지난 해까지의 탐방 주제들을 종합적으로 고려하여 유망한 아이디어들 몇 가지를 조언해 주었지만, 결국 학생들은 원래 준비했던 것, 즉 자신들이 자신 있다고 생각한 것을 선택하였다. 아래는 당시 학생으로부터 받은 이메일의 일부이다: "교수님 안녕하세요! 글로벌 챌린저를 준비하고 있는 식품영양학과 ○○○입니다. 주제에 관련된 부분은 교수님께서 이야기해주신 내용을 하기로 결정해서 조사를 해보았는데 자료의 양이 너무 적어서ㅠㅠ 어떻게 할지 다같이 고민을 하다가, 전에 교수님께서 외국으로 탐방가야 하는 당위성이 좀 부족한 것 같다고 하셨지만 원래 하려했던 "△△△"라는 주제로 지원하려 합니다. 그다지 좋은 주제는 아니라고 하셨지만 일단 자료조사가 되어 있는 주제라서 부득이하게 선택하게 되었습니다. 시간도 촉박하고 저희가 여러모로 부족한데 교수님께서 많이 도와주셔서 정말 감사합니다^^."—심사결과는 걱정하였던 대로 예선 탈락하고 말았다.

시장 상황은 시간의 흐름에 따라 변화한다. 따라서 기업은 자신이 처한 시장 상황을 고려하여 이에 민감하게 맞추려는 노력이 필요하다. 현재의 시장에 잘 적응하던 기업도 시장이 변화하거나 또는 신시장을 개척하여 들어가면 위기를 맞기도 한다. 우물 안 세상과 우물 밖 세상은 절대로 같지 않다.

- 의사는 더 좋은 약과 치료법, 그리고 수술방법이 나오면 그동안 가지고 있던 지식과 기술이 소용이 없어지는 세상에 살고 있다고 한다. 그런데 이러한 현실이 어디 의사에게만 해당되겠는가!

182

미래 예측의 어려움 법칙

향후 환경이 어떻게 변화할지 예측하기란 정말 어렵다.

- '기상청 운동회날 비가 온다'는 말이 있다. 이는 그 정도로 날씨 예보를 정확하게 하기 힘들다는 의미이다. 그런데 실제로 기상청 운동회날 비가 온 적은 여러 번 있었다. – 연합뉴스, 1994년 5월 3일

환경은 과거에 비해서 그 변화속도가 점점 더 빨라지고 있다. 이는 정보통신, 교통수단의 발달, 서로 다른 문화권 간의 충돌, 그리고 지식/기술들의 융합 현상과 연관이 된다.

- 농경시대에 수백 년 걸리던 과학 기술 변화가 2000년에는 1년 만에 바뀌고, 2025년에는 2~3일 만에 바뀐다.

  – James Dator 〈*Advancing Futures*〉의 저자

더 나아가 환경 변화가 우리 삶에 어떠한 영향을 미칠 것인가에

대해서도 예측하기는 쉽지 않다. 어떤 행동이 어떠한 결과를 초래할 것인지를 예측하기도 어렵다.

- 어떤 바보라도 사과 속의 씨를 셀 줄은 안다. 하지만 한 개의 씨가 몇 개의 사과가 될는지는 하느님밖에 모른다.

  – 로버트 슐러(리더스 다이제스트, 1989년 3월판)

- **선풍기 켜놓고 자면 위험한 진짜 이유:** '밤새 선풍기를 켜 놓고 자면 위험하다'는 속설은 오랫동안 근거 없이 퍼져 있던 '낭설'일 뿐이고 특별히 해롭지 않다는 '과학'이 요사이는 상식으로 통한다. 그러나 선풍기를 계속 틀어 놓은 채 자면 실제로 위험하다는 게 진실이다. 이유는 바로 화재 위험이다. 소방방재청에 따르면 지난 2011년부터 2013년 말까지 선풍기로 인한 화재 신고는 총 483건에 이른다. 관계자에 따르면 "수면 중 선풍기 사용이 위험하지 않다고 해서 밤새 켜놓다가 자칫 과열로 불이 날 수 있고 잠이 들어 화재 초기에 알아차리지 못할 위험도 있다는 것이다(참조: 연합뉴스, 2014년 7월 27일). 이와 같이 위험은 예상밖의 요인으로부터 초래되기도 한다.

'미래 환경에 대한 예측의 어려움의 정도'는 아마도 변화하는 환경의 속도speed, 환경 변화에 영향을 미치는 변수의 복잡성complexity 등에 의해 이뤄진 함수관계일 것이다.

183

미래에 대한 자기암시의 실현 법칙

자기암시自己暗示, autosuggestion란 일정한 관념 또는 생각을 반복함으로써 자기 자신에게 암시를 주는 것을 의미한다. 시합 전에 왠지 이길 것 같다는 생각이 들면, 실제 시합에서도 승리하지만, 반대로 이상하게도 질 것 같다는 불길한 생각이 들면, 실제로도 지는 경우가 종종 있다. 이와 같이 자기암시가 실제로 실현되는 확률이 꽤 높다는 것이 이번 법칙의 내용이다.

미래를 잘 맞히는 용한 점쟁이는 자신 앞에 있는 고객이 바라는 바, 원하는 바, 추구하는 바를 빠르게 감지하여, 이를 역으로 그들의 미래 모습일 것이라 예언한다. 사람이란 결국 자신이 추구하는 방향을 향해 움직이기에 이러한 예언은 실제로 현실화될 가능성이 상당히 높다.

어떤 의미에서 볼 때, 미래에 이미 예정된 운명이란 없을지 모른다. 다만 그러한 운명을 향해 머리와 마음속에 뿌려진 씨앗이 있기에, 이 방향을 향해 돌진해 가고 있는지는 모를 일이다. 이런 관점에서 본다면, 미래를 바꾸고 운명을 바꾸려면, 기존에 뿌리내린 생각과 행동을 바꾸는 것이 제일 중요한 첫단계가 될 것이다. 그리고 왠지 불길한 느낌이 든다면, 그러한 느낌에서 멈추지 말고, 그러한 나쁜 결과를 혹시라도 초래할지 모를 모든 원인들을 제거하는 것이 현실적으로 가장 최선의 방책일 것이다.

- 2015년 11월 15일, UFC(미국 종합격투기 대회) 193 메인이벤트 여자 밴텀급 타이틀전 경기에서 론다 로우지Ronda Rousey는 홀리 홈에게 2라운드에서 왼발 하이킥을 맞고 KO패 당하였다. UFC 링 아나운서인 조 로간은 "스포츠 역사상 가장 큰 이변"이라고 표현했다. 전 세계 언론들도 '이변Upset'이라는 표현을 빼놓지 않고 썼다. 그런데 흥미롭게도 경기 전에, 론다 로우지는 홀리 홈의 하이킥을 주의해야 할 것이란 말을 하였다고 한다.

184

지금과 같은 상황이 미래에도 계속될 것이란 전제의 폐기 법칙

지나온 세월을 돌이켜 보면, 저자의 예상과 다르게 상황이 흘러 갔던 경우가 적지 않음을 알 수 있다. 물론 예상 밖으로 좋게 상황이 진전된 경우도 있지만, 그렇지 않은 경우도 많았다고 생각된다. 시험 하루 전 지독스럽게 배탈이 난 경우도 있었고 운동시합 전날 심한 몸살에 걸린 경우도 있었다. 따라서 평상시 상태와 같을 것이란 전제하에 일을 계획하다간 낭패를 볼 수도 있음을 명심할 필요가 있다.

- 비가 내린 다음 얼마 뒤 해가 쨍쨍 내려 찌는 경우가 종종 있다. 그러할 때 길을 걷다 보면 종종 발견되는 것이 햇볕에 구워진 지렁이다. 대지가 언제까지나 촉촉할 것으로 생각하였기에 몸을 드러냈지만 얼마 뒤 고통 같은

햇볕이 내려쬘 줄을 지렁이는 몰랐을 것이다. 사람이 이런 지렁이보다 더 나을 것이라고 생각하는가?

가능한 모든 경우의 수를 생각하는 것이 좋은 대비책이다. 그러나 가능한 모든 경우의 수를 예상하기 어렵다면 여유 시간이 있을 때, 미리 해둘 수 있을 만큼 해두어 완벽을 기하는 편이 좋다. 또한 필요 이상의 여유분을 준비해두는 것도 좋다.

185

범용성의 법칙

테트리스Tetris 게임을 기억하는가? 이 게임에서는 네 개의 사각형으로 이루어진 다양한 모양의 '테트로미노'가 무작위로 나타나 바닥과 블록 위에 떨어진다. 게이머는 '테트로미노'를 90도씩 회전하여, 수평선을 빈틈 없이 채우는 것인데, 이렇게 수평선이 만들어질 때 그 선은 없어지며 그 위의 블록이 그만큼 아래로 떨어진다. 기존의 채워진 형태 공간에 테트로미노를 신속하게 맞추는 것이 핵심이다. 작대기 모양의 테트로미노는 쉽게 다른 모양과 조화를 이루지만 요철 및 S자 모양의 테트로미노는 모양 맞추기가 쉽지 않다.

불확실성, 모호성이 자주 있는 상황에서는 기업도 사람도 적응성, 융통성이 있어야 한다. 작대기 모양과 같은 범용성이 필요하다. 그러나 S자 모양과 같이 특이하다면 그 모양에만 들어 맞는 극소수의 업무가 아니면 환영받기 어렵다.

186

청각: 음악 환경의 법칙

음악이 사람의 마음과 행동에 영향을 미친다는 것은 이미 오래전에 입증되었다.

- 사면초가四面楚歌: 《사기史記》 〈항우본기項羽本紀〉에 의하면 초楚의 항우가 한漢의 유방劉邦군에 패하여 해하垓下에서 포위되었을 때, 사방을 에워싼 한나라 군사 속에서 초나라 노랫소리가 구슬피 들려오자 크게 놀라, "한나라가 이미 초나라를 점령했다는 말인가, 어째서 초나라 사람이 이토록 많은가" 하고 슬퍼하였다 한다. 이것은 한나라 고조가 꾸며낸 심리작전으로, 사면초가라는 말은 여기서 유래되었다.

음악은 사람뿐 아니라 동물에게도 영향을 미친다.

- 미국의 한 여성이 등산을 하다가 퓨마와 마주치자 오페라곡을 불러 가까스로 위험을 면했다. 콜로라도 출신의 40세 여성인 코페스톤스키는 미국의 다운 벨리 파크 근처에서 등산을 하다가 퓨마가 자신을 뒤따라온다는 것을 알게 되었다. 그녀와 퓨마의 거리는 약 4.5m에 불과했다. 그녀는 재빠르게 나뭇가지를 잡고 위협적인 자세를 취했지만 퓨마가 달아나지 않자 오페라를 부르기 시작했다. 왜 오페라를 부르기 시작했는지 본인도 모른다고 대

답했다. 하지만 퓨마를 물러서게 하기 위해서는 효과적인 방법이었다. "퓨마는 귀를 내린 채로 나를 계속 응시하면서 뒤로 물러섰다가 다시 나에게로 다가왔다. 하지만 자신의 털을 다듬은 후 나에게로 달려오려다 도망 가버렸다"라고 코페스톤스키는 한 매체 인터뷰에서 밝혔다.

– *The Korea Herald*, 2014년 8월 18일

음악의 영향력을 마케팅에서 활용한 사례는 찾아보기 그리 어렵지 않다.

- 오스트레일리아의 한 도시에 새로 호화로운 쇼핑센터가 생겼다. 남녀노소가 모두 쇼핑과 휴식과 식사를 즐길 수 있도록 마련된 곳이었다. 그러나 어느 사이엔가 젊은이들이 소란스럽게 떼를 지어 쇼핑센터 안을 휘젓고 다니기 시작했다. 그러자 이들에 밀려 어른들의 발길이 멀어졌다. 상점주인들이 모여서 어떻게 하면 좋겠는가를 의논한 끝에 젊은 세대가 좋아하지 않을 음악을 틀어보면 어떻겠느냐는 의견이 나왔다. 그리하여 종일토록 빙 크로스비의 노래나 만토바니 교향악단의 은은한 음악들만을 틀기로 했다. 그러자 놀랍게도 청소년들이 몰려들지 않게 되었다는 것이다.

– 조선일보, 홍사중 문화마당, 1999년 9월 6일

음악의 영향력에 대해서는 이제는 누구나 공감한다. 이제는 구체적으로 어떠한 음악이 어떤 상황에서 누구에게 어떠한 영향을 미치는지 대한 이해가 필요하다. 그리고 이러한 지식을 바탕으로 그 구체적 실천 방법에 대해 좀 더 모색할 필요가 있다.

- 식당에서 모차르트나 베토벤 등의 클래식 음악을 틀어주는 것이 매상을 올리는 데 도움이 되는 것으로 나타났다. 2003년 영국 레스터 대학 심리학과

아드리언 노스 교수의 3주간 실험결과, 클래식 음악이 배경음악으로 깔렸을 때 손님들은 식사비용으로 1인당 평균 24파운드(약 4만6,000원) 이상을 썼으나, 대중음악이 흐르는 경우는 1인당 22파운드(약 4만2,000원) 미만을 지출했다고 한다. 클래식 음악이 흐를 때 손님들은 특히 값비싼 디저트나 와인 등을 먹는 경우가 많았다고 한다. 이에 대해 연구팀은 클래식 음악이 손님들 자신을 좀 더 부유하다고 느끼게 만들어 돈을 더 많이 쓰게 만드는 것이라 설명했다.

- 머리가 복잡해질 때 듣기 좋은 음악들은 다음과 같다. 물론 이러한 것은 개인의 취향에 따라 다를 수 있다: 전원교향곡(베토벤), Secret Garden(멤버: 피오눌라 쉐리, 롤프 러블랜드)의 곡, 야니(John Yanni Christopher)의 곡, 영화 Love Letter의 OST 등

이 책의 제목은 주지하다시피 '커피, 음악, … 경영 법칙'이다. 여러 분이 책을 읽으면서 어떤 음악(예: 클래식, 재즈, 가요 등; 모차르트, 베토벤, 바그너 등)을 듣고 있는가에 따라 책을 읽으면서 느끼게 되는 감성, 몰입도, 그리고 이해도는 알게 모르게 영향을 받을 것이다.

187 후각: 냄새 환경의 법칙

향기, 냄새는 사람의 마음과 행동에 영향을 미친다. 후각은 오감의 하나이다. 그런데 후각은 인간의 기분과 감정을 담

당하는 대뇌의 변연계로 바로 연결된다. 따라서 후각은 사람들의 감정에 바로 영향을 미친다.

- 향기를 지배하는 자, 바로 그가 인간의 마음도 지배하게 되는 것이다.

— 〈향수〉 파트리크 쥐스킨트의 소설

향기와 냄새는 관련된 기억을 즉각적으로 불러온다. 시장 골목의 식당을 지나칠 때 코에 스치듯 지나가는 짬밥의 냄새는 군대 시절을 떠오르게 한다. 포장마차에서 나는 꼼장어 냄새는 수십 년 전의 대학생 시절의 기억을 되살린다.

향기를 마케팅에 활용하는 경우는 이제 흔히 발견되고 있다. 백화점, 카지노는 대표적인 예이다.

- 카지노 도시인 마카오의 카지노 업체들은 고객이 도박을 더 오래, 그리고 더 과감하게 베팅할 수 있도록 향수를 활용하고 있다. 카지노의 마케팅 컨설턴트에 의하면 "주변에 향수를 뿌린 슬롯머신과 그렇지 않은 슬롯머신을 비교해보니 향수를 뿌린 쪽의 방문객이 30% 정도 더 오래 기계 앞에 앉아 있는 것으로 조사됐다"고 말했다. 한 카지노 업체 관계자는 "향수가 공포심을 관장하는 뇌의 편도체가 작용하는 것을 억제해 베팅 액수가 더 커진다는 과학적인 근거가 있다"고 말했다. 미국의 '향기와 맛 치료 연구재단'이 1995년 라스베이거스 힐튼 호텔 카지노에 향수를 뿌린 다음 슬롯머신의 베팅 액수를 그전과 비교해본 결과 향수를 뿌린 후에 45% 높아진 것으로 나타났다. 마카오의 대형 카지노 업체들이 치밀한 계획 아래 계절별로 주문 제작한 향수香水를 매장에 뿌리고 있다.

— 사우스차이나모닝포스트(SCMP) 2011년 5월 1일; 조선일보 2011년 5월 2일

188

시각: 색채 환경의 법칙

컬러 마케팅color marketing은 색채를 적극적으로 이용해서 소비자의 감성과 구매행동에 영향을 미치는 것을 의미한다. 사람은 보통 색채에 감성적 반응을 하므로, 소비자에게 긍정적 영향을 미칠 수 있는 잠재력을 가진 색을 마케팅을 위해 전략적으로 고려한다는 것은 어쩌면 당연한 것인지도 모른다.

- 투우사는 붉은 천을 사용한다. 그러나 실제로 소는 색맹이기에 색깔을 구분하지 못한다고 한다. 그러나 붉은 색은 이를 보는 청중들을 흥분시키는 속성이 있기에 이를 사용한다고 한다.

어떤 대상을 떠올렸을 때 그에 대한 대표적 색채를 생각되거나 또는 역으로 어떤 색을 보면 그와 연관된 제품이 생각된다면, 컬러 마케팅은 성공적이라고 할 수 있다: 붉은색-코카콜라, 노란색-맥도날드, 녹색 병-하이네켄, 파랑과 하얀색-포카리스웨트, 붉은색과 검은색-신라면, 초록색-스타벅스

189

기회 노출의 법칙(참조: 15장 새로운 자극의 법칙)

이 법칙은 자극을 주는 소재가 풍부한 환경이 중요하다는 의미이다. 음악을 작곡하는 사람들은 음악을 자주 듣는다. 광고물을 제작하는 사람들은 국내외 광고물들을 접한다. 논문을 구상하는 학자들은 국내외 학술지의 논문을 자주 보고 학자들이 다수 모이는 학회에 참석한다.

외부로부터의 자극은 중요한 소재가 되고 또한 내부의 지식과 감성을 깨우는 데 많은 도움이 된다. 따라서 좋은 자극이 풍부할수록 더 좋은 반응을 이끌어 낸다.

기회를 자주 접해야만 기회를 잡을 가능성이 커진다. 결국 확률의 원칙이 작용한다. 기회가 많은 공간 및 시간 영역을 찾아가야 한다. '기회의 땅'인 미국에 많은 이민자가 몰린 이유도 사실은 이러하다. 또한 미국의 실리콘밸리에 비싼 임대료를 내면서까지 굳이 사무소를 두려는 우리나라 벤처 기업도 이러한 이유가 있기 때문이다. 말은 제주로 보내고 사람은 서울로 보내란 말도 이와 관련된다. '양자역학의 법칙'은 여러 삶의 영역에 여전히 적용된다(: 현대 물리학 이론 중 하나인 양자론은 이 세상의 모든 현상이 미리 확정된 운명적인 길(통제불가능의 힘)을 따라서 일어나는 것이 아니라, 모든 것이 일어날 가능성이 있지만 자연은 확률적으로 가장 가능한 길을 택해서 일어난다는 것이라고 주장한다). 처음부터 좋은 환경에 처해 있다면 이보다 더 좋을 수는 없겠지만, 그렇지 않다면 현재의 환경에서 최선을 다하기 보다는 오히려 먼저 환경을 통째로 바꾸는 것이 더 좋은, 아니 유일한 대안일 수도 있다.

위험에의 노출도 마찬가지로 적용된다. 위험 상황에 노출되는 경우가 많다면, 그만큼 위험에 처할 가능성이 크게 된다.

- 우범지대를 많이 돌아다니면 그만큼 위험한 상황을 마주칠 가능성이 크다. 식칼을 많이 사용해서 요리재료를 손질하다 보면 그만큼 손을 벨 위험이 많다.

190

근접 환경의 법칙

지리학자인 Waldo Tobler는 지리학 제1법칙으로 다음을 제시하였다: "Everything is related to everything else, but near things are more related than distant things(모든 것이 다른 모든 것과 서로 연관되어 있지만, 가까이 있는 것이 멀리 있는 것보다 더 많이 연관된다)."

나와 가까이 있는 무언가가 나와 더 많은 연관성을 가지고 있기에, 그것들은 지금의 나를 결정하였고 또한 나의 앞날을 만들어 나가는 데 중요한 토양이 된다. 따라서 운명을 바꾸려면 지금 여기here and now 내 주위에 있는 것으로부터 이탈하는 것이 가장 좋은 또는 유일한 해결책이 될 수 있다.

191

지리적 근접성과 융합의 법칙

IT는 업종 특성상 다른 팀 또는 조직과 교류하는 경우가 많다. 따라서 서로 가까이 있으면 더 나은 결과를 낸다. 즉 모여 있으면 특별한 일이 일어나거나, 예상치 못한 기발한 아이디어를 낼 수 있다.

IT업종이 아닌 기업에서도 무언가 혁신적인 것을 만들어내려면, 조직내에 산발적으로 흩어져 있는 여러 아이디어맨들 또는 독특한 능력을 가진 사람들을 한 자리에 자연스럽게 모으는 장치가 필요하다.

- 미국의 실리콘밸리, 한국의 대덕단지, 과학고등학교 등은 이러한 토양을 제공하고 있다.

192

환경에 따른 적응 역량의 비례 법칙

환경은 사람과 기업의 적응 역량에 영향을 미친다. 경쟁이 심한 시장에서 생존한 기업은 웬만큼 어려운 시장에서도 살아남을 능력을 가지고 있다. 그렇지만 온실 환경과 같이 안정되고 편한 여건에서 영위되어온 기업은 조금만 환경이 바뀌거나 어렵게 되면 무너지게 될 것이다. 마찬가지로 안전하고 예측가능한 세계에서 오랫동안 평탄하게 살았던 사람들은 변화가 극심한 상황이 도래하면 이에 적응하지 못한다.

- 사시사철 날씨가 좋은 지역에서 살던 사람이 날씨 변화가 심한 지역으로 이주해서 살기란 어렵다. 반면에 그 반대의 경우는 매우 용이하다.

193

상황에 따른 권력유형의 변화 법칙

우리는 흔히 '정의正義가 이긴다'란 말을 사용한다. 그런데 나이가 들고 세상경험이 많은 사람일수록 이 말을 곧이곧대로 믿는 사람은 적다. 사실 승부의 세계에서는 정의, 도덕, 착한 사람 등이 이긴다기보다는 힘과 실력이 있는 사람이 이긴다. 즉 정의正義가 승리의 주요인이 아니라, 승리의 주요인은 승리에 직결되는 실력과 힘인 것이다.

그런데 상황에 따라 실력 발휘를 하게 되는 힘의 유형은 바뀌게 된다: 단순한 완력이 힘인 시기(예를 들어, 유치원, 초등학교, 중학교)에는 육체적으로 더 강한 자가 권력을 쥐게 된다. 성적이 권력인 시기(예를 들어, 고등학교, 대학교)에는 더 높은 시험 점수를 얻기 위해 밤을 새며 공부를 하게 된다. 돈이 권력인 시기(예를 들어, 자본주의 사회의 30대 이후의 성인들)에는 더 많은 돈을 벌기 위해 경쟁하게 된다. 계급이 권력인 시기(예: 직장, 군대 등)에는 승진하기 위해 열심히 인사고과에 매달린다. 물론 완력, 성적, 돈, 계급 이외에도 다른 것들이 권력의 핵심 역할을 하는 경우도 종종 있다. 종교가 권력이던 시대(예: 중세의 암흑시대)에는 종교에 입문해서 신의 대리인 역할을 하고자 한다. 피가 권력인 시대(예: 왕조 시대)에는 더 순수한 피가 높은 자리를 차지한다.

194

'낙후는 곧 소멸'의 법칙

남들보다 앞서나가지는 못하더라도, 너무 뒤처져서는 안된다. 그러나 많은 기업, 사람들이 시대와 상황이 변화한 것을 모르고 또는 이러한 변화를 받아들이지 않고 예전 방식을 고수하다가 결국 시장에서 사라지는 경우가 많다.

즉석 사진사의 한가한 모습: 여수 오동도에서 2015년 8월에 촬영한 사진

- **[질문]** 월마트 같은 대형 업체들이 진출하면서 동네 가게들이 망한다는 비판도 강한데. **〈답변〉** "아버지가 캔자스주州 박스터 스프링스 66번 도로에서 주유소를 운영했다. 고속도로가 인근에 뚫리면서 주유소가 서서히 망해

간 경험이 있다. 누구의 잘못도 아니며, 변화에 순응하지 못한 결과일 뿐이다. 창조와 경쟁은 항상 변화를 가져온다. "

– 세계 최대 유통업체인 미국 월마트의 리 스콧 회장(56)과의 인터뷰 기사 중(조선일보 2005년 4월 20일)

195

환경이 변해야 그 모든 것이 달라지는 법칙

'근접 환경의 법칙'에서 운명을 바꾸려면 지금 여기 내 주위에 있는 것으로부터 이탈하는 것이 가장 좋은 또는 유일한 해결책이 될 수도 있다란 언급을 하였다. 환경이 바뀌지 않는한 사람은 기존 환경으로부터의 영향을 계속 받을 수밖에 없다.

- "인간을 바꾸는 방법은 3가지뿐이다. 시간을 달리 쓰는 것, 사는 곳을 바꾸는 것, 새로운 사람을 사귀는 것, 이 3가지 방법이 아니면 인간은 바뀌지 않는다. 그저 새로운 결심을 하는 것은 가장 무의미한 행위다" – 오마에 겐이치('난문쾌답'). 결국 시간, 공간, 사람들을 바꾸지 않으면, 자신은 변화될 수 없다는 말이다.

- 성장 영화(예: 고양이를 부탁해, 정복자 펠레, 빌리 엘리어트, 시네마 천국 등)의 마지막 장면은 대체적으로 주인공이 어딘가로 멀리 떠나는 장면으로 마무리 된다. 또는 주인공이 꿈을 이룰 수 있었던 것은 그 전의 환경으로부터 벗어났기에 가능한 것으로 묘사된다.

글을 맺으며

생물학자 윅스켈J. U. Uexkuell에 의하면 이 세상에 존재하는 생물의 종류만큼 많은 생존 양식이 존재한다. 즉 삶의 행태는 생물의 개체수만큼 무한히 많은 차별적 모습을 띠고 있다. 이러한 차별성에도 불구하고 그 속에 하나의 공통적이고 보편적인 삶의 원리가 발견된다는 것이 윅스켈의 이론이다. 그에 의하면, 삶을 유지하는 유기체는 일반적으로 환경의 변화를 식별하는 감지체계merknetz와 이 변화에 반응하는 반응체계wirknetz를 소유하고 있다. 이러한 감지체계와 반응체계는 어떠한 경우라도 서로 밀접하게 얽혀 있으며, 이 두 체계의 협동과 평형이 없으면 유기체는 살아갈 수 없다는 것이다(참조: 윤석철, 1991, 〈프린시피아 매네지멘타〉, 경문사, 36~42쪽). 시장에서 생존해야 하는 기업에 대해서도 이러한 관점은 적용된다. 즉 감지체계(시장 정보의 수집, 시장 변수들 간의 영향관계 지식, 그리고 시장 정보 흐름의 체계)와 반응체계(감지된 변화에 대한 반응결정 및 실천체계)의 효과적 구축은 기업의 경영활동에 결정적으로 중요하다.

제 8 장

사회적 책임 및 윤리경영의 법칙

Chapter 08

기업은 매순간 성장과 발전을 위해 최선의 노력을 기울인다. 그럼에도 불구하고 많은 기업들은 시장에서 퇴출당한다. 기업이 망하는 이유는 여러 가지가 있다: 제품의 품질이 떨어질 수도 있고, 탁월한 제품 또는 기술력을 가진 경쟁 제품이 새롭게 등장하기 때문일 수도 있고, 소비자 기호가 변하기 때문일 수도 있다. 그런데 여기에 더해서 소비자의 신뢰 또는 사랑을 잃어도 기업의 매출은 엄청난 타격을 받게 된다(예: 2013년 남양유업 '갑의 횡포'). 참고로 유권자의 신뢰와 지지로 버티는 정치인은 이러한 기반이 무너지면 다시는 정치 무대에 서기 어렵다. 이러한 점은 연예인도 마찬가지이다. 그래서 이들(기업, 정치인/연예인/종교지도자/스포츠선수 등)에게는 때로는 일반인보다 더 엄격한 윤리의식이 요구되기도 한다.

기업의 사회적 책임은 그 어떤 마케팅 활동보다도 신경을 써야 하고 또 지속적으로 관리해 나가야 하는 활동이다. 그러나 힘이 있는 대부분의 기업들은 자기보다 약한 위치에 있는 소비자, 조직 구성원, 협력업체, 또는 지역주민들을 제대로 대우하지 않는 성향이 있다. 예를 들어 불량 제품, 허술한 서비스, 고압적 판매자세 등으로 소비자를 대하고; 열악한 환경, 저렴한 임금, 고용불안정으로 사내구성원을 대하고; 공급업체, 유통업체에게는 부당하게 싼 납품가격, 불리한 대금결제방법, 물건 떠넘기기 등을 강요하고; 주변 지역주민의 생활을 불편하게 하거나 또는 공해물질을 거리낌 없이 배출한다.

마케팅은 정정당당한 교환행위이다. 마케팅의 성격에 대한 규정으로는 여러 가지가 있지만, 그 정의에는 항상 '교환'이라는 개념이 들어가 있다. 이는 마케팅의 모든 활동이 교환을 중심으로 이뤄지기 때문이다. 교환을 경쟁사보다 '더 많이' 하는 것도 중요하지만 그보다 더 중요한 것은 이러한 교환행위를 '어떻게 하는가' 하는 점이다. 정정당당한 교환행위는 기업 자신을 위해서뿐 아니라 사회적 공익을 위해서도 중요하다. 기업은 때로 스포츠를 많이 본받아야 한다. 아무리 좋은 성적을 거두더라도 그 과정이 올바르지 못하면 대중은 그 선수 또는 팀을 결코 사랑하지 않는다(예: 2014년 러시아 소치 동계올림픽에서 부당하게 금메달을 수상한 피겨스케이팅의 소트니코바)

- 2011년 9월 18일 플로이드 메이웨더 주니어(34)는 16개월 만에 오른 링에서 챔피언 빅터 오티스(24)에게 KO승을 거두며 42연승(26 KO) 행진을 이어갔다. 그러나 이는 상대가 방심한 틈을 노린 기습에 의한 승리였다. 메이

웨더는 3라운드까지 오티스의 압박에 밀려 수차례 코너로 몰렸다. 4라운드에서 근접전을 펼치던 오티스가 메이웨더의 안면을 머리로 들이받았다. 주심은 경기를 잠시 중단시켰고 오티스는 사과의 의미로 메이웨더를 얼싸안고 빰에 입을 맞췄다. 경기 재개를 위해 주심이 두 사람을 떨어뜨린 순간, 가드를 내린 채 무방비로 있던 오티스의 안면에 메이웨더의 레프트 훅이 작렬했다. 뒤이어 라이트 펀치마저 허용한 오티스는 쓰러졌고 주심은 경기 종료를 선언했다. 그러나 정정당당하지 못한 그의 승리에 팬과 언론의 반응은 냉담했다.

– 스포츠한국, 2011년 9월 18일

- 영국의 프로축구팀 맨유는 "그저 축구를 잘하는 팀"이 아니라 "아이들에게 꿈과 희망을 주는 팀, 지구촌 모두가 응원하는 팀"이 되고자 하였기에 세계에서 가장 많은 팬을 가지는 팀이 되었다. 우수 선수를 많이 보유하고 있고, 우승도 많이 한 삼성, SK 야구팀보다 롯데 또는 한화에 더 많은 열성팬이 있는 이유는 이들 팀의 성격 또는 사람들의 마음에 자리잡은 포지셔닝 때문이 아닐까 한다.

여기서는 기업의 사회적 책임, 윤리 경영 등과 연관된 법칙을 살펴보겠다.

196 윤리 활동의 이익창출 법칙(참조: 3장 선(善)한 행동의 법칙)

흔히 사람들은 착한 일을 하면 왠지 손해를 볼 것이란 생각을 한다. 기업들도 마찬가지이다. 그러나 반드시 그렇지만은 않다는 것이 연구결과 및 실제 사례를 통해 밝혀졌다. 기업의 사회적 책임이 기업 성과에 미치는 영향에 관한 연구들을 살펴보면, 투자자와의 관계, 소비자와의 관계, 그리고 종업원과의 관계 등 주요 이해 관계자들과의 관계에 있어서 기업의 사회적 책임 활동이 긍정적 영향을 미치고 있음이 발견되었다. 더 나아가 사회적 책임활동이 기업 활동에 제약을 주기도 한다: 브라질의 국영 석유기업인 페트로브사는 입찰 조건으로 기업의 사회적 책임 관련 실적을 요구하고 있으며, 스탠다드 앤 푸어스, 무디스와 같은 신용평가 회사들도 기업의 사회적 책임을 중요한 신용 평가기준의 하나로 사용하고 있다.

물론 윤리적 활동이 경영 성과에 미치는 영향은 시장 및 제품의 유형에 따라 다를 것이다. 즉 윤리 경영이 재무성과에 전혀 영향을 미치지 않는 사업도 있지만, 시장 성과에 민감하게 영향을 미치는 사업도 있다. 예를 들어, 교육기관, 종교단체, 의료기관 등은 윤리 활동과 경영성과 간의 관계가 밀접한 편이다. 소비재 기업은 산업재 기업에 비해 이러한 관계가 상대적으로 더욱 밀접하다고 볼 수 있다(예: 대한항공의 땅콩 회항 vs 포스코의 라면 상무).

- 원고 집필이 끝난 상태에서 출판사를 어디로 할까 고민하던 때가 있었다. 출판사의 지명도, 책 편집의 성실도, 영업능력 등도 중요한 고려기준이었지만, 출판사의 신뢰도 역시 중요한 잣대였다. 그런데 이를 딱히 평가할 기준이 없었기에 그 출판사가 사회에 얼마나 좋은 일을 많이 하였는지, 그리고 얼마나 사회적으로 유익한 양서들을 출간하였는지를 인터넷과 지인들을 통해 확인한 적이 있었다.

윤리적 활동이 바로 수익을 가져다 주지 않는 경우는 많지만, 비윤리적 활동은 그것이 밝혀지면 기업에 즉각적으로 치명적 영향을 미치는 경우가 많다. 세계 최대의 식품업체 네슬레에 대한 불매운동은 많이 알려졌다. 1970년대 당시 분유제조업의 강자였던 네슬레는 아프리카에도 분유를 팔려고 하였다. 당시 아프리카 여성들은 대부분 모유를 먹이고 있었으나, 네슬레는 모유보다 분유가 낫다는 광고를 내보냈다. 광고에서는 건강하고 예쁜 아기들을 모델로 내세우고, 네슬레 분유에는 비타민이 듬뿍 들어 있다고 하였다. 무료샘플과 광고에 영향을 받은 아프리카 여성들은 모유대신 분유를 먹이기 시작했다. 그러나 분유에는 모유에만 있는 항체가 없기에 아기들 건강에 해롭다. 더구나 비싼 분유값 때문에 아기들은 충분히 먹지도 못하였다. 여기에 더해 강에서 퍼온 오염된 물에 분유를 타서 먹이는 일까지도 있었다. 그 결과 수천 명의 아기가 질병과 굶주림으로 죽었다. 이에 대한 거센 항의가 있었지만 네슬레는 잘못을 인정하지 않았다. 이러한 사실에 분노한 전 세계 소비자들이 네슬레 분유뿐 아니라 네슬레의 모든 제품에 대한 불매운동을 벌이자, 결국 네슬레는 마케팅 전략을 바꿨다.

- 천하의 한없이 못난 짓은 모두 돈을 버리지 못하는 데 따라 일어나고, 천하의 끝없이 좋은 일은 모두 돈을 버리는 데 따라 이루어진다.

  – 명나라 풍유룡

- 작은 불씨가 울창한 숲을 태우고, 잘못된 한마디 말이 평생의 덕을 무너뜨린다.

  – 중국 송나라 임금 고종

197

달리다 때로 멈춰서 왜 달리고 있는지를 생각하는 법칙

기업은 수익의 창출을 위해 때로는 시장에서의 생존을 위해 무척이나 열심히 노력을 한다. 그러한 노력은 기업의 존속을 위해 매우 중요하다. 이를 위해 기업은 매일 열심히 '앞만 보면서 달리고' 있다. 그러나 이렇게 달리는 데만 열중하다 보면 그것 자체가 습관과 타성이 되고 만다. 그래서 왜 열심히 달리는지 그 이유를 알지도 못한채 목적지도 없이 그냥 습관처럼 달리게 된다. 때로는 왜 이렇게 수익을 올리려 노력을 하는지 그 근본 원인과 동기에 대해 되돌아볼 필요가 있다.

- **동물학자의 관찰 이야기:** 양손에 바나나를 잔뜩 쥐고 가던 늙은 오랑우탄이 석양에 지는 해를 발견하더니 한참 동안 그 광경을 바라보며 서 있었다. 그러기를 한참을 하더니, 땅에 잠시 놓아 뒀던 바나나를 잊고, 가던 길을 계속 갔다.

그저 앞만 보고 달리는 기업은 혼자서 빨리 뛸 수 있을지 몰라도, 옆과 뒤를 함께 보면서 달리는 기업보다 존경을 받기는 어렵다.

- 라탄 타타Ratan Tata, 타타그룹 회장, 평생을 독신으로 산 그는 일벌레다. 그에게서 "오늘은 피곤하니 내일 합시다"란 말을 들어본 적이 없다고 직원들은 말한다. 그는 왜 열심히 일할까? "저도 자주 스스로에게 묻곤 합니다.

그 이유는 '도전' 때문이 아닌가 생각합니다. 제가 가진 희망이 있다면, 그것은 인도인들의 삶의 질을 높이는 것입니다. 단순히 돈을 버는 게 목적이 아니라 돈이 없는 곳에 부를 창출해 이로 인한 행복을 보는 것입니다. 요컨대 그의 기업활동 목적은 '부를 창출해 국민들이 행복을 느끼게 하는 것'이다. 그의 인생관과 경영철학, 삶의 목적, 애국심, 돈에 대한 생각 등이 응축된 이 한마디는 그가 혼자 잘 먹고 잘살기 위해 기업을 하는 것이 아님을 명백히 보여준다.

– 조선일보, 2013년 3월 9일

198

끝까지 일관되어야만 원래의 목적을 달성하는 법칙

역사학자들은 "우리나라의 해방이 1945년이 아니라 이보다 몇 년만 더 빨랐더라면 우리나라의 친일파는 훨씬 줄었을 것이다. 한편 이보다 몇 년 더 늦었더라면 더 많은 친일파가 생겼을 것"이라는 가상적 짐작을 내리곤 한다. '춘향전春香傳'의 춘향이 높게 평가 받는 이유는 바로 끝까지 자신의 지조를 지켰다는 점이다. 기업은 운영하다 보면 어떨 때는 사회적 또는 윤리적 활동을 할 여지가 생기고 어떨 때는 하기 힘든 경우가 생긴다. 이러한 경우마다 행동이 달라지면 그 기업에 대한 신뢰감은 무너진다.

199

나쁜 기업의 윤리활동 단절의 법칙

(참조: 2장 원래대로 회귀의 법칙)

수단과 방법을 가리지 않고 수익을 거둔 기업은 어느 정도 여유가 생기면, 착한 기업처럼 행동한다. 영화나 드라마에서 보는 것처럼 나쁜 사람이 돈을 많이 벌고 사회적 지위가 생기면 좋은 사람처럼 보이기 위해 여러 자선단체에 가입하는 것과 비슷하다. 그러나 사람의 성향은 잘 변하지 않는 것처럼 이렇게 변한 것도 그리 오래가지 못한다.

200

착한 기업의 후광효과 법칙(참조: 13장 후광효과의 법칙)

착한 일을 많이 하는 기업에 대해 사람들은 일반적으로 좋게 평가하고 거기서 나오는 제품들도 양심적일 것으로 생각한다. 이러한 사람들의 인식 패턴을 악용하여 사기를 치는 기업(사람)도 있다.

- 기부천사로 알려진 50대 여성이 고수익 보장을 미끼로 수십억원을 갈취한 사건이 있었다. 화성시 봉담읍에서 식당을 운영하던 김모(59) 씨는 동네에서 소문난 재력가였다. 친분이 있는 사람들에게는 "1만 평 정도의 과수원

을 가지고 있다"고 자랑을 늘어놓기도 하였고, 경매를 통해 돈을 벌어 장학사업을 한다고 자신을 홍보해 '투자귀재, 기부천사'로 불리기도 했다. 김씨는 시중보다 높은 이자수익을 주겠다며 속여, 마을주민들을 대상으로 수십억원을 편취하였다. 경찰조사 결과 김씨는 알려진 바와 달리, 봉사활동 및 기부 사실 등이 없었다. 또 경매투자 등 재산 증식도 거짓으로 밝혀졌다.

– 경인일보, 2013년 7월 30일

- 능숙한 사기꾼일수록 진실된 말을 많이 한다. 그리고 그 사이에 결정적 거짓말을 교묘하게 혼합한다. 99개의 진실 사이에 낀 1개의 거짓을 발견하기가, 5개의 진실 사이에 있는 1개의 거짓을 발견하기보다 어려운 법이다.

201

올바른 마인드 최우선의 법칙

윤리적 기업이 되려면 일단은 최고경영자를 비롯한 구성원 모두가 올바른 마인드를 가지고 있어야 한다. 그러한 심적 바탕이 늘 되어 있지 않다면, 윤리적 기업으로의 지속성은 오래가지 못한다. 즉 문화로 정착되기 힘들다. 그렇지만 본질적으로 윤리적 성향을 갖추고 있다면, 기업의 대외적 의사소통 및 행동에도 이러한 성향이 자연스럽게 스며들게 된다. 이렇게 되기 위해서는 평상시에 올바른 생각을 많이 하고, 좋은 말을 자주 하고, 선한 행동을 습관화하면 이는 결국 윤리적 기업활동으로 이어지게 된다.

산악인들 사이에서는 '고도altitude보다는 태도attitude'라는 말이 있다. 즉 산을 높이 오르는 것보다는 마음 자세가 산악인에게 더 중요하다는 의미이다. 기업도 많이 벌고 빠르게 성장하는 것도 중요하겠지만, 이를 어떠한 마음자세로 접근하는가 그리고 어떠한 과정을 통해 하는가를 더욱 중요시 할 때 진정 윤리적이면서도 사랑받는 기업이 될 것이다.

- 빨리, 많이 오르는 것보다 어떻게 오르느냐가 중요하다.

  – 박영석(세계 최초로 산악 그랜드슬램을 달성한 산악인)

산악인 박영석은 같이 등반한 사람들을 절대로 포기하지 않았던 것으로 유명하다. 그는 정상의 정복보다도 동반자들의 무사귀환을 좀 더 가치있게 여겼다고 한다. 올바른 마인드를 확립하는 교육은 생각보다 쉽지 않다. 하루 아침에 되는 것은 더욱 아니다.

- 호주의 한 대학은 간호학과 학생들의 간병자세를 개선하기 위해 색다른 방법을 사용한다. 간호학과 1학년 학생들은 인간의 슬픔, 상실감 및 정신적 고통을 제대로 이해하기 위해 에밀리 브론테의 '폭풍의 언덕'이나 재닛 프레임의 '내 식탁의 천사'와 같은 소설을 읽게 되어 있다. 이 프로그램은 간호사들의 전문적 숙련도는 높으나 환자의 마음을 편안하게 해주는 능력은 뒤떨어진다는 연구 결과에 따른 것이다. "훌륭한 간호사가 되려면 복잡한 의료기기를 다룰 줄만 알아서는 안됩니다. 우리는 인간에 초점을 맞춰야 합니다." 이 대학 관계자의 말이다. 이 대학은 학생들의 학습을 위해 교과서나 강의 외에 소설, 시, 음악을 활용할 계획이다.

  – 리더스다이제스트, 1996년 10월호

202

지적 능력과 윤리 의식 간의 약한 상관관계 법칙

학식이 높거나 재산이 많은 사람은 좀 더 윤리적으로 되는가? 그렇지 않다는 사실을 우리는 잘 알고 있다(예: 명문대 교수의 성추행 사건, 재벌 3세의 폭행 사건 등). 힘이 있는 사람들이 좀 더 도덕적이고 남들에 대한 배려심이 높다면 사회는 그만큼 더 따뜻해지겠지만, 유감스럽게도 이들 간에는 상관관계가 적은 것으로 보인다.

- 순수이성(지식을 획득하게 하는 능력)과 실천이성(선악을 판단하는 능력)은 반드시 서로 일치하는 것은 아니다. 따라서 지식이 많다고 하여 그것이 곧 삶의 윤리의식을 높여준다고 볼 수는 없다. – 칸트

203

보답을 바라지 않는 마인드의 법칙

자기 주변의 사람들(예: 가족, 친척, 친구, 직장 동료 등), 또는 자신과 이해관계에 있는 사람/조직들(예: 고객, 유통업자, 공급업자, 지역 거주민, 주주, 공무원 등)에게 무언가 선행을 베푸는 것은 그것이 알게 모르게 자신에게 좋게 되돌아올 것이란 것을 알기 때문이다. 그렇지만 자신과 아무 이해관계도 없고, 앞으로 다시

봉일이 없다고 생각되는 사람들에게 어떠한 대가도 바라지 않고 선행을 베푼다는 것은 정말 쉽지 않다.

불특정 타인에 대한 선행이 지속성으로 일어나기 위해서는, 아무런 대가도 바라지 않고 하는 선행의 마인드가 갖춰지지 않는다면 쉽지 않을 것이다. 보통 인간의 상식적인 선행은 기본적으로 언젠가는 그에 대한 보상이 있을 것을 전제로 행하기에 이러한 보상이 담보되지 않는다면 언제라도 단절되는 성향이 있기 때문이다. 이런 점에서 본다면, 양로원보다 고아원에 더 많은 사람들이 지원을 하는 것도 어느 정도 이해가 될 것이다.

204

골고루 혜택의 법칙

다음과 같은 퀴즈가 있다: "양치기가 양/늑대/배추를 강 건너로 옮겨야 한다. 양과 늑대를 남겨두면 늑대가 양을 잡아먹고, 양과 배추를 남겨두면 양이 배추를 먹는다. 전부 다 무사히 가지고 가려면 어떻게 해야 할까? (단, 한 번에 하나의 물건만 싣고 갈 수 있다)" 이에 대한 문제의 해답은 비교적 어렵지 않다: 양치기가 양을 데리고 건넌 뒤 양만 두고 돌아온다. 그 다음에는 배추를 싣고 건넌 뒤 배추를 두고 양을 데리고 돌아온다. 양을 데리고 돌아와서는 양은 놔두고 바로 늑대를 싣고 건넌 뒤 늑대를 배추와 같이 두고 돌아온다. 마지막으로 양치기와 양이 같이 건너면 모두 건너게 된다.

양치기 입장에서의 최선은 배추, 양, 늑대를 모두 온전하게 옮겨서, 결국에는 배추는 자신이 먹고, 양의 털은 깎아서 팔고, 늑대는 동물원에 파는 것일 것이다. 그러나 양이 배추를 먹고, 그 다음에 늑대는 양을 잡아 먹는다면, 양치기는 결국 늑대만 동물원에 팔 수 있기에 좋은 결과를 거두지는 못할 것이다. 그렇지만 양이나 늑대의 입장에서는 나름대로 좀 더 나은 결과를 거둘 수 있을 것이다.

사회 시스템도 양치기/늑대/양/배추와 같이 구성되어 있다. 어느 한쪽이 모두를 독식할 수도 있지만, 각 구성원들이 조금씩 나눠서 가질 수도 있다. 각 구성원별 힘의 크기와 사회구조에 따라 분배 결과는 조금씩 달라지겠지만, 한 구성원이 모든 것을 가지기보다는, 모든 구성원들이 조금씩 나눠가지는 것이 좀 더 바람직한 사회가 될 것이다.

205

조직구성원 자긍심의 법칙

구성원의 사기와 의욕에 따라 조직 성과는 달라진다. 자신이 속한 조직에 자긍심을 느끼는 조직원은 조직을 위해 열심히 일을 할 것이고 따라서 조직 전체의 성과는 자연스레 올라갈 것이다.

고수익을 올리는 기업, 시장을 선도하는 기업, 그리고 많은 월급을 주는 기업 등이 직원들의 자긍심을 높이기도 하겠지만, 착한 조직에서 일한다는 사실이 자긍심을 높여주기도 한다.

- 조직에 대한 자긍심pride의 주요 원천에는 4가지가 있으며, 모두 탁월함이라는 공통된 특성을 반영하고 있다. 첫째, 수익의 탁월함이고 둘째, 업무 처리 효율성의 탁월함이다. 셋째, 제품의 탁월함(유용성, 차별성, 품질 등), 그리고 마지막으로 도덕성의 탁월함이 자긍심의 원천이 된다. 사람들은 사업을 잘할 뿐만 아니라 선한 조직에서 일하고 싶어 한다.

  – 열광의 조건 (데이비드 시로타)

- 삼국지는 위, 촉, 오의 세 나라로 구성된다. 각각은 조조, 유비, 손권이 다스렸는데, 이들의 리더십은 매우 판이하게 다르다. 특히 유비는 충의, 인의, 신뢰, 도덕, 민심을 중요시 여겼다. 가장 열세였지만 그래도 한 나라로 자리 잡을 수 있었던 이유 중의 하나는 이러한 유비의 리더십에 동감한 많은 인재들이 모여들었고 그 나라의 백성이 되려는 사람들이 많았기 때문으로 평가된다.

상품과 서비스를 파는 기업은 흥하기도 하고 망하기도 한다. 그러나 믿음과 신뢰를 파는 기업은 영속한다는 말이 있다. 기업이 시장에 제공하는 상품과 서비스는 시장상황에 따라 경쟁사보다 나을 때도 있고 또 못할 때도 있다. 그러나 일단 고객에게 믿음과 신뢰를 준 윤리적인 기업을 고객들은 쉽게 저버리지 않을 것이다.

- **이소라, 콘서트 입장료 환불로 감동** 입장료 2,000만원보다 팬에 대한 사랑과 가수로서의 자존심이 더 중요했다. 가수 이소라가 2시간 가량의 콘서트를 마치고도 '최선을 다하지 못했다'는 이유로 관객 400여 명에게 입장료 5만원씩을 전액 환불하기로 해 잔잔한 감동을 주고 있다. 지난 8일 오후 8시 서강대학교 메리홀에서 열렸던 이소라 소극장 콘서트 '봄' 공연에서 이소라는 내내 힘들어했다. 그녀는 조용히 흘러나오는 피아노 선율에 눈을 감으며 작은 의자에 쓰러지지 않으려고 한 손을 기대고 노래했다. 그녀는 공연 막바지에 "제가 오늘 공연장을 오기 전에 집에서 울면서 소리를 지르다 왔어요. 그래서 목 상태가 좋지 못해요"라고 말했다. 2시간 내내 불안했던 그녀였지만 끝까지 웃음을 놓지 않으려 노력하며 최선을 다해 사랑을 노래했다. 그녀는 "여러분 소중한 시간 내주셔서 정말 감사하고요. 오늘 공연은 그냥 제가 여러분과 인연으로 만난 소중한 시간으로 생각해 주세요. 오늘 저의 공연은 도저히 제가 여러분께 돈을 받을 수가 없네요. 죄송합니다. 다음에 저에게 시간과 기회를 다시 주세요"라고 머리 숙여 사과하며 마지막 곡을 끝으로 퇴장했다. 관객들은 "아니예요" "그럴 필요 없어요"라며 앵콜을 기대하는 박수를 쳤지만 그녀는 끝내 나오지 않았다. 결국 공연장의 불은 켜지고 관객들이 하나 둘 떠나갈 때, 스피커에서 소리가 울려 퍼졌다. "이소라 씨의 부탁으로 오늘 공연장에 오신 분들의 표를 전액 환불해 드리겠습니다. 저희가 개인적으로 다 연락을 해 드리겠습니다. 오늘 찾아주셔서 감사합니다."

  – 중앙일보, 2009년 5월 11일

- 한 인간의 가치는 그가 '무엇을 받을 수 있느냐'가 아니라 '무엇을 줄 수 있느냐'로 판단된다. 사람이 그 사회에서 얼마나 가치 있는가는 그 사람의 감정과 사고와 행동이 타인에게 어느 정도 도움이 되는가에 달려 있다.

  – 앨버트 아인슈타인

206

상식 수준의 법칙

기업을 관리하는 것, 고객에게 서비스를 제공하는 것 등은 고등 교육을 받아야만 제대로 할 수 있는 것은 아니다. 〈내가 정말 알아야 할 모든 것은 유치원에서 배웠다〉(*All I Really Need to Know I Learned in Kindergarten by Robert Fulghum*, 1988)'란 책에서 얘기하는 것처럼 세상 사는 이치는 복잡하거나 어렵지 않다. 자신의 올바른 상식을 기반으로 실행하면 된다. 기업의 경영 활동도 마찬가지이다.

- 영국의 앰뷸런스 운전사가 응급 환자를 태운 채 병원으로 직행하지 않고 근무교대 장소에 들르는 바람에 환자가 숨졌다. 50대인 앰뷸런스 운전사는 응급구조 신고를 한 뇌졸중 환자(69)를 태우고 시내에 있는 앰뷸런스 대기 장소로 향했다. 이 남자는 교대시간이 15분이나 지났다는 이유로 교대 근무자에게 앰뷸런스를 넘긴 뒤 환자가 있다는 사실조차 말하지 않았다. 교대자가 서둘러 앰뷸런스를 몰았지만 환자의 상태는 악화돼 병원에 도착하자마자 심장마비로 숨졌다. 환자의 집에서 병원까지는 5.3㎞로 10분 정도 걸리는 거리였다. 그러나 앰뷸런스 대기장소를 들르는 바람에 응급 구조전화가 걸려온 지 30분이 지나서야 환자는 병원에 도착했다.

  – 런던=연합뉴스, 2009년 6월 7일

- 자정이 넘은 시간에 매리어트 호텔에 도착했다. 배가 고팠으나 식당은 이미 문을 닫은 후였다. 그런데 얼마 지나지 않아 호텔의 직원 한 사람이 내 방으로 푸짐한 양의 음식을 가지고 들어왔다. 다음날 아침, 호텔의 매니저

에게 그 직원이 이 호텔의 규칙이나 규정을 어기지 않았냐고 물었다. 그러자 그 매니저는 "예, 그 직원은 분명히 규정을 위반했습니다. 그러나 매리어트 호텔에 근무하는 모든 직원은 필요한 경우에는 규정을 어겨서라도 문제를 해결하라고 배웁니다. 호텔은 직원들이 항상 올바르게 판단하기만을 바랍니다"라고 대답했다. — 래리 존슨, 〈*Absolute honesty*〉로부터 인용

207

솔직한 마음의 은폐 법칙

때로는 자신의 불편한 심기를 솔직하게 드러내는 것이 더 나은 경우도 있다. 이러한 솔직함을 우리는 용기라고 칭찬하기도 한다. 그러나 가리는 것이 더 나을 때도 있는 법이다. 그렇지 않다면, 당사자는 물론이거니와 그와 연관된 모든 사람들이 마음에 상처를 입게 되기도 한다. 트림이나 방귀를 대중 앞에서 참는 것이 선善인 것과 마찬가지이다.

- 2013년 7월, 뮤지컬 '두 도시 이야기'에 출연중이던 백민정은 공연 직후의 사인회가 귀찮다는 내용의 글과 사진을 자신의 페이스북에 게재해 비난을 샀다(내용: "사인회 싫어 공연 끝나고 피곤한데 방긋 웃음 지으며 '재미있게 보셨어요? 성함이?' 방실방실, 얼굴 근육에 경련이 난다. 아이고 아이고 귀찮다"). 사인회에 참여했던 관객들은 아무 생각 없이 적은 배우의 글 때문에 의도치 않게 마음의 상처를 받았고, 결국 뮤지컬 팬들을 비롯한 많은 누리꾼들은 백민정의 공연을 더 이상 보러 가지 않겠다는 입장을 밝혔다. 결국 다음 날 공연 제작사는 그 역할을 다른 배우로 교체하였다.

연예인들은 자신의 감정을 참아야 하는 감정노동자이기에 그만큼 일상 생활이 어려운 것은 사실이다. 그렇지만 이러한 고통을 감내해야만 프로인 것이다.

208

좋은 의도가 반드시 좋은 결과만을 가져오지 않는다는 법칙(참조: 3장 콩-Input 팥-Output의 법칙)

미야자키 하야오宮崎駿는 어린이들이 맘껏 밖에서 뛰어노는 것을 조장하도록 '이웃집 토토로'를 만들었다고 한다. 그런데 그 결과는 역으로 아이들이 만화를 보기 위해 TV 앞으로 더 많이 몰려들었다는 것이다. 다이너마이트, 원자 에너지, 유전자 지도 등도 이와 마찬가지로 초기에는 인류에게 혜택을 제공하기 위해 개발되었다. 그러나 이러한 지식은 동시에 나쁜 의도에도 악용되고 있다.

일을 시작하기 전에 파급되는 모든 결과를 예측하기란 어렵다. 물론 개발자가 원래는 좋은 의도를 가졌다는 사실을 사람들은 알기에 발명자를 비난하지는 않는다. 그럼에도 불구하고 개발자는 이러한 모든 가능성을 염두에 두고 그 무언가를 개발하고 이를 세상에 공표할 필요가 있다. 세상이 이를 받아들일 준비가 되어 있지 않다면, 이의 공표는 조금 지연할 필요도 있다. 그렇지 않다면 초등학생에게 실탄이 장전된 총을 주는 것과 마찬가지로 위태로울 수 있다.

209

IT 기술이 윤리적 행동에 미치는 법칙

IT 발달은 기업의 윤리적 행동에 어떠한 영향을 미칠 것인가? 아마도 주변의 눈을 의식해서 좀 더 자신의 행동에 신경 쓰게 되지 않을까 짐작된다.

- 2014년 3월말 인터넷은 교육부장관의 의전차량이 일선 교육현장 방문 과정에서 학생들이 지켜보는 앞에서 주차면 3개에 걸쳐 주차한 사진으로 뜨거웠다. 이는 일부 학생들의 스마트폰 촬영사진이 SNS를 타고 순식간에 퍼진 것이다. 예전 같으면 기사도 되지 않았겠지만, IT의 발달로 이러한 사실을 전 국민이 알게 된 것이다.

글을 맺으며

기업의 사회적 책임활동은 이해득실을 따지기에 앞서 사회의 주요 구성원인 기업이 당연히 가져야 할 마음의 자세라고 볼 수 있다. 특히 사회 전반에 영향력을 많이 미치는 대기업일수록 이에 대한 책임의식이 더욱 요구된다. '공부할 시간이 없다고 말하는 자는, 시간이 있어도 공부를 하지 않는다'(謂學不暇者, 雖暇亦不能學 - 淮南子). 마찬가지로 사회적 책임활동에 기여할 여유 자본이 없다고 투덜대는 기업은, 정작 여유 자본이 생겨도 사회적 책임활동을 기피하려 할 것이다.

기업의 사회적 책임활동은 기업에 경영 외적인 부담을 주는 부분도 없지 않지만, 기업에게 적지 않은 혜택도 가져다 준다. 기업과 사회가 서로 윈윈win-win하는 사회적 책임활동을 추구한다면 이러한 활동은 지속성을 가질 것이기에 그에 대한 꾸준한 연구가 요구된다.

- 한 시간 동안 행복하고 싶다면, 낮잠을 자라. 하루 동안 행복하고 싶다면, 낚시를 가라. 일 년 동안 행복하고 싶다면, 유산을 물려받아라. 평생을 행복하고 싶다면, 다른 사람들을 도우라. – 중국 속담

- 죽음을 앞두고 '더 일했어야 했는데'라고 말하는 사람은 없다. 그들은 모두 '다른 사람들을 좀 더 배려했더라면… 더 많이 사랑하고, 더 마음을 썼어야 하는데…'라고 뒤늦게 깨닫고 후회한다. – 해럴드 쿠시너(랍비)

제 2 부

마케팅에 대한 법칙

제2부에서는 경영학의 여러 분야 중에서 마케팅으로 범위를 좁혀서, 이에 적용되는 법칙들을 소개하겠다. 시장에는 여러 행위주체들(기업, 소비자, 경쟁사, 공급상, 유통기구, 정부 등)이 활동하고 있고, 그들 간의 복잡하게 얽힌 관계에 의해 움직이고 있다. 이러한 시장에서 어떤 개인 또는 조직이 하나의 주체player로 새롭게 참여하거나 또는 계속 존속하려면 시장에 '무언가 가치 있는 것'을 제공해야 한다. 마케팅의 시작birth과 끝death은 단순하다. 즉 어떠한 가치 있는 것의 창출 및 획득으로부터 비롯되고, 이것의 유지 및 발전노력을 통해 지속되다가, 언젠가 맞게될 이것의 소멸로 인해 사라지게 된다. 마케팅 교재에서 발견되는 모든 주제들(예: 시장세분화/표적시장선정/포지셔닝, 마케팅믹스, 소비자 행동, 시장조사 등)은 모두 이러한 가치의 창출-유지-소멸에 대한 활동과 연

Ⅱ

관된다. 사람의 인생도 모두 탄생과 죽음은 공통되지만 그 사이의 시간에 일어나는 인생여정이 사람마다 다른 역량, 의지, 환경 등에 따라 천차만별이듯이, 기업(또는 제품, 브랜드 등)도 각기 다른 여정을 걷는다. 여기 제시되는 마케팅 관리에 대한 법칙들은 좀 더 나은 여정을 걷는 데 조금이라도 도움이 되기 위한 것들이다.

- "인생은 B(birth)로 시작해서 D(death)로 끝난다"(사르트르, Jean Paul C. A. Sartre). 그렇지만 절망할 수밖에 없는 우리에게 다행스러운 것은 B와 D 사이에 C가 있다는 사실이다. 즉 Birth와 Dead 사이에 Choice가 있다.

우선 가치의 창출활동과 밀접히 연관되는 신제품 개발에 대해 살펴보겠다. 그런 다음 전통적인 마케팅믹스(제품, 가격, 유통, 마케팅 커뮤니케이션)에 연관된 법칙들을 차례대로 소개하겠다.

신제품 개발의 법칙

coffee, music, … business principles

Chapter 09

대다수의 기업들은 급변하는 기술과 치열한 경쟁 상황에 처해 있다. 기업에 이익을 가져다 주는 지금의 효자 제품들도 언젠가는 진부하게 되고 새롭게 등장하는 제품들에 의해 대체되고 만다. 제품이 시장에서 생존하는 주기는 과거에 비해 점차 단축되는 추세이다. 급변하는 시장과 짧아진 제품수명주기를 고려해 볼 때, 새로운 제품을 개발하지 않고 현실에 안주하고 있다면, 기업의 앞날은 그리 밝지 않다. 그렇다고 신제품 개발이 용이한 것도 아니다. 신제품 개발 및 시장도입에는 많은 비용이 들고 실패위험 또한 높다. 신제품 개발과 도입에 투여되는 금액, 시간, 인원 등을 고려해 볼 때 만족스런 성과를 거두지 못할 경우 기업은 상당한 타격을 받게 된다. 이와 같이 기업은 '개발에 따른 비용부담 및 실패위험'과 '개발하지 않고 가만히 현재에 안주安住함에 따른 고사枯死'라는 딜레마에 처해 있다.

- **딜레마, 즉 진퇴양난을 묘사하면 다음과 같다:** 지금 산속에 있는데 멀리서부터 땅이 서서히 무너져 내리고 있는 게 보인다. 지금 위치에 그대로 있다간 조만간 땅속으로 꺼지게 된다. 따라서 새로운 탄탄한 길을 모색해야만 한다. 그런데 새로운 길이라고 해서 모두 다 안전한 길은 아니다. 가장 좋은 길을 찾아야 한다. 이를 찾은 다음에는 그 길을 향해 그곳으로 점프해서 도달해야 하는데, 이것 역시 위험이 내포되어 있다. 자칫 잘못 점프하면 나락으로 떨어질 수도 있다. 이와 같이 지금의 자리에 가만히 있어도 안되고, 그렇다고 다른 길로 무작정 가는 것도 위험하고, 이러한 불편한 상황이 딜레마이다. 대부분의 기업은 언제나 이러한 상태에 처해 있다고 보면 될 것이다.

이러한 딜레마를 성공적으로 벗어나려면, 기업은 "시장 성과가 좋을 신제품을 개발하되 이것을 꼭 성공"시켜야 한다. 이를 위해서는 신제품 개발과정에 대한 이해를 바탕으로 좀 더 효율적이고 효과적인 관리 방안을 강구할 필요가 있다.

신제품 개발을 통해 좋은 성과를 거두기 위해서는 여러 능력과 자원이 요구된다. 우선은 신제품 아이디어가 우월해야 한다. 아이디어 자체부터 빈약하다면 거기서 비롯되는 신제품의 시장성과를 그리 크게 기대하기 어렵다. 물론 신제품 아이디어는 탁월하지만 이를 제대로 실현하지 못하여 아이디어의 가치를 살리지 못하는 경우도 많다. 아이디어의 잠재력을 최대한도로 구현하기 위해서는 그러한 아이디어를 상품화하는 능력이 필요하다. 상상을 현실로 바꿔가는 신제품 개발과정에서의 여러 노력들이 요구된다. 이를 위해 여러 전문영역의 사람/조직의 지식과 경험이 개입된다. 예를 들어, 신제품이 도입되는 고객과 시장에 대한 지식을 가진 마케팅 부서, 제품을 실제적으로 구현하는 자연과학 및 공학적 지식을 가진 연구개발 부서, 그리고 이러한 제품을 대량생산하는 생산부서 등의 다양한 기능부서의 참여와 협조가 요구된다. 여기에 덧붙여 외부의 조직들(예: 공급상, 중간상, 고객, 정책입안가 등)과의 제휴 및 협조 노력도 중요시된다. 이를 위해서는 다양한 유형의 사람/조직을 한 팀으로 묶어서 이들을 관리하는 조직 역량이 요구된다. 그래서 의사소통, 갈등관리, 동기부여 및 보상, 조직형태 등은 개발팀 관리와 연관되는 주요 이슈들이다. 여기에 더해 팀의 성과에서 중요시되는 요소 중의 하나는 리더십이다. 팀의 리더 또는 최고경영자는 성과의 많은 부분을 좌우하기에 이에 대한 관심이 집중되고 있다.

기술진보가 빠르고 고객욕구의 변화가 빈번하게 일어나는 시장 상황을 고려해볼 때, 속도speed 역시 중요하게 고려해야 할 요소이다. 모든 면에서 경쟁사와 유사하다면 시간관리 역량은 또 하나의 중요한 경쟁력이 될 수 있다.

신제품 개발과정을 거쳐 최종 산출된 신제품을 시장에 어떻게 도입할 것인가도 중요한 변수가 된다. 시장런칭 단계에서의 노력은 시장 도입기에서의 성과뿐 아니라 제품수명주기 전체에 걸쳐 적지 않은 영향을 미친다.

위에서 언급된 여러 요소들은 그 하나 하나가 모두 신제품 개발의 성과에 영향을 미치지만, 이들 간에는 유기적 연관관계가 존재한다. 따라서 신제품개발 관리자는 이들 영향 요소들에 대한 총괄적 관리가 필요하다. 다음에 살펴보게 될 제반 법칙들은 신제품에 대한 현재까지의 연구결과들을 종합적으로 검토하여 이를 몇 가지 법칙으로 요약 정리한 것이다. 선행연구에서 일관되게 발견되는 내용들, 반복적으로 주장되는 메시지들을 중심으로 정리하였다. 이들 법칙들은 여러 연구들로부터 이론적, 실증적 검증을 받았기에 신제품 개발 및 도입 관리에 있어서의 일반 법칙으로 받아들여도 큰 무리는 없을 것이다.

210

시장지향성의 법칙(참조: 14장 고객 최우선의 법칙)

이 법칙은 신제품 개발의 모든 과정에 걸쳐서 강력한 시장지향성이 요구된다는 것이다. 선행 연구에서 나타나는 일관된 내용 중 하나는 충실한 시장조사를 통한 시장 이해를 바탕으로 시장에 적합한 제품을 개발하는 것이 성과에 긍정적 영향을 미친다는 것이다. 특히 경쟁이 심하고, 제품수명주기의 초기단계일수록 시장지향성 노력은 신제품 성과에 많은 영향을 미치는 것으로 나타났다.

신제품의 시장 성과는 제품 판매, 즉 고객 선택으로부터 실현된다는 점을 고려해볼 때, 판매가 성공적으로 이루어지려면 기업이 제공하는 제품이 시장의 욕구에 부합되어야 한다. 즉 '제품이 제공하는 혜택'과 '고객이 원하는 것'의 공통 부분이 많을수록 제품은 시장에서 환영을 받게 된다. 만약 고객 욕구에 부합되지 않는 제품이라면, 아무리 기술적으로 뛰어날지라도 고객은 이를 외면할 것이다. 예를 들어 맛이 뒷받침되지 않는 파란색 콜라 또는 사과는 기술적 성공의 과시가 될지는 몰라도 시장에서 환영 받지 못할 것이다. 그러나 파란색 장미의 개발은 이와는 다르다. 이와 같이 제품별로 고객이 원하는 속성이 다르고 속성별 중요도가 달라지기 때문에 같은 기술적 노력도 시장에서 통하는 게 있고 또 그렇지 않은 것이 있다.

제품개발 과정에서 지속적이고 충실한 시장조사를 통해 소비자 욕구에 대한 정확한 인식, 표적 시장의 명확한 정의, 적절한 제품/가격/촉진/유통 전략의 수행 등은 신제품 성과와 밀접하게 관련된다. 다음의 사례는 소비자들의 제품 사용상황에 대한 이해를 바탕으로 신제품 개발을 한 사례이다.

- **건물 밖 흡연자를 위한 길이가 짧은 담배:** 다국적 담배회사인 필립모리스가 건물내 금연 조치로 인해 문 밖으로 내몰린 애연가들을 겨냥해 기존의 담배보다 길이가 짧은 '스낵 사이즈' 담배를 출시할 계획이라고 영국 일간지 더 타임스가 2008년 2월 보도했다. 새 담배는 기존 브랜드의 담배보다 짧지만 성분 함량은 동일하도록 만들어 추운 날 건물 밖에서 흡연하는 애연가들의 고통을 줄여주는 대신 만족도는 같도록 할 예정이다. 필립모리스가 생산을 계획하고 있는 새 담배의 길이는 표준형 담배(8.5㎝)보다 짧은

7.2cm이다. 현재 세계 50여 개국은 공공장소에서의 흡연을 금지하고 있다. 올해 초부터 건물 밖으로 내몰린 프랑스 등 유럽지역 애연가들은 추운 날씨 속에 정원용 히터에 의지해 흡연을 하고 있다.

– 연합뉴스, 2008년 2월 3일

고객 욕구는 계속 변화하기에 고객 욕구에 부합하였던 초기의 제품 개념도 개발기간이 길어짐에 따라 그 사이에 또다시 변화된 고객 욕구로부터 멀어질 수 있다. 따라서 변화하는 고객 욕구에 부합하는 신제품의 개발을 위해서는 개발과정의 모든 단계에서 지속적이고도 충실한 시장조사가 요구된다. 시장의 동향을 외면한 채 폐쇄된 연구실 안에서만 제품을 개발하고 이를 시장에 도입하는 것은, 포커 판에서 상대 카드의 변화를 보지 않고 자기 카드만 보면서 판돈을 거는 도박사와 같이 무모하다.

신제품 개발과정 동안의 충실하고 지속적 시장조사는 보다 정확한 시장수요의 예측, 제품개념의 확립, 제품 디자인의 설계, 시장도입 전략의 수립 등 여러 면에서 도움이 된다. 그러나 실제 대다수 기업들의 시장 지향성 마인드 및 시장조사능력은 아직도 부족하다(예: 너무 늦은 시점에 너무도 미흡한 시장조사의 수행, 부적절한 시장조사 기법의 사용 등). 시장과 고객에 대한 부정확한 지식은 신제품 개발의 방향을 잘못 설정하게 함으로써 실패의 주요 원인이 된다.

211

개발의 초기단계 법칙(참조: 2장 초기 단계의 법칙)

이 법칙은 실제의 제품설계 및 개발이 착수되기의 전前단계(Fuzzy front-end phase)에서의 충실한 준비가 요구됨을 시사한다. 제품개발의 초기단계(upfront or fuzzy front-end phase)에서는 아이디어의 평가, 제품개념의 정의, 프로젝트에 대한 평가, 제품전략 형성과 협의, 제품 개발계획, 그리고 의사결정관리자의 검토 등의 활동이 수행되는데, 이러한 활동들은 일반적으로 본격적인 제품설계와 개발활동의 이전에 일어나는 것들이다.

제품개발 과정의 초기 단계에 대해서는 상대적으로 많은 부분이 알려져 있지 않지만, 대다수의 제품개발자들은 이 과정이 신제품 개발성과를 좌우하는 중요한 단계라는 데 동의하고 있다. 동시에 이 과정은 제품개발과정의 여러 단계 중 가장 관리하기 어려운 과정으로도 인식되고 있다. 그 이유로는 제품개발의 초기단계는 매우 변동적일 뿐만 아니라, 구조화되지 않은 경우가 많고, 또한 전통적으로 공식화 또는 문서화되고 있지 않다는 점 등이 거론된다. 신제품개발의 초기단계를 대상으로 한 실증연구들은 이러한 초기단계의 관리 또는 활동들이 후속되는 개발단계와 최종 제품의 성과에 의미 있는 영향을 미치는 것을 보여주고 있다.

제품설계 및 개발과 같은 실행단계부터는 많은 비용과 시간이 발생되므로 그 전단계인 초기단계에서의 명확한 방향설정 [즉 표적시장, 고객의 욕구와 선호도, 제품개념(What the product would be and do?), 제품에 대한 상세한 부분(the product's features, attributes, design specifications and requirements) 등에 대한 방향설정]이 내려져야 한다.

초기단계에서 충분한 검토를 거치지 않은 상태로 바로 본격적인 개발단계로 돌입하게 된다면, 나중에 큰 비용과 손실을 겪게 되는 경우가 많다.

- 국회 의사당에 설치된 충무공 이순신 장군 동상이 일본, 중국풍 논란으로 인해 국회에서 옮겨질 가능성이 크다. 이 동상은 줄곧 칼과 갑옷이 각각 일본식과 중국식이란 지적을 받아왔다. 즉 동상의 장검은 조선시대 때 검보다 너무 길어 일본 무사 검에 더 가깝고, 갑옷도 중국 복식풍이라는 것이다. 이 동상은 김○○ 작가의 작품으로 당초 1973년 중앙청에 설치됐다가 1990년 말 국회로 옮겨왔다(참조: 조선일보 2013년 5월 10일). 동상을 제작하기 전에 충분한 사전검토가 되었더라면, 이러한 불미스런 일은 발생하지 않았을 것이다.

일본과 중국 무사에 가깝다는 지적을 받아들여 철저한 고증을 거쳐 탈바꿈한 국회 본회의장의 이순신 장군의 석상(2015년 11월 3일 공개)

- Mazagran은 Coffee-Cola Hybrid 제품(커피 맛의 콜라)으로 Starbucks와 PepsiCo가 협력하여 만든 제품이다. 이 제품은 별다른 인기를 끌지 못하고 시장에서 사라져 버렸다. 그러나 이 제품으로 Starbucks가 큰 손해를 입지 않은 것은 그나마 초기 도입단계에서 충분한 시장조사를 하였기 때문이다.

212

개발 참여자(또는 조직)들간 의사소통의 법칙

신제품 개발에 관계되는 기업 내의 여러 기능부서, 그리고 외부 관련조직 간의 원활한 의사소통과 업무조정은 성공적인 신제품개발과 연관된다. 신제품이 개발되어 시장에 도입되기까지는 기업 내의 여러 기능부서, 즉 연구개발, 생산/엔지니어링, 마케팅, 기획, 재무/회계 등이 참여하게 된다. 신제품 개발은 복합기능적multifunctional 성격을 지니기에 신제품 개발에 관계되는 여러 기능부서간의 통합, 의사소통 및 갈등조정을 원활하게 해주는 조직의 설계는 신제품 성과에 긍정적 영향을 미친다. 따라서 신제품 관리자는 기능부서의 통합과 의사소통을 극대화할 수 있는 조직구조의 설계와 관리에 대해 많은 관심을 기울여야 한다. 신제품 개발조직의 유형 중 효과적이라고 인정되는 것으로 교차기능팀cross-functional team, CFT이 있다. 기존의 기능별 조직에 비해, 여러 기능을 통합하고 있는 교차기능팀의 장점으로는 고객지향, 복잡한 문제해결 능력, 창의성, 조직 학습, 일원화된 접촉, 그리고 업무 소요시간의 단축(신속성) 등이 있다. 신제품 개발조직에 대한 연구는 조직의 기본 형태와 이용가능한 여러 대안들, 각 대안의 장단점 분석, 상황에 적합한 이상적인 조직 형태의 탐색, 기능부서간 갈등의 원인 및 그 과정 등을 대상으로 수행되고 있다. 기업은 제품특성과 시장여건, 기업의 규모/자원/목적 등을 고려하여 자신의 여건에 적합한 조직구조를 설계하고 관리하는 것이 바람직하다.

213

최종 산출물의 법칙

이 법칙은 시장에 도입되는 신제품 그 자체가 성과의 결정에 중추적 역할을 한다는 것을 의미한다. 개발과정을 거쳐 시장에 새롭게 도입되는 제품 그 자체가 성과 결정에 중추적 역할을 한다는 것에는 사실 의심의 여지가 없다. 여러 연구결과에서도 '제품의 우월성'(주로 제품의 우수성, 적합성, 혁신성, 경제성 등으로 측정됨)은 성과를 가르는 중요 요인으로 드러났다. 고객 욕구에 더 적합하고 가격에 비해 더 나은 혜택higher benefit-to-cost ratio을 주는 제품, 우월한 제품product superiority과 경제성이 있는 제품product economic advantage은 성공할 가능성이 크다. 반면에 제품 결함product deficiencies, 제품 우위성 부족lack of product advantage은 주요한 실패요인으로 지적되고 있다. 한편 여기서 '제품의 우월성'은 고객 지향성과 반드시 병행해야 한다는 점을 잊어서는 안된다. 기술적으로 혁신적인 제품만이 성공의 충분조건은 아니다. 제품은 연구개발진의 일방적 관점이 아니라, 고객과의 쌍방향적 관점에서 볼 때도 우월해야 그 의미가 있다.

'제품의 우월성'이 성과에 중요한 요인이라는 사실은 신제품 개발과정에 대해 여러 가지를 시사한다. 결론적으로 기업은 단순히 경쟁제품과 유사하게 개발하는 것만으로는 충분치가 않고 제품우월성이 실현될 수 있도록 개발과정에서 많은 노력을 기울여야 한다. 이를 위해서는 지속적인 고객 욕구와 선호도 조사, 시장에 도입될 제품의 고객 수용도 조사, 그리고 기술력 증진 등을 들 수 있다. 결국 우월성을 갖춘 제품을 개발하려면 마케팅과 기술의 총체적 노력이 요구된다. 한편 실질적 제품우위가 없는 경우에 기업은 다른 보조수단(예: 광고, 촉진, 유통 등)에 의존하게 되는데(이것을 'non-product strategy'라고도 함), 이는 단기적 처방일 뿐이다. 고객에게 더 나은 가치value를 그것도 경쟁력있는 가격으로 제공하는 능력이야말로 기업 성공을 장기적으로 지속시키는 핵심이다. 또한 그러한 능력에 대한 이미지와 믿음이 일단 고객 마음속에 뿌리내려진다면 추후 개발되는 신제품들도 이를 바탕으로 좀 더 용이하게 시장에 도입될 가능성이 커진다.

신제품 개발의 성공 요소 중 으뜸은 기존 및 경쟁제품에 대한 경쟁력이다. 디자인이든 성능이든 무엇이든 소비자가 이를 선택하게 할 거리가 반드시 있어야 한다. 엣지edge가 있어야 한다. 단순히 기존에 없었던 것, 즉 새롭다는 것만으로 신제품 개발을 해서는 안된다. 아무리 독특하더라도 사람들에게 유용성을 제공하지 못하거나 혐오감을 준다면 그러한 신제품은 시장에서 살아남기 힘들다.

- **가장 쓸모없는 발명품 10가지:** 아이디어 상품이 넘쳐나는 요즘 감언이설로 소비자들을 유혹하는 엉터리 발명품들도 많다. 영국 일간지 더타임스(2008년 1월 28일자)는 19세기와 20세기의 '가장 쓸모없는 발명품 10가지'를 뽑았다. 이 중 기발하지만 아무도 사용하지 않을 발명품 5가지를 소

개하면 다음과 같다. ▲ 사람 잠 깨우는 도구(1882년 특허): 자명종만으로는 잠이 안 깨는 사람들을 위한 도구. 추가 달린 자명종을 천장에 매달고 자명종이 울려도 사람이 깨지 않으면 추가 얼굴 위로 떨어지게 만들었다. 그러나 이불이나 베개로 얼굴만 덮으면 이 추들도 쓸모 없다. ▲ 독수리나 매가 끄는 풍선기구(1887년): 독수리나 매에게 재갈을 달아 풍선에 매단 후 말을 몰 듯 원하는 방향대로 부리를 조정하면 풍선기구가 난다. 그러나 맹금류를 원하는 대로 조정하는 것은 매우 힘들며 날카로운 부리 때문에 풍선에 구멍이 뚫릴 수도 있다. ▲ 시체 보관함(1903년): 사랑하는 사람을 죽어서도 바라볼 수 있도록 시체를 세워서 보관하는 투명한 상자다. 장식품이 너무 크다고 생각하는 사람들을 위해 머리만 보관할 수 있는 상자도 만들었다. ▲ 연인들을 위한 장갑(1990년): 언제나 손을 잡고 싶은 연인들을 위해 만들어진 장갑이다. 두 개의 장갑을 합친 것처럼 생긴 이 장갑은 손바닥을 넣는 공간은 하나고 손가락을 넣는 부분은 갈라져 있다. 손바닥은 닿아 있으면서 손가락은 움직일 수 있도록 만들어졌다. 그러나 이 장갑을 낀 연인들이 길을 가다 장애물을 만나면 난감하다. ▲ 알람 포크(1995년): 건강하려면 음식물을 입 안에서 평균 32번 씹어야 한다는 연구결과에 착안한 발명품. 포크로 음식을 집어 입 안에 넣은 뒤 열심히 씹다가 알람이 울릴 때 음식을 삼키면 된다. 그러나 식탁 여기저기서 알람이 울려대면 소화가 안 될 수도 있다.

– 조선일보, 2008년 2월 2일

214

속도의 법칙

신제품 개발 기간의 단축은 신제품 성과에 중요한 영향을 미치는 전략적 변수이다. 서두에 언급한 바와 같이 대다수 기업들은 급변하는 기술과 시장의 여건하에서 운영되며, 특히나 기업의 생존과 성장에 직결되는 신제품개발 활동은 더욱 그러하다. 따라서 개발 초기에 유망하였던 신제품 아이디어도 개발과정의 비효율성으로 인해 개발과정이 지체되어 시장도입이 지연된다면, 경쟁사 신제품에 의한 시장선점, 모방제품과의 시간격차 감소, 고객 욕구의 변화, 또 다른 신기술의 도래 등으로 인해 원래 의도하였던 성과를 거두지 못하게 될 것이다. 따라서 신제품개발의 가속화Accelerated Product Development, APD는 매우 중요시되며, 이러한 점은 기술이 급격히 변화하는 첨단산업에서뿐 아니라 동일 시장을 대상으로 국경없이 치열한 경쟁이 펼쳐지는 오늘날 대부분의 예측불가능한 시장에서도 그러하다. 물론 열등한 신제품에 대한 무작정적 개발기간의 단축은 오히려 단계가 진행됨에 따라 기업에 보다 큰 문제와 비용을 초래하기도 한다. 따라서 속도speed, 그 자체만을 추구해서는 안된다. 속도는 다른 변수들과의 균형적 관리가 중요하다. 그러나 만약 다른 모든 요인들에 대한 충분한 관리가 되었다면, 속도는 기업의 주요한 경쟁 자산이 된다. 결국 신제품의 성공적인 성과는 빠른 개발속도만으로 이루어질 수는 없지만, 속도 향상의 뒷받침 없이는 큰 성과를 기대하기도 어렵다. 1980년대 중반까지만 하더라도 신제품 연구에 있어서 하나의 주된 과제는 어떻게 하면 실패를 최소화하여 성공적인 성과를 얻는가에 있었다. 그러나 그 후 여기에 속도speed라는 개념이 추가되어, 궁극적으로 속도가 동반되는 성공success coupled with speed을 추구하게 되었다.

- 시장개척자는 종종 영구적인 이익을 얻는다. 다른 조건이 일정하다면, 초기 제품은 새로운 시장에서 30%대의 평균점유율을 가진다. — M. Crawford

시간을 기반으로 하는 경쟁우위는 점차 그 중요성이 증대되고 있다. 이는 기존의 전형적인 경쟁우위, 즉 저원가, 차별화 우위 전략의 실행의 어려움에서 비롯된다. 이는 정보 공유, 기술 평준화 등으로 인해 기존의 저원가, 품질 격차의 간격이 점차 줄어드는 추세와 관련된다. 따라서 시간에 의한 우위는 새로운 경쟁우위 원천으로 생각해 볼 수 있다.

- 핵심역량에 근거한 경쟁(capabilities-based competition)에서는 핵심역량의 원천을 기술뿐만 아니라 사업과정(여기서는 신제품개발 과정)에서도 찾게 된다. 경쟁사를 능가하는 효율적 과정을 구축하고 관리하는 데 대한 투자가 지속적 경쟁우위를 가져오게 할 수 있다. 그러므로 전략개발에서는 조직 내의 가장 중요한 과정을 파악하고, 성과 측정을 규정하며, 표적 성과 수준을 미리 정하여 고객가치와 경쟁우위를 연결시켜야 하며, 교차기능팀을 구성하여 이를 실천하도록 해야 한다.

신제품개발 과정에서 탁월한 역량을 발휘하려면 사람과 인프라에 대한 전략적 투자가 포함되어야 하기 때문에, 과정에 대한 소유와 통제가 없이는 진정한 의미의 과정향상은 있을 수 없다. 기존의 전형적 경쟁우위 전략 방안도 더 빠른 시간우위와 같이 결합된다면 더 큰 상승효과를 낼 수 있다.

일반적으로 실제 실행으로 옮기게 되기까지는 많은 시간이 소요된다. 기업에 따라 다르겠지만 이러한 현상을 이해하는 것이 중요하다. 예를 들어 무슨 일이든 어떤 생각이 머릿속에 떠오른 시점부터 그 생각을 행동으로 옮기게 되기까지 무지하게 시간이 오래 걸리는 사람들이 있다. 기업도 마찬가지이다. 특히 기업의 여러 과업 중에 신제품 개발이 보통 이러한 현상이 많이 발생한다. 이는 불확실성, 위험도 많고, 또한 착수하는 데 필요한 여러 자원들이 결핍되었기에 그런 경우도 있다. 대부분의 기업들이 이러한 성향을 띠기에, 행동으로 옮김이 빠른 기업은 상대적으로 경쟁력을 가지게 된다.

● 박빙薄氷 위에서 스케이트를 탈 때 우리의 안전은 속도에서 나온다.

– 랄프 왈도 에머슨

215

끊임없는 선제공격先制攻擊의 법칙

기업이 생존하려면 위험하고 힘들더라도 신제품 개발을 계속적으로 추진해야 한다. 공격이 최선의 방어이다. '이 정도면 됐다', '이제는 쉬어도 된다'는 등의 안주하려는 마음이 생기는 순간부터 기업은 기울기 시작한다.

- 인간은 누구든 현실에 안주하려는 속성을 지니고 있다. 어느 정도의 단계에 이르면 거기에 만족하고 그만 멈추려고 한다. 그런데 인간이 처한 운명은 자꾸만 변하기 때문에 그럴 수가 없다. 운명은 인간에게 다음 단계로 올라가라고 도전장을 던진다. 그 단계에 이르면 다른 도전이 와서 또 다음 단계로 올라가게 한다. 그렇게 죽는 순간까지 인간은 도전을 받고 살아간다.

  – 아놀드 토인비

- 내가 오늘까지 100편의 영화를 제작한, 성공한 감독으로 남을 수 있었던 이유는, 첫째, 50년을 한결같이 남에게는 관대하고 자신에게 엄격하게 대했기 때문이다. 둘째, 영화 외에는 아는 것도, 할 수 있는 것도 없었다. 따라서 영화에 미칠 수밖에 없었다. 셋째, 머무르지 않고 떠났다. 즉 하나를 이룰 때마다 거기에 안주하지 않고 만들어 놓은 영화로부터 도망치려는 자기와의 싸움을 필사적으로 계속했다.

  – 임권택 감독이 밝힌 '내가 성공한 감독으로 남은 이유'

- 과학적 연구에 의하면, 목표가 달성되고 나면 인간 두뇌는 활성도가 둔화된다. 따라서 사람은 끊임없이 새로운 목표를 만들고 도전하지 않으면 점

점 추락하게 된다. 이런 불행을 피하기 위해서는 하나의 목표를 달성하고 나면 그 즉시 다음 목표를 설정해서 뇌에 새로운 프로그램을 입력해 주어야 한다.

– 무라카미 가즈오, 〈성공하는 DNA, 실패하는 DNA〉

변화하는 환경하에서 기업이 존속하고 더 나아가 꾸준히 성장하려면 신제품 개발을 한시라도 소홀히 해서는 안된다. 이왕 할거라면 방어적으로 하기보다는 오히려 선제적, 공격적으로 하는 것이 더 낫다.

- 유능한 경영인은 결정이 아무리 힘들고 어렵더라도 결코 미루지 않는다. 실패한 결정 10개 중 8개는 판단을 잘못 해서가 아니라 '제 때' 결정을 못 내렸기 때문에 실패한 것이다.

– 짐 콜린스, 〈*Good to Great*〉

신제품은 기업의 미래 성장동력일뿐 아니라 조직에도 활력을 불어넣는 근원이 된다. 신제품 개발은 미지의 세계에 대한 도전이다. 젊고 활기찬 기업들이 더욱 잘할 수밖에 없다. 이는 역으로 신제품 개발을 공격적으로 시작하면 거꾸로 기업은 정체된 상태에서 다시 젊고 활기차게 되기도 한다.

- "2009년 전자업계 매출 세계 1위를 달성하고 초일류 기업으로 도약하기 위해서는 발상의 전환을 통해 끊임없이 히트제품을 내야 한다. 히트제품은 새로운 시장을 만들고 소비자의 라이프 스타일을 바꾸는 등 시장과 회사의 성장을 이끌어 나가는 힘의 원천이다. 전자산업뿐 아니라 다른 산업에도 전자기술과 제품을 적극 활용시킬 수 있도록 사업영역을 넓히고 사업방법을 바꿔 히트제품을 지속적으로 창출해야 한다."

– 삼성전자의 윤종용 부회장의 2008년 2월 월례사

신제품 개발을 시작한다고 해도 그 열매를 맺기까지는 시간이 다소 걸린다. 성과 수확이 절실해지는 시점에 신제품 개발을 시작하는 것은 어떻게 보면 너무 늦은 것이다. 따라서 결실이 필요한 시점으로부터 시계를 거꾸로 돌리면서 '언제 신제품 프로젝트를 시작할 것인가'를 결정할 필요도 있다. 물론 기업의 인적-물적 자원, 그리고 시간은 제한되어 있기에, 기존 제품과의 균형, 다른 신제품개발 프로젝트와의 균형 등을 전체적으로 고려하여 이를 결정할 필요가 있다.

216

단타보다는 장타의 법칙

신제품 개발의 성공은 타율관리가 중요하기보다는 한 번의 빅히트, 즉 장타가 중요하다. 자잘한 단타보다는 한방의 장타가 승부를 가른다. 그리고 그것이 기업의 운명을 결정한다. 9승 1패의 승률보다는 1승 9패가 결과적으로 더 나을 수 있다. 즉 성공 횟수가 중요한 것이 아니라, 한번의 성공이라도 그 질적 내용, 규모가 더 중요하다. 예를 들어 고스톱의 경우 3점으로 9판 이기는 것보다는 50점으로 한판을 크게 이기는 것이 더 나은 것과 마찬가지이다.

- 5개를 혁신하면 4개는 실패한다. 그러나 나머지 1개가 미래를 만든다.

— 마케팅의 대가인 Philip Kotler

217

최고경영층 지원의 법칙

최고경영자의 의지와 지원은 신제품 성과에 생각보다 더 많은 영향을 미친다. 실제 여러 연구 결과 신제품개발의 전체과정에 걸친 최고경영자의 높은 관심과 지원, 또는 주도적인 개입은 신제품 성공에 밀접한 관련이 있는 것으로 나타났다. 부적절한 시장분석, 과다한 개발비용, 제품결함의 발생, 부적절한 시장도입이 되지 않도록 지속적으로 주의를 기울여야 하는데 이때 최고경영자의 태도와 물질적, 정신적 지원은 이에 영향을 미친다.

최고경영층이 올바른 지원을 하려면 우선 시장을 잘 알아야 한다. 그러기 위해선 "좀 더 시장에 가깝게 다가가는 것"이 중요하다. 즉 최고경영층과 시장 사이의 간격을 좁히는 것이 중요하다. 기업의 규모가 커지면서 기업을 창업하고 시장에 대한 날카로운 안목을 가졌던 경영자는 시장에서 점차 멀어지게 된다. 예를 들어 거리의 포장마차에서 튀김과 떡볶이를 만들면서 장사를 하는 사람은 손님들의 반응을 바로 확인할 수 있기에 그것을 제조과정에 즉각 반영한다. 그러나 그 사람이 성공해서 튀김과 떡볶이 사업을 크게 하고 자기는 이를 관리만 하는 사장이 된다면, 그는 더 이상 거리에서 사람들과 접하는 경우가 줄어든다. 물론 그가 고용한 종업원들이 그가 예전에 하였던 역할을 하면서 고객들의 반응을 즉각 느낄 것이다. 그러나 종업원은 종업원일뿐이다. 사장이 아니기에 필사적으로 사업을 살려보겠다는 주인의식 역시 부족하다. 또한 자신의 의견을 제조공정에 반영하고 싶어도 보고 및 승인 절차의 복잡함에 지레 포기할 수도 있다. 따라서 초기에는 시장의 욕구를 잘 반영하던 제품과 서비스도 점차 시장에서 멀어지게 된다. 이를 방지하기 위해, 즉 시장반응과 변화를 즉각적으로 기업경영에 반영하기 위해서는 사장은 자신이 직접 고객과 상대하였던 예전의 그때를 항상 염두에 두고 시장과 밀접한 거리를 유지하는 것이 중요하다.

218

역량의 축적 법칙(참조: 16장 우회축적의 법칙)

직진과 직선으로 움직이는 것만이 최선은 아니다. 때로는 현명하게 우회하여 돌아가는 것이 더 빨리 가는 방법일 수 있다. 핵심기술, 운영 소프트웨어 또는 Platform을 구축하는 데는 많은 시간과 인력이 투자된다. 단기적으로 수익 발생도 하지 않는다. 그러나 이것이 어느 순간 시장에서 인정을 받는 순간 그 위력은 가공할 정도로 커진다. 에디슨의 전구에 필라멘트 유리를 처음 공급한 코닝이 1970년에 개발한 광섬유는 "21세기에나 쓰일 제품"이라며 외면당했다고 한다. 그런데 코닝은 12년을 기다렸다. 그러다가 1982년 AT&T 분할을 맞아 통신업체들이 앞다퉈 광섬유를 깔면서 돈을 긁어 모았다. 캐논은 주력 제품의 연구개발부터 제품화 성공에 이르기까지 복사기 18년, 레이저 프린터 21년, BJ 프린터 26년, 리플렉스 카메라는 22년이라는 시간이 들어갔다고 한다.

다른 기업이 개발한 핵심기술과 부품에 의존하고, 단지 자신의 제조력만을 기반으로 신제품을 편하게(?) 개발하는 기업은 단기간에는 현금흐름이 좋겠지만 언젠가는 의존하는 기업의 기술과 부품에 발목을 잡히게 되고 결국 성장은 한계에 다다르게 된다.

- 히말라야의 염소시장에서는 크고 살이 찐 놈보다 그렇지 못한 염소가 곱절 비싸다. 그 이유는 다음과 같다. 가파른 산비탈에 방목되는 히말라야 염소는 두 가지 성향으로 대별된다. 안이하게 풀을 뜯어먹어 내리는 하향성과 힘들여 위쪽으로 풀을 뜯어먹어 오르는 상향성이 그것이다. 하향성은 당장에는 살이 찌지만 골짜기에 이르면 먹이가 다해 굶어 죽게 마련이요, 상향성 염소는 당장에는 마르지만 먹이가 끊이지 않기에 장수한다.

  – "이규태코너", 조선일보, 1998년 4월 23일

- 장작을 패는 데 쓸 수 있는 시간이 8시간이라면, 나는 그중 6시간 동안 도끼날을 날카롭게 세울 것이다 – 링컨

219

시제품試製品의 한계상황 테스트 법칙

초기 제품시제품, prototype이 개발되었다면 이제 그 제품이 정상적인 환경하에서 제대로 작동하는가를 시험하게 된다. 그러나 때로는 이러한 적정범위를 넘어선 상황으로까지 제품을 극한으로 몰고 가는 테스트를 해볼 필요가 있다. 소비자들이 항상 적정범위 내에서만 자사 제품을 사용한다는 보장이 없기에 그러한 경우를 예상해서 제품을 시험할 필요가 있다. 또한 이러한 비현실적 또는 극한 상황에서의 테스트는 제품의 기술발전에 대한 좋은 자료를 제시하기도 한다.

영화 '아이언맨'에서는 고공으로 날아 올라가면서 새로 개발한 아이언맨 복장을 테스트하는 장면이 나온다. 주인공은 한계 높이를 초과한 높이까지 올라가서 그때 어떻게 변화하는가를 체험함(영화에서는 높은 고도에서의 온도 저하로 인한 결빙현상 발생)으로써 귀한 자료를 얻는 모습이 나왔다.

- 샴푸 제조회사는 소비자가 보통 하루에 한 번꼴로 샴푸한다는 전제하에서만 제품을 개발해서는 안된다. 실제로 미용실에서 머리를 감겨주는 미용사는 하루에도 수십 번 샴푸를 손에 묻히게 된다. 이로 인한 피부손상은 일상적 사용자와는 다를 것이다. 샴푸회사는 이러한 극한 사용의 사용자마저도 고려할 필요가 있다. 한편 스마트폰 제조 업자는 오랜 시간 스마트폰을 보는 사람, 영유아의 약한 시력 등도 고려하여 제품을 개발할 필요가 있다.

220

시장도입의 준비 철저 법칙

제품을 실제로 시장에 등장시키는 시장도입 단계commercialization phase는 중요하면서도 어려운 단계이다. 적절한 도입 시점 및 지역의 선택, 표적화된 판매접근 노력, 도입기 마케팅 전략의 적합성, 효과적인 판매후 서비스 등은 제품의 성공적 시장도입에 기여한다. 그런데 이러한 의사결정과 실천은 단순히 운에 의해 좌우되게 해서는 안된다. 신제품의 개발 초기단계부터 시장도입에 대한 고민도 같이할 필요가 있다. 이를 위해서는 제품의 실물적 개발구현과 병행하여 마케팅 도입전략을 구상할 필요가 있다(많은 기업들이 마케팅 계획과정을 제품개발 과정에 구조적으로 내재화시키고 있다).

한편 시장도입은 이왕 들어갈 것이면, 요란하게 들어가는 것이 바람직할 때가 많다. 하나의 사회적 이슈(예: 고가격으로 이슈가 되었던 '신라면 블랙')가 되면 고객 인지도가 향상되기에 확산 속도가 빨라진다. 그 결과 시장에서의 성공/실패가 빠르게 결정되기에 경우에 따라서는 신속하게 미련을 버리고 기업의 다른 제품으로 매진할 수 있게도 해준다.

221

도입 시점의 법칙(참조: 2장 타이밍의 법칙; 5장 의사소통 타이밍의 법칙)

영화나 드라마를 보면, 주인공이 현재 처한 문제를 해결할 능력이 충분히 있음에도 불구하고 그러한 문제 상황을 쉽사리 벗어나지 못하는 모습이 보인다. 물론 시청자는 이에 대해 답답함을 느낀다. 그렇지만 이렇게 쌓인 답답함과 안타까움은 '결정적 순간'에 해결되면서 더 큰 통쾌함을 관객에게 제공한다(예: 영화 '두사부일체'에서 계속 불량학생에게 맞기만 하고 참고 있던 주인공이 결정적 장면에서 자신의 힘을 보여줌; 레슬링의 전설인 김일의 박치기가 처음부터 그냥 터진다면 관객의 시원함은 그리 크지 않았을 것임; 공포영화의 경우, 공포스런 장면은 분위기를 한껏 고조시킨 다음에 나타남).

마케팅 관리에서도 이러한 점을 세심하게 관리할 필요가 있다. 특히 신제품 출시, 가격할인 등은 타이밍에 따라 그 효과가 천차만별이 될 수 있다. 이와 관련하여 고려할 몇 가지 점을 언급하면 다음과 같다: 첫째, 분위기가 고조될 때까지 참았다가 가장 결정적인 순간에 터뜨린다. 그러기 위해서는 시장과 고객의 움직임에 대한 정보가 중요하다. 둘째, 그러한 기다림의 순간을 너무 오래 끌면 관객이 지친다. 그렇게 되면 정작 문제해결의 장면이 와도 감동이 덜하게 된다. 마치 배고픔의 기간이 너무 길어지면 나중에 허기를 느끼지 못하는 것과 마찬가지이다.

욕구가 적절하게 차오를 때까지 기다릴 수 있어야 한다. 그래야 감동도 있고 구매행동도 즉각적으로 수반되게 된다. 이러한 점은 신제품 시리즈의 최초 제품에서도 중요하지만, 이와 연관된 후속 시리즈 제품의 경우에도 중요하다. 특히 후속 시리즈 제품은 출현 간격을 적절히 결정해야 한다(예: 해리포터 시리즈의 영화 개봉시기; 미국 인기드라마의 시즌별 방영시기; 애플의 신제품 시리즈의 발표 등).

222

제품정리(/폐기)의 법칙

(참조: 2장 취사선택의 법칙, 10장 군더더기 제거의 법칙)

버려야 할 기존제품 또는 더 이상 개발하는 것이 의미 없는 신제품을 잘 판별해내는 것은 때로는 하나의 신제품 개발을 성공적으로 추진하는 것보다 더 중요할 때가 많다. 제때 잘 버리는 것이 중요하다. 이걸 잘해야만 기업의 제약된 자원을 좀 더 중요한 곳으로 모을 수 있다.

- 칭기즈칸 후계자 오고타이가 '아버지가 이룩한 대제국을 개혁할 수 있는 좋은 방법이 있느냐?'고 묻자, 몽골 제국 초기 명재상이었던 야율초재는 다음과 같이 말했다. "한 가지 이로운 일을 시작하는 것은 한 가지 해로운 일을 없애는 것만 못하고 한 가지 일을 만들어 내는 것은 한 가지 일을 줄이는 것만 못하다"(興一利 不若除一害, 生一事 不若滅一事).

몸이 가벼워야 잘 움직일 수 있는 것과 마찬가지의 이치이다. 기업이 운영하고 있는 제품들을 하나의 옷으로 비유한다면 기업은 시간이 흐르면서 여러 개의 옷을 껴입게 된다. 그중엔 반드시 필요한 옷이 있는 반면, 필요가 없는데도 습관적으로 가지고 있는 옷이 있다. 이러할 때는 필요 없는 옷을 과감히 벗기는 '옷 벗기기stripping'가 필요하다. 이를 통해 기업은 운신의 폭을 훨씬 넓힐 수 있다. 이러한 점은 제품뿐 아니라, 기업 구성원에 대해서도 적용된다.

- **유머:** 대기업이 식인종 여러 명을 채용했다. "그대들은 이제 우리 사람이 됐어. 동료들을 잡아먹는 일은 없어야 하네." 사장의 당부 말이었다. 식인종들은 그러기로 약속했는데 한 달이 지나자 CEO가 다시 그들을 찾았다. "모두가 그대들이 하는 일에 만족하고 있다네. 그런데 여비서 하나가 없어졌지 뭔가. 그 여자가 무슨 일을 당했는지 누구 아는 사람 없나?" 그들은 하나같이 고개를 저었다. CEO가 물러가자 그들의 우두머리가 동료 식인종을 나무랐다. "이런 바보 같은 놈들! 몇 주 동안 관리직에 있는 자들을 잡아먹을 땐 아무도 눈치채지 못했잖아. 어느 멍청한 놈이 여비서를 잡아먹은 거야!" → '여비서'는 기업에서 계속 유지할 제품이라면, '관리직'은 이제는 정리해도 될 제품이라는 의미.

223

제품옹호자의 법칙

하나의 신제품이 개발되어 시장에 도입되기까지에는 그 신제품에 남다른 애착을 가지고 어려운 시기에도 이를 포기하지 않고 지켜내는 조직원, 제품옹호자product champion가 필요하다. 성공한 사람의 뒤에 열성적인 부모 또는 아내가 있듯이, 성공한 제품 뒤에는 이를 아낌없이 지원하는 후원자가 있다. 하나의 신제품 아이디어가 개발과정을 거쳐 시장에 도입되기까지에는 많은 험로가 놓여 있다. 난관에 부딪힐 때마다 이를 포기하지 않고 지켜주는 사람이 있어야 신제품은 마지막 개발 관문까지 통과하게 된다. 제품옹호자는 기업의 자원이 해당 신제품에 우선적으로 투자될 수 있도록 하는데도 많은 역할을 하게 된다. 또한 제품옹호자는 많은 사람들이 그 신제품 아이디어를 잊고 있을 때도 결코 그 신제품을 포기하지 않고 그것을 살릴 방법을 계속 강구한다.

'성공의 아비는 많지만, 실패는 항상 고아다'란 말이 있다. 흔히 사람들은 어떠한 것이 성공하면 그것에 자신이 일조하였다고 얘기하려 하지만, 실패하면 그것은 나와는 상관없다고 한다. 제품 옹호자는 누구도 관심을 갖지 않고 눈길조차 주지 않을 때, 이를 지켜주는 수호신과도 같은 존재이다. 만약 그 신제품이 성공하면 제품옹호자야말로 진정한 애비이다. 설혹 실패하더라도 그는 뒤에 숨지는 않을 것이다.

• 92세 된 뉴질랜드의 한 할아버지가 소리 에너지를 이용해 순식간에 물을 끓일 수 있는 음파 주전자를 발명해냈다. 뉴질랜드 언론들은 크라이스트처치에 사는 노익장 발명왕 피터 데이비 할아버지가 지난 10여 년 동안 혼자 집중적으로 연구를 계속해온 끝에 음파 주전자 개발을 눈앞에 두고 있다며 이제 자신의 기술을 사갈 사업자를 찾고 있다고 밝혔다. 데이비 할아버지가 10여 년의 노력 끝에 음파 주전자를 만들었지만 그가 이 주전자에 관심을 갖기 시작한 지는 50년도 넘는다. 2차 대전 때 영국 전투기 조종사로 활약했던 데이비 할아버지는 집에서 색소폰을 연주하면서 소리의 각기 다른 진동수에 따라 모든 물체가 공명한다는 사실을 알아내고 소리 에너지에 관심을 갖게 됐다고 설명했다. 그는 "어떤 음역에서는 유리잔들이 딸랑딸랑하고, 어떤 음역에서는 칼과 포크가 흔들린다는 사실을 알아냈다"면서 "그 이후 수 없이 시행착오를 거듭하면서 음파로 물 끓이는 장치를 연구해왔다"고 말했다. 그는 음파 주전자는 순식간에 물을 끓일 수 있고, 아무리 적은 양의 물도 끓일 수 있어 필요한 양만 빨리 끓일 수 있는 장점이 있다며 소리는 전기를 사용해 만들어 내게 된다고 밝혔다. 자신의 모토가 '가능하면 젊게 오래 살다 죽는 것'이라는 그는 지금 자신의 기술을 사서 음파 주전자를 대량 생산할 사업자를 찾고 있다며 그렇기 때문에 현 단계에서는 자신의 기술에 대해 자세하게 설명해줄 수 없다고 말했다. 그러나 이 장치를 검토했던 아서 윌리엄슨 교수는 "소리로 물을 끓일 수 있다는 주장은 잘 믿어지지 않는다"면서 "그러나 어쨌든 통에 든 물이 40초 만에 끓는 등 제대로 작동했다"고 말했다.

– 연합뉴스, 2008년 2월 1일

224

핵심요인 규명의 법칙

신제품의 성과에 영향을 미치는 핵심 결정요인들critical factors에 대한 규명은 효율적이고도 효과적인 신제품을 관리하는 데 있어서 중요하다. 신제품의 성과에 영향을 미치는 중요 요인들을 밝혀내고, 이러한 요인들로 인한 영향과정을 정확히 밝혀낼 수만 있다면, 이러한 지식을 바탕으로 하여 거기에 대한 효과적인 대처방안을 마련할 수 있고, 이를 통해 좀 더 나은 신제품의 성과를 산출할 확률이 크게 향상될 수 있기 때문이다.

신참들은 모든 요소들에 신경을 쓰느라 정작 중요한 요소에 대해선 신경을 덜 쓰게 되기도 한다. 반면에 관록있는 사람들은 핵심 요소에만 힘을 집중하여 쏟기에 성과는 더 좋고 동시에 힘도 덜 들인다.

많은 연구들이 신제품의 성공/실패 요인이 무엇인지, 그리고 그러한 요인들이 어떠한 과정을 거쳐 신제품 성과에 영향을 주는지를 밝히려고 시도하였고 그 결과 적지 않은 핵심결정요인들, 예를 들어 시장지향성, 개발과정 초기단계의 활동, 개발과정의 가속화, 최고경영자의 지원 등이 규명되었다.

하나의 신제품이 시장에서 성공하기까지에는 여러 요인들이 복합적으로 영향을 미친다. 우선 제품개념이 우월하여야 한다. 그리고 이를 기술적으로 구현할 수 있어야 하고, 또한 이러한 제품의 생산과정과 기술은 효율적이어야 한다. 제품에 붙는 브랜드, 이를 매장에서 알리는 포장 등도 매력적이어야 한다. 물론 제품의 디자인도 빼놓을 수 없다. 아울러 이 제품에 대한 적절한 가격, 고객에게 다가가는 유통의 경쟁력도 이 제품을 성공시키는 데 중요한 요인이 된다. 또한 신제품을 고객에게 알리고 설득하는 마케팅 의사소통 활동의 중요성도 지적할 수 있다. 그러나 이들 요인들만 있는 것은 아니다. 이 제품이 등장하는 시장환경의 호의성, 즉 시장의 규모와 앞으로의 성장추세, 경쟁사의 경쟁력, 소비자의 선호도, 경제 여건 등도 신제품의 성과에 영향을 미치는 요인이 된다.

이와 같이 신제품 성과는 여러 다양한 요인들의 영향을 받아 결정되고, 각각의 요인들은 상호작용을 하여 서로의 원인과 결과가 되는 복잡한 양상을 띠므로, 근본적이고도 궁극적인 요인을 찾아내기 위해서는 요인 상호간의 인과관련성의 구조를 파악하여야 한다. 근본적인 요인을 찾고, 그 구조과정mechanism을 규명해야만 실패를 방지하고 회피할 수 있는 근본대책이 수립될 것이다. 책임소재가 명확히 밝혀짐에 따라 책임경영 체제가 수립되어 합리적인 기업경영 활동이 이루어지는 기틀이 마련될 수도 있다. 따라서 신제품 성과에 대한 연구는 단순히 요인을 평면적이고 병렬적으로 나열하는 것으로 그쳐서는 안되고 여러 요인들 간의 인과관계를 이론적, 과정적으로 파악하는 것이 중요하다. 향후 이론적/실증적 연구는 더 나은 이론 체계와 과학적 접근방법을 사용하여 성과요인의 파악은 물론이거니와 그 영향과정에 대해서도 이해를 높이는 데 노력해야 할 것이다. 연구결과로 쌓이게 되는 요인들determinants of new product performance에 대한 지식은 신제품 개발과정을 더욱 효율적이고 효과적으로 관리하기 위한 방침을 제시한다는 데 그 의미가 크다.

- 영향 요인들에 대한 더 많은 지식을 가지고 있는 기업, 그리고 이들 요인에 대한 더 나은 관리방안을 가지고 있는 기업은 그렇지 못한 기업에 비해 더 나은 신제품 성과를 거두게 된다.

신제품 성과를 결정짓는 요인들이 무엇이고 이들이 어떠한 과정을 거쳐 신제품 성과에 영향을 미치는가를 모두 밝혀내기란 쉬운 일이 아니다. 신제품 성과는 몇몇의 요인에 의해서만 좌우되는 것이 아니라 지금까지 알려진 또는 아직까지 밝혀지지 않은 수많은 요인과 그들 요인 간의 복잡한 연관성에 의해 좌우된다.

- "우리는 짐 실은 '마차가 움직이는 것'(: 성과)은 '말'(: 가장 직접적 요인) 때문이라고 생각한다. 하지만 바퀴가 없다면 마차는 움직일 수 없을 것이다. 한편 평탄한 도로가 없다면 바퀴는 구르지 못할 것이다. 또 영양을 공급해주는 사료가 없다면 말이 한발짝이라도 움직일 수 있겠는가? 또 대양으로부터 수분을 끌어올려 지상으로 뿌리는 태양의 힘이 없다면 사료가 어찌 자랄 수 있었겠는가? 한 가지 일이 일어나는 여러 가지 이유를 열거하기란 쉬운 일이 아니다. 그럼에도 불구하고 어떤 사람들은 우주가 창조된 이유와 목적을 아는 체 한다."

225

성공/실패요인의 양면성 법칙

신제품 개발에서 겪게 되는 각종 경험, 성과 등은 퍼즐 조각과 같다. 현재 실패라고 생각되는 조각이 전체 기업의 운명이란 그림의 어디에 속할지는 얼마간의 세월이 지난 다음에야 알 수 있다. 그 실패의 한 조각으로 인해 장차 큰 성공의 그림이 완성될지도 모른다. 따라서 한 면만을 보거나 또는 단기간의 기준으로 어떤 조각을 평가하는 것을 삼갈 필요가 있다.

- 귀금속 행상이던 A씨(50)는 넉넉지는 않지만 성실한 가장이었다. 1978년 결혼해 삼남매를 뒀다. 그러던 1984년 7월 A씨에게 행운이 찾아왔다. "돼지꿈을 꾸었으니 좋은 일이 있을 것 같다"는 부인(46)의 말을 듣고 구입한 주택복권이 1등에 당첨된 것이다. 1억원을 횡재한 A씨는 세금을 뺀 8,400만원으로 건물을 사들여 어엿한 건물주가 됐다. 서너 차례 부동산을 사고팔아 2억원이 넘는 재산을 모았다. 복권 덕택에 집안 살림은 넉넉해졌지만 뜻밖의 불행이 찾아왔다. 성실했던 A씨가 부인 이외에 다른 여자들을 만나기 시작한 것. 알뜰했던 남편은 씀씀이도 커져 재산을 많이 날리게 됐다. 부인에겐 생활비도 제대로 주지 않았고, 폭행을 일삼다 1998년에는 실형을 선고받기도 했다. 결국 부인은 올해 초 법원에 이혼소송을 냈다.

  – 조선일보, 1999년 10월 14일

- **인생의 세 가지 불행:** 소년시절 과거 급제하고, 부모형제 권세가 대단하고, 재주와 문장이 뛰어난 것

  – 정이(程頤, 송나라 학자)

226

개발과정의 공식화/체계화 법칙

신제품 개발을 임시방편, 주먹구구식으로 하는 것보다는 체계적(문서화, 공식화 등)으로 행하는 기업의 신제품 성과가 더 낫다. 연구결과, 신제품 개발과정에 대한 체계를 갖추고 이러한 매뉴얼을 따르는 기업들의 신제품 성과는 그렇지 않은 기업들의 경우보다 더 높은 것으로 나타났다. 그리고 이러한 체계적 접근방식의 역사가 긴 기업일수록 더욱 효과가 좋게 나타났다. 이와 더불어 신제품 관리자는 아이디어 단계로부터 시장화 단계까지 일련의 논리적 흐름을 가지는 규제된 접근방식을 행할 때, 통제불가능한 운에 의한 영향 부분은 더 적어지고 따라서 성과의 더 많은 부분을 통제할 수 있다고 확신하는 것으로 나타났다.

- 신제품 개발을 체계적으로 수행하고 그 역사가 긴 기업의 성과가 우월한 이유는 여러 가지가 있다: 신제품 개발에 포함되는 행위 및 단계에 대한 상세한 청사진에 의해 중요한 어떤 행동/단계의 생략의 방지, 유사한 상황에 반복하여 발생하는 의사결정 문제의 신속한 해결, 그리고 부서간 의견조정 문제의 효율적 단축 등이 그러한 이유들로 지적된다.

자신의 기업과 제품에 적합한 신제품 개발과정을 마련하기 위해서는 각 기업은 기존의 여러 사례 및 연구자들이 제시하는 이론들을 참고로 하되 이를 자기 기업의 제품/조직/재무구조 등의 제반 여건에 적합한 것을 선택하여 이를 적용시키는 것이 바람직하다. 또한 이렇게 선택된 신제품 개발단계를 충실히 따르고 그에 따른 경험을 누적적으로 쌓아나가면서 점진적으로 이를 개선하려는 노력도 필요하다.

신제품 개발은 한두 번의 활동으로만 그치는 기업활동이 아니다. 기업이 존재하는 한, 그리고 기업이 시장에서 존속하기 위해서는 계속적으로 추구해야 하는 활동이다. 따라서 기업의 모든 신제품 개발활동은 그것이 성공이든 실패든 간에 관계없이 기업에게 소중한 지적 자산이다. 따라서 이를 잘 관리하는 기업은 그렇지 않은 기업에 비해 성과가 좋을 수밖에 없다.

227

개발팀 의지의 법칙

시장상황과 경쟁여건 등의 기업외적 여건이 신제품의 시장 성과에 영향을 미친다는 사실은 부정할 수 없다. 그러나 신제품 성과의 많은 부분은 이러한 외적 환경변수보다는 신제품개발 과정 및 도입에 참여하는 여러 사람들이 어떠한 의지를 가지고 어떻게 수행하는가에 의해 더 많이 좌우된다. 이러한 사실은 상황적 특성을 많이 가진 요인보다는 인위적 노력의 특성을 많이 가진 요인들이 신제품 성과를 더 잘 판별해주고 있고, 성과에 더 많은 영향을 미치는 것으로 나타난 여러 연구 및 실제 사례들로부터도 뒷받침된다.

제품 운명론자product fatalist(신제품의 성과는 주로 그 외적 상황에 의해 좌우되며 이미 제품개발 초기부터 거의 예정된다고 믿는 사람)는 시장, 경쟁, 기타 외부 요인들의 영향력을 매우 중요시 평가한다. 따라서 그들은 초기의 신제품 프로젝트의 성격이 신제품 성과의 결정에 중요한 영향을 미친다고 판단한다. 그들은 개발과정에서 발생하는 경영자의 통제가능 영역(신제품 운명개척 능력 부분)의 영향력은 거의 미미하다고 생각한다. 결과적으로 신제품 성공을 위한 그들의 노력은 완벽한 신제품 프로젝트의 선택 또는 선별과정으로 집결되며, 따라서 그들은 신제품 프로젝트의 선택에 과도한 시간과 자원을 투자한다. 그러나 때때로 이러한 과다 분석은 '분석과다로 인한 마비paralysis by analysis'를 유발하기도 한다. 물론 타당성/유망성 있는 신제품 프로젝트 선택을 위한 노력이 중요하지 않다는 의미는 아니다. 초기에 반드시 어느 정도의 시간, 노력은 신제품 프로젝트의 Go/Hold/Kill 결정에 투자되어야 한다. 그러나 개발과정 초기부터 너무 완벽한 아이디어의 개발과 빈틈없는 평가에 과도한 정열을 기울이기보다는, 아이디어가 일정 수준 이상이면 실행에 착수하고, 제품개발과정을 실행해 나가면서 초기의 아이디어보다 더 나은 제품을 개발해 나가려는 적극적 실천의지가 중요하다. 이러한 적극적인 노력에 의해 초기의 보통수준의 신제품 대안도 점차 의미 있는 신제품 성과를 창출할 수 있는 훌륭한 대안으로 개선될 수 있게 된다.

- 바람과 파도는 언제나 유능한 뱃사람의 편이다.

– Edward Gibbon(18세기 영국 역사학자)

228

홀수/짝수의 법칙

소비자의 신제품 채택에 대해서는 여러 경험 법칙들이 실무에서 발견된다. 홀수/짝수에 대한 것도 이 중의 하나이다.

- 갤럭시 S2의 사용자는 갤럭시 S3가 나왔을 때 연속해서 구매하기보다는 한 단계 건너뛴 갤럭시 S4를 구매한다. 반면에 갤럭시 S3구매자의 다음 구매제품은 갤럭시 S5가 된다. 이러한 건너뜀 현상은 제품수명주기가 짧은 하이테크 제품에서 흔히 발견된다. 예전 컴퓨터의 구매에서도 286에서 486PC로 갈아타거나, 또는 386에서 586으로 갈아타는 경우가 많았다.

이러한 현상은 매번 신제품의 구매에 따른 금전적 부담 때문이기도 하지만, 바로 직전 기종과의 혜택 차이가 그리 크지 않다는 인식도 있기 때문일 것으로 짐작된다. 이러한 현상은 신규버전의 판매 예측에 도움이 된다. 예를 들어, 갤럭시 S8에 대한 판매예측은 현재의 갤럭시 S6의 수요층을 참조하면 된다.

한편 이러한 홀수/짝수 현상을 방지하기 위해 어떠한 제품개발 및 도입전략을 가져갈지에 대한 고민도 필요하다. 한 가지 방법은 신제품의 등장을 충분한 시기를 두고 하는 것이다. 그러나 현실적으로 이렇게 하기 어려운 이유는 경쟁사가 이 틈을 노리고 들어오는 경우가 많기 때문이다.

이와 같이 신제품의 구매는 일반 제품의 구매와는 다른 양상이 흔히 발견된다. 따라서 이러한 현상들에 대한 주의 깊은 관찰은 성공적인 신제품 관리를 위해서 중요시 된다.

229

[초판]이 [개정판]보다 어려운 법칙

너무도 상식적인 법칙이라고 볼 수 있겠지만, 책의 경우 [초판]의 집필이 [개정판] 집필보다 열 배는 더 힘이 든다. [개정판]은 이미 나와 있는 [초판]이 있기에, 이를 가지고 여기에 가필, 제거, 수정 등의 작업을 하면 될 뿐이다. 하지만 [초판]은 아무것도 없는 무無의 상태에서부터 시작되기에 책 전체의 틀을 짜야 하고, 그 안에 들어갈 내용들을 채워야 하고, 이를 출판할 출판사를 섭외해야 하는 등, 그만큼 더욱 힘들다. 물론 [초판]에 비해 [개정판]이 여러 면에서 더 좋지만, [초판]이 세상 및 시장에 미치는 영향력만큼 충격적이지는 않다. 이러한 현상은 책에서만 국한되지는 않는다. 세상 모든 신제품의 경우에도 해당된다.

- 매트릭스The Matrix는 1999년 5월 15일 개봉된 SF 액션 영화로 CGcomputer graphic를 다양하고 신선한 영상으로 영화계에 혁명을 일으키면서, 동시에 은유나 암시로 가득 찬 스토리로 신앙과 철학이라는 깊숙한 테마의 표현을 양립시킨 작품이었다. 이 영화는 후편들을 비롯한 여러 작품들(예: 애니 매트릭스)의 모태가 되었다. 그렇지만 최초 작품의 충격을 한 번 더 주지는 못하였다.

의욕이 넘치고 모험적이며 적극적인 기업은 [초판] 성격의 신제품을 만드는 데 열중하지만, 수동적이고 위험을 회피하는 기업은 [개정판] 성격의 신제품에서 머무른다. 그런데 이러한 운영 패턴이 반복되다 보면, 점차 이들 기업 간의 격차는 크게 벌어지게 된다.

글을 맺으며

학문이 추구하는 일반이론과 법칙을 찾기 위해서는 그전에 수많은 단편적인 경험과 지식의 축적, 가설과 비판의 반복이 이루어져야 한다. 여기서는 기존의 신제품 연구들로부터 추출된 여러 의미있는 발견점들 중 일부를 선택하여 법칙으로 정리하였다. 우리나라 기업의 신제품을 대상으로 한 연구는 아직도 많이 부족한 형편으로, 우리나라 시장과 기업 실정에 적합한 신제품 개발방안을 마련하기 위해서는 이에 대한 많은 연구가 요구된다. 향후 이러한 연구가 축적된다면, 이를 바탕으로 우리나라 신제품의 개발 상황에 적합한 법칙을 제시할 수 있게 될 것으로 기대한다.

제품의 법칙

Chapter 10

마케팅믹스를 구성하는 요소들 중에서 가장 기본이 되고 그 중심에 서는 것이 바로 제품product이다. 왜냐하면 가격, 유통, 커뮤니케이션에 대한 결정은 대개 제품을 기반으로 하여 후속적으로 설정되는 경우가 많기 때문이다.

마케팅 성과에서 제품이 차지하는 역할은 매우 크다. 따라서 제품이 좋다면 다른 것들이 조금 미흡하더라도 시장성과는 좋지만, 제품이 좋지 않다면 그 밖의 다른 것들이 아무리 좋아도 시장성과가 좋기는 어렵다.

마케팅 관점에서 제품은 포괄적으로 인식된다. 즉 유형적 형체를 갖춘 제품(예: 자동차, 냉장고, 스마트폰)뿐 아니라 서비스(예: 의료, 미장원, 보험, 금융, 통신), 장소(예: 관광지), 아이디어(예: 중세시대의 면죄부, 창업 아이디어 등), 사람(예: 연예인, 정치가), 경험(예: 사찰체험), 조직체(예: 군대, 정당), 정보(예: 대학입시 정보집, 기출문제집 등) 등은 모두 시장에서 거래가 되는 제품이다. 이들 제품은 소비자들의 어떤 특정 욕구나 필요를 충족시킨다. 그렇기에 소비자는 기꺼이 이들 제품을 구입하기 위해 가격을 지불한다. 따라서 시장에서의 교환의 대상이 된다. 그리고 소비자들은 자신의 욕구나 필요를 충족시키는 정도의 크기에 따라 그만큼 더 높은 가격을 지불할 의향을 가진다.

마케팅 관점에서 보면, 제품은 이를 구성 또는 형성하고 있는 제품 속성들product attributes의 단순 집합의 모임이 아니라, 그 이상의 어떤 것을 의미한다. 왜냐하면 소비자들은 제품을 그들의 욕구를 충족시키는 모든 편익의 묶음 또는 뭉치bundles of benefits로 파악하기 때문이다. 예를 들어, 자동차는 타이어, 철판, 엔진, 유리, 핸들 등의 단순 조합이기는 하지만, 소비자에게는 그 이상을 의미한다. 즉 자동차는 안전하면서도 여러 기능을 가진 운송수단(기능적 편익)일 뿐 아니라, 세련되거나 터프함을 추구하는 자신의 성향을 나타내기도 하며(심리적 편익), 신분 과시의 욕구(사회적 편익)를 충족시켜 주기도 한다. 포르쉐porsche, 벤틀리bentley는 조금 비싼 부품들의 조합일 뿐이다. 그렇지만 이들 부품값들의 단순 합계보다 더 비싼 가격으로 팔리는데, 이는 그러한 가치가 새롭게 생성되기 때문이다. 즉 부품들은 부품으로 있을 때는 그 부품가격으로만 팔리지만, 이러한 부품들이 뭉쳐서 포르쉐나 벤틀리로 합체되는 순간 더 큰 가치가 생성되기 때문이다. 따라서 마케팅 관리자가 하나의 제품을 개발하려고 할 때는 먼저 그 제품이 소비자의 어떤 욕구를 충족시킬 수 있는지, 즉 소비자가 그 제품으로부터 어떤 혜택을 얻으려 하는지를 확실히 이해하고 있어야 한다. 여기서는 제품과 관련된 법칙들을 제시하겠다.

230

표적시장 선정의 법칙

2013년 TV에선 '응답하라 1994'란 드라마가 대히트를 쳤다. 그런데 이를 이어서 '응답하라 1964'를 만들면 어떻게 될까? 물론 1964년은 1994년에 비해 촬영세트 만들기도 어렵고, 그 당시의 장면/사건을 재구성하기도 쉽지 않기에 실제로 이를 제작하기는 어려울 것이다.

그러나 무엇보다도 '응답하라 1994'만큼 충분한 시청자를 확보하기 어려울 것이다. 2013년은 1994년에 청소년기를 보냈던 사람들의 나이가 대략 30~40대가 된다. 그러나 1964년이라면 60~80대이다. '응답하라 1964'에 누구보다도 관심이 많을 노년 시청자의 규모는 적다. 더구나 1964년이 배경이 되는 드라마를 다른 연령층 즉 10~40대가 공감하면서 시청하기를 기대하기는 어렵다. 시청자가 적은 드라마는 협찬 및 광고도 붙지 않기에 아마도 이를 제작하려는 방송사는 없을 것이다.

기업은 욕구의 이질성에 따라 시장을 나누고(시장세분화, Segmentation), 이렇게 세분화된 시장 중에서 가장 성장성이 좋으면서

응답하라 1997 - 1994 - 1988

도 자기 역량의 발휘에 적합한 최적 시장을 고를(표적시장의 선정, Targeting) 필요가 있다.

표적시장의 선정 기준은 여러 가지가 있다. 물론 상황에 따라 선정기준들의 조정은 필요하기도 하지만, 일반적으로 다음의 두 가지 조건이 충족되어야 한다. 첫째, 객관적으로 보아 매력이 있는 시장이어야 한다. 이를 위해서는 현재 그 시장의 규모는 일정 수준 이상으로 커야 하고 미래에도 성장성이 있어야 한다. 또한 경쟁이 그리 심하지 않고, 유통 구축이 어렵지 않으며, 수익률도 높게 나올 수 있어야 한다. 둘째, 그 시장에서 성공할 수 있는 강점을 기업이 보유하고 있어야 한다. 즉 시장마다 그 시장에서 성공할 수 있는 특유의 요건KSF, Key Success Factors이 있는데 이러한 요건을 기업이 갖추고 있는가 하는 점은 중요한 판단기준이 된다. 이러한 두 가지 기준, 즉 시장의 매력도와 시장공략에 필요한 강점 보유는 일견 간단해 보이기는 하지만, 이러한 조건을 동시에 갖춘 시장을 찾기란 생각만큼 쉽지 않다. 예를 들어 프로 골프는 연봉이 높은 분야이기에 직업으로서의 매력도가 높다. 그렇지만 이러한 분야에서 필요시되는 강점(예: 타이거 우즈와 같은 능력)을 보유하기란 쉽지 않다. 대다수의 사람들은 어떤 시장 또는 직업이 매력적이라는 것을 잘 알고 있다(예: 의사, 변호사, 연예인, 모델 등). 그러나 문제는 이러한 시장에서 요구되는 강점을 자신이 보유하고 있지 못하다는데 인생의 비극이 있다. 또한 자신이 보유한 강점(예: 남보다 더 잠을 많이 잘 수 있음, 배불러도 음식을 더 먹을 수 있음 등)이 맹활약할 수 있는 시장은 별로 매력적이지 않다는 점에도 인생의 슬픔이 있다.

231

시장 눈높이의 법칙

까다로운 눈높의의 고객이 좀 더 좋은 제품을 만들게 한다. 작품에 대한 안목이 높은 관객들을 대상으로 영화를 제작하는 감독은 더 좋은 작품을 만들 수밖에 없다. 우수한 학생들을 가르치는 선생님은 자신의 실력을 키워야 하기에 결국엔 우수한 선생님으로 되기도 한다.

낯선 외지에서 음식점에 대한 정보가 부족하면, 흔히 기사 식당을 가거나 아니면 관공서 근처의 식당을 찾아가란 말이 있다. 그 이유는 아마도 까다로운 고객들의 입맛을 맞추기 위해 그러한 식당들이 꾸준히 노력하고 있을 것이란 짐작에서 그러할 것이다.

아무도 보지 않을 것이란 생각으로 미술 작품을 만드는 작가와 까다로운 평론가 및 많은 관객들이 찾을 것이란 생각으로 미술 작품을 만드는 작가 간에는 작품에 들이는 노력에 많은 차이가 있을 것이다. 많은 독자들이 보지 않을 것이란 생각으로 책을 집필하는 사람과 전 세계의 많은 독자들이 볼 것이란 생각으로 책을 집필하는 사람간에도 책에 들이는 노력에는 차이가 날 것이다. 아마도 후자가 좀 더 흥이 나서 그리고 좀 더 정성을 기울여 책을 쓰지 않을까 생각된다. 결국 시장의 눈높이가 품질의 수준을 결정한다.

까다로운 눈높이의 시장에서 일단 성공한 제품/서비스는 그렇지 않은 시장으로 진출하게 되면 엄청난 경쟁력을 가지게 될 것이다. 반면에 대충 만들어도 소비자들이 사주던 시장에서 편하게 운영하고 있던 기업은 이러한 보호막이 무너지면, 큰 위기에 봉착할 것이다.

232

한 제품의 성공이 연관된 주변 제품 그리고 후속 제품의 성공을 이끄는 법칙

영화 '레미제라블'의 성공은 빅토르 위고가 저술한 여러 책의 판매에도 영향을 미쳤다. 영화 '명량'으로 인해 사람들은 이순신 장군에 대한 책들을 많이 찾게 되었다. '짱구는 못말려' 만화에 등장한 초코비는 실제로 제품화되어 많은 아이들이 즐겨 찾았다. 이와 같이 하나의 제품의 성공은 그 하나로만 그치지 않는다. 연관된 제품들에도 긍정적 영향을 미친다. 이러한 현상을 알고 있다면, 미리 핵심 성공제품과 연관되는 많은 제품들을 준비해두는 것도 좋을 것이다.

사람들은 만족스런 하나의 제품을 발견하게 되면, 이와 유사한 제품들도 만족을 줄 것이란 기대감을 갖게 되기에 핵심제품과 연관된 제품들을 찾게 된다. 이와이 슌지 감독의 '러브레터'란 영화에 감동을 받은 사람들은 그의 다른 작품(예: 4월 이야기, 하나와 앨리스 등)도 보고 싶어진다. 어떤 연기자의 연기에 감동한 사람들은 그가 등장하는 다른 작품도 찾아보게 된다. 저자 역시 장만옥張曼玉, 기무라 타쿠야木村拓哉 등이 출연한 작품은 내용이나 흥행에 관계없이 이를 찾아 보곤 하였다.

● 저자는 미국 및 일본 드라마를 즐겨 보는데 이러한 취미를 갖게 된 것은 정

말로 우연이었다. 미국 드라마의 경우엔, '프리즌 브레이크' 1편(2005년 작품)을 보고서 그 재미와 감동으로 시즌 끝까지 다 보았고, 이것을 다 본 다음에는 아쉬운 마음에 또 다른 미국 드라마(예: Lost, Dexter, Game of Thrones 등)를 찾게 되었다. 일본 드라마의 경우엔, 기무라 타쿠야가 등장한 '히어로'(2001년 작품)를 본 다음에 일본 드라마의 매력을 발견하게 되었고, 이어서 다른 일본 드라마도 섭렵하게 되었다.

해외에서 한류 붐이 일었던 것도 아마도 겨울연가, 대장금, 소녀시대 등과 같은 폭발성 있는 제품이 불을 지피지 않았을까 짐작된다. 이런 점에서 보면, 하나의 굉장한 성공 제품을 시장에 내보이는 것은 그 파괴력이 예상보다 엄청날 수 있다. 즉 이러한 핵심제품으로 인해 그 제품 이전에 있었던 제품들도 다시 찾아 보게 되고, 그 제품 이후에 나오는 제품들을 열광적으로 기다리게 된다.

제품개발의 초기 단계부터 광범위하면서도 치밀한 전략을 갖고 제품을 개발한다면 제품개발 과정도 전체적으로 일관성있게 진행될뿐 아니라, 차후에 시장에 들어갈 때도 핵심제품뿐 아니라 이와 연관된 주변제품 등에 대해 만반의 준비가 완료된 상태에서 들어가게 되기에, 최대의 시장 성과를 거둘 수 있다.

- 권투를 잘하는 포켓몬은 '홍수몬', 거북이를 닮은 놈은 '꼬부기.' 각각의 캐릭터들의 한국 이름 짓느라 1년이 걸렸다고 한다. 피카추는 미국 시사주간지 타임이 '1999년 베스트 인물'로 선정되었다. 포켓몬의 인기의 비결은 「진화－수집시스템」으로 제작사 닌텐도는 끊임없이 새로운 캐릭터를 만들

어냄으로써 아이들에게 계속적으로 흥미를 유발하였다. '포켓몬스터'의 내면에 감춰진 일본 문화상품의 치밀한 전략은 매우 결정적이었다. 5년, 즉 맨 처음 계획에서부터 게임, 애니메이션, 캐릭터 상품, 출판만화 등으로 차근차근 시장에 나오게 되는 데 5년이 걸렸다. 제작사는 인기를 우연에 맡겨 그냥 '생기게' 하지 않고 짜임새있게 하나씩 '만들어' 나갔다.

– [인기해부학]– 포켓몬, 끝없는 진화, 조선일보, 2000년 2월 13일자

- 한류를 염두에 두고 드라마를 제작하는 경우에는, 제작의 초기단계부터 배우들에 대한 캐스팅, 촬영 장소에 대한 로케이션, PPL에 등장할 물품 등을 한류 붐과 연관지어 결정한다.

233

한 기업의 실패(또는 잘못된 행위)가 주변 기업에 미치는 영향 법칙(참조: 15장 혁신의 연쇄 법칙)

한 기업의 잘못된 행위에 놀란 또는 분노한 소비자는 그 제품 자체의 구매를 꺼리기에 그 시장에 제품을 공급하는 다른 양심적 기업의 매출에도 악영향을 미치는 경우가 많다.

- **'가짜' 파문에 '진짜' 백수오 재배 농민은 웁니다:** 여성 갱년기 증상에 효과가 있다고 알려져 큰 인기를 얻었던 백수오 제품 대부분이 가짜라고 판명났다. 몸에 효능이 있는 백수오는 3년 재배를 해야 한다. 그런데 진짜 백수오 대신 1년이면 재배되는 이엽우피소를 섞어 만든 게 문제가 되었다. 백수오와 유사하게 보이는 이엽우피소는 간독성, 신경장애를 일으킬 수 있다

고 한다. 그런데 그 파장은 가짜제품을 생산한 당해기업, 그리고 이의 유통업체에만 영향을 미친 것은 아니었다. 혹시 다른 건강식품도 문제가 있는 거 아닌가 하는 우려를 가진 소비자들은 이제 제대로 된 백수오 제품을 생산하는 기업의 제품도 구매를 꺼리게 되었다. 그동안 3,000억원 규모로 판매될 정도로 시장이 커졌기에 이를 계약재배하려는 농가 역시 그동안 많은 투자를 하였다. 그런데 이렇게 시장이 식어버리자 재배농가 역시 큰 타격을 받게 되었다.

– YTN, 2015년 5월 2일

234

부록의 유인 법칙

부록附錄이란 신문이나 잡지 따위에 덧붙인 지면紙面이나 따로 내는 책자冊子를 일컫는다. 어찌 보면 보잘것없는 존재이지만, 경우에 따라서 이것이 큰 역할을 하는 경우가 종종 있다. 여성잡지에 부착된 립스틱, 음악CD, 여행 소책자 등의 부록이 탐나서 여성잡지를 구입하는 경우, 짱구 초코비 과자통에 담긴 스티커를 모으기 위해 이를 사는 경우 등.

따조가 담긴 치토스의 봉지

- 따조는 화려한 색감의 캐릭터가 인쇄된 동그란 딱지였다. 1980년대부터 1990년대 말까지 치토스에 동봉되었는데, 어린 학생

들은 이 따조를 종류별로 모으기 위해 치토스 판매량이 치솟았다. 물론 사회적 물의도 일으켰다. 예를 들어 따조만 빼낸 다음, 치토스 과자는 그대로 버리는 문제도 발생하였다. 한편 따조 인기가 치솟자 짝퉁인 '나조'란 것도 등장하였다.

따라서 기업은 주력 제품의 경쟁력이 약간 부족하다고 느끼면, 이러한 조력자, 즉 부록을 적극 개발하는 것도 하나의 방법이 될 것이다.

235

주문생산의 법칙

신속 정확하게 시장정보를 획득하고 이를 즉각 제품에 반영하여 생산한다면 엄청난 이득이 있을 것이다. 주로 백화점 지하에 위치한 음식판매점은 폐장 시간에 가까워지면 할인판매를 시작한다. 만약 이러한 매장에서 주문에 따른 판매를 하였다면, 이렇게 재고를 떨이판매하지는 않을 것이다. 물론 이러한 주문생산을 하려면, 고객들은 생산까지의 대기 시간을 기꺼이 기다려 주어야 하고, 생산 방식도 신속히 처리되게끔 시설이 갖춰져야 할 것이다. 물론 이러한 여건은 쉽지 않겠지만, 이것이 실현된다면 많은 이득을 획득할 것이다. 신제품개발, 신시장개척이 힘든 상황을 고려해볼 때, '기존제품-기존시장의 구도'에서 원가절감을 통한 더 나은 수익을 올릴 수 있는 방법이기에 이에 대한 방법을 모색할 필요가 있다.

- 소비자 개개인의 필요와 기호를 모르고 제품을 생산하기 때문에 나타나는 경제적 낭비는 생각보다 크다고 한다. 닛산 자동차 회사는 만약 소비자의 주문에 의해서만 차를 만든다면, 자동차 한 대당 약 3,600달러를 절약할 수 있을 것이라고 계산했다. 이러한 절약은 불필요한 재고비용, 팔리지 않는 차를 헐값에 처분하는 비용 등을 고려하여 계산된 것이다. 이런 문제는 의류시장에서도 나타난다. 의류회사가 기성복을 만들어 제값을 받고 파는 비율은 보통 30%도 안된다고 한다. 나머지는 계절이 끝날 무렵의 헐값세일, 그래도 안팔린 것은 다음해까지 창고에 보관하는 비용, 1년 후 유행에 뒤진 옷을 다시 손질하고 더욱 헐값에 파는 손실, 그리고 소매점포에서의 분실, 손상 등의 손실 등을 합치면 그 경제적 손실은 매우 크다고 한다.

  – 윤석철, 2001

- 수요에 대한 정보에 완벽히 다가갈수록 재고는 zero(0)에 가까워진다.

  – 마이클 델(Michael Dell)

236

군더더기 제거의 법칙(참조: 2장 취사선택의 법칙, 9장 제품정리의 법칙)

흰 코끼리white elephant는 돈만 많이 들고 득 되는 것이 하나도 없는 애물단지와 같은 존재를 의미한다.

- 원래 흰코끼리는 불교에서 대단히 귀중한 존재로 여겨지는데, 이는 석가모니의 모친인 마야부인이 태몽으로 흰코끼리 꿈을 꾸었기 때문이다. 이러한 이유로 흰코끼리는 어떤 일도 시키지 않고 신성시되며, 특히 불교국가인 태국의 경우 국가 수호신으로 대접받고 있다. 이러한 연유로 인해 흰코끼리는 동시에 처치곤란한 물건이 되기도 하였다. 그 이유는 국왕이 미워하는 신하에게 흰코끼리를 선물한 것으로부터 유래한다. 신하 입장에서는 국왕이 선물한 코끼리가 죽게 되면 왕권에 대한 도전으로 간주되기에, 코끼리가 자연사할 때까지 어쩔 수 없이 열과 성을 다해 키워야 한다. 코끼리의 평균 수명은 70년이고 하루 180~270kg을 먹기에 재정적 손실은 물론이거니와 행여 병에 걸리지 않을까 노심초사하게 된다.

기업에는 이러한 성격의 제품들이 있게 마련이다. 그러한 제품들이 발생하는 이유는 여러 가지가 있다: 기업 성격 및 목적에 맞지 않지만 CEO의 개인적 취향에 따라 이런 제품 또는 사업군이 생긴 경우, 초기에는 회사에 도움이 되었지만 상황이 변함에 따라 손해를 끼치게 된 제품인데 그 제품에 대한 애착으로 버리지 못한 경우, 그 제품으로 인해 먹고 살거나 이득을 보는 사람 및 조직들이 있고 이들의 힘이 있기에 감히 없애지 못하는 경우. 그 이유에 따라 이를 제거하기가 쉽기도 또는 어렵기도 하지만, 결국 이에 대한 현명한 해답은 이를 가능한 빠르게 제거하는 것이다. 그래야만 정작 중요한 제품, 사업부에 기업의 자원을 집중 투여할 수 있기 때문이다.

- 가지치기剪枝, pruning는 과수원에서 꽃을 많이 피게 하거나 과일이 많이 열리게 하기 위해 쓰는 방법이다. 가지가 너무 많다면 땅밑으로부터 흡수하는 영양분이 어쩔수 없이 여러 군데로 분산된다. 필요없는 가지들을 정리한다면 그만큼 남아있는 튼튼한 가지에 더 많은 영양분이 공급될 것이다.

237

제품 성격의 천양지차 법칙

전술한 바와 같이 마케팅에서는 유형 제품, 서비스, 아이디어, 판권, 사람, 경험, 조직체, 정보 등을 모두 시장에서 거래가 되는 제품으로 취급한다. 그렇지만 이러한 제품들은 각기 성격이 천양지차이기에 각각에 적합한 마케팅 전략을 구사하여야 한다.

- 5,000원짜리 볼펜이 있는데 소비자들이 비싸다고 느낀다면, 일반적인 마케팅 방법은 하나 값에 두 개를 주겠다고 하는 것(1+1 마케팅)이다. 하지만 어떤 영화가 재미없어 관객이 들지 않을 때 다른 영화 한 편을 더 보여주겠다고 한다면, 관객들이 몰릴 것인가? 아마도 재미없는 영화를 두 편씩이나 시간을 들여 볼 관객은 없을 것이다. 이와 같이 문화마케팅은 접근 방법을 전혀 다르게 해야 한다. 문화경영은 숫자가 아니라 질이다.

  – 왕치현 인하대학교 문화경영학과 교수, CNB저널 430~431호, 2015년 5월

글을 맺으며

여기서는 제품과 관련된 법칙들을 다루었다. 다른 주제에 비해 법칙의 숫자는 적다. 그렇다고 제품이 중요하지 않다는 것은 결코 아니다. 제품은 마케팅 활동의 알파이자 또한 오메가이다.

- 이게 내가 생각하는 마케팅의 핵심 속성입니다. 좋은 마케팅 기법도 제품이 받쳐주지 않으면 결코 성공할 수 없다는 오래된 진리로 돌아가는 거죠. 신제품을 출시할 때 창의적인 방법을 동원하는 것은 항상 사람들의 흥미와 열기를 높이기는 합니다. 하지만 만약 제품의 질이 그에 호응할 만한 수준이 안 된다면 결국 농담거리 수준으로 전락할 수도 있겠죠.

  – 필립 코틀러 교수와의 인터뷰(조선일보, 2007년 8월 11일)

제11장

가격의 법칙

Chapter 11

가격은 기업이 제공하는 제품/서비스로 인한 혜택의 대가로 요구되는 금액을 의미한다. 즉 소유, 사용함으로써 얻게 되는 제품/서비스로부터의 혜택benefit에 대한 대가로 소비자가 지불하는 금액이다. 따라서 소비자에게 제공되는 제품/서비스의 혜택이 클수록(또는 단지 클 것이란 생각만으로도) 교환 대가로 지불하는 가격은 높게 책정될 것이다.

제품의 가격은 매출, 이익, 시장점유율은 물론 제품 이미지, 유통경로, 마케팅 커뮤니케이션 등의 여러 면에 영향을 미치기 때문에 현명한 의사결정을 내릴 필요가 있다. 아마도 마케팅믹스 요소 중에서 가격만큼 빠르게 변경시키기 쉬운 것은 없을 것이다. 그리고 가격만큼 즉각적으로 고객의 구매결정에 강력한 영향을 미치는 것도 없을 것이다.

소비자 입장에서는, 10원 가치가 있는 꼭 필요한 물건을 20원이나 주고 구입하는 것은 어리석다. 그렇지만 20원 가치가 있더라도 꼭 필요하지 않은 물건을 10원 주고 구입하는 것은 더욱 어리석다. 그러나 반대로 기업 입장에서는 꼭 필요한 물건의 경우에는 좀 더 비싼 가격을 받고, 꼭 필요하지 않아서 구입하려 하지 않는 물건은 조금이라도 싸게 파는 것이 영리한 마케팅이라고 할 것이다. 이와 같이 입장에 따라 동일 행동에 대한 평가도 다르다. 즉 소비자의 어리석은 행동은 기업 입장에서는 영리한 마케팅이 된다.

제품에 대한 기본적인 가격결정을 잘 하고 이에 대한 조정을 상황에 따라 잘해 나간다면, 마케팅 성과를 향상시킬 수 있다. 반면에 이러한 가격 결정 및 관리에 미숙하다면, 많은 잠재적 이익을 실현시키지 못할 뿐 아니라 기업을 어려운 지경으로 몰아갈 수도 있다. 따라서 가격에 대한 체계적이고 과학적인 관리의 필요성은 매우 높다. 여기서는 가격에 대한 몇 가지 법칙들을 소개하겠다.

238 가치의 주관성 법칙

제품 또는 서비스의 가치에 대한 소비자 평가는 주관적이다. 따라서 동일한 제품/서비스일지라도 그에 대한 가치 인식은 다르기에 여기에 매겨진 가격에 대한 평가 역시 사람에 따라 그 격차가 상당히 클 수 있다. 따라서 가치를 섣불리 지레짐작하지 않는 것이 바람직하다. 잘못하면 더 큰 이익의 기회를 놓칠 수도 있다.

- 일본 TV 프로그램 [경매]에 등장하는 경매 상품은 자동차, 가구 등의 유형 물건이 아닌 무형의 물건인데, 하루는 인기 정상의 가수와 멋진 저녁을 함께하는 상품이었다. 불과 5시간의 행복감을 위해 어떤 20대 후반의 여성은 200여 만 엔(2,000여 만원)을 제시해 낙찰받았다. 그녀는 버스 안내양이었고, 월급은 20만 엔 정도였다고 한다. 이와 같이 무형의 물건은 구매자에 따라 얼마든지 다르게 가치가 평가될 수 있다.

사회적 파급효과를 고려하지 않은 기업의 주관적 가격 책정은 때로는 예기치 않은 파장을 초래하기도 한다.

- 미국 슈퍼마켓 체인 월마트가 흑인 바비인형의 가격을 백인 바비인형의 절반 수준으로 깎아 판매해 논란이 일고 있다. 백인 발레리나 바비 인형은 5.93달러에, 흑인 발레리나 인형은 3달러에 나란히 판매되고 있다. 이에 대해 월마트는 봄 신상품 판매를 위한 재고 처리 차원에서 가격을 변경한 것이라고 설명했다. 하지만 월마트가 가격 책정이 함축하는 의미를 좀 더 주의깊게 고려했어야 한다는 비판이 나오고 있다. 노스사이드 아동발달센터의 테리사 다이 센터장은 "가격 인하는 흑인 인형을 낮게 평가한다는 의미를 함축한다"며 회사 측의 "의도가 그렇지 않다는 것이 명백하긴 하지만 때때로 이런 일이 부차적인 역효과를 일으킬 수 있다"고 지적했다.

– 연합뉴스, 2010년 3월 12일

239

효용의 체감 법칙

무더운 날 땀 흘린 뒤에 마시는 맥주는 정말 시원하다. 그러나 매 잔마다 느끼는 가치는 다를 것이다. 아마도 첫 잔의 가치가 가장 높고 그 다음은 두 번째 잔일 것이다. 이렇게 점차적으로 체감되는 효용은 아주 취한 상태에서의 마지막 잔의 경우, 돈을 가게에서 준다고 해도 먹기 싫을 정도로까지 떨어져 있을 것이다. 술집에서 만약 효용의 크기별로 맥주 값을 매긴다면 아마도 지금의 단일가격 체계보다 더 나은 수익을 올릴 것이다. 그러나 현실적으로 이렇게 책정하기란 어렵다. 그렇지만 이러한 효용 체감의 현상에 대한 이해는 관리에 여러모로 도움이 될 것이다. 참고로 실제 시장에서는 효용에 따라 가격을 책정한 경우도 가끔씩 발견된다.

240

가격의 가치연상 법칙

대부분의 소비자들은 가격을 품질의 지표로 생각한다. 즉 가격이 높으면 품질도 높을 것이라 생각한다. 반면에 가격이 저렴하면 품질도 볼품없을 것으로 짐작한다. 이를 가격-품질 추론price-quality inferences이라고 한다.

브랜드의 좋은 이미지 요소를 반영하여 실체보다 높은 가격을 책정하는 것은 향수나 비싼 자동차와 같은 자아의식적 제품에서 흔히 발견된다. 그렇지만 높은 가격이 높은 품질을 보장하지는 않는다.

- 저자는 아메리카노 커피를 즐겨 마시기에 카페에 가서 먹기 어려운 때는 일회용 원두커피(맥심의 'KANU')를 즐겨 마셨다. '카누'10개들이의 가격은 3,000원~4,000원 사이로 기존의 인스턴트 커피에 비해 2배 정도 비싸다. 그러던 중 2012년 12월 7일 TV에서 '소비자고발' 프로그램을 통해 '카누'의 볶은 커피의 함량이 5%에 불과하다는 것을 알게 되었다. 블라인드 테스트 결과도 '카누'와 인스턴트 커피의 맛을 분간하지 못하는 것으로 나왔다. 비싸니까 좋은 제품이라고 생각하였고, '세상에서 가장 작은 카페, 맥심 카누'라는 광고의 영향도 받았기에 카페에서 사먹는 것 못지 않게 좋은 커피라고 생각하고 그동안 맛있게 먹었는데, 그러한 정보를 접한 다음날 '카누'를 먹었더니, 기존의 인스턴트 블랙 커피와 다르지 않다는 생각이 새삼 들었다.

정보와 경험이 부족한 경우에는 품질에 대한 추측을 가격을 통해서 하는 경우가 많다. 그러나 품질에 대한 정확한 정보를 소비자들이 얻을 수 있다면, 이러한 가격으로 인한 심리적 영향력은 그만큼 줄어들 것이다. 그렇지만 대다수의 소비자는 제품품질에 대한 정보가 부족하기에 기업은 이를 전략적으로 활용하고 있다. 즉 가격을 통해 소비자들이 느끼는 가치를 조정하고 있다.

- 샤넬은 2010년 7월부터 주요 핸드백 제품 가격을 인상한다. 최근 2년 사이 세 번째 가격 인상이다. 유로 환율 하락으로 인하 요인이 발생했지만 가격을 내리지 않고 오히려 올리는 전략을 펴고 있는데, 이른바 '베블렌 효과

veblen effect'를 겨냥한 것이란 분석이다. 베블렌 효과란 가격이 오르는 데도 과시욕이나 허영심 등으로 인해 수요가 줄어들지 않는 현상을 말한다. 샤넬은 환율 상승 요인이 발생할 때 가격을 인상하지만 환율이 하락해도 가격을 내린 적은 없다. 실제로 유로화에 대한 원화 환율이 지난해 2,000원에서 최근 1,400원대까지 하락했지만 가격은 반대로 오르고 있다. 롯데와 신세계, 갤러리아 등 샤넬 매장이 있는 백화점에는 인상 전 제품을 사려는 소비자들이 몰려들면서 때 아닌 특수까지 누리고 있다.

– 머니투데이, 2010년 7월 1일

241

소수에게만 허락된 제품에 대한 선호 법칙 (스놉효과)

스놉효과Snob Effect란 다른 사람들과 차별화된 소비를 지향하는 현상을 의미한다. 특정 제품에 대한 소비가 증가하면 그 제품의 수요가 오히려 줄어드는 현상이 발생하는데, 이는 자신은 남들과 달라서 남들 다 사는 건 갖기 싫다는 심리가 작용하기 때문이다. 이러한 현상은 상위계층 소비자에서 많이 발생한다. 명품(예: 전자제품, 문구, 의류, 가방, 식음료 등의 명품), 한정판 등이 인기가 높은 것도 이런 이유에서다. 이러한 전략이 적용되는 제품은 가격이 인상되더라도 인기가 유지되지만, 반면에 가격 인하로 인해 많은 사람들이 구입하기 시작하면 오히려 수요를 꺼리게 되는 특성이 있다.

- 필리핀 디자이너 빅 바바Vic Barba가 창립한 파티 드레스 브랜드인 바바Barba는 'One Design, One Size'라는 독특한 타깃마케팅을 구사한다. 맞춤 드레스보다 훨씬 저렴한 가격이고, 세상에서 하나뿐인 나만의 파티 드레스를 가질 수 있기에, 자신의 사이즈에 해당하는 옷을 발견한 여성들은 이를 적극 구입하기에 항상 물건은 다 팔린다고 한다. 이와 반대로 동일 디자인의 파티드레스가 44부터 88 사이즈까지 모두 있어서, 파티장에서 다른 사이즈의 같은 옷을 입은 여성들을 만난다면 기분이 어떨 것인가?

242

제조 과정(서비스 과정)의 가시화 법칙

때로 기업은 비가격적 노력을 통해 가치를 높게 인지시키거나 또는 현재의 높은 가격을 합리화하려고 한다. 예를 들어 고객들이 제품 또는 서비스의 가격이 너무 높다고 인식하고 있을 때는 그 제조과정을 가시화하는 것이 도움이 되는 경우도 있다. 즉 얼마나 복잡하고 힘든 공정을 거치는가를 보여줌으로써 현재의 가격에 대한 정당성을 부여한다. 일본식 우동집은 면을 뽑고 조리하는 과정을 테이블에서 볼 수 있도록 하는 경우가 많다. 종업원들이 땀 흘리며 능숙하게 일하는 모습은 고객들에게 신뢰감을 준다. 물론 거꾸로 제조 과정을 신비화함으로써 고가격에 대한 신뢰감을 주는 경우도 적지는 않다.

243

시간에 따른 가격(가치) 변화의 법칙

원하는 높은 가격으로 판매를 하려면 그 타이밍을 잘 잡아야 한다. 그 적절한 타이밍을 잡지 못한다면 원래 책정된 가격으로부터 엄청난 손해를 보더라도 판매를 못할 수 있다. 신년이 지나기 전에 팔리지 않은 달력 또는 수첩을 신년이 한달 지나면 원래 가격의 1/12, 두달 지나면 2/12만큼 할인하고 팔 수는 없다. 마찬가지로 이미 시작한 음악회, 영화의 표를 못 본 시간만큼만 비례해서 할인한 가격으로 팔 수 없다.

- 암표상에 대한 친구의 목격담은 다음과 같았다. 고교시절 종로3가의 피카디리 극장에 인기리에 상영중인 영화를 보려 갔는데 표는 이미 매진되었고 따라서 사람들은 어떤 암표상 주변에 몰려 있었다. 영화는 곧 시작할 것이기에 사람들은 비싼 암표값을 치르려 하지 않고 기다리고 있었다. 영화가 시작되면 좀 더 가격이 떨어질 것을 알기에 버티고 있는 것이다. 이런 심리를 알기에 시간이 지남에 따라 암표상의 표정은 어두워져 갔다. 그런데 영화가 시작하자 암표상은 돌연 과감하게 자신이 가지고 있던 표를 갈기갈기 찢었다. 표를 싸게 사려고 버티던 사람들은 갑자기 망연자실해졌고 그들 사이로 암표상은 유유히 지나갔다고 한다. 아마도 이런 경험을 한 사람들은 다음 번에 그 암표상과는 표 값을 가지고 흥정하지는 못할 것이다.

244

할인가격의 과시 법칙

가격을 할인하였다면 이를 좀 더 싸게 느끼게 하려는 노력이 필요하다. 예를 들어 할인가격만 제시하기보다는 그 옆에 원래의 높은 가격을 함께 제시함으로써 현재 가격이 얼마나 큰 할인을 하고 있는가를 보여주는 것이 효과적이다. 물론 원래 가격으로부터의 할인폭이 적다면 이것을 보여줘서는 안될 것이다.

인터넷에서 발견한 가격할인에 대한 재미있는 광고물

245

비싼 가격은 잘게 분리하는 법칙

비싼 가격은 그 지불 방식을 조절함으로써 덜 비싼 것처럼 보이게 할 수 있다. 1년 회비 500만원의 골프장의 경우, '일시

불로 500만원을 납입하는 방식'보다는 '월 42만원씩 1년 분할 납입 방식'이 더 나은 것처럼(비록 총액은 504만원으로 더 크지만~) 보일 수 있다. 자동차는 예전에는 일시불 방식이었지만 매달 할부방식을 제시하면서 구매수요가 좀 더 늘어났다.

- 한정식집 또는 일식집을 가면 음식이 조그만 접시에 담겨 나온다. 한 접시씩 먹을 때는 물론 부담없이 먹게 되지만 이것을 다 먹은 다음에는 배가 무척 부르다. 만약 이러한 제공 방식을 현재와 다르게, 즉 조그만 접시에 조금씩 나눠 시간을 두면서 제공하지 않고, 한번에 큰 접시에 모두 담아서 고객이 자리에 앉자마자 제공한다면 고객은 그릇에 담긴 엄청난 양에 질려서 음식을 다 먹지 못할 것이다.

246

비합리적 가격행동 법칙

제품특성을 평가하기는 어렵지만, 가격에 대해서는 거의 대다수 소비자들이 이것이 싼지 비싼지에 대한 객관적 평가를 쉽게 할 수 있다. 그렇지만 이러한 가격에 대해서도 때로는 형편없이 비합리적으로 행동하기도 한다.

- 항공사 직원에게 어떤 사람의 전화가 걸려왔다. 두 사람 표를 사려는데 일인당 59달러씩 하는 표값이 마음에 들지 않는다고 불평했다. "항공사에서 광고한 49달러 표로 바꾸고 싶다. 시간은 아무 때라도 좋다"고 하였다. 직

원은 비행스케줄과 매표상황을 하나하나 체크한 끝에 아침 6시 비행기에 마침 두 자리가 남아 있는 것을 겨우 발견했다. 이에 고객은 그걸로 하겠다고 하면서 혹시 집사람이 비행기 출발시간이 너무 이르다고 할는지 모른다고 걱정했다. 그래서 직원이 예약 취소의 경우 표 한장에 25달러의 벌금을 내야 한다고 말하자, 고객은 다음과 같이 대꾸했다: "아, 그래요? 괜찮아요. 그까짓 50달러쯤 아무것도 아니지." — 리더스 다이제스트, 2002년 12월호

때로 우리는 극장의 조조할인을 받기 위해 비싼 택시를 타고 영화관에 가기도 한다.

247

대량으로 만들수록 싸지는 법칙(규모의 경제)

원가는 고정된 것이 아니다. 생산의 규모가 커질수록, 또는 생산경험이 누적될수록 변화하는 성격이 있다. 이러한 성격을 잘 활용하면 공격적 저가 전략을 구사할 수 있다. 여기서는 우선 규모의 경제에 대해 소개하겠다.

규모의 경제economies of scale란 규모가 커지면서 얻을 수 있는 비용 절감 효과나 생산의 확대 효과를 의미한다. 즉 규모의 경제는 생산규모가 확대될수록 고정비가 차지하는 부분이 개별생산단위들로 분산되기에 전체 원가가 적어지는 경제성을 의미한다.

규모의 경제를 이해하는 데 도움이 되는 예를 들면 다음과 같

다: 어떤 붕어빵 가게의 고정비는 가게 임대료(500만원/월), 2명의 종업원 급여(한 명당 100만원/월)이다. 변동비는 재료비(밀가루, 단팥, 설탕, 물 등)로 한 개의 붕어빵당 100원이라고 하자. 만약 한 달 동안에 붕어빵을 한 개만 팔았다면, 그 붕어빵의 원가는 7,000,100원이 된다(500만원+200만원+100원). 붕어빵 가게가 손해보지 않으려면 아마도 한 개의 가격을 7,000,100원 이상으로 해야 할 것이다. 붕어빵 열 개를 팔게 되면, 붕어빵의 원가는 700,100원([500만원+200만원+1000원]/10개)으로 줄어들게 된다. 만약에 붕어빵을 대량으로 팔게 되면 붕어빵의 원가는 변동비인 100원에 거의 가깝게까지 떨어진다.

많이 파는 가게는 그만큼 가격을 싸게 매길 수 있다. 반면에 적게 파는 가게는 많이 파는 가게의 가격으로 했다가는 손해를 볼 수밖에 없다.

248

경험이 쌓일수록 싸지는 법칙(경험곡선의 효과)

경험곡선 효과는 생산경험이 축적될수록 작업의 효율화 등을 통해 고정비, 변동비가 적어지는 효과를 의미한다. 따라서 생산을 오랫동안 한 기업은 이러한 원가절감을 통해 가격을 낮출 여지가 생기게 된다.

- **'30초면 OK' 2인조 휴대전화 매장털이범:** 서울 용산경찰서는 휴대전화 매장에 침입해 스마트폰 98대를 훔친 이모(26) 씨와 김모(24) 씨 등 2명을 특수절도 혐의로 구속했다고 밝혔다. 이씨 등은 새벽시간대 서울 및 경기 일대의 휴대전화 매장을 범행 대상으로 정한 뒤 전면 유리창을 벽돌로 깨고 들어가는 방법으로 지난해 12월부터 올해 1월까지 총 7회에 걸쳐 시가 9,000만원 상당의 스마트폰 98대를 훔친 혐의를 받고 있다. 또 비상벨을 일부러 울린 뒤 보안업체가 출동하는 시간을 점검하는 등 사전에 치밀한 준비를 해왔던 것으로 확인됐다. 이씨 등은 경찰 조사에서 "30초에서 1분 사이에 범행을 하면 검거되지 않을 것이라고 생각해왔다"고 진술했다(참조: 뉴시스, 2014년 2월 6일). 이들도 처음 매장털이를 하였을 때는 이보다 훨씬 더 많은 시간이 걸렸을 것이다.

- 아이의 학교까지는 대략 6~7km이다. 3년 동안 아침마다 데려다 주었는데, 처음에는 대략 30분 걸렸는데, 나중에는 10분에도 주파하였다. 동일구간을 여러 번 반복하다보니 점차 신호에 걸리지 않았고, 시간대별 막히는 구간을 피하였으며, 좀 더 빠른 경로를 찾았기에 이렇게까지 주행시간을 줄일 수 있었다.

김치찌개를 처음 끓이는 사람은 많은 재료를 쓰고 오랜 시간을 들여도 제 맛이 나지 않지만, 김치찌개를 몇십 년간 끓인 사람은 적은 재료, 짧은 시간에도 훌륭한 맛을 낸다.

249

수시로 변동하는 가격은 벌금을 통해 관리하는 법칙

비행기 가격은 천차만별이다. 동일 비행기의 탑승 승객 모두가 서로 다른 가격을 지불하고 여행한다고 보는 것이 맞을 정도이다.

2015년 12월 김포~하네다 구간의 왕복 비행기표를 구매한 적이 있었다. 항공기 회사의 전화로 구매하는 가격(60만원 가량), 항공기 회사의 인터넷으로 구매하는 가격(50만원 가량), 신용카드 회사에서 제공하는 프로모션 가격(30만원 가량), 쇼핑 사이트(예: 티몬, 땡처리)에서의 가격(20만원대) 등으로 많게는 30만원 이상 차이가 난다. 그리고 이러한 가격은 비행 시각이 다가올수록 변화하게 된다. 따라서 구매자 입장에서의 현명한 전략은 최후의 순간까지 좋은 조건들을 관찰하면서 수시로 예약을 바꾸는 것일 것이다. 그렇지만 항공사 입장에서는 항공권을 구매한 사람이 수시로 저렴한 가격을 검색하면서 예약을 바꾼다면, 많은 혼란이 초래될 것이다.

이를 방지하기 위해 항공사가 사용하는 방법 중의 하나는 구매한 항공권의 취소나 날자 변경을 아예 불가능하게 하거나 또는 이에 적지 않은 벌금(김포~하네다의 경우, 취소 또는 변경하려면 10만원 내외의 벌금을 지불해야 함)을 물리는 것이다.

물론 이러한 벌금형태의 가격관리 방안은 항공권에서만 발견되는 것은 아니다. 수시로 가격이 변동하는 아파트의 매매 및 전월세 거래도 이러한 방식으로 거래의 안정성을 확보한다(예: 거래 파기시엔 계약금을 날리게 됨).

좀 더 싼 가격으로 구매하려는 영리한 구매자, 그리고 조금이라도 비싼 가격으로 팔고 이를 안정되게 유지하려는 판매자 간의 머리 싸움은 계속될 것으로 짐작된다.

글을 맺으며

가격은 제품의 가치를 기반으로 하여 생산자가 매기는 값이라고 할 수 있다. 사람에 따라 특정 제품의 가격에 대해 비싸다 또는 싸다는 느낌을 가지게 되는데, 이는 각 사람마다 당해 제품에 대해 느끼는 가치의 크기가 각기 다르기 때문이다. 또한 제조사가 느끼는 가치와 소비자가 느끼는 가치가 다르기에 이들간의 가격은 괴리가 존재한다. 소비자가 느끼거나 향유하는 제품의 가치를 그 제품에 매겨진 가격과 같은 화폐단위로 객관적으로 정확하게 표현하기는 어렵다. 제품의 가치란 실제적인 용도나 성능은 물론 무형적인 심리적, 정서적 만족도 포함되는 광범위한 개념이기 때문이다. 그러나 이러한 제반 내용을 경쟁사보다 더 정확하게 이해하고 있는 기업은 좀 더 현명하게 가격 결정을 내릴 수 있다.

제12장

유통의 법칙

Chapter 12

시장에 내놓을 제공물, 즉 제품 및 가격이 결정되었다면, 이제는 이를 어떻게 소비자들에게 전달할 것인지에 대한 결정을 내려야 한다. 유통이란 제품/서비스가 생산자로부터 소비자 및 최종사용자에게 옮겨가는 과정에 대한 것을 의미한다. 제품과 가격 등이 먼저 갖추어지고 그런 다음 여기에 적합한 유통을 개발하지만, 경우에 따라서는 유통이 먼저 결정되고, 이러한 유통의 성격에 부합되는 제품과 가격을 결정하는 경우도 있다. 순서야 어떻든 간에 유통경로에 대한 결정은 시장에 대한 제공물market offerings을 고객에게 어떻게 다가가게 할 것인가에 대한 결정으로 마케팅 성과를 결정하는 중요한 변수가 된다. 이와 같이 유통경로distribution channel는 제품/서비스가 생산자로부터 소비자 및 최종사용자에게 옮겨가는 과정에 참여하는 모든 개인 및 조직을 의미한다.

시장 성과에 유통이 미치는 영향력은 상당하다. 만약 여러분이 기발한 제품 아이디어를 생각해내서 이를 어찌어찌해서 제품화에 성공하였다고 하자. 그러면 이제 당면하는 가장 큰 문제는 이러한 훌륭한(?) 제품을 어떻게 사람들에게 팔 것인가이다. 어떤 사람들이 살지, 어디에 사는 사람들이 살지, 그 사람들이 언제 사러올지 등에 대한 시장 지식이 필요하다. 설혹 이러한 지식을 가지고 있다고 하더라도 실제적으로 소비자들과 접촉해서 물건을 팔아주는 역할을 하는 사람/조직이 필요하다.

아무리 좋은 제품을 가지고 있더라도 이것을 사람들에게 팔 장소 또는 경로가 없다면 결국엔 이를 포기하거나 또는 유통력을 가진 대기업에게 양도하는 수밖에 없다. 예전의 유명 코미디언이었던 서영춘은 다음과 같은 우스개를 늘어 놓았다: “인천 앞바다가 사이다라 하더라도 곱뿌(컵)가 없으면 못 마셔요~.” 그렇다! 제품이 아무리 좋더라도(즉 ‘인천 앞바다가 사이다이더라도’) 유통이 확보되지 못하면(즉 ‘컵이 없으면’) 제품을 팔 방도는 없다. 여기서는 유통에 대한 제반 법칙들을 소개하겠다.

250
잘 되는 가게 옆에 입지하는 법칙

점심때 어떤 중국음식점을 갔었다. 동네에서 제일 맛있는 음식점이기에 발디딜 틈 없이 기다리는 사람들로 꽉 찼다. 기다릴 만한 시간적 여유가 없었기에, 그 주변의 칼국수 집으로 발

걸음을 옮겼다. 그랬더니 그 칼국수 집에는 나 말고도 중국음식점을 가려다 온 사람들이 적지 않았다. 잘 되는 가게 옆에 있으면, 이와 같이 거기서 넘쳐 흐르는 고객들을 붙잡을 수 있다. 점심시간이 그리 여유롭지 않은 고객들이 적지 않기 때문이다. 이렇게 주변의 식당은 톡톡히 이득을 볼 수 있다. 극장도 마찬가지다. 인기 있는 영화를 보러 갔다가 매진되면, 다른 영화를 보는 경우가 있다. 그래서 인기 있는 영화와 동시에 개봉되는 것이 꼭 나쁜 것만은 아니다.

물론 현실적으로 현재 잘 되고 있는 가게 옆에 새로 자리 잡기는 어려울 것이다. 이미 임대료와 땅값이 비싸게 형성되어 있기 때문이다. 부동산 투자하는 것과 마찬가지로 향후 유망해 보이는 점포, 현재 저평가되어 있는 점포를 알아보는 안목이 필요하다. 동시에 가까운 장래에 쇠락해갈 점포, 현재 과대평가되어 있는 점포를 알아보는 안목 역시 필요하다.

251
덤달이 제품의 법칙

매운 짬뽕으로 유명한 식당이 TV에서 소개된 적이 있었다. 그런데 흥미로운 사실은 그 부근의 슈퍼도 짬뽕집 덕분에 대박을 친다는 것인데, 그 이유는 매운 맛에 혹사당한 입을 달래려고 아이스크림을 사러 오는 고객들이 많기 때문이라고 한다. 이와 같이 상호연관된 제품은 상승작용 효과를 보게 된다. 이러한 제품 및 서비스는 주변에서 찾아보기 어렵지 않다: 영화관 근처의 빵집 또는 테이크 아웃 커피; 야구장 근처의 치킨과 맥주 판매점 등. 새롭게 점포를 열려는 사람들은 주변에 어떤 가게가 잘 되는지, 어떤 이유로 사람들이 몰리는지, 또는 어떤 제품이 잘 팔리는지 등을 살펴볼 필요가 있다.

어떤 제품(/점포)의 성공은 다른 제품(/점포)에 의존하는 경우가 적잖이 있다. 그러한 연관성에 대한 이해가 필수적이다.

- **인기 상품 따라 두둥실~ '덩달이 제품' 뜬다:** 드럼 세탁기, 화장실 비데, 레저용차량(RV), 디지털카메라 등은 최근의 경기불황을 비웃기라도 하듯 불티나게 팔리는 제품들이다. 시장에서는 이런 인기 상품들의 특성에 맞춰 개발된 전용專用 제품들도 덩달아 잘 팔리고 있다. 이른바 '덩달이 제품'들이다. 드럼세탁기 전용 세제는 대표적인 '덩달이 제품'이다. 올해 전체 세탁기 판매액의 60% 이상을 점유할 것으로 보이는 드럼세탁기의 특성을 고려해 개발된 전용 세제는 2002년부터 선보이기 시작, 현재 6개 제품이 각축을 벌이고 있다. 전체 세탁세제 시장이 다소 줄었지만, 드럼세탁기 전용 세제는 국산제품이 처음 출시된 2002년 10월 3억6,400만원에서 올 2월엔 19억4,300만원으로 5배 이상 매출이 늘어났다. 주5일제 근무가 확산되면서 자동차 시장에서 레저용 차량은 올 4월 시장점유율 44%를 기록했다. 덩달아 타이어시장에서도 RV 전용 타이어 판매가 고속 성장을 하고 있다. 일반 타이어가 개당 6만~7만원인 반면, RV용 제품들은 30만원대이지만 판매 실적은 더 좋다. 대한펄프에서는 일반 화장지보다 폭이 넓고 물에 잘 찢어

지지 않는 비데 전용 화장지 '비데후엔'을 지난 4월 출시했다. 올해 시장규모가 5,000억원 정도로 추정되는 비데는 향후 5년 이내에 보급률이 50%를 넘어설 전망. 디지털카메라 전용 건전지도 덩달이 제품에 속한다. 에너자이저 코리아가 최근 내놓은 디지털카메라 전용 건전지 'L91'은 전력을 많이 사용하는 디지털카메라의 특성에 맞춰 기존 알카라인 건전지보다 수명이 5배 이상 길다. 유통업계 관계자는 "히트상품의 덩달이 제품을 잘 찾고 개발하는 것이 요즘 대다수 소비재 업체들의 최대 관심사"라고 말했다.

– 조선일보, 2004년 6월 4일

252

'초기 유치'와 '계속 유지' 간의 차이 법칙

기업은 끊임없이 새로운 고객들을 끌어들이고, 기존의 고객들을 경쟁사에게 뺏기지 말고 유지해야만, 장기적으로 시장에서 살아남을 수 있다. 그런데 고객을 유인하는 요인과 일단 확보된 고객을 계속 유지하는 요인은 다르다. 마찬가지로 처음 점포로 유인하는 힘과 한번 방문하였던 고객을 계속적으로 유지하는 힘은 다르다.

초기에 고객을 끄는 힘은 광고, 기존 브랜드의 후광효과(예: '하이킥', '해리포터', '007' 시리즈는 새로 시작할 때마다 그전 성공으로 인해 시청자를 초기부터 모으는 힘이 있다), 프로모션 등이 있다. 그러나 고객을 계속 유지하는 데는 제품 또는 서비스의 사용경험에 따른 만족, 기존 버전과는 다른 참신함, 지루함/진부함을 방지할 지속적 변화 노력 등이 요구된다.

- 새로운 드라마를 처음 보게 만드는 요인은 출연 배우진, 방영 전의 홍보 등을 들 수 있지만 이를 계속적으로 시청하게 하는 요인은 배우들의 연기력, 스토리의 흡인력 등이다. 처음 만나는 사람에게 호감을 주는 요인은 그 사람의 외모, 직업, 언변 등이겠지만, 그 사람과의 지속성 여부는 그 사람의 성격 및 능력이 좌우한다.

모르는 사람과 금세 친구가 되지만 그러한 친구관계를 오래 유지 못하는 사람도 있지만, 반면에 친구를 사귀는 데 시간이 걸리지만, 일단 친구가 되면 오랜 기간 친구관계를 유지하는 사람도 있다. 이와 같이 초기의 결정요인과 후기의 결정요인은 같지 않다. 따라서 추구하는 목표에 따라 이와 직접 연관된 변수에 노력을 기울여야 그 효과를 볼 수 있다.

253

동조 구매의 법칙

슈퍼마켓에 진열된 여러 맥주들 중에서 어떤 것을 고를까 망설이던 중에 어떤 사람이 체코 흑맥주를 그것도 여러 박스를 주저없이 카트에 집어 넣는 것을 보고, 저자도 그것을 카트에 담은 적이 있었다. 그렇게 한 다음에 들었던 생각은, 괜히 매대 앞에 광고판을 세우느라 많은 돈을 들이기보다는 일반 고객으로 가장해서 이따금씩 해당 물건을 여러 개 카트에 집어넣는 것을 주변 사람에게 보여 주는 것이 더 효과적이지 않을까 생각해 보았다.

사람들은 어떤 제품, 브랜드, 점포 등에 확신이 서지 않는 경우, 다른 사람들의 행동을 관찰하는 경향이 있다. 만약 그러한 행동을 하는 타인에 대한 신뢰감이 생긴다면 그를 따라 하는 성향이 있다. 전술한 체코 맥주를 선택하였던 사람은 제법 맥주를 마셔봤음 직해 보였던 중년 남성이었다.

이러한 법칙을 잘만 활용하면 매출증대의 효과를 볼 수 있지 않을까 생각된다. 고교시절 친구의 누나가 명동에서 햄버거 가게를 오픈한 적이 있었다. 그때 친구는 친구들을 여럿 데리고 가게에 갔었다. 물론 우리들이야 돈이 되지 않는 공짜 손님이었지만 가게를 북적거리게 함으로써 지나가는 사람들에게 큰 홍보효과를 거두지 않았을까 생각된다.

이러한 현상과 연관하여 밴드웨건 효과Bandwagon Effect라는 것이 있다. 마을에 서커스가 들어 오면 이를 알리기 위해 시끄럽게 행진을 하는데, 이 때 맨 앞에서 악대를 이끌고 가는 차나 마차가 밴드웨건악대차이다. 이러한 악대차의 뒤에는 어린이들이 졸졸 따라가는 모습을 볼 수 있는데, 그것을 빗대어 남이 따라 하는 대로 따라 하는 소비 행태를 밴드웨건 효과라고 한다. 이와 같이 사람들의 소비행위에는 어떤 무리의 사람들이 유행을 이끌면 다른 사람들이 이에 동조하는 양상이 나타난다. 예전에 '천만 소비자가 선택한 신용카드'란 광고 문구가 있었다. 사람들은 여러 사람들에게 인정 받은 제품이나 서비스를 선호하는데, 이는 다른 사람들의 검증을 통해 안심하고 구매할 수 있기 때문이다. 이러한 점은 유통, 인터넷, 광고 등에서 전략적으로 활용할 수 있다. 일본의 'ranKing ranQueen' 매장에서는 식품, 잡화, 음료, 책, CD 등을 취급하는데 여기서 취급하는 제품들은 모두 그 품목에서 매출 순위가 1~5위를 차지하는 것으로 그 순위를 해당 물건 옆에 표기해 두고 있다. 실제의 소비 및 판매 데이터를 토대로 화제가 되고 있는 인기 상품만을 진열 판매한다는 독특한 발상을 가진 유통점이다. 이는 많이 팔린 제품은 안심하고 구매하려는 사람들의 심리를 활용한 것이다.

일본 동경의 신쥬쿠에 있는 ranKing ranQueen 점포

254
운영시간 제한의 법칙

성남 분당구 구미동에는 센베 과자로 제법 알려진 점포가 있다. 가게는 오후 1시부터 5시까지만 영업을 하는데 그것도 물건이 다 팔리면 일찍 문을 닫는다. 비싼 가게 임대료를 내고 짧

은 시간만 영업하는 것은 손해가 아닐까 하는 생각을 잠시 해보았다. 그렇지만 다시 생각해보니 이렇게 운영시간을 제한하는 것에는 여러 장점이 있었다: 가게 운영에 육체적으로 힘이 덜 든다, 운영시간을 고객들은 알기에 그 시간에 맞춰온다, 제품의 신선도에 대한 신뢰감이 생긴다 등. 언제 방문해도 제품들이 풍족하게 남아있다면, 구매하는 사람은 편리하겠지만 동시에 이렇게 많은 제품이 있다는 것은 이 물건 중에는 오래전에 만들었던 제품도 있을 것이란 불안감을 소비자는 갖게 된다. 따라서 오히려 점포의 운영시간을 제한하는 것은 그 명성과 신뢰가 전제된다면 오히려 종업원은 물론이거니와 고객들에게도 긍정적 효과가 많을 것으로 판단된다.

255

회전율 제고의 법칙

식당, 까페 등의 점포는 많은 고객들의 방문을 원한다. 동시에 그들이 머무르는 시간은 너무 길지 않은 것도 원한다. 회전율을 높이면서 동시에 고객에게 불편함도 주지 않는 방법은 없는가?

참고적으로 의자가 푹신하고 회의장 분위기가 편할수록 회의시간은 길어진다고 한다. 따라서 회의의 효율성을 높이기 위해 서서 회의하는 직장도 있다. 이러한 아이디어를 활용한 식당을 가끔씩 볼 수 있다. 와인 바는 보통 가격은 비싸지만 의자는 푹신하고 분위기도 고급스러운 편이다. 이와 반대되는 점포개념을 발견한 적이 있는데, 가게는 협소한 편인데, 여기서는 서서 와인을 먹는다. 대신에 와인 및 안주의 가격은 비교적 저렴하다. 따라서 와인을 부담없이 즐기고자 하는 사람, 얘기하는 것을 좋아하는 젊은 층 및 직장인, 그리고 그리 길지 않은 시간 동안 술 마시기를 원하는 사람들에게 인기가 많은 것을 관찰할 수 있었다.

256

핵심 점포의 법칙

어떤 상권을 빠른 시간 내에 사람들로 북적이게 하는 방법은 여러 가지가 있을 것이다. 이 중 핵심점포를 들이는 것은 가장 효과적인 방법일 것이다. 즉 일반 대중들이 가장 사랑하고 인정하는 점포를 입점시키면 그 효과는 기대 이상이다. 예를 들어, 스타벅스, 맥도날드 등이 상권에 들어간다면, 그 주변의 점포에도 상당히 긍정적 역할을 미친다. 마치 담요밑에 막대기를 넣고 들어 올리면 뾰족하게 오르면서 그 주변도 같이 올라가는 것과 마찬가지 현상이 발생한다. 물론 이렇게 지명도 있는 점포는 상권이 일정 수준 이상 형성되어야 입점한다는 현실적 제한점은 있다.

분당구 구미동에는 일본식 우동가게가 있는데 그리 번화하지 않은 곳에 위치하고 있다. 그렇지만 많은 사람들이 그곳을 찾기에 주변의 커피숍, 빵집, 식당 등도 사람들이 몰리게 되었다. 어떤 상권에 강력한 브랜드를 가진 점포가 들어오는 것은 자사의 매출을 감소시킬 수도 있지만 넓게 본다면 사람들을 불러 모은다는 점에서 여러 긍정적 효과를 가져온다.

257

점포 구색의 법칙

하나의 상가 건물에 어떤 점포들을 유치하는가에 따라 그 상가의 전체 매출이 영향을 받는다. 한번 입점 점포와의 임대차 계약을 맺게 되면 상황 변화에 따라 신속하게 이의 변경을 하기란 어렵다. 따라서 초기부터 상가 전체의 최대 매출효과를 거둘 수 있도록 입점 점포의 구색을 전략적으로 결정할 필요가 있다.

- 최근 들어 상가 건물주들은 1층에 은행 점포를 두는 것을 기피한다. 예전에는 은행이 '돈이 융통되고 사람들이 몰리는 공간'이자 '장기간 임대하는 효자 점포 업종'으로 건물주들에게 인기가 많았다. 그런데 1층에 은행이 있으면 건물 전체의 활기가 떨어진다는 이유로 도심 번화가에 건물이나 점포를 소유한 임대인들이 은행에 1층 점포 내주기를 꺼리는 상황이 되었다. 좀 더 부연설명하면, 가장 붐빌 주말에는 문을 아예 닫고 평일에도 오후 5

시면 셔터를 내려 간판에 불을 꺼버리기에 건물 전체가 비어 보이게 한다. 이는 또한 1층 은행과 나란히 있는 상권에도 영향을 미친다. 밤새 환하게 불을 켜고 영업하는 편의점과 카페 등 영업이 잘 이뤄져 사람들이 모여야 상가 자체의 가치가 올라가는데, 은행은 이러한 효과를 반감시키기에 이를 기피하게 되었다. – 머니투데이, 2015년 6월 1일

258

진열의 법칙

동일 제품이더라도 진열하는 위치, 진열한 모양, 진열하는 시점 등에 따라 제품 매출은 달라진다.

- 제품 진열 위치의 파격적 변화를 통해 매출변화를 꾀할 수도 있다. 이마트는 비교적 후미진 곳에 진열하던 콘돔을 지난 2014년 2월 중앙에 위치한 행사매대로 옮겼다. 밸런타인데이나 화이트데이 등 각종 기념일을 겨냥해 주목도 높은 공간에 배치한 것인데, 이를 통해 1년 전 같은 기간보다 40% 이상 높은 매출을 기록했다고 한다. – 한국경제, 2014년 6월 9일

한편 유통매장 내에는 발상의 전환을 통해 새롭게 발견되는 진열 장소가 있다(예: 홈플러스-에스컬레이터 벽면의 유휴 공간에 진열한 과자들).

259

최적 정보원천의 법칙

디즈니랜드는 즐겁고 행복한 장소이다. 그런데 워낙 사람들이 많기에 기다리다 지치고 또 놀고 싶은 곳을 다 못 돌아다닌다는 아쉬움도 크다. 디즈니랜드에서 가장 효율적으로 놀러 다니는 경로를 찾는 방법은 무엇일까? 경험자들에 의하면 거기 놀러온 현지의 중고등학생들을 찾아서 그들을 따라 움직이는 것이 제일 좋은 방법이라고 귀띔해 준다. 현지 중고등학생들이야말로 어릴 적부터 그곳을 많이 왔었고 또 젊기에 새로운 정보도 많기 때문일 것이다. 아주 오래전에 미국 서부를 여행한 적이 있었는데, 미국의 고속도로망이 거미줄처럼 무척 잘 짜여진 데 놀란 어떤 일행이 가이드에게 이의 설계를 어떻게 하였는지 문의하였다. 미국의 뇌신경 전문의사가 설계했다고도 널리 알려져 있지만, 가이드의 답변은 뜻밖에도 미국의 들소 떼들도 설계에 도움을 주었다고 하였다. 즉 무리를 지어 먹이를 찾아 다니는 들소 떼의 이동 궤적이 최적 경로라는 것을 알아차리고 그들의 움직임에 따른 흔적을 중심으로 도로를 만들었다고 한다.

글을 맺으며

환경은 사람의 구매행동에 많은 영향을 미친다. 특히 유통과 연관된 행동에 미치는 영향은 때로는 급작스럽게 발생하기도 한다. 그렇지만 이러한 점들 모두를 예측해서 관리하기란 사실 불가능하다. 다만 이러한 변화에 대해 다른 기업들보다 상대적으로 조금이라도 더 빨리 감지한다면, 좋은 경쟁우위를 확보하게 될 것이다.

- 미쓰비시 종합연구소의 조사에 의하면, 2011년의 3-11 대지진으로 인해 언제 재해가 발생할지 모른다는 불안감으로 인해 집 근처에서 쇼핑하는 주부들이 늘었다고 한다. 원래 주부들은 대형마트를 이용하기 때문에 편의점의 주고객이 아니었지만, 지진 이후 집에서 멀리 떨어진 대형마트 대신에 집 근처 편의점에서 그때그때 반찬거리를 사는 주부들이 늘었다고 한다. 그 결과 편의점업계는 2011년 사상 최대의 실적을 냈다고 한다.

제13장

마케팅 커뮤니케이션의 법칙

Chapter 13

좋은 제품을 개발하고, 그것에 적당한 값을 매기고, 고객들이 쉽게 접근할 수 있는 경로를 통해 유통시키는 노력은 중요하다. 그러나 그것만으로는 뭔가 부족하다. 기업은 자사 제품이 다른 경쟁 회사의 제품들보다 더 가치가 있음을 고객들에게 알리고 설득하여야 한다. 그렇지 않으면 제품의 존재에 대해 사람들이 잘 모르고, 설혹 알게 되었더라도 그 제품이 더 낫다는 것을 인식하지 못하기에, 결국 그 제품을 선택하지 않고 지나치게 된다. 사실 세상에는 품질 좋고 값도 좋은 제품들이 손만 뻗으면 닿을 수 있는 위치에 있지만, 그러한 사실이 알려지지 않아서 시장에서 묻혀 있는 경우가 많다(예: 실력과 재능은 갖췄지만 세상에 잘 알려지지 않은 무명의 연기자/가수/개그맨; 감동을 줄 명작이지만 세상에 알려지지 않아 서점 깊숙이 꽂혀 있는 작품들).

● 1853년 네덜란드의 준데르트에서 태어나, 1890년 프랑스의 파리 북쪽 오

베르쉬르우아즈의 작은 방에서 삶을 마친 반 고흐Van Gogh. 37년 일생 동안 그린 900여 점의 작품 중 생전에 단 한 점의 그림만을 판 불운한 화가였다.

제품, 가격, 유통에 대한 관리도 중요하지만 이것만으로는 미흡하다. 성공적인 시장 성과를 거두려면 마케팅 커뮤니케이션에 대한 관리를 효율적이면서 효과적으로 수행하여야 한다. 커뮤니케이션의 수행 방식에 따라 마케팅 성과는 드라마틱하게 달라지는 경우가 적지 않다.

- 1990년대 '밀키스'(주윤발 모델), 'To you' 초콜릿(장국영 모델)은 광고의 덕을 톡톡히 보았다. 광고가 붐을 일으킬 당시에는 여자 고등학교 매점에서 이 제품들을 찾아보기 어려울 정도로 불티나게 팔렸다고 한다.

커뮤니케이션이란 정보를 전달하거나, 아이디어를 교환하거나, 전달자와 수신자 사이에 의미를 공유하는 등의 과정을 말한다. 기업이 커뮤니케이션을 잘하지 못한다면 어둠 속에서 윙크하는 것과 마찬가지다.

마케팅 믹스의 구성요소중 제품, 가격, 유통은 시장제공물의 실체적 가치와 주로 연관되지만, 촉진은 이미지적 가치와 연관된다. 실체가 뒷받침되지 않은 상태에서의 이미지 구축은 허공에 집을 짓는 것처럼 얼마 안가서 거품처럼 사라진다. 또한 이미지의 좋은 뒷받침이 없다면 실체는 그 힘을 제대로 발휘하지 못한다. 따라서 이 두 가지가 모두 좋을 때 기업의 시장성과는 최대치가 된다.

여기서는 마케팅믹스의 주요 구성요소인 마케팅 커뮤니케이션의 법칙에 대해 살펴보겠다. 한편 의사소통에 대한 일반 법칙들은 제1부 5장(의사소통에 대한 법칙)을 참조하기 바란다.

260

일관성 법칙

작은 소리 또는 자극이라도 꾸준히 일관되게 계속되면 그 효과는 상상 이상으로 크게 나타난다. 가랑비에 옷이 흠뻑 젖는다는 말도 있듯이 일관된 메시지의 효과는 크다. 자극이 그리 강하지 않더라도 동일한 메시지가 반복적으로 오랜 시간 누적되면, 소비자는 알게 모르게 조금씩 세뇌가 된다.

- 2014년은 김보성의 해였다고 해도 과언이 아니다. 김보성은 의리 열풍 이후 수십 개의 CF 제안을 받았다고 하였다(참조: 2014년 7월 18일 SBS 파워FM '두시탈출 컬투쇼'). 김보성이 의리를 외친 것은 어제오늘 일은 아니다. 그는 지난 20년간 방송은 물론 공식석상에서 꾸준히 의리를 외쳐왔다. 이제야 유행어가 된 이유는 2014년 상반기 선보인 한 편의 음료 CF 때문이다. 슈트 차림의 김보성이 비장한 포즈로 '우리 몸에 대한 의리'를 외치는 광고는 젊은 층 사이에서 입소문을 탔고 인터넷을 통해 엄청난 화제몰이를 했다. 김보성은 2014년 온갖 CF와 예능 프로그램의 러브콜을 받고 있다(참조: 한국경제, 2014년 8월 22일). 김보성은 "CF 제안은 많이 들어오는데 일단 의리의 진정성을 높일 수 있는 것을 선택하고 있다. 정의나 의리, 화

합 등을 외치는 것 위주로 하고 있다"고 말했다.

김보성의 트레이드 마크인 선글라스, 가죽재킷 등은 예전에는 하나의 치기처럼 보였지만 20년 가까이 꾸준하고도 일관되게 이를 강조하다 보니, '의리' 하면 '김보성'이 자연스레 떠오르게 되었고, 결국엔 그 빛을 보게 된 것이다.

261

진실의 강렬한 울림 법칙

진실은 강렬한 울림이 있다. 일반적으로 사람들은 광고의 진실을 잘 믿어주지 않기 때문에 역설적으로 광고에 진실을 담으면 그 효과는 엄청나게 크다. 1900년 유명한 극지 탐험가 어니스트 쉐클튼Ernest Shackleton은 남극 탐험에 동참할 대원들이 필요했다. 그래서 그는 런던의 몇몇 신문에 다음에 소개되는 남극탐험대원 모집 광고를 냈는데, 이것은 광고사의 고전이 되고 있다.

- 혹독한 여행을 함께 떠날 동지를 구함. 쥐꼬리만한 월급에 살을 에는 추위, 몇 달이고 계속되는 칠흑 같은 어둠. 끊임없이 찾아 드는 위험. 살아 돌아온다는 보장이 없음. 성공했을 경우 작은 명예와 영광

– Julian Lewis Watkins(1959), The 100 Greatest Advertisements, Dover Publications

이 간단한 광고의 반응은 실로 엄청나서, 쉐클튼은 '영국의 모든 남자들이 나와 동행하려고 결심한 것 같았다'고 말할 정도였다. 진실되게 마케팅을 하는 것, 그리고 진실을 통해 쌓은 신뢰감은 기업과 소비자를 강하게 묶어주는 기본적이지만 가장 강력한 무기가 된다.

● 고객이 당신에게 호감을 갖는다면 당신이 하는 말을 들어줄 것이다. 고객이 당신을 신뢰한다면 당신과 비즈니스를 할 것이다.

– 지그 지글러(Geeg Gygler)

262

새롭게 생긴 변화를 눈에 띄게 할지의 여부에 대한 법칙

모든 것은 변화한다. 사람의 몸무게도 변화하고 노화에 따라 피부 주름도 생기게 된다. 이러한 변화는 좋은 방향인 경우(예: 키가 큼, 뱃살 빠짐, 성능 향상, 가격 인하 등)도 있지만, 그렇지 않은 경우도 있다. 제품에 변화가 발생한 경우, 기업은 이를 인지하는 소비자의 정보처리 현상, 특히 '차이식역'을 이해할 필요가 있다.

'차이식역'이란 두 개의 자극이 서로 다른 것이라고 지각하는데 필요한 자극강도에 있어서의 최소한의 차이를 말한다. 이를

JND just noticeable difference라고도 하는데, 이 JND의 특징 중 하나는 초기 또는 기존의 자극 강도(또는 정도)에 따라 JND의 값이 달라진다는 것이다. 이것은 Weber's Law로 많이 알려져 있다. 이에 따르면 초기 자극의 강도가 클수록 그 자극이 변화되었을 때의 변화를 감지하게 하려면, 그만큼 더 크게 해야 한다는 것을 의미한다. 예를 들어, 100원 하던 껌의 가격이 10원 이상 내려야만(10%의 차이) 비로소 가격변화를 실감한다면, 100만원 하던 제품의 경우에는 10만원 이상 내려야(10%의 차이) 비로소 가격변화를 실감하게 된다는 것이다.

따라서 좋은 쪽으로의 변화는 'JND 이상'으로 해서 그것이 좋게 변화하였음을 눈치채게 하여야 하지만, 나빠진 쪽으로 변화하였다면 그 변화의 폭을 가능한 'JND 미만'으로 해서 사람들이 이를 알아채지 못하게끔 해야 한다는 것을 시사한다. 초콜릿 제품은 원가 상승이 발생하면 이를 가격인상으로 반영하지 않는다. 매출이 줄게 되는 가격인상을 하기보다는 일반적으로 내용물을 줄이는 방법을 많이 쓴다. 이때 중요한 것은 차이식역 이하로 그 용량을 줄여, 사람들이 이렇게 나쁘게 변화한 것을 눈치채지 못하게 관리한다.

263

수신자에 따른 차별적 접근의 법칙(참조: 2장 워밍업 법칙)

커뮤니케이션 과정에서 중요한 두개의 주체는 발신자와 수신자이다. 우선 발신자sender, source는 자기가 전달하고 싶은 내용을 다른 사람 또는 조직에 보냄으로써, 커뮤니케이션 과정이 시작되도록 하는 사람 또는 조직을 의미한다. 광고에서는 광고메시지를 보내는 주체, 즉 정보원천이 된다. 반면에 수신자receiver는 발신자의 메시지를 읽거나 들어서 이를 해독하는 표적 청중이다. 이 법칙은 표적청중에 적합한 마케팅 커뮤니케이션을 구사하여야 한다는 것이다.

- **약삭빠른 상술:** 만약 손님이 20살 이하이면, 옷을 입혀 보고 나이가 더 들어 보인다 하고, 20살이 넘었으면, 더 젊어 보인다고 해요. 그리고 손님의 나이가 40이 넘은 경우엔, 바겐세일이니까 가격이 아주 싸다는 것만 강조해요. – 리더스 다이제스트, 1979년 3월호

첫째, 수신자의 지식수준을 고려하여야 한다. '15세의 소년은 15세의 눈으로밖에 세상을 볼 수 없다'란 말이 있다. 누구든 자신의 지식과 경험 수준을 벗어나서 세상을 이해하기란 어렵다. 의사소통을 제대로 하기 위해서는 수신자의 지식 수준을 고려해야 한다.

지식이란 특정 대상에 대하여 사람이 가지고 있는 경험과 정보

의 양을 의미한다. 보다 많은 지식을 가진 사람은 그렇지 않은 사람에 비해 동일 대상이더라도 그것에 대해 더 많은 차원에서 그것을 바라볼 수 있고 또한 유사대상들 간의 차이에 대한 분별력이 높다. 예를 들어 커피에 대한 많은 지식을 보유한 사람은 특정 커피에 대한 향, 산도, 원두 종류, 로스팅 정도 등의 차원에 걸쳐 생각하고 판단해 볼 수 있는 반면에 초보자는 커피가 달다, 쓰다, 진하다, 맛있다 등의 단순 차원에서만 평가할 수 있다. 일본 만화 '신의 물방울'에 등장한 주인공들은 와인을 마시고 나서 감상을 말할 때, 숲 속에서 산책하는 소녀를 떠올리거나 또는 재즈가 흐르는 술집에서의 젠틀맨을 떠올리기도 한다. 반면에 와인에 대해 잘 알지 못하는 사람들은 떫다, 달콤하다, 맛있다 등의 단편적 표현만 가능할 것이다. 이와 같이 어떤 대상에 대한 지식수준이 높은 사람은 그 대상을 좀 더 다각적으로 음미할 수 있기에, 풍부하고 다채로운 의미 부여 및 평가를 할 수 있다.

지식수준이 낮아서 새로운 지식의 소화가 어려울 때, 너무 어려운 지식을 전달하려 하면 이것은 전달하는 사람이나 이를 소화하는 사람 모두에게 괴로운 과업이 될 것이다. 따라서 최적의 성과를 거두기 위해서는 지식의 발신자가 수신자의 지식 수준과 전달하고자 하는 지식의 내용을 제대로 이해할 필요가 있다. 아울러 수신자도 무리하게 어려운 것에 도전하려 하지 말고 차곡차곡 단계를 밟아나가는 것이 바람직하다.

- ‘대장금’을 기점으로 해서 한류 드라마가 외국에서 인기를 끌고 있다. 한류 드라마의 경우에도, 처음에는 이해하기 쉽고, 가볍고 일상적인 내용의 드라마를 통해 친밀도를 높이는 것이 중요하다. 한국에 대한 이해도와 친밀도가 높아진 해외 시청자는 이제 그 정도를 높여서 점차 ‘왕의 눈물’, ‘세종대왕’, ‘정도전’과 같은 역사드라마를 보게 될 것이다. 그러나 이러한 순서를 바꿔서 처음부터 역사 대하 드라마를 보게 하기는 어려울 것이다. 한편 중국으로 한국의 리얼버라이어티 프로그램의 포맷이 수출되고 있다(예: 나는 가수다, 진짜 사나이, 아빠 어디가, 1박 2일 등). 초기에는 양국 간의 공통점이 많아서 이식이 용이한 포맷이 수출되었지만, 점차 다른 형태의 프로그램의 포맷도 수출되고 있다. 초기의 워밍업 기간이 없었다면 이렇게 어려운 포맷의 수출은 절대 용이하지 않았을 것이다.

둘째, 수신자의 정보를 얻으려는 의지 또는 동기부여의 정도를 고려하여야 한다.

- 마음에 없으면, 보아도 보지 못하고 들어도 듣지 못한다(心不在焉 視而不見 聽而不聞).
  – 대학(大學)

아무리 감격적인 내용을 얘기해도 듣는 사람이 들으려 하지 않는다면 그것은 아무 감흥을 불러오지 못한다.

- 고등학교 1~2학년 때는 아무리 열심히 공부하라고 여러 좋은 얘기를 해도 듣지 않던 아이가 수능시험이 코 앞에 닥친 3학년이 되자 열심히 공부하기 시작하였고, 그러면서부터는 사소한 공부방법에 대한 조언이라도 귀 기울이기 시작하였다.

264

상상력의 날개 법칙

음악에 가사를 입히거나 제목을 달면 청취자는 그러한 가사의 내용으로 인해 상상력이 제한을 받게 된다. 반면에 곡조만 있으면 듣는 사람은 마음껏 그 노래를 자기 마음대로 상상하면서 들을 수 있다. 상상력에 제한을 두는 것이 좋은 경우도 있지만, 마음껏 상상력을 펼치게 하는 것이 더 좋은 경우도 있다. 따라서 후자의 경우라면 이를 유발하는 최소 자극만을 주고 나머지는 자제하는 것이 더 좋다.

미국의 할리우드식 영화와 프랑스 영화의 차이는 선악의 구별, 결말의 명확성 등으로 흔히 구분된다. 이러한 구분이 명확하지 않은 프랑스 영화는 상대적으로 영화가 끝난 다음에 영상에 대한 잔상과 여운이 오래 남는다.

광고물 제작에서는 메시지 결론도출conclusion drawing에 대한 고민이 있다. 즉 표적청중에게 명확하게 결론을 제시할 것인지, 아니면 스스로 결론을 내리도록 남겨둘 것인지에 대한 고민이다. 흔히 교육수준이 낮거나 관여수준이 낮은 청중에게는 명확한 결론을 제시하여 판단을 올바르게 형성하도록 해주는 것이 효과적인 것으로 밝혀졌다. 반면에 교육수준이 높거나 관여수준이 높은 경우에는 명확한 결론의 제시보다는 스스로 결론을 내리도록 하는 것이 더 효과적이라고 한다.

265

경쟁PT의 전방위 준비 법칙

저자는 경쟁프레젠테이션presentation, PT의 발표자로 참석한 경험도 적지 않지만, 반대로 경쟁PT에 대한 심사위원으로 참석한 경험도 많다.

이때의 평가요소는 여러 가지가 있다. 물론 경쟁PT에서 주장하는 콘텐츠가 가장 중요시된다. 그렇지만 부수적인 항목들이 때로는 평가에 영향을 미친다. 이에 대해 좀 더 설명하면 다음과 같다.

첫째, 발표자의 용모, 복장, 언행 등은 기본적으로 중요하다. 발표하는 내용이 물론 가장 중요하지만, 이에 못지 않게 예의 바른 자세, 논리적 주장, 패기와 열정 등이 있어야 한다.

둘째, 심사위원의 성별, 연령, 취향 및 관심사 등에 대해서도 어느 정도 고려가 되어야 한다. 심사위원들이 주로 남성인 경우에는 여성 발표자가 때로는 좋은 점수를 받기도 한다.

셋째, 여러 경쟁팀 중에서 몇 번째 하는가에 따라 발표내용을 조정할 필요도 있다. 심사시간이 길어질수록 심사위원들의 피로도와 집중도는 떨어지기 마련이다. 이러한 상황에서 앞서 발표한 팀들이 이미 여러 번 얘기했음직한 부분을 장황하게 설명하는 것은 때로는 마이너스 효과를 가져오기도 한다.

넷째, 동석자로 함께 PT장소에 참석하는 사람의 인상 및 태도 역시 중요하다. 선택하는 기업 입장에서 보면 결국 이들 동석자들과 일을 해야 하기에 이들까지도 평가대상이 된다.

다섯째, 경쟁PT 발표팀은 주차장에 도착하면서부터 주차장을 빠져나갈 때까지 절대로 긴장을 풀어서는 안된다. 때로는 주차장에서 심사위원인지 모르고 무례한 행동을 하거나, 화장실에서 안에 사람이 있는 줄 모르고 경솔한 대화를 함으로써 감점을 받는 경우도 있다.

266

경쟁사 강점에 대한 공격의 법칙

경쟁사가 보유한 강점에 대해 공격을 하는 것이 최선의 전략인 경우도 있다. 이를 위해서는 경쟁사가 가장 강조하는 문구, 그림, 슬로건 등을 직접 비트는 것이 가장 효과적이다. 그 이유는 경쟁사는 이것을 중심으로 커뮤니케이션 노력을 집중하였을 것이므로 이러한 대표문구를 반복적으로 눈에 띄게끔 매체노력을 하였을 것이다. 따라서 이것을 비튼 새로운 이미지가 소비자에게 부각된다면, 그 효과는 매우 클 것이다. 1997년 및 2002년의 대선에서 이회창 후보가 고배를 마신 이유도 그가 그동안 강조하여 왔고 자신의 강점으로 삼았던 바로 그 깨끗한 이미지 자체가 손상받았기 때문이다.

- 2010년 11월 11일부터 12일까지 서울에서 열렸던 'G-20'은 처음에는 별 의미가 없이 다가왔지만, 어떤 사람이 그림을 왜곡시킨 낙서소동(즉 'G'를 '쥐'로 묘사)이 있고난 다음부터 'G-20'을 볼 때마다 '쥐-20'이란 이미지가 이상스럽게도 계속 연상되었다.

- 2010년 가을, 서울 서대문구 연세대 캠퍼스 앞 거리에 라이벌 고려대를 의식한 푸른색 현수막이 여러 장이 걸려 있었는데, 그중 하나는 'KU Leader(고려대 리더라는 뜻)? 제대로 읽어. 구.리.다!'이다. 그 후 'KU Leader'를 볼 때마다 그때 박혔던 생각이 떠오르게 되었다.

- 현대기아자동차를 짧게 '현기차'라고 하는데, 이 회사에 대해 불만이 많은 소비자들은 이를 '흉기차'라고 부른다.

267

과시성 vs 익명성(모호성)의 법칙

명품 소유자는 이를 과시하려는 성향이 있다. 남들에게 자신이 명품브랜드를 소유 또는 사용하는 것을 알리고 싶어한다. Nike, Polo의 문양이 과거에 비해 점차 커진 것도 이러한 성향과 무관하지는 않다. 개인적 선행, 기업의 사회기여 활동도 이와 마찬가지 성향을 띠고 있다.

- 2014년 여름에 시작된 아이스 버킷 챌린지(Ice Bucket Challenge)는 머리에 얼음물을 뒤집어 쓰고 10달러를 기부하든지 또는 그냥 100달러를 미

국의 루게릭병 협회(ALS)에 기부를 하는 방식이다. 동영상, 소셜 미디어를 통해 급격히 공개적으로 퍼져나가 전 세계적인 하나의 유행이 되었다.

- **해외 유명 관광지의 걸인:** 보통 한 개의 깡통 또는 주머니를 앞에 두고 지나가는 사람들의 동냥을 받는 것이 일반적인데, 이 걸인은 앞에 10개 가까운 동냥 그릇을 놓고, 각 동냥 그릇 앞에 천주교, 힌두교, 기독교, 불교, 이슬람교, 유태교, 태양신, 무신론 등의 표지판을 세워두었다. 아마도 종교신자들간 너그러움의 경쟁심을 노리는 듯한 인상을 주고 있다.

때로는 자신의 소비 사실이 밝혀지기를 원하지 않는 경우도 있다. 이러한 제품과 서비스들의 경우에는 오히려 익명성이 보장된다면 그에 대한 소비가 더욱 활성화될 것이다. 사실 '악플'이 성행하는 이유도 이러한 익명성이 보장되기에 그러하다. 일반적으로 판매원과 얼굴을 마주치고 싶지 않은 제품과 서비스들은 익명성 또는 모호성이 선호되는데, 콘돔자판기, 무인 러브호텔 등은 이러한 욕구에 부합하여 개발된 서비스이다. 이와 같이 익명성에 대한 욕구는 마케팅 관리에 시사하는 바가 크다. 따라서 익명성을 보장하는 기발한 아이디어는 그러한 성향이 요구되는 제품과 서비스의 시장 성과에 크게 기여할 것이다.

268

눈에 돋보이는 광고의 악영향 법칙

무명 가수들은 '나는 가수다'를 통해 인지도를 쉽게 끌어올릴 수 있지만, 방송 초반에 실력발휘를 하지 못하면 오히려 큰 역풍을 맞기도 한다. 물론 이를 성공적으로 극복하면 '인생 최고 기회의 무대'가 되기도 한다. 그렇지만, 큰 실수를 하거나 무언가 보여주지 못하고 그대로 주저앉게 된다면 더 큰 슬럼프를 초래하기도 한다.

실력이 없는 상태에서 세상에 이름을 날리면 더 빨리 망하게 된다. 좋지 않은 제품을 빠르게 망하게 하는 지름길은 이에 대한 최고의 광고를 만드는 것이라는 농담도 있다. 따라서 실체의 경쟁력이 없는 상태에서의 시장 진입은 위험하다.

- A good novel tells us the truth about its hero; but a bad novel tells us the truth about its author. — G. K. Chesterton

269

'나쁜 소식'은 그보다 '더 나쁜 소식'에 의해 경감되거나 덮어지는 법칙

- **우스개 이야기:** "어머니 전상서. 그동안 안녕하셨어요. 전 어머니 염려 덕분에 몸 건강히 잘 지내고 있어요. 그런데 어머니, 제가 갑자기 돈이 필요하게 되었어요. 야외 훈련 나갔다가 박격포를 잃어버렸거든요. 빨리 돈 좀 보내주세요… 그래도 전 나은 편이에요. 이웃 소대의 어떤 친구는 탱크를 잃어버렸대요. 걔네는 아마 집 팔아야 할 거예요."

위의 이야기에서 이웃 소대의 탱크를 잃어버린 친구 얘기를 전하지 않았다면, 그 어머니는 더 크게 화가 났을 것이다. 이와 같이 나쁜 소식일지라도 그것을 전달하는 방식에 따라 받아들이는 사람의 반응이 달라질 수 있다.

- 술을 처음 마시거나 자주 마시지 않는 사람에게 있어서 소주의 맛은 독하고 쓴 편이기에 쉽게 손이 가지는 않는다. 그러나 혀가 느끼는 맛은 절대적이라기보다는 상대적이다. 만약 소주보다 더 쓴 술을 마신 다음이라든가, 아니면 인생에서 쓴 맛을 본 사람은 소주가 전혀 쓰다고 느끼지는 않을 것이다. 소주 맛을 제대로 알려면 삶에 어느 정도의 관록이 필요할지도 모른다.

270

자신에게 불리한 정보를 다른 걸로 덮어씌우는 법칙

잘못 또는 부당 행위로 인해 어떤 기업에 쏠리게 되는 대중의 관심은 이보다 더한 뉴스거리가 등장하면 쉽게 망각된다. 2013년에만 하더라도 국민적 관심을 불러일으킨 사건은 많았다: 갑의 횡포를 보여준 남양유업 사태, 대형 금융피해를 입힌 동양그룹 사태, 신용카드사의 개인정보 유출 등. 그런데 이러한 것들은 길게는 한두 달, 짧게는 며칠 동안만 국민들을 들었다 놨다 하였고, 곧 우리의 머릿속을 떠나게 되었다. 그 이유는 그 사건보다 더 강력한 사건이 일어났거나 또는 다른 사건들이 연달아 일어났기에 그 사건으로 쏠렸던 국민들의 주의가 분산되었기 때문이다. 새로운 사건들은 그 전의 사건들을 덮고, 그리고 이러한 새로운 사건은 또다시 일어나는 새로운 사건들에 의해 잊혀진다. 마치 고교시절 선생님께 혼날 일이 있던 학생이 자신보다 더 큰 잘못을 저지른 학생의 등장으로 자신은 그 꾸중으로부터 운좋게 벗어나는 것과 마찬가지이다.

이러한 현상을 잘 알고 있는 정부는 3S 정책, 즉 스포츠Sports, 섹스Sex, 성 풍속, 스크린Screen, 영상의 수단으로 정부에 대한 불만을 다른 곳으로 인위적으로 돌리는 경우도 있다. 즉 국민들의 관심을 스포츠와 엔터테인먼트 쪽으로 돌려서 반정부적인 움직임이나 정치, 사회적 이슈 제기를 무력화시킬 목적으로 여러 우민화 정책을 시행하기도 한다. 예를 들어 스타 연예인의 사건(예: 스캔들, 탈세, 마약, 성 상납 등)은 국민들의 주의를 단시간에 현재의 정치적 이슈로부터 돌려 버리는 파괴력이 있다.

271

나쁜 소식은 먼저, 좋은 소식은 나중에의 법칙

(참조: 5장 사전기대의 지속적 증강 법칙)

좋은 소식을 먼저 애기하고 나쁜 소식을 애기하는 것이 좋은 경우도 있다. 그 이유는 앞서의 좋은 소식으로 인해 뒤에 나오는 나쁜 소식의 정도가 경감되기에 그럴 것이다. 그러나 물건의 구매를 권유하는 판매원은 우선 고객에게 불리한 정보를 제공하는 것이 신뢰를 구축하는 데 중요하다. 따라서 불리한 정보를 감추거나 또는 맨 마지막에 흘리듯이 애기해서는 안된다.

얼마전 오랜 기간 사용하고 있는 신용카드 회사로부터 전화를 받았다. 우선 전화상담원은 VIP 고객이기에 좋은 상품을 권유한다고 하였다. 특별고객으로 선택되었다는 말에 약간은 우쭐한 기분으로 전화를 끊지 않고 상품 소개를 받았다. 새로운 신용카드는 국내 3개 슈퍼(이마트, 롯데마트, 홈플러스)에서 상시 5% 할인되고, 기존의 신용카드에서 적립된 포인트를 그대로 가져오며, 그 밖에도 전에 없던 혜택들이 상당히 추가되었다. 상담원은 VIP이기에 이런 좋은 카드를 발급해준다는 뉘앙스를 계속해서 주었다. 손해는 없을 것이란 생각이 들었기에 새로운 카드의 승낙을 하려다, 혹시나 해서 한 가지 문의를 하였다. 그것은 연회비였다. 그러자 상담원은 머뭇거리는 목소리로 기존의 연회비는 5,000원인데, 새로운 카드의 연회비는 10만원이라고 하였다. 밝은 목소리로 금방 회복한 상담원은 그 혜택의 최대치를 생각한다면, 연회비는 아무것도 아니라면서 구차한 변명을 뒤늦게 하였지만, 잠시 동안이나마 쌓였던 신뢰가 무너졌기에 새로운 카드로의 전환은 하지 않았다.

- 사람들은 시간이 지남에 따라 좋아지는 경험을 선호한다. 내기를 할 때는 먼저 만원을 따고 2만원을 잃는 것보다, 2만원을 잃은 후에 만원을 따기를 원한다. 또한 사람들은 향상되는 속도가 빠른 것을 선호하며, 좋은 결말을 원한다. 좋지 않은 결말은 그 경험 전체를 좋지 않게 만든다. 처음부터 최고의 서비스를 제공할 수 있다면 좋겠지만, 그렇지 못할 때에는 시간에 따라 차츰 향상된 서비스를 제공하며 마지막에 감동할 만한 서비스를 제공해야만 한다. — 이유재(서비스 마케팅, 4판, 441쪽)

272

나쁜 소식은 뭉쳐서 한꺼번에, 좋은 소식은 하나씩 잘게 나눠 전달하는 법칙

나쁜 소식들 여럿을 전달할 때는 그것을 한번에 모두 얘기하는 것이 좋다. 예를 들어 어떤 대학생이 자동차 접촉사고를 냈고, 지난 학기의 학점은 2.0을 맞았고, 집에 불을 냈다면? 이를 부모에게 말할 때 띄엄띄엄 하나씩 시간적 간격을 두고 3~4일에 걸쳐 얘기하면 더 화를 부를 것이다. 차라리 한번에 다 얘기하는 것이 좋다. 한번에 다 얘기하면 이 중 가장 크게 잘못한 것 하나만으로 혼나게 되지만, 이것을 하나씩 얘기하게 되면, 그 모든 사안 각각에 대해 다 혼나게 된다.

이와 반대로 좋은 소식들은 그것을 따로 따로 전달하는 것이 좋다. 버스에서의 잡상인들은 보통 어떤 물건을 팔면서 그 뒤에 하나씩 하나씩 선물을 주듯이 추가적 물건을 끼워준다. 그들은 자신이 제공할 물건들이 이렇게 여러 가지가 있다고 한번에 모두 얘기하지는 않는다. 이와 같이 좋은 소식 또는 선물은 이것을 잘게 나눠서 하나씩 전달하는 것이 좋다.

273

'나쁜 소식'의 파급속도는 '좋은 소식'보다 더 빠른 법칙

토요타 자동차 회사의 조사결과, 좋은 경험을 한 고객은 평균적으로 7.7명의 주변 사람들에게 알리지만, 나쁜 경험을 하였을 경우에는 15.9명에게 알린다고 한다. 이와 같이 나쁜 소식의 전파 속도는 좋은 소식에 비해 더 빠르다.

원수는 물에 새기고, 은혜는 돌에 새기라는 속담이 있다. 서양 격언은 "상처는 모래에 쓰고write your hurts in the sand, 은혜는 돌에 새기라carve your blessings in stone"고 한다. 그러나 대부분의 사람들은 이를 거꾸로 하는 성향이 있다.

274

불리한 소식의 감춤(/드러냄) 법칙

아이들은 시험 성적이 나쁘게 나오면 그걸 감추려 한다. 그러다 우연히 방 청소를 하다가 그것이 발견되면 더 크게 혼나곤 한다. 나쁜 소식을 감추기에 급급한 기업, 정치가도 이런 점에서는 아이들과 마찬가지이다. 그렇지만 이렇게 감추다가 들통나면, 나중에 더 큰 낭패를 보는 경우도 종종 있다.

- G마켓, 옥션, 11번가 등 온라인 쇼핑몰들이 소비자들이 작성한 불만성 댓글을 임의로 삭제해온 것으로 확인돼 공정거래위원회가 조사에 나섰다. 2014년 한해에, 11번가는 3,257건, 옥션은 602건, G마켓은 501건 등 총 4,360건의 구매후기(상품평)를 삭제한 것으로 나타났다. 삭제된 상품평은 주로 제품에 대한 항의성 댓글이나 불만성 구매후기인 것으로 조사됐다. 이 때문에 온라인 쇼핑몰 상품 구매후기에서는 제품에 대한 불만족 사례를 찾아보기 어렵고, 소비자들은 상품에 대한 정확한 정보를 얻지 못하는 경우가 발생하고 있다. 온라인 쇼핑몰들이 구매후기 삭제는 자체 약관을 근거로 하고 있지만, 삭제의 근거가 되는 '부적절'이라는 기준이 모호하다는 지적이 있다. 한편 공정위는 2013년 1월 직원들을 동원해 가짜 댓글을 작성한 온라인 쇼핑몰 2곳을 적발해 과태료 총 1,000만원을 부과한 바 있다.

  – 뉴시스, 2015년 7월 7일

기업은 아마도 불리한 소식을 영원히 감출 수만 있다면 감추고 싶을 것이다. 정치인은 자신이 현직에 있는 동안만이라도 그러한 불리한 소식을 끝까지 함구하려 할 것이다. 그것이 밝혀지더라도 자신이 현역에서 은퇴한 지 한참 후에야 밝혀지기를 원한다. 죽은 권력에 대해 대중들의 관심은 적기에 그 뉴스의 가치는 적고 곧 묻힐 것이란 것을 잘 알기 때문이다.

물론 때에 따라서는 이를 미리 선제적으로 알리는 것이 최선의 방책일 수도 있다. 특히 현직에서 권력이 있을 때는 그에 대한 대처 능력과 파워가 있기에 이러한 방법이 좋을 수도 있다.

이러한 제반 판단에는 그 불리한 소식의 파급효과가 얼마나 클 것인지, 그 내용이 세상 밖으로 알려질 가능성이 얼마나 높은 지, 불리한 소식의 대처능력이 얼마나 있는지 등에 따라 결정하는 것이 좋을 것이다. 보편적인 대처 방법이란 없다. 그저 상황과 미래를 잘 판단하고 이에 따라 현명하게 대처하는 것이 최선일 것이다.

275

슬리퍼 효과의 법칙

수면자 효과睡眠者 效果, sleeper effect란 시간이 경과됨에 따라 메시지의 설득 효과가 감소되는 것이 아니라 증가되는 것을 의미한다. 즉 지연된 태도변화의 효과를 수면자 효과라 한다.

정보제공자의 공신력이 태도에 미치는 효과는 광범위하게 연구되어 왔는데, 대부분의 초기 연구들에 의하면, 메시지가 제시된 직후에 태도가 측정될 경우, 공신력이 높은 정보원(예: 권위 있는 의사가 커피 중독의 위험성에 대해 경고하는 경우)은 낮은 정보원(예: 개그맨이 커피 중독의 위험성에 대해 경고하는 경우)에 비해 좀 더 설득적인 것으로 나타났다. 이는 공신력이 낮은 정보원이 수용자에게 제시하는 메시지가 미덥지 않을 것이라는 단서를 제공하기 때문이라고 해석되었다. 그러나 이러한 정보제공자의 공신력에서 흥미로운 현상은 정보제공자의 공신력이 미치는 효과가 단기적이라는 점이다. 즉 메시지가 제시된 후 3~4주가 지나서 태도가 다시 측정되었을 때, 정보제공자 공신력의 효과는 사라졌다. 즉 공신력이 높은 정보원에 의한 많은 설득의 양은 사라졌고, 또한 공신력이 낮은 정보원에 의한 적은 설득의 양도 사라졌다. 특히 이런 후자의 현상을 수면자 효과라 한다. 즉 순수한 설득의 양은 공신력이 높은 집단과 낮은 집단에서 거의 동등한, 즉 중간 수준으로 되돌아갔다.

이러한 효과가 발생하는 이유에 대한 설명으로는 여러 가지가 있는데, 그중 하나는 낮은 공신력을 가진 정보제공원(과소평가 단서)과 초기에 결합된 메시지가 시간이 경과되면서 그 결합관계가 느슨해지면서 설득력이 증가된다고 보는 것이다. 즉 태도변화의 증가는 실제로 메시지의 주장에 의해 야기되는 것이 아니라, 과소평가 단서의 부정적 영향이 분리되면서 나타난다는 것이다. 이는 정보제공원을 수용자가 기억하지 못하기 때문이라기보다는, 시간이 경과함에 따라 정보원과 메시지를 연결하지 않게 되는 경향 때문이라 볼 수 있다(즉 '누가~어떤 말을 했는가'에 대한 연결고리가 약해짐). 그러나 정보원과 메시지 내용 사이의 연결이 특별히 다시 회복될 때는 정보제공자의 공신력의 효과는 다시 나타난다.

276

후광효과의 법칙(참조: 8장 착한 기업의 후광효과 법칙)

기존의 인상(또는 눈에 띄는 인상)이 후속적으로 어떤 사람, 사물에 대해 짐작되는 판단이나 예측에 대해 주는 효과를 후광효과後光效果, Halo Effect라 한다. 후광halo이란 태양이나 달의 무리, 또는 머리나 등 뒤에서 빛을 발해 성상聖像의 거룩함과 위엄을 더해주는 광채를 의미한다. 후광(기존 또는 현저한 인상)이 작용하면, 그 주변에 있는 다른 부분들이 본질과는 다르게 인식된다.

이러한 인간심리는 여기저기서 찾아 볼 수 있다. 몸집이 크면 힘이 센 듯이 보이고, 포장이 우아하고 세련되면 고급품인 것처럼 생각된다. 또한 남을 평가할 때 눈에 띄는 한두 가지 특징(예: 용모, 신체, 학벌, 옷차림, 자동차 등)만으로 그 사람의 다른 면까지 미루어 짐작한다.

신체적 매력은 후광효과를 유발시키는 두드러진 특징 중의 하나인데, 그래서 외모가 깨끗한 사람은 그렇지 않은 사람보다 더 머리가 좋고 믿음직스럽고 정직하며 유능하다고 생각하게 된다. 정보발신인이 매력이 있는 경우 설득력이 높아지는 효과에 관한 연구들이 많다. 일반적으로 사람들은 외모가 단정한 사람에게 호감을 갖게 되고, 호감을 갖는 사람의 말에 더 신뢰를 느낀다. 그러므로 많은 고객을 대하는 판매원이나 프레젠테이션을 하는 광고대행사 직원들은 옷차림과 머리를 단정히 할 필요가 있다.

제품평가에 있어서도 후광효과는 작용하는데 제품의 한 가지 강점에 대해 강력한 인상을 심어주면, 고객들은 그 제품이 다른 이득들마저도 갖고 있을 것이라 여기게 된다. '더 걸쭉한' 스파게티 소스는 품질과 자양분, 값어치 따위의 의미를 함축해서 연상시킨다. '보다 안전한' 자동차는 더 나은 디자인과 기술을 연상하게 된다.

- 예전에 국내의 어떤 자동차 회사는 엔진을 독일 벤츠 제품을 사용한다고 대대적으로 광고하였다. 엔진이 벤츠이면, 그 자동차의 성능도 벤츠에 버금갈 것이란 착각을 소비자들이 할 수도 있다.

어느 한 가지 속성이 좋다고 생각된 브랜드의 경우 다른 속성도 무조건 다 좋을 것이라고 평가되는 경향, 즉 신념평가의 후광효과는 신념 측정에 있어서 피하기 어려운 오차라고 생각되고 있다.

- 명문대학교 출신의 연기자는 연기도 (공부를 잘한 것처럼) 특출하게 잘할 것이고, (성실하게 공부한 것처럼) 생활도 바르게 할 것이라고 짐작한다. 그런데 실제 그렇지 않은 경우도 있다는 것을 독자들은 잘 알 것이다.

277

매체의 가시성 법칙

아무리 좋은 내용도 그것을 사람들이 봐야만 그 효과를 발휘하게 된다. 따라서 가시성visibility은 매체 의사결정에서 중요하게 고려할 속성이다. Ambient(주위를 온통 둘러싼) 매체는 이러한 가시성을 높이는 데 효과가 있다(예: 시내 여기저기를 돌아다니는 택시를 장난감 모양으로 만들고 이를 장난감 회사의 광고매체로 활용한 경우).

- 공동 연구자로서 저자와 논문을 여러 편 같이 썼던 David Wilemon 교수는 저자에게 'visibility'란 용어를 자주 얘기해주었다. 즉 학자로서 널리 인정 받기 위해서는 여러 군데의 학술지, 책, 잡지 등에 논문을 게재함으로써 다른 학자들의 눈에 띄는 것이 중요하다는 점을 강조하였다.

278

모든 것은 매체가 될 수 있다는 법칙

모든 것이 매체가 될 수 있다. 따라서 매체에 대해선 일체의 선입견이나 고정된 사고방식에서 벗어날 필요가 있다.

지하철 손잡이를 활용한 광고

279

반복(/빈도)의 법칙

메시지의 노출빈도가 어떤 의미에서는 제일 중요하다는 원칙이다. 첨예한 의견 대립을 지닌 양 당사자로부터 정보를 받게 된다면, 어느 쪽의 주장을 더 자주 접하였는가 하는 점이 판정을 내리는 데 영향을 미친다. 이러한 사실을 알기에 기업은 막대한 광고예산을 쏟아 붓는다. 즉 광고예산이 많을수록 매체를 많이 잡을 수 있고 이는 결국 표적청중에게 좀 더 반복적으로 그 메시지가 도달할 수 있음을 의미한다.

국내의 통신회사는 크게 3개 회사(SK, KT, LG)의 경쟁구도이다. 그런데 LTE 속도의 '빠름'에 대해서 전문지식이 없는 일반 소비자는 이를 객관적으로 평가할 수 없다. 그렇지만 소비자들은 나름대로 어떤 회사의 것이 빠를 것이라고 판단을 내리는데, 이에 강력한 영향을 미치는 요소는 초기에 소비자가 얼마나 자주 '어떤 회사의 빠름'에 대한 메시지를 받았는가 하는 빈도 수이다.

- 비싼 화장품을 사서 이를 아껴서 얼굴에 조금씩 바르는 것보다는 저렴한 화장품을 사서 얼굴에 듬뿍 그리고 자주 바르는 것이 피부에 더 좋다고 한다.

280

모든 감각을 향한 입체적 접근의 법칙

메시지의 전달을 다각적으로 하는 것이 더 효과적이라는 원칙이다. 즉 하나의 감각만 사용하는 것보다는 여러 감각에 동시에 접근하는 것이 더 나은 효과를 가져온다. 예를 들어, 청각 자료보다는 시청각 자료가 좀 더 메시지 효과를 볼 수 있다.

외국어를 익히는 경우에도 문법책을 눈으로만 읽기보다는, 그것을 소리내서 읽거나 표정을 지으면서 읽을 때 더 효과가 있다. 그러한 내용을 시각 자료로 동시에 본다면 더욱 효과적이다. 외국어연극의 출연인물이 되어 이를 직접 행한다면 그 효과는 더욱 배가될 것이다.

281

간결한 문구의 웅변적 법칙

광고문구는 스쳐 지나가듯이 사라지지만 그 내용은 무한반복되기에 영향력이 크다. 따라서 짧더라도 광고 문구의 영향력은 상당히 크다. 그렇기에 광고제작팀은 광고문구의 작은 토씨에도 많은 신경을 쓴다. '아' 다르고 '어' 다르기 때문이다.

같은 의미라면 좀 더 간결한 것이 더 효과적으로 전달되고 또한 오래도록 기억된다. 이를 잘 알기에 신문의 헤드라인, 광고의 슬로건 등의 문구 선택에는 많은 고심이 들어간다.

- 결국 한국관광공사로 간 쟈니 윤 … '감사感謝'해서 '감사監事'시켰나.

  – '보은인사' 논란이 되고 있는 쟈니 윤에 대한 문화일보 기사의 제목(2014년 8월 7일)

뛰어난 슬로건 몇 가지를 예시하면 다음과 같다:

- Just do it – Nike
- Impossible is nothing – Adidas
- Think small – Volkswagen
- The one and only – SONY
- The way ahead – Panasonic
- 순간의 선택이 10년을 좌우합니다 – 금성
- 전통 100년, 도전 100년 – 두산
- 컴퓨터는 삼보, 서비스도 삼보 – 삼보컴퓨터
- Think different – Apple

282

첫 대면의 법칙

어떤 사람을 처음 만났을 때 가지게 되는 첫 인상이 그 사람에 대한 평가에서 많은 부분을 차지하며, 이러한 것은 꽤 장시간 동안 지속된 경험을 많이들 하였을 것이다. 뭐든지 첫 번째 얻게 되는 정보가 그 다음의 정보에 많은 영향을 미친다. 동시에 첫 번째 얻은 정보를 가장 오랫동안 간직하게 된다. 독자 여러분은 아마도 첫 번째 미팅의 상대방을 기억하겠지만, 네 번째, 다섯 번째 미팅 상대를 기억하지는 못할 것이다.

이와 연관하여 '각인 이론imprinting'을 소개하면 다음과 같다. 예를 들어, 알에서 갓 태어난 오리는 가장 먼저 본 것에 대한 강한 애착을 가진다. 만약 알에서 나온 뒤 닭을 제일 먼저 보게 되면, 어미 오리가 옆에 있어도 닭을 계속 쫓아다닌다. 만약 진공청소기를 맨 처음 보면 죽을 때까지 진공청소기에 대한 강한 애착을 가진다. 이와 같이 가장 먼저 마주한 대상을 가장 인상적으로 기억한다는 것, 즉 이러한 현상을 '각인Imprinting'이라고 한다(- 독일 뮌스터대학의 콘라트 로렌츠). 이러한 각인 현상의 발생에 대해서는 여러 설명이 가능할 것이다. 예를 들어, 알에서 갓 태어난 상태는 그 생명체의 일생 중 가장 무기력한 순간이기에, 그러한 무기력한 시점에서 눈앞에 처음 나타난 대상은 그것이 무엇이든 절대적 의존의 대상이 되기 때문이다. 또는 상대에 대한 백지 상태에서 처음 그려지는 색채 또는 모습이 큰 영역을 차지하게 되기 때문일 수도 있다.

283

주목의 법칙

어떤 것이 선택받기 위해서는 그것은 일단 주목을 끌어야 한다. 그러한 주목을 끌지 못한다면 일차적 관문도 뚫지 못한게 된다. 선택권, 의사결정권 등을 가진 갑甲의 입장에 있는 사람들(예: 면접관, 심사위원, 판정관 등)은 그 어떤 것이 더 볼 만한 가치가 있을 때 이를 좀 더 손에 쥐고 있게 된다.

- 학자들은 연구비를 지원받기 위해 해당 기관에 [연구계획서]를 제출한다. 그런데 이러한 연구계획서가 아무런 유용한 지식을 산출하지 않을 것으로 느껴지면, 심사위원들은 이를 탈락시킨다. 따라서 학자들은 [연구계획서]의 제목, 서론 등을 주목하게 만드는 노력을 크게 기울인다. 동시에 논문이 수행된다면 '그럴 듯한 의미있는 결과'가 산출될 것처럼 보이게 하는 노력도 기울인다.

- 어떤 것을 끝까지 보게 하려면, 그 처음 부분을 임팩트 있게 하여야 한다: 드라마는 첫 회가 중요하다. 광고는 처음의 3초가 중요하다.

글을 맺으며

경영에 있어서 마케팅은 중요한 하나의 축을 담당한다. 그런데 이러한 마케팅의 핵심에는 마케팅믹스가 있는데, 마케팅믹스의 주요 구성요소 중 하나가 바로 마케팅 커뮤니케이션이다. 따라서 마케팅 커뮤니케이션을 잘하면, 마케팅을 잘하게 되고, 이는 결국 기업의 경영성과를 높이게 된다.

성공적 마케팅 커뮤니케이션이 마케팅 성과에 획기적 영향을 미치기도 하지만, 반면에 잘못된 마케팅 커뮤니케이션은 비용의 낭비뿐 아니라, 기업이미지에도 오랜 기간 타격을 입히기도 한다. 마케팅 커뮤니케이션에 대한 이해와 이의 효과적 관리 역량이 절실히 필요한 이유이다.

제14장

소비자 행동에 대한 법칙

Chapter 14

마케팅을 잘 하기 위해서는 시장에 대한 이해가 무엇보다도 중요하다. 그런데 시장에서 제일 중요시 이해하여야 할 대상은 바로 소비자(고객)이다. 기업의 제품/서비스를 사줄 소비자가 없다면 기업이 세상에 존재할 기반이 없어지기 때문이다. 따라서 마케팅의 요체는 소비자가 무엇을, 그리고 왜 원하는지를 정확하게 파악하여 기업의 역량을 이에 조화롭게 맞추는 것이다.

- 평생 좋은 제품을 많이 만들었지만, 점유율 면에서 전 세계 시장을 장악한 적은 한 번도 없었다. 젊은이들의 삶을 몸소 체험하고 나서야 뒤늦게 성공의 열쇠를 찾았다. – 스티브 잡스(전 애플 CEO)

소비자의 마음을 이해하는 것, 이들의 행동을 예측하는 것은 어렵다. 어떤 때는 가격, 어떤 때는 디자인을 중시하는 등 종잡을 수 없다. 그러나 시장에서 살아남으려면 소비자의 판단과 결정이 틀리건 맞건 간에 관계없이 그들의 선택을 '있는 그대로' 받아들여야 한다. 기업은 좋든 싫든 이러한 변화무쌍한 소비자의 마음과 행동을 이해하여야 한다. 소비자의 '본심'에 귀를 기울이며 끊임없는 혁신으로 무장한 기업들만이 생존과 성장 대열에 합류할 수 있다.

- 벤츠Benz 자동차를 구입한 고객을 생각해보자. 벤츠를 구입한 이유를 묻는 수많은 소비자조사에서 그는 "품질이 너무 좋아서"라고 답할 것이다. 하지만 그건 그의 본심이 아니다. "나는 사람들 앞에서 뽐내고 싶어!" 벤츠가 만약 이런 소비자들의 속마음을 읽지 못한다면, 마케팅에 실패할 수밖에 없다.

  – 필립 코틀러(조선일보, "필립 코틀러 교수와의 인터뷰," 2007년 8월 11일)

- 기업들은 소비자들에 관한 명확한 개념이 없을 때 실패의 위험에 빠집니다. 그렇기 때문에 항상 물어야 합니다. '그럼 이 소비자들이 다른 기업들이 아닌, 우리 기업 제품을 사게 만들려면 어떻게 해야 하지?' 이 질문에 답하지 못하면 결국 실패합니다.

  – 세계적인 성공학의 대가, 브라이언 트레이시(Brian Tracy)

기업이 만든 제품 또는 제공하는 서비스를 시장에서 팔려면, 자사의 제품 또는 서비스를 구매하는 소비자를 만족시켜야 한다. 그런데 소비자들을 만족시키려면 먼저 그들은 누구이고, 그들의 욕구가 무엇이고, 그런 욕구가 왜 생겨나는지(또는 왜 생겨나지 않는지), 언제 생기며, 어떻게 하면 그들의 욕구를 가장 잘 만족시킬 수 있는가에 대해 이해하여야 한다.

- 생生이란 통계가 아니라 항시 예측 불가능한 것이고, 우리 모두 움직이는 과녁임을 느낀다.

— Jerome Groopman(하버드대 의대 교수 겸 베스트 셀러 작가)

- 비고객noncustomer이 항상 고객들보다 수가 많은 법이다. 거대 소매점 체인인 월마트는 미국 소비재 시장의 14%를 점유한다. 그것은 결국 시장의 86%는 고객이 아니라는 것을 의미한다. 그 86%를 연구해야 한다.

— 피터 드러커

- '비호감에서 Be 호감으로' 오재원의 인생역전(우리 편이 되면 느끼게 되는 오재원의 소중함): 한국 야구 역사에 남을 11.19 대첩(프리미어12의 준결승전에서 일본에게 4:3으로 대역전승), 역전타의 주인공은 이대호였지만 팬들에게 가장 큰 감명을 준 선수는 오재원이었다. 상황에 어울리지 않을 경우도 있는 파이팅과 상대를 향한 자극도 두려워하지 않는 세리머니. 승부에 대한 집착과 언쟁을 두려워하지 않는 파이터 기질로 인해 '비호감' 선수로 낙인 찍혀왔고, 사실 그동안 오재원은 이런 이유들로 인해 많은 야구팬에게 비난을 받아오기도 했다. 하지만 이런 선수가 '우리 팀(일본을 상대하는 국가대표팀)'이 되자 파이팅 기질이 승리에 대한 열정을 불러일으킴을 느끼게 되고 열정 넘치는 세리머니가 포기를 잊게 함을 느꼈기에 오재원은 급작스레 '비호감'에서 'Be호감' 선수로 등극하게 되었다.

— http://1boon.kakao.com/sportsvod/oh1120

여기서는 소비자의 심리 및 행동에 대한 제반 법칙에 대해 살펴보겠다.

284

고객 최우선의 법칙(참조: 9장 시장지향성의 법칙)

"고객과 논쟁하려 하지 마라. 비록 고객과의 논쟁에서 이길지라도, 그 고객을 잃게 될 것이다"란 말이 있다. 기업은 '고객은 항상 옳다'란 생각으로 고객접점 및 고객관계를 관리할 필요가 있다.

- 적을 만들기 원한다면 내가 그들보다 잘났다는 사실을 증명하면 된다. 그러나 친구를 얻고 싶다면 그가 나보다 뛰어나다고 느끼게 해주어라.

  – 라로슈푸코 (La Rochefoucauld, 프랑스 작가)

소비자의 성향, 소비여건 등을 고려하지 않고, 무조건 고급화, 첨단화하는 것이 최선의 해결책은 아니다. 이것은 기업의 일방적 사고방식에 의한 우둔한 결정이다. 맞은 편 자동차가 어떻게 오는지를 알고 자신의 자동차를 운전해야 하는 것과 마찬가지로, 기업은 항상 고객 입장을 고려해서, 즉 쌍방향적으로 운영하여야 한다. 고객이 원하는 방식을 마케팅에 반영하지 않는다면 시장에서 좋은 성과를 거두기란 어렵다.

- "매장 안을 좀 더 시끄럽고 지저분하게 꾸며라." 인도 최대의 토종土種 소매유통기업인 '판타룬 리테일'의 성공전략이다. '판타룬 리테일'은 이런 '난장판chaos 마케팅'으로, 미국의 월마트 같은 '외래종'을 압도하고 있다. 판타룬 리테일은 서양 브랜드의 매장을 모방하는 대신에, 인도인의 소비 특

성에 주목했다. 구미인들은 넓고 쾌적하고 잘 정돈된 쇼핑 장소를 선호하지만, 인도 서민들은 재래시장 분위기를 더 좋아한다는 데 착안했다. 타깃도 부자가 아니라, 전체 11억 인구의 55%인 중간 서민층을 겨냥했다. 예전부터 행상들이 삼베자루에 담아 파는 야채를 사는 데 익숙한 이들은 작고 비좁은 가게에서 오히려 편안함을 느낀다. 밀과 콩은 어지럽게 널려 있어야 하고, 양파도 지저분하고 반점이 있어야 한다. 좀 흙이 묻어야 농장에서 갓 따온 신선한 거라고 믿기 때문이다. 매장 바닥도 재래시장이나 기차역 바닥같이 회색의 화강암 타일로 깔아 친근감을 높였다. 긴 복도와 높은 선반 대신, 큰 상자에 물건을 담아둬 손님들이 내려다보며 고르기 쉽게 했다. 이런 전략 덕분에, 판타룬 리테일은 2007년 6월 기준 연 매출이 8억7,500만달러를 넘었다. – 월스트리트저널(WSJ), 2007년 8월 8일

고객 최우선의 법칙을 실현하려면, 사내구성원들에게 많은 재량권을 부여권한이양, empowerment할 필요가 있다. 리츠칼튼 호텔 직원들은 고객의 불편을 감지하는 즉시 그 문제의 해결을 위해 아무런 승인을 거치지 않고 바로 그 자리에서 스스로 판단하여 최고 2,000달러를 지출할 권한을 갖고 있다고 한다.

- **[상황 설명]** 점심 시간이 지난 시간에 4인 가족이 레스토랑에 들어왔다. 점원은 창가 쪽이 아닌 홀 안쪽으로 안내하였다. 그러자 50대 가장은 창가 쪽의 비어 있는 6인석 자리 쪽으로 향하면서 그 자리에서 식사하였으면 한다고 하였다. 점원은 그 자리는 6인석이기에 안된다 하며 4인석 자리에 앉으라고 하였다. 일단 점원이 권한 자리에 착석한 가장은 아무래도 붐비는 홀 안쪽 자리보다는 가족간의 대화를 위해 한적한 자리가 낫다고 생각되었다. 더욱이 창가쪽 테이블은 여러 자리가 비어 있었다. 그래서 물을 가져온 점

원에게 매니저에게 자리 이동에 대해 문의해달라고 재차 요청하였다. 마지못한 표정으로 그러겠다고 주방쪽으로 갔던 점원은 별 표정 변화 없이 돌아와서 6인석은 안된다고 하였다. 매니저에게 진짜로 물어 보는 성의를 기울였는지 의문이 갈 정도이다. **〈질문〉** 독자 여러분이 고객, 점원 또는 매니저라면 이 상황의 대응에 대해 어떻다고 생각되는가?

- 경영을 제대로 한다면 관련된 사람들 모두가 만족해야 한다. 시민/직원/사장들이 더 만족할 수 있는 길을 찾지 못한다면 운영방식이 크게 잘못된 것이 틀림없다. – 자동차 왕 헨리 포드

마케팅에서 강조하는 쌍방향 사고방식은 기업과 고객 간에서만 형성되는 것은 아니다. 국가와 국가 간의 외교관계에서도 마찬가지로 적용된다.

- [한·일 관계 50년과 미래]를 주제로 개최된 콘퍼런스에서 히라이와 슌지 平岩俊司 간사이가쿠인대 교수는 과거사 문제와 관련, "일본인들은 성의를 보였다고 생각한다"며 "그래도 모자란다면 구체적으로 어떻게 해야 하는지 얘기해달라"고 했다. 이에 대해 신각수 전 주일 대사는 "일본은 '성의를 보였는데 왜 자꾸 족쇄를 채우느냐'고 하지만 피해자의 마음을 얻지 못한 정책은 실패한 것"이라고 했다. – 조선일보, 2014년 8월 30일

285

동종업종 종사자의 평가 법칙

스튜어디스가 탑승객이 되어 다른 스튜어디스의 서비스를 받는다면? 의사가 환자가 되어 다른 의사로부터 치료를 받는다면? 교수가 다른 교수로부터 수업을 듣는다면? 주방장이 다른 식당에 가서 식사를 한다면? 택시기사가 다른 택시를 타고 간다면?

분명 동종업종의 종사자들이 느끼는 만족과 불만족, 그리고 서비스에 대한 평가는 일반인이 내리는 것과는 다를 것이다. 일반인들이 느끼지 못하는 부분, 분간하지 못하는 부분까지도 지각하면서 평가할 것이다. 이런 점에서 보면 동종업종 종사자의 평가는 매우 까다롭기에 이들을 만족시키기 어려울 것으로 짐작된다. 그러나 역으로 이들은 자신의 업종에 대한 이해가 깊기에 다른 종사자들의 어려움을 알고 따라서 서비스 실패에 대해 오히려 너그럽게 대처할 수도 있다. 물론 서비스 실패의 내면적 본심을 알기에 극단적으로 더 나쁜 평가를 내리는 경우도 있을 것이다.

기업은 이들의 평가를 전략적으로 활용할 필요가 있다. 이로부터 소비자의 만족/불만족에 대한 이해의 폭을 넓힐 수 있을 뿐 아니라, 새로운 제품 및 서비스 개발에도 도움을 받을 수 있다.

286

'항상 커 보이는 남의 떡' 법칙

어려서는 나이 든 성인이 부럽지만, 막상 나이가 들면 어린 사람들이 부러워진다. 집에만 있으면 여행을 떠나고 싶지만, 막상 집을 떠나면 하루라도 빨리 집에 돌아오고 싶다. 건강을 해쳐가면서라도 돈을 벌고 싶지만, 막상 돈을 벌게 되면 그 돈으로 잃은 건강을 찾으려 애쓴다.

사람들은 항상 자신이 가지고 있지 않은 것, 선택하지 않은 것, 경험하지 못한 것, 속해 있지 않은 집단 등에 대해 더 좋은 평가를 하는 경향이 있다. 우리 속담에 '남의 떡이 커 보인다'라는 것이 있다. 사람들은 자신이 가진 것, 행한 것, 현재의 처지 등에 만족하거나 안주하지 않고 다른 사람, 다른 직업, 다른 세상 등을 동경하는 성향이 있다.

이러한 소비자 성향은 기업 입장에 따라 유리하게 또는 불리하게 작용한다. 따라서 현재 소비자를 장악하고 있는 기업은 이러한 마음을 불식시키는 노력을 해야 하겠지만, 반면에 신규 경쟁업자의 경우에는 이러한 마음에 좀 더 불을 붙이고자 할 것이다.

- 예전 우리나라의 국민투표 때, 야당의 선전 문구는 "못 살겠다, 바꿔보자!"였던 반면에, 집권 여당의 문구는 "바꿔봤자, 소용없다!"였다.

287

필 때보다 질 때 더 아름다워야 하는 법칙

(참조: 4장 처음보다 마지막에 더 잘해야 하는 법칙)

긴 겨울을 보낸 다음, 봄에 피는 꽃들은 모두 아름답다. 특히 목련과 벚꽃은 봄꽃 중에서도 대표적으로 눈에 띈다. 그런데 이 두 꽃의 지는 모습은 극히 대조적이다. 목련은 흰꽃잎이 황토색으로 볼썽사납게 바래면서 땅에 떨어지기에 그러한 쇠락 과정 및 잔해는 그리 아름답지 않다. 반면에 벚꽃은 작은 눈송이가 되어 떨어지기에 지는 모습 또한 장관을 이룬다.

고객과 거래관계는 언젠가는 끝나거나 멈추게 된다. 아름다운 이별은 그런데 쉽지 않다. 끝날 때 기분 좋게 끝나야, 언젠가 미래에 새로운 만남을 기약할 수 있다. 그렇지만 유감스럽게도 대다수의 경우, 기업(/점포)은 자신을 떠나려는 고객에게 별로 좋지 않은 인상을 주는 경우가 많다.

- 지금은 많이 나아졌지만, 예전에 휴대폰을 개통할 때는 신속하게 바로 개통이 되지만, 통신회사를 옮기거나 또는 통신서비스를 종료하려면 그 절차가 매우 까다롭고 시간도 많이 걸렸다.

288

초기엔 다양성 탐색, 일정 시간 경과 후엔 소수 대안 중에서만 선택의 법칙

뷔페를 가면 어떤 순서 및 전략으로 음식을 먹는가? 수프와 채소 등의 전채요리로부터 시작하여 고기 중심의 육중한 식사로 넘어가고 마지막으로 디저트를 먹는다는 것은 대부분 공통될 것이다. 그런데 또 한 가지 공통점은 초반에는 여러 음식들을 아주 조금씩 맛을 본다는 것이다. 그런 다음에 이 중 마음에 드는 음식을 좀 더 많이 가져다 먹는다.

어떤 동네로 새로 이사를 하였다면, 처음에는 여러 카페를 다녀본다. 그러다가 커피 맛도 좋고, 분위기도 좋고, 서비스도 편안한 곳을 단골로 가게 된다. 신용카드의 경우에도 다양한 탐색 경험을 한 후에는 보통 하나의 메인카드를 중심으로 사용하게 된다.

이러한 사람들의 성향이 있기에 새로운 제품군이 자리를 잡아가는 시장의 초기에는 의외로 다양한 제품들이 소비자들에 의해 선택된다. 그러나 충분한 경험이 쌓이게 되는 시점이 오면 이제는 평판도 좋고, 만족스런 경험을 했던 소수의 제품(/점포) 중에서만 집중적으로 반복구매될 것이다.

이러한 현상은 기업에게 의미 있는 점을 시사한다. 즉 초기 시장에서는 고객들의 마음이 '열린 상태'이다. 그렇기에 이때 고객들의 마음에 자리를 잡아야 한다. 이때 좋은 인상을 주지 못한다면 그 후에 고객의 마음을 잡기란 매우 어렵다. 따라서 초기의 어수선한 시기에 어떻게든 소비자의 마음을 얻기 위해 최선의 노력을 기울여야 한다. 만약 일정 시점이 넘어가게 되면 소비자들의 태도는 '얼음처럼 굳어지는 단계'가 된다. 나중에 이러한 마음을 되돌리기란 무척이나 힘들다.

- 대학가 근처에 중국 음식점이 4~5개 있었다. 그런데 이상하게도 신입생들이 들어오는 3~4월에는 평소보다 짜장면의 양도 많아졌고 또 맛도 좋았다. 이러한 사실을 깨닫게 된 다음부터는 일부러라도 봄학기 초에 중국 음식점을 자주 찾았던 기억이 난다.

289

보통은 1, 2, 많아야 3의 법칙

어떤 제품을 구매한다고 생각해보자. 그러면 보통 그 제품에 속하는 브랜드 몇 가지가 머리에 떠오를 것이다. 사람마다 떠올려지는 브랜드 개수는 다르겠지만, 아마도 열 개를 넘기는 힘들 것이다.

실제 구매되는 브랜드가 이때 떠올려진 것과는 전혀 별개의 것이 되는 경우가 없는 것은 아니겠지만, 대부분의 경우엔 이렇게 바로 머릿속에 떠오른 브랜드 중에서 선택될 가능성은 높다. 특히 가장 처음에 생각된 브랜드, 즉 최초 상기TOM: Top of Mind 브랜드는 가장 강력한 대안이 된다.

- **머리에 바로 떠올려진 브랜드의 예:** [라면] 농심－삼양－오뚜기－팔도, [스마트폰] 갤럭시－엘지－샤오미, [여자 배우] 김태희－전지현, [콜라] 코카콜라－ 펩시콜라, [신발] 나이키－아디다스－아식스－필라－프로스펙스, [배드민턴 라켓] 요넥스－윌슨－주봉, [볼펜] 모나미－파일롯트－빅－파커－몽블랑

이렇게 떠올려지는 능력은 해당 브랜드가 고려 대안으로 포함되는가의 여부에 결정적 영향을 미친다. 따라서 독보적 1위로 떠올려지는 것이 중요하겠지만, 그렇지 못할 경우에는 2위(또는 적어도 3위)가 되어야 한다.

사람의 머리는 그리 여유 있고 한가한 공간은 아니다. 떠올려진 브랜드들 중에서 기껏해야 1, 2, 많아야 3개를 머릿속에서 심층적으로 비교평가할 것이다. 4위 이하의 브랜드들까지 이를 구매대안으로 심각하게 고려하는 고객은 드물다.

290

단골고객 변절의 심각성 법칙

단골고객은 기업 및 점포에 매우 소중한 고객 자산이다. 안정적 수익원일 뿐 아니라 기업의 자발적 홍보역할도 해주는 고마운 존재이다. 이러한 단골고객층은 기업의 존립과 성장에 있

어서 중요한 발판이 된다.

그러나 이렇게 호의적인 단골고객도 어떤 계기로 인해 마음이 한번 떠나게 되면, 다시는 기업과 거래하지 않게 된다. 이러한 계기로는 제품 및 서비스 실패, 신뢰 상실 등인 경우가 많다. 단골고객이 아닌 일반고객의 경우에는 어떤 계기로 잠시 거래 관계가 끊기더라도 시간이 흐르면 다시 돌아오는 경우가 있지만, 단골고객은 다시는 발길을 돌리지 않는 경우가 대다수이다. 아마도 실망감과 상처가 더 깊게 각인되기 때문일 것이다.

물론 이러한 관계의 틀어짐은 기업의 잘못 또는 단골고객의 문제로 인해 발생할 수 있다. 단골고객의 문제로 인한 대표적인 경우는, 그간의 거래에 대한 자신감으로 조금은 과한 요구를 하였는데 이것이 받아들여지지 않았을 때 보통 발생한다(예: 좀 더 많은 할인의 요구, 덤으로 추가 서비스의 요구, 할인권의 중복 사용 요구 등). 또는 서비스 수준의 기대치가 높기에 이에 대한 실망감으로 발생하기도 한다. 단골고객의 입장에서는 충분히 약간은 과한 요구를 할 자격, 그리고 서비스를 받을 자격이 있다고 생각하겠지만, 반면에 기업 입장에서는 다른 일반고객과의 형평성을 고려하여 이를 거절할 수 있다. 흑백의 선명한 구별처럼 누구의 잘못이라고 보기는 애매한 상황이다. 일반고객이라면 이러한 요구도 하지 않겠지만 설혹 거부되더라도 기대가 크지 않기에 마음의 상처를 받는 경우는 별로 없다. 그러나 단골고객의 경우는 그간의 공헌도 및 거래관계를 생각해볼 때, 이러한 작은 요구(?)가 받아들여지지 않음에 따른 상실감 및 상처는 클 것이다.

단골고객의 고객자산으로서의 중요성과 변절에 따른 심각성을 종합적으로 고려해볼 때, 서비스 업체(예: 은행, 식당, 호텔, 병원, 백화점 등)는 이러한 단골고객을 위한 서비스 매뉴얼을 따로 마련하고 이들에 대해서는 좀 더 재량권을 발휘할 여지를 마련해둘 필요가 있다.

291

기대와 실망의 정비례 법칙

기대가 크면 그에 비례해서 실망도 크게 된다. 반대로 기대가 작으면 실망도 작게 된다. 우리는 살면서 흔히 사람에 대해서 또는 물건에 대해서 어떤 사전 기대를 가지게 된다. 그런 다음 막상 그 사람 또는 물건의 실제 (성능)을 경험하면서 만족 또는 실망하게 되고, 이에 대한 탓을 상대에게 돌린다. 그런데 사실 이러한 만족 또는 실망의 원인은 상대방 객체로 인해 비롯되기보다는 그에 대한 나 자신의 기대 때문에 생기는 경우가 많다.

살면서 실망을 적게 하고 또한 마음의 상처를 적게 받으려면, 기대치를 낮추는 것도 하나의 방법일 것이다.

나이 많은 사람이 어린 사람들로부터 웃어른 대접을 받으려는 기대, 높은 지위의 사람이 낮은 지위의 사람들로부터 양보와 존경을 받으려는 기대 등이 때로는 사람들 간의 관계를 불편하게 할 수 있다는 점을 명심할 필요가 있다.

292

틀을 깨는 최초 행동의 부담 법칙

대부분의 사람은 기존의 양태를 벗어나지 않으려 한다. 아무도 가지 않은 길에 첫발자국을 내딛는 것은 언제나 어렵다. 그러나 한번 이러한 기존의 틀이 깨지면, 그 다음부터는 좀 더 많은 사람들이 이러한 방식을 편하게 채택한다. 수업에서도 맨 처음 질문하는 사람이 큰 부담을 가지면서 하지, 한번 질문이 터지면 다른 여러 학생들도 손을 들게 된다. 깨끗한 옷을 입은 사람은 더러운 흙탕물을 피해가지만, 일단 한번 흙탕물이 묻게 되면 그 다음부터는 좀 더 과감하게 걷게 된다.

'깨진 유리창' 이론은 처음에 유리창을 깨는 사람의 용기(?)가 필요하지, 그 다음 모방하는 사람은 쉽다는 것을 시사한다.

- 1982년 [애틀랜틱]에 발표된 '깨진 유리창 이론Broken Windows Theory'은 건물의 깨진 유리를 방치하면 나머지 창문도 쉽게 망가진다는 내용이다. 출발은 1969년 스탠포드대 심리학자 필립 짐바르도 교수의 실험으로부터였다. 치안이 허술한 골목에 두 대의 자동차를 내버려두었다. 한 대는 보닛만 열어 놓은 채로, 나머지 한 대는 창문을 조금 깬 상태로. 1주일 후, 두 자

> 동차의 상태는 판이했다. 보닛만 열어둔 자동차는 별 이상이 없었으나, 깨진 유리창의 차는 10분 만에 배터리가 없어지고 타이어도 사라졌다. 이어 낙서와 투기, 파괴행위가 나타나 결국 고철더미로 전락했다. 이때 증명된 '깨진 유리창의 법칙'이 윌슨 교수에 의해 정교한 학술논문의 틀을 갖추자 뉴욕시가 과감하게 도입하고 나섰다. 첫 적용대상은 범죄의 온상으로 지탄받던 지하철. 교통국이 전동차 6,000여 대의 낙서를 지우기 시작하자 범죄 증가율이 주춤했고, 3~4년이 지나자 놀랍게도 절반 수준으로 떨어졌다. 미국의 홍보마케팅 전문가인 마이클 레빈은 2005년에 펴낸 저서 '깨진 유리창의 법칙*Broken windows, broken business*'을 통해 작은 실수나 왜곡된 이미지가 기업을 쓰러뜨릴 수 있다고 경고했다. "병원 주차장에서 기분이 나쁘면 의사에게 화를 낸다" "화장실이 지저분하면 음식 맛도 없다" 식으로 비즈니스에 접목시킨 것이다.
>
> –국민일보, '깨진 유리창' 이론, 2012년 3월 5일

패션제품, 새로운 디자인의 제품, 기존 사용방식과는 상이한 제품 등은 이러한 소비자의 보수 성향을 고려하여, 신제품 확산전략을 구축해야 한다.

293
애착 생성의 법칙

제품은 사실 물건이기에 생명이 있는 것은 아니다. 그러나 그 제품에 사용자의 정성이 들어가거나 어떤 인연이 개입되면, 그에 대해 남다른 애착이 생기게 된다. 예를 들어, 처음 구

입할 때의 자동차보다는 자동차에 이것 저것 추가하거나 손을 볼 때, 좀 더 '자기 차'라는 인식이 들게 된다. 또는 바퀴가 펑크나서 새로운 타이어로 교체한 다음에 좀 더 '자기 차'라는 의식이 생기게 되기도 한다. 물론 추가 비용이나 노력이 들어간다는 것 자체는 바람직하지 않지만, 아이러니하게도 그러한 비용 또는 노력이 들어감에 따라 '자기 제품'이라는 생각이 좀 더 생기게 된다. 이러한 점은 무난하고 평탄한 부부보다는 여러 굴곡을 함께 겪은 부부간에 좀 더 동지애 같은 것이 생기는 것과 같은 맥락이라고 할 수 있다.

- 예전의 신입 직원(또는 신입학생) 환영회는 요새보다는 다소 거칠었다. 그렇지만 이러한 통과의례를 거치게 되면 좀 더 집단에 대한 소속감과 애착을 느끼게 되는 경우가 있다.

- 모범생보다는 말썽 많았던 학생들을 선생님들은 오래 기억한다. 말썽피지 않고 곱게 자라준 자식보다는 여러 가지로 손이 많이 갔던 자식에게 더 마음이 쓰인다.

- 새 인형보다는 군데군데 기우고 손때 묻은 인형에 좀 더 정이 간다.

294

밀접 관계연상의 법칙

두 변수(a, b)간 밀접한 연관관계(또는 인과관계)가 있는 경우, 어떤 한 변수(a)의 발생(또는 변화)은 다른 변수(b)의 변화를 유발한다. 물론 거꾸로도 마찬가지이다. 즉 b를 발생(/변화)시키면 a의 변화가 유발된다. 이와 같이 두 변수간 밀접한 관계가 존재하면, 어떤 한 변수의 변화를 통해 다른 변수의 변화를 유도할 수 있다. 이러한 연관관계는 물리적 관계뿐 아니라, 심리적 관계에 있어서도 마찬가지이다.

- 기분이 좋으면 얼굴 표정이 밝아진다. 밝은 얼굴을 하고 있기에 주변에 기분 좋은 사람들이 모이고 그렇기에 기분은 더욱 좋아지게 된다. 한편 기분이 별로이더라도 그냥 얼굴 표정만 밝게 해도 기분 좋은 사람들이 모이고, 이를 통해 진짜 기분이 좋아지게 되기도 한다.

밀접한 연관 관계에 대한 지식이 사람들의 마음에 강하게 자리잡고 있기에, 어떤 한 변수의 변화에 대한 인식은 그와 연관된 다른 변수의 해석에도 영향을 미친다. 이는 한 변수의 상태에 대한 정보는 이와 밀접하게 연관된 변수의 상태에 대한 자동적인 시그널을 주기 때문이다.

- 좋은 일이 있거나 즐거우면, 웃게 된다. 거꾸로 그냥 웃기만 해도, 기분이 좋아지거나 즐겁게 된다. 그 이유는 웃음은 '도파민'이라는 각성물질의 분

비를 촉진시키는데, 이러한 도파민이 많이 분비되면 기분이 상쾌해지고 울적했던 마음이 풀리며 집중력도 좋아진다고 한다.

이러한 현상은 그 시발이 어떤 변수로부터 시작되어도 관계 없는 경우가 많다. 따라서 '조작이 어려운 변수'를 움직이려고 애쓰기 보다는 '조작이 상대적으로 쉬운 변수'에 대한 조작을 통해 조작이 어려운 변수를 움직이게 할 수 있다.

레스토랑의 예를 든다면, 음식 맛이 좋으면 고객은 만족하고 기분이 좋아진다. 그런데, 음식 맛이 그리 썩 훌륭하지 않다면, 종업원의 친절, 부대 서비스 등으로 고객을 먼저 만족시키면 고객은 기분이 좋아지고 이를 통해 음식 맛에 대해서도 그리 까다롭게 굴지 않게 되기도 한다.

- 어느 날 레스토랑 지배인이 식당을 열기 전에 종업원들을 모아 놓고 이렇게 지시하였다고 했다. "오늘은 특별히 친절하고 또 고객들에게 상냥하게 웃을 것! 그 이유는 오늘 아침에 들어온 고기가 여느 때와 달리 질긴 것 같구나."

- 장수를 쏘려면 먼저 말을 쏘아라. – 일본 속담

295

자율성(또는 선택권) 부여의 법칙

기업에서 일방적으로 결정해서 고객에게 제공하는 것보다는 고객이 직접 선택 또는 의사결정하게 하는 것이 고객만족을 높이는데 효과적이다. 식당에서도 양념통을 하나만 가져다 주기보다는, 다양한 종류를 가져다 주는 것이 훨씬 대접 받는 느낌을 가지게 된다.

- 친목회에서 모임의 날짜를 잡을 때 보면, 총무마다의 개성이 엿보인다. 어떤 총무는 일방적으로 자신이 가능한 날짜를 지정하고 그 날에 모이자는 통보를 한다. 반면에 어떤 총무는 Naver Band에 여러 날짜를 띄어놓고 회원들이 참석이 가능한 날짜를 투표하게끔 하여 선정하기도 한다. 물론 후자의 경우에 더 많은 참석자들이 모인다. 또한 다수결에 의해 결정된 날짜이기에 피치 못해 참석 못하는 사람들도 이에 불만이 적은 편이다.

물론 비용과 효율면에서 보면, 기업의 일방적 결정에 따른 제품/서비스 제공이 바람직할 수도 있다. 그렇지만 자율성의 긍정적 효과를 고려해볼 때, 고객이 자유롭게 선택할 수 있는 영역을 가능한 많이 확장하는 것이 바람직할 것이다.

- 예전의 샤브샤브 요리집에서는 하나의 냄비에 여러 사람들이 같이 먹게 되어 있었다. 그렇지만 이제는 일인용 냄비와 조리대가 있어서 각자의 취향에 맞게 먹을 수 있게 된 요리집이 많아졌다. 이러한 음식 제공 방식은 자율성을 선호하는 소비자의 취향을 반영한 것이다.

296

다양성 추구의 법칙

일반적으로 사람들은 다양성을 추구한다. 아무리 군만두를 좋아하는 사람일지라도 영화 '올드보이'처럼 15년 동안 군만두를 하루 세끼 먹지는 않는다. 물론 '올드보이'의 주인공과 같은 상황에 억지로 처해진 경우가 아니라면…

직장인들은 매일 다른 메뉴의 점심을 먹기를 원한다. 물론 커피는 자신이 선호하는 한 점포에서만 마실 수도 있다. 다양성의 추구 정도는 이와 같이 제품 및 서비스의 유형에 따라 그 양태가 다르게 나타난다. 어떤 상권에 속한 소비자들의 다양성 추구에 대한 성향을 이해한다면, 거기에 적합한 점포들의 다양성을 조합할 수 있을지도 모른다.

297

고객 입장/관점의 법칙

시장에 내다 팔 무언가를 만들려면, 무엇보다도 이를 구매하여 소비하는 사람들에 대한 이해가 선행되어야 한다. '소비자를 충분히 이해하였는가?'에 대해 끊임없이 우리는 자문해야 한다.

- 키가 작은 사람들은 키가 큰 다른 사람들과 엘리베이터를 함께 타는 것을 싫어한다. 뚱뚱한 사람은 사람들이 많은 매장에서 자신의 사이즈를 얘기하는 것이 껄끄럽다.

- 성공의 유일한 비결은 다른 사람의 생각을 이해하고, 자신의 입장과 상대방의 입장에서 동시에 사물을 바라볼 줄 아는 능력이다.

  – 자동차 왕 헨리 포드

- "무언가를 이해하려면 진정 그것이 되어야 합니다. 나무를 이해하려면 나무가 되어야 하고 바위를 이해하려면 바위가 되어야 합니다. 상처받은 사람의 아픔을 이해하기 위해서는 '아, 저이는 참 아프겠다'고 생각하는 것만으로는 부족합니다. 그 사람을 오래 바라보고 나도 상처받은 사람이 되어야 합니다. 그렇게 '됨'으로써, 그의 외면의 모습이 아니라 마음을 이해할 수 있습니다. 남이 '될' 수 있는 사람만이 나를 알 수 있습니다. 남의 마음을 이해해야 나를 알고, 나를 알아야 당당하고 아름다운 '나의 노래'를 부를 수 있습니다."

  – 장영희의 영미시 산책, 조선일보 2004년 8월 20일

298

태도 변화의 법칙

태도attitude란 어떤 사람이 사물이나 다른 사람에게 품고 있는 지속적 감정(긍정적 혹은 부정적)을 일컫는다. 일반적으로 한번 형성된 태도는 쉽게 바뀌지 않는다. 그리고 부정적으로 바뀐 태도를 다시 원상태로 되돌리는데는 적지 않은 시간과 노력이 소

요되기도 한다. 일례로 '갑의 횡포'로 세상을 들썩이게 하였던 남양유업, 대한항공('땅콩 회항'), 피죤 등에 대해 소비자들은 상당기간 동안 부정적 태도를 유지하였다.

소비자의 태도가 구매에 중요한 영향을 미치기에, 기업은 마케팅믹스 등의 제반 수단을 동원하여 자사의 이미지나 자사의 제품에 대한 선호도를 높이는 등, 소비자의 태도를 긍정적으로 변화시키기 위한 끊임없는 노력을 기울이고 있다. 아래는 태도를 변화시키는 데 사용되는 몇 가지 방법들이다.

첫째, 소비자가 중시 여기는 속성들에 대해 이의 실체적 변화를 통해 실질적 가치를 향상시키는 것이다. 예를 들어, 자동차 속도를 중요시 여긴다면, 실제적으로 엔진을 개선한다; 안전성을 중요시 여긴다면, 차체 또는 브레이크의 실질적 개선을 통해 소비자들에게 좋은 태도를 가지게 한다. 시청자들이 가창력(또는 연기력)을 가장 중요시 여긴다면, 실제적으로 노래 부르는 훈련(또는 연기 훈련)을 통해 기존의 이미지를 개선한다.

둘째, 이미지 차원의 노력을 통해 소비자들이 중시 여기는 속성들에 대해, 자기 제품이 그 가치를 가지고 있다고 느끼게 호소하는 것이다. 또는 과거에 비해 개선되었다고 느끼게 하는 것이다. 만약 실체적인 가치가 여전히 경쟁사 제품에 비해 부족하다면, 이미지 노력을 통해 가상적으로라도 소비자들이 그렇게 느끼게끔 만드는 것이다.

물론 이러한 노력 이외에도 다양한 방법들이 있다(예: 자신의 제품에 대한 인식개선 노력뿐 아니라, 경쟁사 제품에 대한 인식의 악화 노력을 기울이는 것, 소비자들이 제품속성에 대해 부여하는 중요도 값의 크기를 변화시키는 것). 중요한 것은 이러한 방법들 중에서 기업이 현재 여건에서 가장 잘할 수 있는 방법을 선택해서 실행하는 것이다. 한편 어떤 한 가지 방법만으로는 한계가 있기에 경우에 따라서는 다양한 방법을 입체적으로 동시에 사용할 필요도 있다.

글을 맺으며

물건을 사고 파는 곳이란 뜻이 있는 시장에서 기업의 제품이나 서비스를 구입해주는 소비자는 시장에서 가장 중요한 주체이다.

- 손님, 고객이라는 뜻의 영어 단어 customer는 관세청인 customs에서 나왔다. 18세기 유럽에서는 관세청이 슈퍼 '갑'이었다고 한다. 지금도 마찬가지겠지만, 세금은 무역 또는 기업에게는 골치거리이다. 많은 무역업자가 관세를 징수하는 사람들에게 극진한 대접을 하고 뇌물을 바쳐 관세를 최소화해서 물건을 통과시키는 비리가 늘었다. customer, 즉 관세청 사람들의 주관적 판단에 따라 자신의 사업이 흥하고 망할 수 있다는 의미에서 이들을 슈퍼 갑으로 대접했던 셈이다. 그런데 관세청 직원, 즉 customer는 점점 자기가 가장 극진히 대접해야 할 '회사의 고객'이나 '손님'이라는 뜻으로 의미가 발전했다. – 조선일보, 인문학으로 배우는 비즈니스 영어, 2014년 9월 19일

여기서는 시장을 구성하는 여러 주체들 중에서 가장 중요한 소비자에 대해 살펴보았다. 그러나 이러한 소비자를 포함하여 경쟁사, 유통업체, 공급업자 등도 시장을 구성하는 중요한 주체들이다. 따라서 이들 각 주체에 대한 이해 노력도 중요시 된다. 더 나아가 이들 주체들은 서로간에 유기적으로 연결되어 있기에 이러한 주체들 모두를 입체적으로 이해하는 것이 중요하다. 이러한 이해는 그 시장에 대한 마케팅을 효과적으로 실현하는 데 발판이 된다.

- 세상에서 가장 어려운 일은… 사람이 사람의 마음을 얻는 일이란다. 각각의 얼굴만큼 다양한 각양각색의 마음을… 순간에도 수만 가지의 생각이 떠오르는데… 그 바람 같은 마음이 머물게 한다는 건… 정말 어려운 거란다.

– 생텍쥐페리, 〈어린왕자〉에서

제15장

학습, 창조, 혁신,
행복의 법칙

Chapter 15

여기서는 학습, 창조, 혁신, 그리고 행복에 대한 법칙을 순서대로 소개하겠다. 이러한 순서로 제시하는 이유는 창조 및 혁신은 학습이 바탕이 되어 일어나기 때문이다. 기존 지식에 대한 학습이 있어야 이를 소화 및 응용하여 이를 뛰어 넘는 창의력 및 혁신으로 발전되게 된다. 물론 반드시 이러한 순서로만 발생되는 것은 아니다. 중요한 점은 학습-창조-혁신 간의 유기적 연결 관계이다. 여기에 덧붙여 즐거움과 행복에 대한 법칙을 소개하겠다. 행복은 학습, 창조, 혁신의 결과변수이기도 하지만, 또한 이

창의력 및 혁신을 영국(Great Britain)과 재치있게 연결시킨 광고물(캐나다 벤쿠버 공항)

들이 활발하게 발현되는 토양이기도 하다. 소비자의 행복, 기업의 행복, 사회의 행복, 국가의 행복, 세계의 행복을 위해 지금 이 순간에도 여러 사람들 및 조직은 노력하고 있다. 한편 이러한 주체들간의 행복은 서로 밀접하게 엇물려 있다.

창조와 혁신은 최근 기업경영에서 화두가 되는 중요한 개념이다. 따라서 이에 대한 내용은 향후 풍부하게 발전될 것으로 기대된다. 한편 행복은 모든 삶에 있어서의 지향점이므로 시대와 상황에 관계 없이 중요시되어 왔고 또한 앞으로도 중요시될 개념이다.

I. 학습에 대한 법칙

우선 학습에 대한 몇 가지 원칙을 제시하겠다. 과거로부터 누적된 지식들을 체계적으로 축적하고 동시에 현재 발생하고 있는 지식들을 여러 원천들로부터 신속하게 유입하지 않으면, 시대에 뒤쳐지고 또한 경쟁에서 살아남기 어렵다. 아울러 창조와 혁신을 모색하기란 더욱 어려울 것이다. 이런 관점에서 학습 및 지식경영은 여전히 중요시 된다.

학습 역량이 뛰어난 사람들은 기존 지식에 대한 습득 및 모방 속도가 빠르다. 반면에 창의 역량이 뛰어난 사람들은 기존 지식에 색다른 내용을 보태거나, 또는 전에 없던 영역을 새롭게 개척하는 데 뛰어난 역량을 발휘한다. 학습 역량과 창의 역량 간에 상관관계가 없는 것은 아니지만, 학습 역량이 강한 사람이 반드시 창의 역량이 강한 것은 아닌 것으로 보인다. 문학작품들을 신속하게 읽으면서 지은이의 의도를 빠르게 간파하고 이에 대한 평론을 잘 하는 사람도 있는 반면에, 이러한 능력은 다소 미흡하지만 자신만의 작품세계를 가지고 창작물을 많이 출간하는 사람도 있다.

299

지식 주인의 법칙

지식을 창출한 사람이 반드시 그 지식의 주인이 되어 이를 누리는 것은 아니다. 오히려 새로운 지식을 좀 더 잘 이해하고 정리하여 이를 활용하는 사람이 지식의 주인이 되는 경우가 많다.

러일전쟁을 승리로 이끈 일본의 토요 장군은 그 전략의 아이디어를 우리나라의 충무공 이순신 장군으로부터 얻었다고 한다. 일본은 비록 임진왜란에서 적국의 장군이었지만 이순신 장군에 대한 충분한 학습을 하였고 이러한 자료를 결코 소홀히 하지 않았다. 이러한 학습자세가 있었기에 근세 역사에서 일본은 강국으로 발돋움한 것이다. 반면에 우리는 선조의 귀한 자료와 경험을 소중히 여기지 않았고 또한 이순신 장군과 같은 훌륭한 인재를 육성하지 않았기에 임진왜란에 뒤이어 여러 차례의 어려움을 겪게 되었다. 우리나라의 역사 속에 인재가 적은 것이 아니라, 그러한 인재로부터 배우지 못하는 것이 문제이다. 배움에 대한 의지가 강한 사람 또는 조직이 결국 지식의 주인이 되고, 그러한 성향을 가질수록 성장가능성이 크다.

새로운 지식이 발생한 지 얼마 동안 그 지식은 누구에게나 생생하다. 그러나 이러한 귀한 지식의 조각들을 차곡차곡 쌓아두고 정리해 두지 않는다면 얼마 지나지 않아 다 흩어져 버리고 만다. 더 나아가 지식과 경험으로부터 얻은 교훈을 사회 시스템에 반영하지 않으면, 불행한 역사는 또다시 되풀이 된다. 지식은 창출하기도 어렵지만, 이를 제대로 활용하기란 더욱 어렵다. 집을 지은 자가 그 집의 주인이 되는 것은 아니다. 그 집에서 오랫동안 살면서 그 집의 가치를 최대한 누리는 자가 그 집의 실질적 주인이 된다. 지식도 마찬가지이다.

- Today is the pupil of yesterday. — Pulilius Syrus
- Experience is not what happens to you, it is what you do with what happens to you. — Aldous Huxley
- 경영자는 책임을 떠넘길 것이 아니라 실패 원인을 분석해 그것을 자산으로 만들어야 한다. — SONY의 모리타 아키오
- 배움에 능한 자는 남의 장점을 빌려서 자기의 단점을 메운다(善學者, 假人之長以補其短). — 여씨춘추(呂氏春秋)

300

지식 편리성의 법칙

오래전 일본의 옛 성을 방문한 적이 있었다. 거기에는 전시실이 있었는데 그중 눈에 띈 유물은 한 손으로 잡힐 만한 크기의 화선지 묶음의 책이었다. 요새로 하면 작은 영어사전과 같다. 그것이 문집이었는지 병법이었는지는 잘 모르겠지만, 어쨌거나 편

리해야 자주 보게 되고, 자주 봐야 그것을 자기 것으로 만들 수 있다는 점을 고려해볼 때, 그 책 또는 노트의 주인은 그에 대한 내용을 통달하였을 것으로 짐작된다.

스마트폰, 노트북, MP3, 햄버거, 커피 믹스, 자판기 등을 자주 사용하는 이유는 그것의 사용이 편리하기 때문이다. 이러한 편리성은 제품 선택 및 사용, 그리고 확산에 결정적으로 중요한 요소가 된다. 이러한 간편성이 중요시되는 것은 비단 제품에만 한정되지 않는다. 지식도 간편성이 중요시된다. 언제 어디서나 접근하기 용이한 지식, 사용에 부담이 없는 지식은 그렇지 않은 지식에 비해 훨씬 더 유용하게 사용된다.

301

지식 공유의 법칙

어떠한 조직이 경쟁력이 있는가? 아마도 조직의 경쟁력 원천 중의 하나는 학습 능력일 것이다. 그런데 이를 위해서는 아이디어, 경험, 정보, 지식에 대한 개인의 학습능력도 중요하지만 이러한 개인지식을 조직 구성원들 간에 공유하는 것도 중요하다.

- 예전에 저자가 다녔던 광고 대행사는 일본 광고대행사와 제휴관계에 있었기에 가끔은 선진 기법에 대한 연수와 사례수집을 위해 일본 자매회사를 방문하는 경우가 있었다. 연수가 끝나갈 무렵 방문단은 추가 자료를 요구

하는 경우가 많은데, 이에 대응하는 일본측 직원의 반응이 재미 있었다. 그에 따르면 한국에서 오는 사람들은 항상 동일한 자료를 반복적으로 요구한다고 한다. 즉 지난 번에 제공하였던 자료보다 한발 더 나간 자료를 요구하는 경우는 드물고, 거의 언제나 그전 방문 직원들이 요구하던 자료와 같은 것을 또 달라고 한다는 것이다. 처음에는 신기하였지만 나중에는 이러한 성향을 알기에 미리 요구될 자료를 준비하고 있다가 바로 처리하고 있다고 한다. 이러한 사실은 우리가 얼마나 정보 공유에 소홀하고 있는가를 입증하는 단적인 예가 되겠다.

왜 정보를 공유하려 하지 않는가? 어떤 직원이 퇴직하면 보통 그가 가지고 있던 정보와 지식도 같이 퇴사한다고 한다. 개인 지식이 조직의 공동지식으로 되지 않는 이유로는 여러 가지가 있다. 첫째, 팀 작업이 요구되지 않는 작업 환경에서는 개인 역량이 중요시된다. 이 경우에는 자신만의 독특한 지식과 정보가 그 기업에서의 생명줄이기에 남과의 지식공유란 쉽지 않다. 둘째, 지식과 정보를 많이 가진 자에게 그렇지 못한 사람들은 많은 부분을 의존하게 된다. 조직에서의 힘의 과시 또는 유지를 위해서는 개인의 지식 창고에만 쟁여 놓고 남과 나누는 것을 인색하게 한다. 물론 지식의 독점 성향을 개인의 이기적 자세로만 돌릴 수는 없다. 시스템의 문제요 또 문화적 문제일 수도 있다. 어쨌거나 정보 공유가 원활하게 되기까지에는 많은 노력이 경주될 필요가 있다.

지식의 공유를 위해 윤리, 시민의식만 강조해서도 안된다. '개인적 차원에서 비롯되는 배움에 대한 열정과 능력'과 '지식을 다른 사람들과 나누고자 하는 의향' 간에 엄청난 간극이 있다는 사실을 있는 그대로 인정하고 이를 바탕으로 한 관리 방안을 마련할 필요가 있다. 예를 들어 공유를 위한 조직차원의 정보관리 시스템을 갖출 필요도 있다.

- 미국에선 햄버거 가게나 주유소에만 가도 종업원들이 오랜 경험을 바탕으로 만든 체계적 매뉴얼에 따라 질이 고른 서비스를 제공한다. 맥도날드 햄버거의 종업원 매뉴얼은 책 몇 권에 달할 정도로 방대하고 구체적이다. 이와 같이 매뉴얼을 전 직원이 공유한다. 여기에는 전임자의 노하우나 구체적이고 세밀한 업무처리 요령이 담겨 있다. 따라서 매뉴얼은 활용도가 높고 업무에 큰 도움이 된다고 한다.

302

경험 학습의 법칙

무언가를 학습하는 것은 여러 경로를 통해 이뤄질 수 있다. 활자화된 책을 통할 수도 있고, 다른 사람들로부터의 구술 가르침을 통할 수도 있고, 대중매체를 통할 수도 있다. 이렇게 지식은 여러 경로를 통해 전달 또는 전수될 수 있다. 그렇지만 어떠한 지식은 글이나 말을 통해서는 얻기 어려운 것이 있다. 암묵적 지식implicit knowledge이 보통 이에 해당한다. 이러한 지식은 직접 체험을 통하거나 또는 체험하는 다른 사람의 바로 옆에서 지켜보면서 스스로 깨달아야만 한다. 不立文字불립문자라는 禪선의 가르침이 있다. 글이나 말로써 이치를 따져서 다른 사람을 깨우치기보다는 더불어 보고 일을 행하게 함으로써 느끼게끔 하라는 가르침인 것이다.

무엇보다도 절실한 경험 또는 체험을 통한 학습은 머릿속에 선명하게 남는다. 특히 쓰라린 경험을 통해 습득한 것은 매우 오래 간다. 야간 자율학습이 끝나고 귀가하는 둘째 아이는 보통 통닭 또는 햄버거를 사가지고 들어와서 자기 전에 먹곤 하였다. 밤 늦게 먹고 바로 잠자리에 들면 좋지 않다고 여러 번 얘기했지만 귀담아 듣지 않았다. 그러다가 한번은 이로 인해 밤새 뒤척이며 고생을 한 적이 있었다. 그런 다음에야 다시는 그런 야식을 하지 않게 되었다.

저자의 개인적 경험에서 볼 때, 미국생활에서 영어는 어려운 일을 당하거나 문제해결을 해야 하는 상황에서 좀 더 많이 늘었던 것 같다. 그러나 문법적으로 틀린 말을 해도 점원이 알아서 잘 이해해주던 쇼핑의 경우에는 별로 영어가 늘지 않았다. 말이 통하지 않으면, 결국 답답한 사람은 물건을 파는 미국인이었기에 나의 말도 안되는 엉터리 영어에 좀 더 친절히 귀를 기울이고 이해하려 하였다. 이런 상황에서 영어에 대한 학습 동기부여는 절대 생기지 않는다.

- 물고기에게 땅 위를 걸어 다니는 것이 어떤 것인가를 알려줘야 한다고 가정해 봅시다. 물고기로 하여금 땅 위를 하루 동안 걸어 다니게 하는 것이 땅 위를 걸어 다니는 것이 어떤 것인지를 1,000년 동안 설명하는 것과 같

은 효과가 있습니다. 이와 마찬가지로 사업체를 하루 직접 경영해보는 것이 사업에 관해 1,000년 동안 얘기하는 것과 같은 효과가 있습니다.

– 미국의 억만장자 웨렌 버펫이 사업수완에 대해 한 말
(리더스 다이제스트, 1996년 2월호)

- 제齊나라 환공桓公이 다락에 앉아 글을 읽고 있는데 수레바퀴 만드는 노장인老匠人이 지나가다가 "무슨 책을 읽고 계십니까?" 하고 물었다. 성현의 글이라고 하자 "그러하시다면 성현의 껍데기만 얻고 계시는구먼요" 했다. "신이 수레를 깎을 때 느리게 깎으면 곧질 못하고 급히 깎으면 맞질 않으니 알맞게 깎기란 70여 년 해야 감勘이 잡히고 감이 잡혀야 손끝에 얻음得이 생기는 것이지, 말이나 글로써 전수할 수 없는 것입니다. 따라서 신도 자식에게마저 전수하지 못하는데 하물며 성인이 터득한 오묘한 경지를 어찌 글로 얻을 수 있겠나이까" 했다.

– 조선일보, 이규태 코너, 2003년 9월 10일

소위 '갑질'(갑을관계에서 권력의 우위에 있는 갑이 약자인 을에게 하는 부당 행위를 통칭하는 개념)에 대한 논란이 많이 되고 있다(예: 땅콩 회항 등). 이에 대한 여러 원인이 있겠지만, '갑'에 해당하는 사람들이 '을'의 입장을 경험하지 못하였기에 그로 인한 학습의 결핍이 한 원인이 아닐까도 생각된다. 사실 모든 학습은 경험으로부터 비롯되는데, '갑'으로 태어난 사람들이 자라나는 성장 환경에서 '을'의 삶을 체험하기란 쉽지 않을 것이다. 결국 '을'의 아픔을 실감하지 못하기에 '갑'의 횡포를 계속하는지도 모를 일이다.

한편 경험을 통한 학습이 머릿속에 오래 남지만, 때로는 그러한 학습에는 많은 희생과 대가가 따른다. 예를 들어 음주운전의 위험

성에 대해 아무리 방송에서 떠들더라도 거들떠보지 않던 사람은 자신이 음주운전으로 인해 크게 다치면 절실히 그 위험성을 학습하게 될 것이다. 그러나 그때는 이미 너무 늦다.

303

위험(/역경) 학습의 법칙

위험한 상황에서 체득했던 것은 오래도록 간직된다. 그만큼 절실하고 절박한 상황이었기에 그것이 머릿속에 선명히 각인되었기 때문이다.

- 내 경험에 비추어 위험을 감수한다는 것은 몇 가지 면에서 장점이 있다. 첫째, 위험을 감수하지 않는 이들보다 빨리 배울 수 있다는 것이다. 둘째, 폭넓은 경험을 할 수 있다는 것이다. 셋째, 안전지향적인 사람들보다 더 많은 장애물을 더 빨리 만난다는 것이다. 넷째, 그 장애물을 극복하는 방법도 배우게 된다는 것이다. – 루루닷컴 설립자, 밥 영(리눅스 개발자 중 하나)

- 위험 없이 이익을 얻는 것, 위험 없이 경험하는 것, 일하지 않고 보상받는 것은 우리가 태어나지 않고 사는 것만큼이나 불가능한 것입니다. – A. P. 구티

위험으로부터 무언가를 배우려면 높은 역경극복지수Adversity Quotient를 가지는 것이 유리하다. 1997년 미국의 커뮤니케이션 이론가 폴 스톨츠Paul G. Stoltz는 지능지수IQ, intelligence quotient나 감성

지수EQ, emotional quotient보다 역경극복지수AQ, adversity quotient가 높은 사람이 성공하는 시대가 될 것이라고 발표했다. 변화의 속도가 빠르거나 전환기의 어수선한 상황에서는 지능IQ이나 감성지수EQ의 두 가지 지능이 아무리 높다 해도 위기를 극복하는 제3의 능력AQ이 받쳐주지 않는다면 제대로 활용할 수 없기 때문이다. 역경극복지수AQ란 수많은 역경에도 굴복하지 않고 냉철한 현실 인식과 합리적인 판단을 바탕으로 정신을 잃지 않고 끝까지 도전하여 목표를 성취하는 능력을 말한다.

304

죽도竹刀 연습의 법칙

현장의 실제 상황을 경험하게 하는 학습의 효과가 좋다. 그러나 항상 이러한 학습이 가능한 것은 아니다. 검, 총, 의료수술, 비행기 조종과 같은 경우는 그렇게 하기 어렵다. 이럴 경우에는 실제 상황에서 느낄 수 있는 것을 가능한 많이 느끼게 도와주는 도구 및 기기를 사용하는 것이 효과적이다. 검도에서

검도에서 사용되는 호구, 호면, 호완 등

호구, 호완, 죽도를 사용하는 것도 이러한 연유에서다. 물론 죽도가 아닌 진검眞劍을 사용할 때만 느낄 수 있는 것이 따로 있다. 그렇지만 진검을 사용할 수 있는 수준에 오르기 전까지는 비교적 안전한 것을 통해 연습하는 것이 최대의 교육 효과를 거둘 수 있다.

- 일본에서의 아마추어 야구팀은 연식 야구공을 사용하는 데 비해 한국에서는 아마추어 야구팀은 프로야구팀에서 사용하는 공식 야구공을 사용한다. 일본은 연식공을 사용하기에 부상에 대한 위험이 적다. 따라서 공격도 과감히 하고 수비 역시 과감한 플레이를 맘껏 한다고 한다. 반면에 한국에서는 공이 딱딱하기에 부상의 위험이 크기에 몸을 사리게 된다. 따라서 그러한 과감한 연습을 통한 체험을 하지 못한다.

- **숨쉬는 마네킹 환자:** 미국 의대생과 전공의는 사람 대신 마네킹을 수술하며 의술을 쌓는다. 이들에게 수술받는 '환자 마네킹'은 자를 수 있는 인공피부, 주사를 놓을 수 있는 혈관, 움직이는 눈동자 등 신체 구조뿐 아니라, 심장이 뛰고 허파는 숨을 쉬는 등 '사람'의 기능을 갖춘 '첨단 로봇'이다. 환자 마네킹은 1990년 중반에 개발돼 처음에는 의무병, 간호사, 의료기사 교육용으로 썼으나, 현재는 미국 내 120여 의과대학 중 최소 절반이 의사 교육에 이용하고 있다. 외과의사가 마네킹의 플라스틱 상자 안으로 수술칼이나 바늘을 집어넣으면 실제 사람의 살을 자르며 시술하는 것과 똑같은 느낌을 받으며, 초음파 영상으로 진짜 사람 신체 내부 같은 영상을 볼 수 있다. 또 마취약을 과다 투여하면 호흡이 멎는 등 의사가 잘못 처치할 경우 환자에게 닥치는 위기 상황이 그대로 나타나도록 컴퓨터 프로그래밍이 돼 있다. 미국 의대 교수들은 "환자 마네킹을 상대로 진료하다가 실수를 저지르고 그에 대처하는 경험을 거듭한 의대생은 단순히 시신이나 동물을 대상으로 연습한 학생보다 실력이 월등히 좋아지며 진짜 환자를 볼 때 확신을

갖게 된다"고 입을 모은다. 환자 마네킹은 '1명'당 4만(약 4,600만원)~20만 달러(2억3,000만원)에 이르는 고가품이다. 마네킹마다 '병이 난 부위' 등 기능이 서로 다르기 때문에 모든 진료과목용 마네킹을 두루 갖추려면 최소 60만 달러에서 250만 달러가 든다. 그러나 마네킹으로 훈련받은 의사는 진료 기법을 빨리 익힐 뿐 아니라 나중에 실제 진료시 실수를 덜 하게 되므로 병원도 결국은 이익이라고 한다. – 조선일보, 2004년 7월 20일

305

돌을 먼저, 망치는 나중에의 법칙

아이들에게 망치의 고마움을 알게 하려면 우선 돌로 못을 박게 해봐야 한다. 가르치는 사람이 처음부터 너무 쉽게 가르쳐주면 배우는 학생은 더 이상 머리를 쓰려고 하지 않는다. 마치 부드러운 음식만 먹은 사람의 이빨이 퇴화하는 것과 마찬가지이다. 학습이란 자신의 노력과 공들임이 많을수록 좀 더 오랫동안 머리와 몸에 남게 된다. 수학 풀이와 마찬가지로 시간이 많이 걸리고 서툴게 푸는 방식을 먼저 직접 경험해야만, 공식 및 해법 풀이가 진짜 좋은 방법이라는 것을 절실하게 깨닫게 된다.

306

지식 공유의 폭발성 법칙

어떤 지식을 한 사람만 가지고 있다면 그로 인한 사회변화는 미미할 것이다. 그러나 이러한 지식과 정보를 사회 구성원의 대다수가 가지게 된다면, 그로 인한 사회변혁은 가능할 수 있다. 이러한 사실을 잘 알기에 역사상 독재자들은 무엇보다도 자신의 권위에 도전할 거리가 되는 지식과 정보에 대한 통제에 많은 힘을 쏟았다.

- 15세기 독일의 구텐베르그가 활자 인쇄기를 처음 만들어 냈을 때, 당시의 많은 사람들은 그것이 그리 대단한 것이라고 생각하지 않았다. 그리고 그것은 값이 너무 비싸서 실용화되지 못할 것이라 생각하였다. 그러나 인쇄술을 이용한 활자 미디어의 영향력은 당시의 권력과 사회구조를 변화시킬 정도로 엄청난 것이었다. 인쇄술의 발명으로 가장 먼저 활자화된 대중적인 책은 성서였다. 인쇄술 발달 이전의 성서는 필경사들이 직접 손으로 쓴 필사본이었는데, 이것은 신부라든가 소수의 특정인만이 소유하고 있었다. 그러므로 그들의 권위는 성스러울 만큼 대단한 것이었다. 그러나 인쇄술의 발명으로 성서는 활자화된 책으로 만들어졌으며 일반인들도 소유하고 언제 어느 때나 성경 말씀을 접할 수 있게 되었다. 그것은 대중들에게 큰 충격이었다. 왜냐하면 성경의 말씀은 지금껏 소수의 선택된 사람들, 즉 신부나 목회자를 통해서만 들을 수 있었기 때문이었다. 사람들의 의식구조는 변화하기 시작하였고, 이는 르네상스, 종교혁명으로 이어졌다.

– 전경련의 경제포커스, 1996년 6월 1일

307

지식 원천의 다양성 법칙

지식을 습득할 수 있는 안목만 갖추고 있다면, 주변의 모든 것들로부터 무언가를 배울 수 있다. 이와 같이 지식의 원천은 무척 다양하다.

사업을 오랫동안 해왔던 사람들은 백화점에서 물건을 사면서, 또는 길거리의 사람들을 보면서도 좋은 정보와 아이디어를 얻을 수 있다. 물론 경영 지식은 자신과 동종 업종으로부터만 배울 수 있는 것은 아니다. 전혀 다른 업종에서 나타난 아이디어일지라도 자기 업종에 맞게 변형시킬 수 있는 가능성은 얼마든지 있다.

지식은 책과 도서관에서만 있는 것이 아니다. 바로 우리 주변에 널리 깔려 있다. 소설 및 수필, 신문 및 잡지의 기사, TV 드라마, 영화를 통해서도 유용한 지식을 습득할 수 있다. 아래에 몇 가지 읽거나 볼거리들을 열거하면 다음과 같다.

- 책: 모모, 칼의 노래, 삼국지, 대망, 언덕위의 구름 등
- 드라마: 왕좌의 게임(Game of Thrones), 칭기즈칸, 펀치(한국, 2015년)

지식들을 습득하기 위해서는 단지 그러한 지식을 알아볼 줄 아는 안목이 필요할 뿐이다. 물론 이러한 안목은 짧은 시간에 쉽게 생기는 것은 아니다.

308
학습과 시행착오의 반비례 법칙

우리가 교육을 받는다는 것은 현장을 몸소 체험하기에 앞서서 일종의 시뮬레이션 경험을 하는 것과 같다. 물론 사람들은 현실에서 이를 직접 부딪히면서 지혜를 터득해가기도 한다. 그러나 여기에는 엄청난 시행착오가 따르고 그에 수반되는 비용, 희생 역시 적지 않을 것이다.

교육 및 학습은 이러한 시행착오를 줄여주는 것과 연관된다. 물론 현실에서 당면하게 될 고유한 문제에 딱 들어맞는 해결책을 교육과정에서 배우지는 못할 것이다. 그러나 교육을 받으면 현실에서의 실패 확률을 조금이라도 줄일 수 있다. 그리고 좀 더 나은 대안을 찾게 될 확률이 높다. 따라서 좋은 교육이란 배우는 사람이 장차 겪게 될 시행착오를 많이 줄여주는 것과 밀접히 연관되어야 할 것이다.

309
학습 주체(교육생)의 중요성 법칙

뛰어난 영웅 및 위인들이 되려면 반드시 최고의 학습기관에서 그 배움을 얻어야만 하는 것은 아니다. 물론 최고의 교육

기관에서 배운다면 그 과정이 좀 더 효율적이고 효과적일 수 있을 것이다.

그렇지만 그러한 배움의 장소를 거치는 것이 뛰어난 사람의 배출에 필수적 요소는 아니다. 이순신 장군이 Harvard University를, 허준이 Johns Hopkins University School of Medicine을, 모차르트가 Juilliard School of Music을 나오지 않았더라도 그들은 우리가 알고 있는 위인이 되었을 것이다. 중요한 것은 어디에서 누구에게 배웠는가라기보다는 누가 어떠한 자세로 배웠는가 하는 점이다.

Ⅱ. 창의력에 대한 법칙

외부에 널려 있는 지식들 중에서 자신에게 필요한 것을 선별해 내는 능력은 중요하다. 또한 이렇게 발견된 지식을 기업 내부의 지적자산 또는 공유자산으로 만드는 것도 중요하다. 또한 이를 구성원의 몸과 마음에 흡수시키고 체화시키는 노력도 중요하다. 그렇지만 남의 지식을 아무리 잘 소화하고 흡수하더라도 거기에만 머무른다면, 다른 기업과 차별되는 경쟁력을 가지기란 쉽지 않다. 기존의 지식들을 발판으로 하되, 여기서 한 단계 더 높게 도약해야 한다. 이러한 도약에 필요한 능력이 바로 창의력이다.

- Do not go where the path may lead, go instead where there is no path and leave a trail. — Ralph Waldo Emerson
- The talk you hear about adapting to change is not only stupid, it's dangerous. The only way you can manage change is to create it. — Peter Drucker

같은 선생님으로부터 같은 교재를 가지고 같은 교실에서 배운 두 사람의 삶, 또는 성과가 다른 것은 이러한 동일한 지식 재료에 대한 창의적 응용능력의 차이에서 비롯된다.

● 두 사람이 사자 길들이기에 관한 같은 책을 읽고 똑같은 옷을 입고 사자의 우리로 들어가 사자에게 명령을 하기 위해 동일 몸짓과 언어를 사용한다고 하자. 그러나 결과는 같지가 않을 것이다. 한 명은 사자로 하여금 굴렁쇠 사이를 뛰어넘게 할 수 있겠지만 다른 한 명은 사자 우리 속에서 희생되는 소름끼치는 대실수로 끝장날지도 모를 일이다.

– 친닝 추(1995), 후안흑심, 고려원, 17쪽

310

여유의 법칙

24시간 짜임새 없는 일정 속에서는 새로운 생각이 떠오르기 힘들다. 예전에 미국의 어떤 대학교에서 체류하고 있을 때 옆방의 중국인 교수는 거의 주말도 없이 매일 아침 9시부터 밤 9시까지 일요일을 빼고는 연구실에 출근하였다. 그의 연구실에서는 엄청난 양의 논문들이 나왔지만 아주 창의적 연구성과는 나오지 않았다고 얘기를 들었다.

● "나의 하루는 오전 8시 전후, 한 시간 가량의 산책으로 시작된다. 오전에 몇 시간 작업을 한다. 작업을 안 하는 날은 뜰의 풀을 뜯거나 소요逍遙한다. 생각이 잘 풀리지 않으면 틈을 내어 홀로 찻집에 간다. 찻집에 앉아 잠깐 쉬며 생각하는 시간이 나에겐 정말 소중하다."

– '구도(求道)하는 작가'라 불리는 이우환

여유 시간, 쓸모없이 보내는 멍한 시간이 필요하다. 정신 없이 눈 앞에 닥친 일에만 모든 능력을 빼앗긴다면 다른 것을 볼 시간도 또는 생각할 여유도 갖기 힘들다. 꿈을 꿀 시간이 있어야 자신의 꿈이 무엇인지 알 수 있다.

시간이 있어야 '생각'이라는 것을 할 수 있고, 그러한 생각을 해야 '새로운 생각'도 할 수 있게 되는 것이다. 종업원들에게 창의적 방식을 가져오라고 닦달만 하지 말고 이들에게 충분한 여유시간을 주는 것이 더 현명한 방법일 것이다.

311

하얀 백지의 법칙

흰 종이가 앞에 펼쳐 있다면 무언가 그릴 생각이 들게 된다. 텅 빈 노트가 있다면 무언가 쓰고 싶은 생각이 든다. 하얀 벽이 놓여 있으면 무언가 낙서를 하고 싶다. 책에 여백이 많다면 거기에 자신의 생각을 끄적이게 된다. 창의적 생각이란 이렇게 여백이 많을 때 가능하다.

그냥 하얀 백지를 주고 여기에 뭘 하라고 숙제를 주지 말고 그냥 놔두는 것이 좋다. 그러면 자유롭게 무언가를 생각하게 된다. 이것이 리더가 제공할 수 있는 진정한 창의력을 위한 여건일 수도 있다. 하얀 백지, 커다란 여백을 주고 그냥 지켜보는 게 어떤 때는 최선의 방책이기도 하다.

한편 공간의 물질적 크기와 창의력은 비례하기도 한다. 따라서 이왕이면 큰 종이와 여백을 제공하는 것이 좋을 것이다.

- 코이란 물고기는 어항에서 키우면 7~10cm까지밖에 자라지 않지만, 연못이나 아주 큰 어항에 키우면 20~40cm까지도 자라고, 강에 방류하면 120cm까지도 큰다고 한다.

312

새로운 자극의 법칙(참조: 7장 기회노출의 법칙)

새로운 것을 접할 때 비로소 새로운 시각을 가지게 된다. 새로운 것을 접하기 위해서는, 늘 익숙하기에 새로울 것도 없는 현실을 벗어나야만 한다. 먼 나라를 여행하는 것도 좋은 방법이다. 새로운 사상, 새로운 사람, 새로운 자극 등을 접하는 것도 중요하다. 어쨌거나 새로운 소재가 투입되지 않는다면 새로운 생각을 해내기란 쉽지 않다.

요리 소재가 많을수록 다양한 요리가 나올 수 있듯이, 생각 소재가 많을수록 다채로운 발상이 나타날 수 있다.

313

가치부여 및 관심집중의 법칙

우리는 어떠한 일에 좀 더 성의를 가지고 임하는가? 아마도 그 일의 성과에 다른 사람들의 관심이 집중되어 있거나 또는 그 일로 인한 보상이 클 때 그러할 것이다. 반면에 아무도 관심을 가지고 있지 않고, 그 일을 무척 잘하더라도 이에 대한 보상이 없다면, 그 일을 하는 데 심드렁할 것이다. 이러한 심드렁한 일에서 창의력이 발휘되기는 어렵다. 예를 들어, 봉투 붙이기, 인형 눈알 박기, 걸레질 하기 등에서 엄청난 창의력이 발휘되기는 어렵다.

피겨 스케이팅, 골프, 축구, 야구 선수의 몸값은 엄청나다. 또한 대중적 인기도 높다. 따라서 이들의 플레이에는 창의적 노력의 흔적이 엄청나다. 만약 '봉투 붙이기 월드컵', '인형 눈알 박기 세계 선수권 대회' 등이 있어서 우승자에게 수십억 원의 상금을 준다면, 이러한 작업에도 엄청난 창의력이 발현될 것이다.

314

기존의 틀을 깨야 비로소 새로운 것이 나타나는 법칙

이미 주어진 틀 안에만 있으면서, 여기서 좀 더 나은 방법을 찾으려는 점진적 방식은 한계가 있다. 참신한 것은 그러한 틀의 바깥에 존재한다. 마치 백묵과 칠판을 지속적으로 개선한다고 하더라도, 파워포인트와 프로젝트 빔을 발명하지 못하는 것과 마찬가지이다. 기존의 틀 자체에 대해 근본적으로 질문하고 아예 새로운 틀을 디자인할 필요가 있다.

- 말馬을 아무리 개선해도 자동차가 나오는 것은 아니다. 주판을 아무리 향상시킨다고 해서 전자계산기가 되는 것은 아니다.

- 싯다르타 왕자는 성 밖 여행을 계기로 삶이 완전하게 바뀌게 된다. 기존에 알고 있던 자신의 세계가 얼마나 좁고 불완전한 것인지 알게 된 싯다르타는 울타리를 벗어나 깨달음의 경지로 나아가 우리가 알고 있는 석가모니가 된다.

연쇄살인범이란 단어를 들으면 어떤 생각이 떠오르는가? 냉혹하고 잔인한 얼굴, 주변에 그를 사랑하는 사람이 아무도 없는 외톨이, 침침하고 어두운 방 등을 떠올리게 될 것이다. 그렇지만 미국 드라마 'Dexter'를 본다면 이에 대한 새로운 시각을 가지게 될지도 모른다.

- **2006년 10월 1일부터 방영되었던 범죄 스릴러 장르의 TV 드라마:** 극중에서 마이애미 경찰국의 혈액분석가이자 연쇄살인범인 주인공 덱스터 모건 Dexter Morgan을 중심으로 그려졌다. 덱스터는 경찰과 법의 테두리에서는 어찌할 수 없는 사악한 인간들을 처리한다. 인기리에 방영되었던 'Dexter'는 2013년 시즌 8로 마무리되었다.

315

너무도 당연시 여겨지는 것에 대한 의심의 법칙

새로운 문제해결 방법은 모두가 당연시 옳게 여기기에 이를 더 이상 의심해보지 않은 것을 의심해 보는데서부터 시작될 수 있다.

- 단순순환학습 Single-Loop Learning은 기존의 규칙, 원리, 가정의 기반 위에서, 즉 이들이 맞다는 전제하에서 오류를 발견하고 이를 수정해 나가는 일종의 적응학습 Adaptive Learning이다. 반면에 이중순환학습 Double-Loop Learning은 그동안 당연시되어 왔던 기존의 사고체계나 행위양식을 재검토함으로써, 문제를 바라보는 시각과 관점을 새롭게 구조화하고 이를 통해 전혀 새로운 해결대안을 모색하는 일종의 발견적·생성적 학습이다. 이는 근원에 대한 why란 질문을 한다. 또한 새로운 통찰이 요구된다. 이를 통해 기존의 가정이나 신념체계를 창조적으로 파괴하게 된다(참조: C. Argyris). 왕정체제를 기반으로 해서 여기서 좀 더 나은 정치방식으로 개선해 나가는 것이 단순순환 학습이라고 한다면, 왕정체제 자체를 무시하고 아예 새롭게 민주주의에 의한 대통령제를 생각하는 것은 이중순환학습이라고 할 수 있다.

● 어느 절의 주지스님이 마당 한 가운데에 큰 원을 그려놓고는 동자승을 불러서 "내가 지금 마을을 다녀왔을 때, 네가 이 원 안에 있으면 오늘 하루 종일 굶을 것이다. 하지만 원 밖에 있으면 이 절에서 내쫓을 것이다." 그러고는 마을로 나갔다. 이에 동자승은 난감하게 되었다. 원 안에 있자니 가뜩이나 배가 고픈데 오늘 하루 종일 굶어야 할 것이고, 원 밖에 있으면 절에서 내쫓김을 당해야 하는 상황이 되었기 때문이다. 한 시간 뒤에 드디어 주지스님이 돌아왔다. 그런데 이 동자승은 하루 종일 굶을 필요도 없었고, 절에서 내쫓김도 당하지 않았다. 어떤 선택을 했었던 것일까? 여러분들 같으면 어떻게 하겠는가? 이에 대한 답으로 어떤 사람은 원의 선 위에 서 있으면 된다고 하였다. 물론 선 위에 서 있으면 원 안도 원 밖도 아니라고 할 수도 있겠다. 그러나 이는 정답이 아니었다. 동자승은 한참을 고민하다가 마당 한구석에 놓인 빗자루를 가지고 와서는 스님이 그려 놓은 원을 쓱쓱 쓸어서 지워 버렸다. 원이 없어졌으니 원 안에 머무는 것도 아니고, 원 바깥에 머문 것도 아닌 것이 되었다. 원을 그대로 두고 생각하여야 하는 고정관념을 없애야 새로운 해결방법이 나타나게 된다.

316

자발적 동기부여 법칙

무언가 새로운 것을 찾고자 하는 마음이 있어야 새로운 것을 찾아 나서게 된다. 이를 위해서는 동기부여가 중요하다. 개인의 내적 욕구에 의한 자발적 동기부여는 성과를 한번 거두더라도 거기서 멈추지 않고 다음 번에도 계속 발휘될 가능성이 크다.

반면에 외부환경에 의해 어쩔 수 없이 촉발된 동기부여는 한번 그 욕구가 충족되면 다시금 그러한 동기가 생기기 어렵다. 창의적 열정을 지속시키기 위해서는 결국 개인의 내적 동기부여가 식지 않아야 한다.

- 과학은 9시 출근, 4시 퇴근하는 일이 아니다. 일주일 내내 24시간 '왜, 어떻게'가 머리를 떠나지 않고, 해답을 얻었을 때 보상을 받았다고 생각하는 열정이 있어야 한다.

  – 일산화질소(NO)가 혈관을 확장시켜 혈압을 낮추게 하는 신호를 전달한다는 사실을 밝혀낸 공로로 1998년 노벨 생리의학상을 수상한 루이스 이그내로 교수(조선일보, 2006년 9월 12일)

결국 동기와 창의력은 비례한다. 찾으려 하는 사람에게는 기회가 보인다. 새로운 것을 찾고자 하는 사람에게 새로운 방식이 보이는 법이다.

- 시장은 존재하지 않는다, 만들어질 뿐이다(Markets do not exist, they are created) – 모리타 아키오(Sony 회장)

- 하고 싶은 일에는 방법이 보이고, 하기 싫은 일에는 변명이 보인다.

  – 필리핀 속담

317

창의력 생성의 여건 법칙

창의력은 중요하지만 이러한 창의력 발휘는 모든 상황에서 샘솟듯이 나오지 않는다. 어떤 상황에서는 창의력이 술술 나오는 경우도 있지만, 어떤 상황에서는 머리가 마비된 듯이 전혀 새로운 생각이 떠오르지 않는 경우도 있다. 위대한 음악가의 삶을 살펴보면, 그들의 삶과 작품 간에는 적지 않은 연관이 있음을 알 수 있다(예: Felix Mendelssohn Bartholdy(1809~1847)는 행복한 신혼 생활 시기에 뛰어난 곡을 많이 작곡했다).

일단은 창의력이 잘 나올 수 있도록 환경 또는 여건을 조성하는 것이 필요하다. 창의력의 산출은 이를 주도하는 사람뿐 아니라 그 주변의 환경요소에 의해서도 영향을 받기 때문이다.

- 1960년대 캘리포니아의 한 공군기지에서 비행기가 이륙했다. 안에 탄 병사들은 평소처럼 훈련비행인 줄 알았다가 약 1㎞ 상공에서 기체가 곤두박질치자 혼비백산했다. 이 상황에서 승무원은 만약을 대비해 보험 서식을 작성하라며 용지를 나눠줬다. 작성된 문서는 오류투성이였다. 모의실험의 결론은 '극도의 스트레스는 인지능력을 저해한다'였다.

  – 근대 과학사의 '10대 기괴한 실험', 영국의 과학 주간지 뉴사이언티스트, 2007년 11월 3일자

연구자는 자기 연구의 처음부터 끝까지 책임을 지기에 여기에 최선의 노력을 기울인다. 그러나 주변의 호의적 여건은 이러한 개

인 연구자의 노력을 배가시킬 뿐 아니라 그러한 원천이 되는 연구자의 안목을 혁신시킬 수 있다는 점에서 중요시되기에 관리될 필요가 있다. 일본의 학사원장(우리나라로 하면 학술원 회장) 나가쿠라 사부로의 다음과 같은 언급은 주변 환경요소의 중요성을 시사한다.

- "중요한 것은 재능있는 젊은 두뇌를 일찍 발굴해서 그들이 마음껏 재능을 발휘할 수 있는 여건을 제공하는 것입니다. 후배들이 선배의 독단이나 권위에 눌려 새로운 실험을 포기하는 분위기에서는 위대한 발견이나 발명이 나올 수 없습니다. 1949년 일본인 최초로 노벨 물리학상을 받은 유카와 히데키를 비롯해서 그동안 노벨상을 수상한 일본인 과학자 대부분은 20~30년 동안 자기가 하고 싶은 것을 할 수 있었던 사람들입니다".

– 조선일보, 2004년 5월13일

318

반대 의견의 개수와 창의력 산출과의 상관 법칙

저자는 직업상 여러 회의에 참석한 경험이 많다. 회의에 참석할 때마다 느끼는 것이지만, 회의에서 산출되는 아이디어의 품질과 성과는 회의에 참석하는 사람들 개개인의 역량, 회의를 주재하는 사람의 리더십, 그리고 회의 분위기 등이 중요한 영향을 미친다는 사실이다.

이러한 일반적인 중요 변수 이외에도 여러 중요 요소들이 작동하는데 그중의 하나가 여기서 제기하고자 하는 반대 의견 개수의 중요성이다. 회의에 참석하는 사람의 수가 많아지면 그만큼 다양한 의견이 나올 것이라고 짐작하겠지만, 이는 사실이 아니다. 회의에 참석한 가장 높은 지위의 사람(예: 사장, 대통령, 대학총장, 기업회장, 육군참모총장, 학회 회장 등)의 성향에 따라 달라진다. 10명이 참석하더라도 가장 높은 지위의 사람 1명의 의견만 나오고 나머지는 그저 동조만 한다면, 이는 10명이 아니라 100명이 회의에 참석하더라도 결과는 매한가지이다. 참석한 인원들의 빛나는 아이디어가 발현된다는 징표 중의 하나는 회의 중에 반대되는 의견이 어느 정도 나오는가로 알 수 있다. 반대 의견을 표시할 수 있다는 것은 그만큼 회의 분위기가 민주적이면서도 열린 분위기라는 것을 의미하고, 그러한 분위기일수록 더 많고 더 좋은 의견들이 나올 수 있기 때문이다. 물론 반대 의견의 개수가 너무 과다하게 나와도 회의가 어수선하게 된다. 따라서 반대의견의 개수와 창의력 산출과의 관계는 '역U자의 관계'가 아닐까 짐작된다.

319
광부鑛夫와 광물鑛物의 동시 필요성 법칙

모차르트, 에디슨, 이율곡, 한석봉, 정경화-정명훈 남매, 최동원, 김연아 등 우리가 익히 알고 있는 뛰어난 사람들의 공통점은 무엇일까? 물론 그들 각자는 태어날 때부터 어떤 특별한 재능을 가지고 태어났다. 그렇지만 그것만으로 그들이 완성된 것은 아니다. 그들의 재능을 알아보고 이를 훌륭하게 키워주거나 또는 환경을 마련해준 헌신적인 부모들이 있었다.

광부와 광물이 동시존재하여야 가치 있는 보석이 세상에 등장하게 되는 것이다. 물론 광물이 없다면 광부가 아무리 땅을 파도 보석을 캐낼 수 없다. 반면에 광부가 없다면 광물은 그냥 묻혀 있게 된다.

- 세상에 명마를 알아보는 안목을 지닌 백락伯樂이 있은 후에야 천리마가 있는 것이다. 천리마는 늘 있지만 백락이 늘 있는 것이 아니다. 그러므로 비록 명마라 하더라도 백락이 없다면 그것은 한갓 노예의 손에서 욕되게 살다가 여느 말들과 마찬가지로 마굿간에서 죽어갈 뿐이다. 천리마는 한끼에 간혹 한 섬씩이나 먹어 치운다. 그런데 말을 먹이는 자가 그 천리마의 능력을 알지 못하고 보통 말과 같이 먹이니 천리마가 비록 천 리를 가는 능력이 있으나, 배가 고파 힘이 부족해서 그 천 리를 가는 재주를 밖으로 나타내지 못한다.
  – 한유(韓愈)의 〈잡설(雜說)〉

부모와 자식, 선생과 제자, 상사와 부하 등의 최적 조합이 이뤄질 때, 그 무언가가 세상에 등장할 수 있다.

320

자신감과 창의력 비례의 법칙

사람의 성향 또는 기질과 창의력은 무관하지 않다. 물론 이러한 성향과 기질은 선천적으로 타고 나는 부분도 있기에 일생을 살면서 변하지 않는 부분도 분명 있다. 그러나 성향과 기질은 후천적으로 생활이 바뀌게 되면 그때 그때 달라지기도 한다.

- 자신감과 자존심이 없는 사람은 뇌가 축소되면서 기억력, 학습능력 같은 뇌 기능도 저하된다는 연구결과가 나왔다. 캐나다 맥길 대학의 소니아 루피엥 박사는 노인 92명을 대상으로 15년에 걸쳐 뇌 조영과 뇌 기능 테스트를 실시한 결과 자신감이 결여된 사람들이 자부심이 강한 사람들에 비해 뇌의 크기가 약 20% 작고 기억과 학습기능도 현저히 떨어지는 것으로 나타났다고 밝혔다. 나이를 먹으면서 기억력이 떨어질 것이라는 두려움은 "아마도 그럴 수밖에 없겠지" 하는 자기충족적 예언'self-fulfilling prophesy 일 수 있으며 이러한 불안이 부정적인 생각을 갖게 하고, 이것이 다시 뇌 기능 저하로 이어지게 된다고 루피엥 박사는 설명했다. 즉 무엇을 잃는 게 정상이라고 늘 생각하다 보면 잃은 것을 되찾기 위한 노력을 절대 하지 않게 된다는 것이다.

  – 중앙일보, "자신감 잃으면 뇌 축소된다," 2003년 11월 22일

- 반복되는 스트레스가 뇌의 기능에 변화를 가져온다는 연구 결과가 나왔다. 미국 록펠러 대학 의과대학 신경내분비연구실장 브루스 매키웬 박사는 뉴올리언스에서 열리고 있는 미국심리학회 연례회의에서 발표한 연구 논문에서 스트레스를 받은 뇌는 정상적인 뇌와 다르다는 사실이 쥐 실험에서

밝혀졌다고 말한 것으로 헬스데이 뉴스가 2006년 8월 보도했다. 매키웬 박사는 쥐에 스트레스를 가한 결과 어떤 행동에 대한 보상으로 주는 먹이의 위치를 바꾸어 놓았을 때 이를 보통 때와는 다른 방법으로 찾아낼 수 있는 "지능적 유연성"이 사라졌다고 밝혔다. 이는 스트레스를 받은 인간이나 동물의 뇌는 정상적인 뇌와 다르고 그 기능도 달라져 주의력과 학습-기억기능이 저하되었음을 뜻하는 것이라고 매키웬 박사는 지적했다. 매키웬 박사는 스트레스가 왔을 때 뇌는 이를 감지하고 신경내분비 시스템을 작동시켜 행동적, 생리학적 반응을 조절하게 된다고 밝히고 따라서 스트레스가 장기간 계속되면 뇌는 구조적-기능적 변화를 겪게 돼 그 기능이 저하될 수 있다고 밝혔다. 그러나 스트레스에 의한 뇌의 이러한 변화는 약물투여나 운동, 식사 등과 같은 생활습관의 변화를 통해 복원이 가능하다고 매키웬 박사는 말했다.

– 서울=연합뉴스, "스트레스, 뇌기능 변화시켜," 2006년 8월 14일

321

창조자의 인내력 법칙

역사적으로 위대한 천재들이라 불렸던 사람들의 작품들 중에는 정말이지 엄청난 것이 꼭 한두 가지 있다. 베토벤의 제5교향곡(운명교향곡), 괴테의 파우스트, 스티브 잡스의 퍼스널컴퓨터/아이팟/아이폰, 이와이 슌지의 Love Letter, 비틀즈의 Yesterday 등. 그러나 이 말은 역으로 그들의 작품 모두가 엄청난 것은 아니란 것도 의미한다.

스포츠에서는 보통 데뷔시즌에 대활약한 선수들이 그 다음해에 경기력이 급격히 떨어지는 경우가 많다고 한다. 이러한 징크스의 원인으로는 상대팀의 집중견제, 자신감 과잉으로 인한 실수 등을 들 수 있다. 또한 데뷔 연도에는 상대팀의 정보 부족이 있었지만, 2년차에는 분석을 토대로 약점이 발견되었기 때문이기도 하다. 이러한 현상을 흔히 2년차 슬럼프, 2년차 징크스sophomore jinx, sophomore slump라는 용어로 표현한다. 그런데 이러한 현상은 예술계 등에서도 발견된다. 즉 성공적인 첫 해의 활동, 작품에 비해 뒤이은 해의 활동 또는 작품이 부진한 경우가 많다. 처음 등장하면서 엄청난 각광을 받은 작가, 음악가 등은 다음 번의 작품에서도 그러한 기대를 충족시키기 위해 엄청난 것을 시도하지만 쉽게 되는 것이 아니다. 따라서 그만큼 스트레스를 받게 된다. 또한 시간의 지체로부터 조급증을 일으켜서 결국 말도 안되는 허접한 것을 세상에 내놓기도 한다. 물론 그로 인한 세상의 혹평을 최초로 경험하면서 엄청난 좌절을 겪기도 한다. 따라서 이러한 현상도 있다는 것을 미리 인지하여 '다음 번의 엄청난 작품'이 나올 때까지 차분하고 참을성 있게 기다릴 줄 아는 것도 위대한 사람들의 특성이다. 한편 기업의 관리자 입장에서는 창의력 있는 사람에 대한 관리에 특히 유념할 필요가 있다. 잘못하다가는 '황금 알을 낳는 거위'를 죽이는 우를 범할 수도 있기 때문이다.

322

'자신만의 독자적 생각'의 법칙

어느 시점에선가 우리는 남의 것을 배우기만 하지 말고, 자신만의 생각을 하기 시작해야 한다. 그리고 또 어느 시점에선가는 생각만 하지 말고 실천하기를 시작해야 한다. 남들의 생각을 그저 묵묵히 받아들이는 데서 벗어나, 자신만의 생각을 하기 시작할 때 비로소 독창성originality의 길로 들어서게 되는 것이다.

- 일반화된 견해를 뒤엎으려면 논리만 앞세운 탁상공론은 무의미하다. 잘못된 기존 정보와 선배 학자들의 피상적이고도 잘못된 관찰정보는 다시금 정확한 관찰과 실험을 통해 검증돼야 한다. – Fabre, Jean Henri

- I am a firm believer that without speculation there is no good & original observation. – Darwin's 1857 response to Wallace

323

'한번 더' 창조를 해내려는 법칙

어떤 하나의 해결책을 찾게 되더라도 여기서 멈추지 않고 또 다른 해결책을 찾아보려는 자세가 중요하다. 대다수의 사람들은 하나의 해결 방안이 발견되면 거기서 멈추려는 경우가 대다수이다. 그렇지만 여기서 만족하지 않고 한발 더 나아가 더 나은 방법이 있는지를 계속 찾아보려는 것은 호기심이 많거나 창의적 마음가짐이 되어 있는 사람들뿐이다. 하나의 발견에서 멈추지 않고 한발 더 나아간다면 의외로 기발한 것이 발견되는 경우가 많다.

반보半步의 차이가 나중에 엄청난 차이를 가져오게 되기도 한다.

- Keep looking, even after you have found a solution!

  – Michael Michalko

- 만원짜리 지폐를 줍고 이에 들떠서 하늘을 바라본다면, 그 바로 앞에 놓여 있는 일억짜리 다이아몬드를 발견하지 못할 것이다.

324

전혀 다른 맥락으로의 적용 법칙

크로스오버Cross-over란 말이 있다. 독립된 장르가 서로 뒤섞이는 현상을 말한다. 처음에는 클래식과 팝, 국악의 결합 등 음악용어로 쓰였으나 점차 다른 분야로 확산되어 이 용어는 사용되고 있다.

그런데 이러한 크로스오버의 사고방식이 원활하게 되면, 흥미롭고 새로운 것들이 가끔은 등장하게 된다.

- **월급 관련 리빙포인트:** "월급이 통장에 묻었을 때는 카드로 지우면 잘 지워진다."

325

창조자의 융통성 vs 모방자의 경직성 법칙

어떤 이념, 이론, 종교, 물건, 서비스, 아이디어 등을 생각해 낸 사람들은 오히려 그것으로부터 자유롭다. 반면에 그러한 것을 받아들인 집단 또는 개인들은 그러한 내용에서 벗어나지 못하고 경직되는 경향이 발견된다.

소프트웨어 프로그램을 개발한 사람은 그것을 나중에 상황에 따라 자유롭게 변환시키며 사용한다. 반면에 그 프로그램을 수용한 사람은 이러한 프로그램 체계를 벗어나는 것을 두려워한다. 더 나아가 이에 반하는 현상 또는 현실을 오히려 피하게 된다.

- 교조주의dogmatism, 敎條主義란 무비판적인 '독단주의'를 의미한다. 이미 받아들여져 내려 전해지는 신념, 학설, 교리 등에 꽉 묶여 있다. 따라서 진리와 가치를 새로운 변화된 상황에 따라 수정하지 않는다. 따라서 새로운 인식, 실천 경험을 통해 나타난 새로운 사실이 있어도 기존의 것을 재고하지 않는다. 그저 기존의 것을 무비판적 진실로 받아들일 뿐이다.

만든 사람은 오히려 자기가 만든 것으로부터 자유롭지만, 이를 가져다 쓰는 사람은 오히려 부자연스럽고 경직된다는 현상이 이 법칙의 내용이다.

Ⅲ. 혁신에 대한 법칙

- Innovation is new combination of things existed before.

  – Schumpeter

- 궁하면 변해야 하고, 변하면 통할 수 있고, 통하면 오래갈 수 있다(窮則變, 變則通, 通則久).

  – 〈周易〉

- 연약한 마음을 가진 사람은 늘 변화를 두려워합니다. 그는 현상 유지를 통해 안정을 느끼며 새로운 것에 늘 큰 두려움을 가집니다. 그에게 가장 큰 고통은 새로운 아이디어의 고통입니다.

  – 마틴 루터 킹

- 우리는 우리 자신을 변화시키고, 새롭게 하고, 그리고 활성화해야 합니다. 그렇지 않으면 우리는 점점 굳고 말 것입니다.

  – 괴테

혁신革新은 묵은 풍속, 관습, 조직, 방법 등을 바꾸어 아주 새롭게 하는 것을 의미한다. '가죽革'을 '새롭게新' 하는 것이란 글자적 의미에서 볼 수 있듯이 즉 기본 뼈대만 남기고 나머지 부분을 모두 새롭게 하는 것이니 아주 새롭게 하는 것이 혁신이다.

혁신이 필요할 때 제때 하지 못하거나, 비록 제때 시작했더라도 이를 제대로 수행하지 못하면, 결국 시장에서 사라지고 만다. 일반적으로 기업의 혁신은 최고경영자가 발벗고 나설수록 그 과정이 더욱 단축되고 그 효과도 크게 나타난다. 여기서는 혁신의 제반 법칙에 대해 소개하겠다.

326

혁신의 연쇄 법칙

(참조: 10장 한 기업의 실패가 주변 기업에 미치는 영향 법칙)

하나의 혁신은 또 다른 혁신을 불러일으킨다. 애플 아이폰의 혁신으로 인해 수많은 앱의 혁신을 촉발시켰다. 이와 같이 하나의 성공은 또 다른 새로운 시도로 연결되지만, 하나의 실패는 또 다른 유망한 시도를 포기하게끔 한다.

먼저 사람의 새로운 도전이 실패한 것을 목격한 사람은 자신이 할 경우에는 충분히 성공 가능성이 있음에도 불구하고 시도를 머뭇거리거나 아예 포기하기도 한다.

중요한 것은 하나의 '혁신 실마리' 또는 '혁신의 단초'를 만드는 것이다. 그리고 그것을 후속적으로 잘 풀어내는 것이다.

한편 연쇄가 순조롭게 연이어 일어난다는 것은 그 후속 단계들은 이미 오래전부터 조성되어 있었다는 것을 의미한다. 즉 후속 단계들은 그들 전단계의 막힌 문을 누군가 열어주길 오랫동안 기다리고 있었다는 것이다.

327

혁신의 발화 법칙(작은 불씨의 법칙)

혁신은 거창한 계획과 동기에 의해 시작되기도 하지만, 때론 뜻밖의 사건, 우연으로부터 비롯되기도 한다. 혁신은 어떤 한 사람 또는 조그만 사건으로부터 시작될 수 있다(예: 보스톤의 차 사건으로부터 비롯된 미국의 독립전쟁).

이런 점에서 본다면, 혁신을 예측하기란 쉽지 않다. 그러나 혁신의 작은 움직임을 알아채는 사람 또는 조직은 그러한 혁신의 흐름에서 유리한 위치를 미리 차지할 것이다.

328

혁신의 과정 법칙

혁신은 여러 과정 및 단계들로 구성된다(예: 혁신의 촉발 배경 및 상황, 혁신의 구상, 혁신의 준비, 혁신의 촉발, 혁신의 실현, 혁신의 결과, 혁신 결과의 파급효과 등). 따라서 이러한 과정 및 단계 모두가 좋을수록 혁신의 속도는 빨라지고 그 최종 성과도 성공적으로 된다

329

과감성 법칙(참조: 3장 30% 도전의 법칙, 16장 과감함과 성취의 법칙)

일을 시작하기 전부터 발생가능한 잠재된 위험을 가능한 모두 예측하고 이를 극복하기 위한 완벽한 준비를 하는 것은 일의 성공적인 성사에 있어서 중요하다. 그러나 때로는 이러한 완벽한 준비의 시도가 일의 실천을 지연시키거나 또는 아예 일의 착수마저도 방해하는 경우가 종종 있다.

- 배가 떠날 때 폭풍우가 몰아칠 수 있다는 가능성을 알았다면 그 누구도 아직 대양을 횡단하지 못했으리라. – 찰스 케터링

- 인류 역사상 많은 특출한 계획들은 만약 거기에 참여하는 사람들이 극복해야 할 모든 난관들을 예견했더라면, 결코 착수되지 않았을 것이다. – 디어도 카일러

- 심한 근시인 크로아티아 여성이 늑대를 개로 잘못 봤다가 사투를 벌인 끝에 쫓아냈다. 크로아티아 남부의 베리노바크 마을에 사는 엘레나 라시치(42)는 양떼에 접근하는 늑대를 개로 잘못 봤다가 사력을 다해 물리쳤다고 크로아티아 타임스가 2013년 1월 7일 보도했다. 안경을 쓰지 않았던 그녀는 길잃은 야생 개가 양떼에 덤비는 줄 알고 뒤엉켜 싸우던 중 야생 늑대임을 확인했다. 그녀는 "내가 몇 차례 때리고 나서 목을 감아 죄는 '헤드락'을 시작하자 늑대는 다른 사람이 더 공격해올 줄 알고 도망쳤다"고 전했다. 그녀는 "내가 안경을 썼더라면 그렇게 용감하게 공격하지 못했을 것"이라고 덧붙였다.

● "내 우물쭈물하다가 이렇게 될 줄 알았다." – 영국의 작가 버나드 쇼의 묘비명

혁신을 추진하려면 망설이거나 머뭇거리지 말고 위험 감수를 할 수 있어야 한다. [누가 내 치즈를 옮겼을까?]에서는 다음 구절이 나온다: 생쥐들은 사태를 지나치게 분석하지 않았다. 그들은 너무 많고 복잡한 생각에 눌려 행동을 미루는 법이 없었다. 이처럼 생쥐에게는 문제와 해결책이 모두 간단했다. 창고의 상황이 바뀌었기 때문에 그들 자신도 변하기로 결정한 것이다. 반면에 꼬마 인간들은 다시 미로 속으로 뛰어들기에는 자신들이 너무 늙었다고 생각하였고 또 실패할지도 모른다는 두려움 때문에 계속 망설이고 있었다.

330

혁신 실천까지의 장시간 법칙

(참조: 2장 적극적 행동만이 현상을 바꾸는 법칙, 16장 실천의 법칙)

하나의 혁신 아이디어가 현실적으로 실현되기까지에는 적지 않은 시간이 소요된다. 경영혁신은 아이디어에서 실행으로 이어져야만 비로소 완성된다. GE제너럴일렉트릭가 80년대 초반 위기에서 벗어나 뛰어난 성과를 달성한 것도 아이디어를 내는 데 그치지 않고 실행 중심의 혁신 활동을 펼쳤기 때문이다. 혁신은 중후장대한 것이 아니고 작고 구체적인 것부터 시작된다. '혁신=기발

한 아이디어나 발명'이라는 것은 대표적인 오해일 수 있다.

혁신을 성공적으로 자주 하는 기업의 특징은 이러한 시간 지체 원인들을 잘 파악하여 이들 장해요소들에 대한 적극적 관리 방안을 가지고 있다.

331

동시화의 법칙

혁신이 일어나려면 어떤 한 부분만 바뀌어선 안된다. 다 같이 바뀌어야 한다. 즉 모든 관련된 것이 동시에 함께 바뀌어야 혁신이 완성된다는 법칙이다.

기업, 특히 규모가 큰 기업일수록 타성inertia에 젖어 있는 경우가 많다. 다른 모든 부서들의 동시 변화가 따라주지 않는다면, 어떤 한 부서만의 변화는 단발로 그칠 것이다. 예를 들어, 국가 및 군대 조직이 부정부패를 척결한다고 할 때, 어떤 한 단위부서만 부정부패를 척결하였다고 해서 이것이 완결되는 것은 아니다. 모든 조직 업무는 거미줄처럼 서로 연관되어 있기에 어떤 한 부서만 독단적으로 획기적으로 변화하기란 어렵다. 따라서 조직 건전성 또는 건강성의 핵심은 변화하는 환경을 기꺼이 검토하고 새로운 목표와 행동을 선택하는 데 있어서 기꺼이 모든 부서들이 동참하는가의 정도에 달려 있다.

이런 점에서 보면 일인 주도의 혁신은 한계에 부딪히는 경우가 많다. 한동안 '두바이'라는 이름은 창조경영의 대표 브랜드로 자리잡았다. 이러한 성과는 모두 셰이크 무하마드 국왕의 창조적 상상력으로 이루어진 일이었다. 그러나 2009년 연말 두바이월드가 채무불이행 상태에 빠진 뒤, 그 두바이의 신화는 무너졌다. 두바이식 창조경영의 여러 문제점 중 하나는 바로, 그동안 칭송 받았던 창조경영의 주체이다. 최고경영자인 셰이크 무하마드 국왕 혼자 창조의 주체였다. 한 사람의 창조적 아이디어를 수십만 명이 비창조적으로 따르기만 하는 모델이었다. 국왕의 기획대로 도시가 만들어지고 투자가 유치되는 동안, 다른 사람들은 그저 추종하기만 할 따름이었다. 창조경영의 핵심은 사람이어야 하고, 한 사람이 아니라 꼭대기부터 말단까지의 모든 사람이어야 한다. 즉 조직의 모든 사람이 변화창조자가 되어야 미래 경쟁력을 갖게 된다. 한 사람의 상상력이 모두를 움직이는 두바이 모델은 그러한 한계를 보여준다(참조: 한겨레신문, 2009년 12월 10일).

332
혁신 대상의 선별 법칙

모든 것을 다 바꾸는 것이 능사는 아니다. 무엇을 바꿔야 할지, 무엇은 바꿔서는 안될지를 정확하게 구분하는 안목이 무엇보다도 중요하다.

- 경영이란 상常과 변變의 균형이다. 변화에 대응하는 한편, 변해서는 안되는 것, 즉 '상'을 명확하게 규정하고 이를 철저히 해야 경영이 성립된다. '상'을 유지하는 것은 끈기가 요구되는 지극히 평범한 작업이다. 그것에 비해 변화에 대한 대응은 새롭고 가슴 뛰는 일이다. 그러나 '변화에의 대응'에 성공한 기업이나 개인을 살펴보면 실은 그 뒤에서 부단히 보이지 않는 노력을 쌓아왔다. '상' 없이는 '변'도 없다 — 엔도 이사오, 〈끈질긴 경영〉에서

333

기존 DNA의 제거 법칙(참조: 2장 못 말리는 DNA의 법칙)

진정한 혁신이란 무엇인가? 하루에도 전 세계적으로 새로운 음악, 미술, 소설 등이 수십 또는 수백 편이 세상에 나온다. 그러나 이들 중 거의 대다수는 기존 것들로부터 크게 벗어나지 못한다. 기존 것들을 답습한다는 것은 기존의 것들에서 흔히 보이는 DNA를 그대로 가지고 있다는 것이다. 마케팅 서적의 예를 들어 보겠다. 서점에는 책 표지, 저자, 책의 두께 등이 서로 다른 수십권의 책들이 꼽혀 있을 것이다. 그러나 여러분들이 그 책들을 보면 거의 모든 책들의 구성에는 시장세분화, 표적시장선정, 포지셔닝, 마케팅믹스(4Ps)에 대한 뼈대가 공통적임을 알 수 있을 것이다. 이러한 것을 DNA라고 할 수 있다. 따라서 기존의 DNA와

는 다른 DNA를 가졌을 때 진정한 혁신이라고 할 수 있을 것이다. DNA를 바꾼다는 것은 그만큼 혁신이 쉽지 않다는 것을 시사한다.

오늘은 어제의 연속이고, 내일 역시 오늘의 연속이라고 생각해선 안된다. 기업을 둘러싼 모든 환경은 시시각각 변화한다. 시장, 경쟁자, 조직 구성원들도 어제의 그들이 아니다. 따라서 '어제의 지식'을 버려야 한다. 많은 경우에 있어서 지식은 고정관념을 낳게 되고, 이렇게 고착된 고정관념은 대부분 부정적 산출물을 낳는다. 이를 회피하려면 기존의 낡은 지식을 버릴 줄 아는 언러닝 unlearning, 버리는 학습이 필요하다. 이를 통해 기존의 낡은 지식, 또는 무용지식에 매몰되는 것을 예방할 수 있다.

- **무용지식(Obsoledge, obsolete+knowledge):** '부의 미래'에서 '앨빈 토플러'가 말한 신조어. 유용지식이 무용지식으로 바뀌는 속도가 점점 빨라지고 있다. 따라서 무용지식은 빨리 버리고 새로운 유용지식의 습득에 노력을 기울여야 한다.

조직차원의 Unlearning 방법은 여러 가지가 있을 수 있는데, 예를 들어 신지식과 열정을 가진 신규인원의 충원, 기존의 낡은 지식에 고착된 구성원의 재교육 또는 퇴출(?), 외부 조직에 일정부분을 outsourcing하는 것 등을 들 수 있다.

334

혁신의 피로 법칙(참조: 16장 해결이 법칙)

위기의식을 고취하면 처음에는 조직원들이 이에 반응하여 혁신을 자발적으로 꾀하지만, 이러한 자극이 너무 반복되면 이에 반항하거나 또는 둔감해진다. 혁신을 너무 쉬지 않고 계속 강조하다 보면, 그에 대한 피로가 쌓이고 자극에 점차 무뎌지게 된다.

- 혁신 및 창조적 업무에 종사하는 사람들, 예를 들어 의류업계의 디자이너, 광고업계의 제작 종사자 등의 이직은 잦은 편이다. 여러 이유가 있지만, 그 중의 하나는 어떤 한 조직에 오래 있으면, 자신의 창조 역량이 바닥이 나고 신선감이 떨어지기 때문이다. 그렇지만 다른 조직으로 이동하면 그 조직에서는 최소 몇 년 간은 참신한 존재로 보일 수 있고 또한 그전 조직에서 습득한 것을 활용할 여지도 있기 때문이다.

기업의 신제품 개발 역사를 보더라도 한 기업에서 매년 꾸준히 정기적으로 혁신적 신제품이 등장하는 것은 아니다. 몇 년간의 주기를 가지고 등장한다. 산업과 기술의 변혁에 대한 장기간의 분석 결과 15년 주기가 주장되고 있다: 1980년 Personal Computer의 등장, 1995년 WWW 및 Netscape 등의 인터넷 등장, 2010년 Smart-phone의 등장 등. 이와 같이 하나의 굉장한 혁신이 발생한 다음에는 피로회복 시기, 재충전 시기, 새로운 발상 등장 시기 등의 시간적 간격이 필요하다.

● '라면왕'으로 불리는 안도 모모후쿠 닛신식품 창업자는 1958년 세계 최초의 인스턴트 라면을 개발하였다. 그리고 세계 최초의 컵라면은 13년이 지난 1971년에 개발했다.

혁신을 무리하게 추진하면, 오히려 혁신을 더디게 할 수도 있다. 권투 선수가 매 펀치마다 KO펀치를 내려다가는 얼마 못가서 스스로 지쳐 떨어질 것이다. 쉬는 시간, 힘을 축적할 시간이 주어져야 한다.

일본 요코하마에 소재한 컵라면 박물관에서 촬영한 사진

335

혁신의 저항 법칙

모든 혁신에는 저항이 항상 뒤따른다. 전기가 흐르는 데는 항상 저항이 따르는 것과 마찬가지이다. 대부분의 사람들은 기존의 익숙한 방식을 떨치는 것을 싫어한다. 또한 기득권을 가지고 있던 제품/기술/사람들은 새로운 혁신에 따라 자신의 위치가 흔들리기에 이에 대해 극심한 방해를 하는 경우가 많다.

● 위대한 영혼은 항상 평범한 사람들의 강한 반대에 부딪혀 왔다.

– 알버트 아인슈타인

- 개혁이란 파충류 껍질처럼 단단한 국가·당·경제 시스템의 극심한 저항을 이겨내야 할 뿐 아니라, 우리들의 습관, 이데올로기적 선입견, 독선과 아집, 그리고 무사 안일한 생활태도와 싸우는 것"

  – 소련의 지도자 고르바초프: 1985년 소련 공산당 서기장에 지명된 그는 개혁·개방 정책을 통해 소비에트 체제를 개조함. 상류층의 특권과 재산을 공격했고, 아프가니스탄에서 소련군을 철수시켰다. 동구 사회주의 국가들이 소련의 그늘에서 벗어나 독립한 것이 그 정책의 영향이었다.

저항을 완화하거나 무마시키는 좋은 방법을 찾는다면, 혁신은 그만큼 성공적으로 수행될 것이다. 저항을 다루는 여러 방법이 있겠지만, 무엇보다도 저항하려는 사람을 잘 다루는 것이 제일 중요할 것이다.

- 변화는 그것에 영향을 받는 사람들이 계획에 참여할 때 가장 성공적이다. 변화가 강요되었다는 믿음보다 더 사람들을 새로운 생각에 저항하도록 만들며 견고하게 대항하도록 만드는 것은 없다. – 워렌 베니스

336

혁신의 소화 법칙

조직이 소화가능한 혁신을 시도하는 것이 좋다. 급한 마음에 준비되지 않은 상태에서 너무 급격한 혁신을 시도하는 것은 조직에 큰 위해를 가져오기도 한다.

급격한 또는 준비 안된 혁신은 위험하다. 일본에는 창업 300~400

년의 역사를 자랑하는 '장수 기업'들이 수두룩하다. 사찰 전문 건축업체 곤고구미金剛組는 무려 1,400년째 본거지인 오사카에서 영업 중인 세계 최고最古 기업이다. 한때 콘크리트 건설 쪽으로 사업 확장을 했다가 폐업 위기에 몰리기도 했지만 다시 본업으로 돌아왔다. 일본에서 창업 100년 이상의 업체는 1만5,000개사에 이른다(개인 경영 상점을 제외한 숫자). 일본 실천경영학회에 따르면 200년 이상의 기업도 3,000개에 이른다. 나머지 아시아 국가에서는 중국 9, 대만 7, 인도 3개사밖에 없고 자본주의 발상지인 유럽에서도 독일 800, 네덜란드 200여 개사 정도다. 한국은 지난해 창업 110년을 맞은 두산이 최장수 기업이다. 기업이 100년, 200년을 버티는 비결은 무엇일까. "본업의 강점을 활용해 끊임없이 개량할 것. 그러나 급격하게는 하지 말고 '조금씩 조금씩' 하라." 일본의 장수 기업들이 앙케트 조사에서 이구동성으로 한 말이다(참조: 중앙일보, "장수기업," 2007년 6월 25일).

먹이 욕심이 지나쳤던 강꼬치고기가 질식해 죽은 것을 보여준다. 2011년 10월 18일 영국 데일리메일은 5.5kg의 강꼬치고기가 약 1.3kg의 잉어를 통째로 삼켰다가 질식해 죽었다고 보도했다. 강꼬치고기는 면도칼 같은 날카로운 이빨의 육식성 물고기로 '담수어의 상어'로 알려져 있다. 전문가에 따르면 "잉어가 아가미를 통해 흐르는 산소를 막아 '호흡 곤란'으로 죽었을 것"이라고 말했다. 또 "삼키지 못하는 먹이는 뱉는 것이 대부분인데 이런 경우는 매우 드물다"라고 덧붙였다(사진=영국 데일리 메일).

337

지속적 혁신동력의 유지 법칙

혁신이 조직 문화로 정착될 때, 혁신은 지속적으로 일어날 수 있다. 혁신 과업은 힘들고 고통스럽기에 하나의 혁신이 끝나면 다시는 혁신을 꾀하고 싶지 않은 경우가 많다. 그러나 환경은 지속적으로 변화하기에 하나의 혁신으로만 끝나서는, 끊임없이 변화하는 환경에 적응할 수는 없다. 지속적으로 혁신이 일어나는 조직이 되기 위해서는 혁신문화가 조직에 내재화되어야 한다.

338

과거 혁신(성공)이 현재 혁신의 장애가 되는 법칙

(참조: 6장 성공공식 고착화의 위험 법칙)

영화 'Rocky III: The Eye of the Tiger'에서 주인공인 록키는 기존의 성공에 안주하였기에, 새로운 도전자에게 참패하는 장면이 나온다. 그런데 아이러니하게도 새로운 챔피온 역시 승리에 도취하여 더 이상의 노력을 하지 않았고 반면에 록키는 기본부터 새롭게 바꿔나가는 피나는 훈련을 하였기에 다시 챔피온에 오른다. 이와 같이 끊임없이 '탁월함'(혁신)을 추구하지 않고 그저 현실 안주적인 '무난한 경영'만을 일삼는다면 언젠가는 자기도 모르는 사이에 시장의 리더십을 잃게 된다.

이와 같이 그동안 해왔던 성공 방식이 발목을 잡을 수 있다. 즉 한때 적절하였던 전략적 안목과 시장에 대한 가정은 미래의 시야를 가리는 장애막이 될 수 있다. 기업의 제조 및 서비스 공정은 판에 박힌routines 일처리 방식이 될 수 있다. 과거 한때 기업 성장의 든든한 지원군이었던 종업원, 고객, 공급상, 중간상 등이 굴레로 작용하여 새로운 변화의 움직임을 주저앉히게도 만든다. 그렇게 되는 경우 기업의 문화는 독단dogmas으로 작용하게 된다. 지속적인 혁신을 하게 하려면, Strategic frames/assumptions, Processes, Relationships, Values/Culture 등이 적절한가에 대한 점검을 꾸준히 하여야 한다. 이런 점에서 보면 오래된 사고와 습관을 얼마나 쉽게 버릴 수 있는가 하는 것이 조직이나 개인의 경쟁력 척도가 될 수도 있다.

- [질문] 한때 강하고 경쟁력 있었던 많은 기업이 결국 사라지는 이유는 무엇인가? **〈답변〉** "성공 신화에 빠져서 변화를 거부하기 때문이다. 필름의 대명사였던 코닥이 디지털을 이해하지 못하고 아날로그만 고집하다 망해가는 것을 보면 알 수 있다. – Tom Peters와의 대화, 조선일보, 2006년 9월 16일

- '좋은 것'은 '위대한 것'의 적이다(Good is the enemy of the Great).
  – 짐 콜린스의 〈Good to Great〉에서

- 어제를 버리지 않으면 내일을 건설할 수 없다. 어제의 것을 지키는 일은 어렵고 많은 노력이 필요하다. 우수한 인재가 어제의 일에 얽매여 있다면 그

들에게 활약을 기대할 수 없다. – 피터 드러커

- 익숙한 해변에서 눈을 뗄 용기가 없다면 새로운 대륙을 발견하지 못한다.
  – 앙드레 지드

- GM과 시어스, IBM 등은 세계 최고의 기업들이다. 이들은 결정적인 실수를 범한 적도 없고 경영자가 무능하지도 않았다. 진정한 실수가 있었다면 과거에 성공했던 공식과 패턴을 조금 오랫동안 고집했다는 것뿐이다.
  – HP 전 CEO, 류 플랫

339

자기 변화 최우선의 법칙

이상 여러 가지의 혁신 원칙을 제시하였지만, 혁신을 주창하는 주체가 먼저 변화하지 않으면 아무것도 변화하지 않을 것이다.

- 다른 사람을 바꾸려면 스스로 먼저 바뀌어야 한다. 이 세상이 나아지지 않는 이유는 한 가지 때문이다. 서로가 서로를 변화시키려고만 할 뿐 자신은 변화하려고 들지 않기 때문이다 – 토마스 아담스(신학 저술가)

- 모두가 세상을 변화시키려고 생각하지만, 정작 스스로 변하겠다고 생각하는 사람은 없다 – 톨스토이

340

혁신의 마음이 없어지면 멸망하는 법칙

안전한 곳에서 안주하는 순간부터 위기는 태동된다. 안주하는 환경 속에서는 결코 거친 황야 속에서 존재하였던 야생성이 사라지게 된다. 온실 속의 꽃은 거친 야생에서 홀로 생존하지 못하게 된다. 사람도 동식물과 마찬가지로 환경에 영향을 받는다.

혁신을 과감하게 행하는 마음과 행동력이 없어지면, 그 조직의 장래는 결코 밝지 않다.

- 성을 쌓고 사는 자는 반드시 망할 것이며 끊임없이 이동하는 자만이 영원히 살아남을 것이다 — 돌궐제국 명장이었던 톤유쿠크(Tonyuquq)의 비문

- 내 후손들이 비단옷을 입고 기와집에서 살 때 내 제국은 멸망할 것이다. — 칭기즈칸

Ⅳ. 행복과 즐거움에 대한 법칙

Diener(1984)는 철학적이고 관념적 울타리 안에서만 생각되어왔던 행복幸福에 대한 정의를 보다 구체적으로 개념화하였다. 그에 따르면, 행복이란 개인의 경험에 포함된 주관적 안녕감subjective well-being인데, 사람들은 다음의 세 가지, 즉 삶에 대한 만족감, 높은 빈도의 긍정적 정서, 상대적으로 낮은 빈도의 부정적 정서를 통해 행복을 느낀다고 하였다(참조: Edward Diener(1984), "Subjective Well-Being," *Psychological Bulletin*, 95(3), 542~575). 행복은 기쁨과 불쾌함을 느끼는 순간들과 이러한 경험들이 축적되면서 만들어진다. 따라서 행복한 순간의 경험이 많을수록 사람들은 더 행복해진다. 물론 행복은 평범한 일상적 생활을 통한 경험에 의해서도 생겨난다.

- **행복(Carl Sandburg, 장영희 번역):** 인생의 의미를 가르치는 교수님들을 찾아가 행복이 무엇인지 물어 보았습니다. 그들은 다들 고개를 내저으며 내가 장난이나 치고 있다는 듯 웃기만 했습니다. 그러다가 어느 일요일 오후 나는 나무 아래에서 아내와 아이들을 데리고 맥주통과 손풍금을 곁에 둔 한 무리의 헝가리인들을 보았습니다…(후략(後略))

341

평범한 일상의 소중함 법칙

미국 드라마 'Desperate Housewives'에 다음과 같은 장면이 있다: 수잔 델피노, 마이크 델피노, 그리고 어린 아들이 함께 햄버거 가게에서 식사를 하면서, 남편인 마이크는 자신에게 있어서 천국이란 그 어떤 굉장한 것이 아니라, 이렇게 사랑하는 아내와 아이와 함께 치즈버거를 즐겁게 먹는 순간이 바로 천국이라고 하였다.

늦가을, 자동차를 정비업소에 맡기고 근처 커피숍에서 기다렸는데, 생각보다 수리할 차들이 밀려서 그런지 그날따라 2시간 가량 기다렸다. 어찌보면 매우 지루하고 짜증날 수 있는 시간이었지만, 그날은 그 시간이 달리 느껴졌다. 그래서 늦가을의 풍취를 마음껏 시간에 쫓기지 않으면서 행복하게 즐길 수 있었다.

성남시 분당구 서현동의 낙엽 떨어진 길과 커피숍

342
엉뚱함의 긍정 법칙

어리석게 보이는 마케팅 활동이 오히려 소비자의 시선을 잡을 수 있다. 그리고 그에 대한 기억을 좀 더 오래할 수 있게 만든다. 이러한 엉뚱함, 일탈, 파격은 고객들에게 즐거움을 선사하기도 한다. 따라서 때로는 어깨에 힘을 빼고 교과서적 지침을 탈피할 필요도 있다. 그에 대한 효과는 상상 이상으로 좋을 수도 있다.

지하철의 화장실 안내표지. 필요없이 두 개의 안내판이 나란히 있는데, 자세히 보면 한쪽은 11m, 다른 한쪽은 10m로 고지식하게 안내를 하고 있음을 알 수 있다.

동경의 신주쿠에 있는 맥도날드의 점포 안내판. 0m 앞에 맥도날드가 위치하고 있다고 친절(?)하게 소개함

343

추억거리의 법칙

오래도록 한자리에 있는 가게는 수많은 추억으로 인해 그 가게만의 매력이 있다. 소비자에게 그 가게는 물건을 사고파는 단순한 장소가 아니다. 그 가게와 얽힌 수많은 추억과 기억도 같이 존재한다. 따라서 그 가게를 애용하는 이유는 일반적으로 흔히 거론되는 요인들(좋은 품질, 저렴한 가격, 친절한 서비스 등) 때문만은 아니다.

부암동에 있는 '카페 에스프레소'에는 낙서를 할 수 있는 원목 테이블이 있다. 가끔씩 그 자리에 앉게 되면 예전에 왔을 때 했던 낙서를 확인하면서, 당시 자리를 함께 했던 사람들에 대한 추억을 되살린다. 한편 저자가 자주 가는 돈암동 소재의 샌드위치 하우스는 벽 하나를 메모판으로 장식하고 있다. 거기에는 오래전부터 고객들이 써놓은 다양한 모양과 색깔의 메모지들로 가득 채워져 있다. 오랜 만에 다시 가게에 들린 졸업생들은 자신의 메모가 그대

돈암동의 '샌드위치 하우스'와 가게 안에 있는 메모판

한국 재즈의 성지로 불리는 서울 이태원의 재즈 클럽 '올 댓 재즈'가 1976년 문을 연 지 35년 만인 2011년 7월 건물주의 요청에 의해 이사하게 되었다. 그 장소에 추억이 있는 많은 사람들은 이를 무척이나 아쉬워했다.

로 있는걸 보고 흐뭇해할지도 모를 일이다.

오래된 가게는 오래된 시간만큼이나 많은 고객의 스토리를 담고 있다. 이러한 스토리가 있기에 고객들은 그 가게를 사랑하게 된다.

344

타인의 존재와 행복 간의 관련 법칙

[장면-1] 새벽의 바닷가는 참 아름답다. 그런데 혼자서 이를 즐기고 있을 때, 만약 다른 사람이 주변에 나타난다면 기분이 어떠한가? [장면-2] 캐나다에서 무척 여유롭게 잘 살던 동창이 그러한 생활을 접고 귀국하였다. 그 편한 생활을 두고 왜 귀국하였나 물었더니, 거기서 그렇게 행복하게 살고 있는 모습을 알아봐주고 부러워하는 사람이 주변에 없었기에 재미 없어 귀국하였다는 답변이 돌아왔다.

주변에 사람들이 있다는 것, 자신과 경쟁하는 사람들이 있다는 것은 이와 같이 상황별로 각기 달리 우리의 행복감에 영향을 미치는 것으로 보여진다. 남들보다 우월적 지위에 있다면(예: 천둥 벼락 치는 날 따뜻한 방안에 있을 때) 다른 사람들로 인해 더 많은 행복감을 느끼겠지만, 그렇지 않다면 남들의 존재(예: 엄마 친구의 아들과 딸)는 자신의 행복감을 박탈할 수도 있을 것이다.

이러한 관점에서 본다면, 다른 사람들의 존재는 우리의 행복감에 많은 영향을 미치는 것은 사실이지만, 자신과 다른 사람과의 상대적 위치에 따라 그러한 영향력은 (+)가 될 수도 또는 (-)가 될 수도 있다.

345

좋아하고 즐길거리 많이 가지기의 법칙

행복한 순간의 경험이 많을수록 사람들은 더 행복해진다. 그렇다면 자신이 좋아하고 즐길거리가 많으면 많을수록 그만큼 더 행복을 느낄 기회와 순간이 많아지지 않을까?!

2015년 11월 14일 이문세 콘서트에서 촬영한 사진: 행복을 듬뿍 준 멋진 공연이었다.

- 저자가 좋아하는 것들은 다음과 같다. 운동－배드민턴, 수영; 음료－커피, 와인, 맥주, 콜라; 음식－짜장

면, 탕수육, 냉면, 수육; 장소-덕수궁, 창경궁, 해운대, 자갈치시장; 여행하는 것; 좋아하는 사람들과의 만남; 시간-방학 일주일 전, 여러 모임들이 있는 12월; 영화와 드라마-너무 많아서 여기에 다 쓰기 힘들다. 이렇게 쓰고 보니 좋아하는 것이 그리 많지 않은 것 같다. 앞으로 좀 더 다양하고 풍성한 취미와 좋아하는 것들을 만들어야 되겠다~

346

행복한 인연 맺기의 법칙

생명체뿐 아니라 무생물일지라도(예: 나무, 바위, 인형, 장소, 음악, 거리 등) 거기에 어떤 행복한 순간과 기억이 연결된다면, 그것은 새로운 의미를 가지게 된다. 그리고 그것은 행복을 일으키는 소재로 역할을 하게 된다. 물론 반대의 경우도 있다(예: '자라보고 놀란 가슴 솥뚜껑보고도 놀란다').

어쨌거나 주변에 이러한 좋은 인연 맺은 것들이 많다면, 그로 인해 많은 긍정적 경험들이 회상될 것이다.

- 어린왕자는 여우를 만났다. 어린왕자는 여우에게서 길들인다는 게 무엇인지를 들었다. "네가 나를 길들인다면 나는 너에겐 이 세상에서 오직 하나밖에 없는 존재가 될 꺼야. 네가 오후 네 시에 온다면 난 세 시부터 행복해지겠지." 어린왕자는 여우를 통해 그의 장미꽃이 이 세상에 오직 하나뿐이란 걸 깨닫게 되었다. "오로지 마음으로만 보아야 잘 보인다는 거야. 가장 중요한 건 눈에 보이지 않는다." "길들인 것에 언제까지나 책임이 있게 되는 거지."

– 생텍쥐페리, 〈어린왕자〉에서

347

웃음의 법칙

웃음이 인체에 미치는 긍정적 효과는 무척이나 많다고 한다. 즉 사람의 뇌는 한번 크게 웃을 때마다 엔도르핀을 포함한 21가지 쾌감 호르몬을 쏟아내는데 그중 엔케팔린이란 호르몬은 모르핀보다 300배나 강한 통증 완화 효과를 낸다. 한번 웃으면 신체의 650개 근육 중 231개, 얼굴 근육 80개 중 15개가 움직여 에어로빅을 5분 동안 하는 것과 같다. 하루 15초만 웃어도 이틀을 더 산다는 연구 결과도 있다. 웃을 때마다 산소 공급이 2배로 증가해 혈액순환이 잘되기에 건강에 도움이 된다. 웃음은 감기를 예방하고, 치료도 해준다. 웃음은 암 예방에도 도움이 된다. 웃으면 살도 빠진다.

- 웃어라 온 세상이 너와 함께 웃을 것이다. 울어라 너 혼자만 울게 될 것이다.

– 퍼온 글

348

과유불급過猶不及의 법칙(참조: 16장 중용의 법칙)

즐거움과 행복을 주는 것도 그 어떤 한계 수준이 존재한다. 너무 과하면 오히려 부족한 것보다 못한 결과를 초래할 때가 있다.

- 더운 날, 시원한 맥주의 첫잔은 행복을 준다. 그렇지만 자신의 주량을 넘어선 맥주는 그것이 아무리 값비싼 맥주라도 맛이 없기 마련이다. 아이스크림과 초콜릿은 즐거움을 준다. 그렇지만 이것도 과하면 어느 순간 입맛을 버리게 된다. 듣기 좋은 꽃노래도 자꾸 들으면 질리기 마련인 것이다.

현명한 사람은 그 경계를 잘 구분하고 멈춰야 할 때 멈추지만, 유감스럽게도 대부분의 사람들은 이 경계를 지나치고 말기에 오히려 행복을 주는 대상이 불행을 초래하게 되기도 한다.

349

주변 돌아보기의 법칙

자신이 즐겁고 행복하다면, 반드시 자신의 주변을 둘러볼 필요가 있다. 자신의 행복감으로 인해 주변에 상대적 불행감을 미칠 가능성은 언제든 존재한다. 또한 자신에게는 즐겁고 자랑스러운 얘기거리가 되겠지만 동시에 그 얘기에 상처 받을 수 있는 사람은 언제든 있을 수 있다.

함께 있는 모든 사람이 동시에 즐겁고 행복하기란 쉽지 않다. 그렇지만, 일부 소수의 사람들만 행복을 느끼고 나머지가 그렇지 못하다면, 그 모임은 결코 오래가지 못한다. 그리고 그러한 모임이 깨진다면 행복을 느꼈던 소수도 결국에 가선 그러한 즐거움을 느끼지 못하게 될 것이다. 따라서 행복할 때는 반드시 주변을 둘러보고 다른 사람들을 배려할 필요가 있는 시점이란 것을 잊지 말아야 한다.

- A person reveals his character by nothing so clearly as the joke he resents. — Georg Christoph Lichtenberg

- 상대방을 이롭게 해주지 아니하고 자기만을 이롭게 하는 것은, 상대방을 먼저 이롭게 해준 후에 자기를 이롭게 하는 것만큼 이롭지는 못하다.
  — 순자

- 성공의 유일한 비결은 다른 사람의 생각을 이해하고, 자신의 입장과 상대방의 입장에서 동시에 사물을 바라볼 줄 아는 능력이다.
  — 자동차 왕 헨리 포드

글을 맺으며

대부분의 혁신에 대해 사후적으로 그 동기 및 과정에 대한 연구가 뒤따른다. 그 이유는 차후의 혁신을 위한 지식을 축적하기 위해서이다. 그러나 때로 그러한 혁신이 왜, 어떻게 일어났는지에 대해 설명하지 못하는 신비한 경우도 있다.

- 기원전 2700년 이집트 제3왕조 때인 파라오 조세르 시대에 와서 갑자기 높이 치솟은 석조건축물들, 즉 피라미드가 등장하게 된다. 조세르는 어떻게 건축학적으로 근거할 만한 모범도 없이 세계 최초의 초대형 석조 건축물을

건립할 수 있었던 것일까. 이 문제를 놓고 학자들은 여러 세대에 걸쳐 골머리를 앓아왔다. 불을 이용할 줄 알게 되면서 곧바로 원자폭탄을 만든 것과 같을 정도의 논리적 단절이 엄청났기 때문이다.

—존 플라이슈만 외(2004), 과학이 몰랐던 과학(최성범 외 옮김), 도서출판: 들린아침

자연 및 인간 세계에서 설명할 수 없는 신비하고 미스터리한 일들이 아직도 많이 있다는 것이 어쩌면 삶의 매력이지 않을까 생각된다.

제16장

모든 법칙들에 대한 마무리

Chapter 16

그동안 독자들은 이 책을 통해 실로 다양한 법칙들을 습득하였다. 여기서는 이러한 법칙들을 마무리하는 데 도움이 되는 최종 법칙들을 제시하겠다. 일명 '법칙들의 법칙'이라 하겠다. 일반적으로 처음과 마지막에 제시되는 내용들이 머리에 오래 남기에 특히 중요하거나 강조하고 싶은 법칙들을 이러한 위치에 배치하였다. 여기 소개되는 법칙들은 성격상 2장(시간, 공간, 사람에 대한 일반 법칙)과 유사하다. 즉 어떤 특정영역에만 해당하기보다는 전반적 영역에 두루 적용되는 법칙들이다.

350

바늘 구멍의 법칙

큰 일은 의외로 사소한 것에서부터 비롯된다. 재난은 보통 사소한 실수, 부주의, 불운으로부터 시작한다. 마찬가지로 위대한 업적도 사소한 변화로부터 시작될 수 있다. 예를 들어, 아침에 한 시간 일찍 일어나는 습관의 변화로부터 비롯되기도 한다. 또는 약속을 지금보다 10% 더 잘 지키는 것으로부터 시작할 수도 있다.

● 위대한 성과는 소소한 일들이 모여 점차 이루어진 것이다. – 빈센트 반 고흐

바늘 구멍만으로도 거대한 댐은 무너진다. 거대한 댐에 작은 구멍이 한번 생기면, 그리로 처음에 흐르는 물은 미미하지만, 그 방향으로 계속 흐르다 보면 구멍은 점차 작은 것에서 중간 크기로 그리고 다시 중간 크기에서 큰 구멍으로 뚫리게 된다. 물론 처음에 이러한 바늘구멍이 뚫려 있어야만 이러한 결과가 나타나는 것이다.

이 책도 처음에는 하나의 작은 아이디어(: '법칙이란 그릇에 지식을 담는 것')로부터 시작하였다. 그러한 화두가 머릿속에서 떠나지 않고 계속 있었기에, 법칙에 대한 생각이 날 때마다 또는 그에 연관된 글을 접할 때마다, 법칙 파일에 차곡차곡 집어 넣었더니 벌써 이만큼 많은 숫자의 법칙으로 정리된 것이다.

'시작이 반이다'란 말은 절대 과장된 것은 아니다. 어떤 방향으로 첫 발을 내디디면 자신도 알게 모르게 그쪽을 향해서 계속 걷

게 된다. 어떤 방향을 잡고 그 쪽을 향해 실제적인 첫발을 내딛는 어찌 보면 사소한 시작이 어려운 일이지, 일단 시작한 것을 그냥 습관처럼 해나가는 것은 그리 어렵지 않다.

거대한 피라미드도 하루 아침에 이루어진 것은 아니다. 두꺼운 대하소설도 단시간에 완성되는 것은 아니다. 벽돌 하나씩, 한 문장씩 쌓이고 쌓여서 그렇게 완성되는 것이다. 보통 사람들은 위대한 사람이 이뤄낸 엄청난 업적을 보고 놀라지만, 기실 그러한 위대한 사람도 그러한 과업을 단기간에 이룬 것이 아니란 사실을 알면 조금은 위안이 될 것이다. 다만 평범한 사람과 다르게 위대한 업적을 남긴 사람은 일단은 자신만의 목적을 선정하고, 꾸준히 자신이 세운 목적의 달성을 위해 쉬지 않고 노력한다는 평범하지만 엄청난 차이가 있는 것이다. 한발씩 꾸준하게 걷다 보면 결국 에베레스트까지도 오를 수 있게 된다.

- 천하의 어려운 일은 반드시 쉬운 데서 시작되고, 천하의 큰 일은 반드시 미세한 데서 일어난다. – 노자(도덕경)

사실 우리가 방법을 잘 몰라서 원하는 바를 이루지 못하는 것은 아니라고 생각된다. 오히려 누구나 잘 아는 '그 방법'을 꾸준히 실천하지 못하였기에 뜻을 이루지 못한 것이 더 많지 않을까 생각된다. 따라서 '실천' 그리고 그것도 '꾸준한 실천'이 매우 중요하다.

- Ohne Hast aber Ohne Rast(서두르지도 말고 그렇다고 쉬지도 말고). – Goethe

351

현장의 법칙(참조: 6장 경험자 우대의 법칙)

외국어는 책으로만 배우기보다는 해당 나라 사람들과 직접 맞닥뜨리거나 또는 현지에 살면서 배우는 것이 제일 낫다. 연애, 싸움, 장사도 외국어와 마찬가지이다. 책에서 배우기보다는 실전 경험을 통해 체득하는 것이 제일 낫다. 책 또는 다른 사람을 통한 간접경험이 아니라 가능하다면 현장에서 몸소 체험하고 이를 통해 지식과 지혜를 얻는 것이 가장 효과적이다.

현장을 중시해야 한다. 그래야 더 확실히 알고 이해하게 된다. 인류학자라고 하면 보통 아프리카의 부족들, 도시 빈민 등과 함께 생활하면서 그들의 행동을 연구하는 사람을 생각하게 된다. 그런데 현장에서 발로 뛰지 않고 연구실에만 앉아서 추측과 짐작에 의존해서 연구를 하는 학자들도 있는데, 이를 안락의자 인류학자 armchair anthropologist라고 한다. 기업도 마찬가지로 사무실에 앉아서 시장과 고객을 이해하고 이를 바탕으로 마케팅 계획을 세우는 마케팅관리자들이 있다. 물론 대부분의 의사결정에 필요한 정보는 2차자료를 통해 얻을 수도 있

창덕궁에는 예전에 왕이 직접 농사를 짓던 곳(청의정, 淸義亭)이 있다. 넓지 않은 땅이지만, 이러한 경험을 통해 임금은 백성의 농사체험을 직접 해보면서 백성의 마음을 헤아릴 수 있었다.

다. 그러나 현장이 아니면 절대로 파악할 수 없는 시장의 흐름이 있기 마련이다. 경영자 특히 마케팅을 담당하는 사람들은 현장 경험을 중시해야 한다. 현장을 둘러보지 않고 내린 탁상 위의 의사결정은 때로는 어이없는 결과를 초래하기도 한다.

- 유동인구를 고려하지 않고 한 줄용 에스컬레이터를 설치해 심각한 병목을 초래한 사당역 3번 출구의 '황당한 리모델링'이 문제가 되고 있다. 오전 8시쯤 광역버스 한 대가 지하철역에 도착하자마자 승객들이 3번 출구 쪽으로 우르르 몰려들었다. 하지만 출구로 들어가려는 승객들의 줄은 좀처럼 줄어들 기미가 보이지 않았다. 버스가 속속 도착하자 오히려 놀이공원을 방불케 할 정도로 이용객들의 줄이 길게 늘어졌다. 어림잡아 50m 이상 길이였다. 이것은 두 사람이 나란히 설 수 없는 사당역 3번 출구 에스컬레이터 때문에 벌어지는 기현상이었다. 수억원의 혈세를 들여 재정비한 사당역 3번 출구가 유동인구를 전혀 고려하지 않은 채 설계돼 심각한 병목 현상을 초래하고 있다. 기존 계단식 통로(너비 5~6m 가량)를 없애고, 에스컬레이터를 일반 두 줄용이 아닌 한 줄용 한 세트로 설치하는 바람에 1분에 40~50명밖에 이용할 수가 없어 출퇴근 시간 혼잡이 극심해지고 있다. 사당역 관계자는 "공사 초기 이용객들이 많은 곳이라 에스컬레이터가 오히려 불편을 초래할 수 있다는 일부 의견이 있었지만 설계에 반영되지 않은 것 같다"면서 "불편을 겪고 있는 이용객들을 볼 때마다 면목이 없다"라고 말했다. — 한국일보, 2009년 4월 30일

기업이 선택하는 최선의 마케팅 방법은 물론 교과서를 통해 추출될 수도 있다. 그러나 Streetwise(세상 물정에 밝은, 도시 서민 생활에 정통한)한 기업 실무자street smarts의 경험에서 나온 내용을 반드

시 함께 고려할 필요가 있다.

- **[마케팅 실무자의 언급] 국내 모제약회사의 전무:** “우리는 유통의 25% 이상을 뿌린 상태에서야 광고활동을 시작합니다. 그렇게 해야 광고의 효과를 볼 수 있기 때문입니다. 만약 그전에 한다면 광고로 오게 되는 고객을 유통이 뒤받침되지 않아서 놓치게 되는 경우가 많습니다.”

- 젊은 시절에는 호텔 욕실의 세면기 옆에 부착된 면도용 거울에 왜 돋보기 성능이 있는지 잘 몰랐다. 그러나 노안이 온 다음에는 그 거울이 면도할 때 무척 필요하다는 것을 깨달았다. 안경을 쓰고 면도를 할 수는 없지 않은가?

사무실에만 있지 말고 현장을 나가봐야 한다. 그 주변을 잘 아는 사람, 이를 직접 이용하는 사람들의 의견에 귀를 기울이거나 이들을 관찰하여야 한다. 엉덩이를 깔고 앉은 채로 얻은 지식은 결코 발로 밟아가면서 획득한 지식을 이기기 어렵다(예: 드라마 ‘제빵왕 김탁구’(2010년)에서의 김탁구야말로 길 바닥에서의 경험을 통해 지식을 쌓은 제빵사라고 볼 수 있다).

352

과정보다는 결과물 중시의 법칙

어떤 기업(/사람/조직/국가)에 대한 평가(또는 대접)는 결국 그 기업이 도전한 위험의 크기와 이룩한 성과의 크기에 비례한다. 세상은 그 기업이 무엇을 성취하였는지 또는 못하였는지를 알 뿐, 그 과정까지는 세세하게 잘 모른다. 냉혹할지 모르지만 이것이 현실이다.

- 얼마나 열심히 일하는가를 말하지 말고, 얼마나 많이 해냈는가를 이야기하라. – 제임스 링

이런 점에서 보면 다음과 같은 노력들이 중요시된다.

첫째, 성취한 결과물의 '개수'가 중요하다: 시도를 여러 번 하는 것 자체의 의미는 있다. 그렇지만 이보다 더욱 중요한 것은 단 한 개라도 완성된 결과물을 세상에 내보이는 것이다.

둘째, 성취한 결과물의 '크기'가 중요하다: 작은 목표를 노렸다면 이를 완전하게 달성하더라도 성과는 그 작은 목표 이상이 될 수 없다. 그러나 거대한 목표를 노리면 성과는 엄청나다. 물론 위대한 목표를 달성할 확률은 무척 낮고 그에 따른 위험도 크다. 그렇지만 남산을 100번 등극한 사람보다는 에베레스트를 1번 등극한 사람을 세상은 더 높게 평가한다.

- '저 녀석은 바보다'라는 말을 듣지 못한 사람은 지금까지 한번도 새로운 일에 도전하지 않은 사람입니다. – 내 인생의 비타민 중에서

- Stay hungry, stay foolish! – Steve Jobs

기업과 사람은 자원 및 능력에 제약이 따른다. 이왕 어떤 일에 도전할 거라면 위대한 목표에 자신의 자원과 능력을 쏟아 붓는 것

이 나을 것이다. 작은 것의 도전에도 거의 유사한 자원이 투자되고 시간이 소요되며, 작은 것일지라도 위험성이 전혀 없는 것은 아니다. 결론적으로, 안 하는 것보다는 하는 것이 낫고 그리고 이왕 할 바에야 큰 것에 도전해보는 것이 좋겠다("Aim High!").

- 나는 '헤매더라도 그냥 해야 했는데' 하는 후회를 많이 했습니다. 뒤돌아 생각해보니 내 인생에서 후회되는 일들이 모조리 안 한 것들이더라 이겁니다.

  – 바이올리니스트 정경화

- 대부분의 사람들에게 가장 위험한 일은, 목표를 너무 높게 잡고 거기에 이르지 못하는 것이 아니라, 목표를 너무 낮게 잡고 거기에 도달하는 것이다.

  – 미켈란젤로

셋째, '과정보다는 결과'이다: 운동경기(예: 야구, 축구 등)에서 결과는 중요시된다. 아무리 바보 같은 작전이더라도 결과가 좋게 나타나면 그것은 묘수가 되지만, 기발하고 창의적인 작전도 결과가 나쁘면 악수惡手가 된다. 이와 같이, 때로는 냉혹한 현실이라고 느껴지기도 하겠지만, 결국 세상은 최종 결과를 가지고 그 대상에 대한 평가를 한다.

- 성공은 수만 번의 실패를 감싸준다. – 조지 버나드 쇼

넷째, '최종 결과'만을 사람들은 보게 된다: 동일하게 정상에 올랐다면, '산의 밑자락부터 시작해서 오르기 시작해서 정상에 오른 사람'을 '산 중턱부터 오르기 시작해서 정상에 오른 사람'보다 높게

평가해준다. 그렇지만 산 아래부터 시작해 정상에 오르지 못했다면, 그에 대한 평가는 산 중턱에서 편하게 정상에 오른 사람보다 못하게 될 가능성이 크다.

대학 수험생이 얼마나 힘든 역경을 딛고 공부하였는가 하는 점이 중요하지 않고, 어떤 성적을 거뒀고 그래서 어떤 대학에 들어갔는가에 의해 최종적으로 평가된다. 시장에서의 구매선택도 이와 마찬가지이다. 제품이 어떠한 어려운 개발 및 제조의 시행착오를 극복하고 시장에 나왔는가 하는 점이 중요한 게 아니고, 그 제품이 나에게 어떠한 혜택을 실질적으로 주는가를 기준으로 제품은 선택된다. 따라서 기업은 이러한 현실을 염두에 두고 자신의 제품에 대한 마케팅 커뮤니케이션 노력을 기울여야 한다.

그렇다고 해서 결과만을 위해 중간 과정을 무시하거나 수단방법을 가리지 말라는 의미는 아니다. 비록 최종 결과에 의거하여 그간의 과정이 되새겨져서 평가되는 경우가 많지만, 시간이 충분히 흐르고 사람들 마음에 여유가 생기면, 결과가 산출되기까지의 과정을 다시금 살펴보는 경우가 많다. 만약 성공까지의 과정에 부도덕한 면이 발견되면, 그 성공은 아예 근본부터 깡그리 무시되는 경우도 발생한다.

- 돈을 많이 버는 것도 중요하지만, 동시에 돈을 어떻게 버는가 하는 것도 이에 못지 않게 중요하다.

먼 훗날의 사람들이 동계올림픽 경기자료를 보게 된다면, 2014

년 러시아 소치 동계 올림픽에서 소트니코바가 김연아보다 더 잘했을 것이라고 짐작할 것이다. 그렇지만 좀 더 시간을 가지고 그에 연관된 정보를 얻게 된다면 소트니코바의 금메달은 터무니 없는 심사를 통한 것임을 알게 될 것이고, 그녀를 실력자로 인정하지도 또 사랑하지도 않게 될 것이다.

353

실천의 법칙

(참조: 2장 적극적 행동만이 현상을 바꾸는 법칙, 15장 혁신 실천까지의 장시간 법칙)

아무리 좋은 아이디어와 의도, 또는 목표를 가지고 있더라도 그것을 실천에 옮기지 않는다면, 애초부터 그런 기발한 생각을 가지고 있지 않던 기업(/사람)과 마찬가지일 것이다. 어떤 의미에서 창의력이란 남들이 생각 못했던 기발한 것을 생각해내는 능력이 아니라, 누구나 생각해 봄 직했던 것을 남들보다 더 빠르게 세상에 표현해내는 것이 아닐까 생각된다.

실천 습관을 내재화, 즉 몸에 배게 하는 것이 중요하다. 실천하는 기업과 실천하지 않고 미적거리는 기업 간에는 현격한 경쟁력의 차이가 생기게 된다.

- 즉시 한다. 반드시 한다. 될 때까지 한다. – 일본전산 이야기(김성호 지음)

- 인성 트레이너로 일하는 동안에 나는 어떤 숫자 하나가 상당히 효력이 있음을 깨달았다. 바로 '마법의 숫자 72'다. 이 숫자는 당신이 목표를 실현할 때도 효력을 발휘할 것이다. 이를테면 당신이 72시간 내에 실행에 옮기는 일은 성공할 확률이 90퍼센트 이상이다. – 요르크 뢰어(인성훈련 전문가)

수많은 사람들이 다이어트를 꿈꾸지만 대부분 실패한다. 아마도 그 방법을 몰라서 실패하는 경우는 많지 않다고 본다. 실행에 옮겼는가, 그리고 얼마 동안 지속적으로 실행하였는가에 따라 결과는 달라진다. 승자와 패자를 분리하는 단 한 가지는 승자는 실행하는 사람이라는 점이다.

- 세상에서 가장 먼 여행은 가슴에서 발까지 – 신영복

- Depend not on fortune, but on conduct – Pulilius Syrus

- 쏘지 않은 슛은 100% 불발 – 웨인 그레츠키(아이스하키 선수)

- Whatever you want to do, just do it. Don't worry about making a fool of yourself. Making a fool of yourself is absolutely essential.(무슨 일을 하고 싶든 그 일을 하라. 바보 짓을 하고 있는 것이 아닐까 걱정하지 마라. 바보 같은 짓을 하는 것도 꼭 필요한 일이니까)

  – Gloria Steinem

- 김상곤 전 경기도교육감을 위원장으로 하는 새정치연합 혁신위가 출범했다. 새정치연합이 야당이 된 2008년 이후 이번까지 총 일곱 번 혁신위를 출범시켰다. 모두 선거 패배와 관련이 있다. "'혁신'보다는 '실천'에 방점을

찍어야 한다." 과거 숱한 야당의 혁신위에 참여했던 인사들과 현 새정치민주연합 관계자들의 의견을 종합한 한 문장이다. 이는 이미 새정치연합에는 문서화된 혁신안만 6건이 있는데, 이러한 문건이 잠자고 있다는 점과 연관된다. 역시 문제는 실천 의지다. – 경향신문, 2015년 5월 31일

354

과감함과 성취의 법칙(참조: 3장 30% 도전의 법칙, 15장 과감성 법칙)

우리의 상식과 다르게, 보통 사람들은 조심성이 부족해서가 아니라 조심성이 너무 많기에 일을 그르치거나 또는 성취하지 못하는 경우가 더 많다. 너무 조심하다 보면 생각이 많아지게 되고, 생각이 많다 보면 속도가 느려지고, 그러다 보면 시기를 놓쳐서 실패하거나 또는 좋은 기회를 놓치는 경우가 많다.

- 대학교 2학년때 읽은 헨리 제임스의 [미국인]이라는 책의 앞부분에는, 한 남자 인물을 소개하면서 '그는 나쁜 운명을 깨울까봐 무서워 살금살금 걸었다'라고 표현한 문장이 있다. 나는 그때 마음을 정했다. 나쁜 운명을 깨울까봐 살금살금 걷는다면 좋은 운명도 깨우지 못할 것 아닌가? 나쁜 운명, 좋은 운명 모조리 다 깨워가며 저벅저벅 당당하게 큰 걸음으로 살 것이다라고 – 장영희 교수

- 알렉산더 대왕은 고르디우스 매듭(The Gordian Knot)을 하나씩 조심스럽게 풀기보다는 과감하게 칼로 자름으로써 매듭을 풀었다.

355

쓰러졌다 다시 일어서는 능력의 법칙 (밑바닥 경험의 법칙)

진짜 능력이 있는 기업인지 아닌지에 대한 판단은 그 기업이 실패하거나 무너진 다음에 알 수 있다. 다시 일어설 수 있는지, 그리고 얼마나 빠르게 다시 일어서는지 등으로 판단된다. 상처난 마음, 무너진 조직력, 엄청난 재무손실 등을 추스르는 역경 극복의 능력은 그 어떠한 능력보다도 중요시된다. 이는 언제나 성공만 하거나 승리만 하는 기업, 조직, 사람은 없기 때문이다. 누구나 언젠가는 실패하거나 패배할 수밖에는 없다. 그렇기에 더욱 중요시되는 것이 재기의 능력이다.

- **[2008년부터 약 4년간 겪은 슬럼프에 대해~]** 그렇게 바닥을 친 시기가 있기에 지금 1~2주, 한 달간의 부진을 버틸 수 있게 됐다. 4년의 힘든 시간이 전혀 아깝지 않다. 바닥을 가본 것과 안 가본 것의 차이는 크다.

  – 커리어 그랜드 슬램을 달성한 박인비의 인터뷰 기사 중에서

이런 재기능력과 연관하여 회복탄력성, 트라우마를 생각해볼 수 있다. 회복탄력성resilience이란 위기나 역경을 극복하고 긍정적인 상태로 되돌아갈 수 있는 역량을 가리키는 용어이다. 이러한 회복탄력성의 주체는 개인뿐 아니라 기업, 사회, 국가도 될 수 있다. 예를 들어 기업의 회복탄력성은 큰 충격으로부터 기업활동을

다시 정상적으로 되돌이킬 수 있는 능력이나 회복 속도를 의미한다. 회복탄력성이 강한 기업은 맷집 좋은 복서처럼 다시 원위치로 돌아오지만 그렇지 않은 기업은 거기서 영원히 주저앉고 만다. 한편 트라우마trauma란 어떤 재해를 경험한 다음에 생기는 비정상적 심리적 반응을 의미한다. 외상에 대한 지나친 걱정 등이 원인이 되어 외상과 관계없이 우울증을 비롯한 여러 가지 신체적 정신적 증상을 의미한다. 회복탄력성이 강한 기업은 트라우마를 겪는 정도도 훨씬 약하다. 결국 중요한 것은 맷집이고, 이러한 맷집이 바탕이 되어야 재기도 가능한 것이다.

356

포기 시점의 법칙

언제 멈추는 것이 좋을 것인가에 대한 판단은 중요하다. 때로는 너무 빠르게 포기하였기에 그 다음에 바로 당도할 좋은 기회를 놓치는 경우도 많다(예: 버스를 기다리다 결국 더 못 기다리고 택시를 탔더니 바로 뒤에 그 버스가 온 경험을 한 적은 없는지?)

- 인생에서 실패하는 대부분의 경우는, 그들이 포기한 바로 그 순간 그들이 성공에 얼마나 근접했는지를 깨닫지 못했기 때문이다.

– 발명왕 토마스 에디슨

반면에 그만뒀어야 할 때 그만두지 못하고 계속 고집함으로써 패가망신하는 경우도 있다. 일반적으로 도박이 그러하다. 한번만 더 하면 대박을 터뜨릴 거라는 환상이 자리를 박차고 일어나지 못하게 한다.

그런데 언제 그만두는 것이 최적의 시점인가를 미리 알기란 정말 어렵다. 대부분의 사람들은 그 훨씬 전에 포기하거나 또는 그만 두어야 할 시기를 지나치는 경우가 많다. 최적의 시점에 그만두는 것은 사실 어렵다. 그러나 이에 대한 많은 경험을 쌓고 그 메커니즘에 대한 이해가 있다면, 그러한 영역을 좁혀서 좀 더 그만둬야 할 최적의 시점에 접근할 수 있을 것이다.

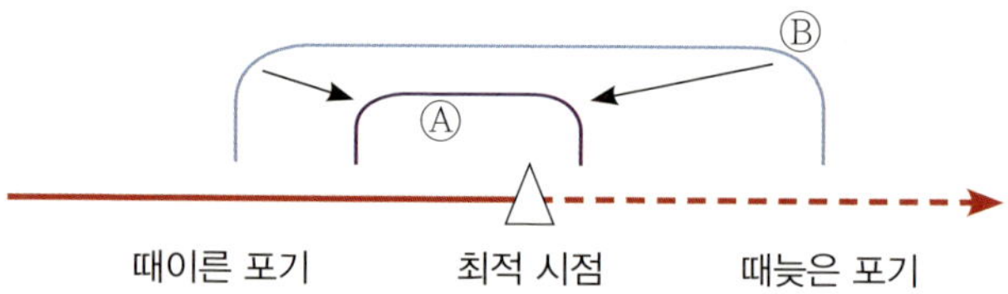

[그림 16-1] Ⓐ가 Ⓑ보다 좀 더 현명한 결정임을 의미한다.

357

칼로 흥한 자 칼로 망하는 법칙

(참조: 6장 큰 기쁨/큰 슬픔 동일체의 법칙)

총으로 흥한 자는 총으로 망하고, 말로 흥한 자는 말로 망하고, 글로 흥한 자는 글로 망한다. 이와 같이 어떤 특출한 능력은 결국 그러한 능력으로 인해 비참한 말로末路가 초래되기도 한다. 만약 칼을 잘 쓰는 능력이 없었다면, 칼 때문에 잘못될 일은 없을 것이다. 또한 칼을 잘 쓰더라도 꼭 사용해야 할 경우에만 절제하며 사용한다면, 이로 인해 잘못될 일도 적을 것이다.

어떤 행동에 대해 칭찬이나 귀여움을 받은 아이는 우쭐해져서, 결국 그러한 행동을 상황에 관계없이 반복하거나 또는 과잉되게 발전시킴으로써 결국엔 혼나고 울게 되는 경우가 종종 있다. 이런 어린 아이와 같은 잘못을 어른들도 범한다. 어느 순간에 또는 어느 경지에서 반드시 멈춰야 한다. 이를 무시하고 남들이 잘한다란 말에 취해서 이 영역을 벗어나게 된다면, 그 피해는 막심할 것이다.

- **반면교사反面教師**: 노래를 잘한다고 해서 노래방에서 계속 노래를 부르는 사람, 재치를 과시하려고 이런 문구나 사진을 SNS에 자주 올리는 사람, 여러 사람들 모임에서 자신의 얘기만 계속 하려는 사람 등

358

절제節制의 법칙

오랜 세월 정상의 자리를 누렸던 가수 패티김은 자신은 10대 때부터 지금까지 거의 60여 년 동안 한번도 배부를 정도로

식사를 하지 않았다고 하였다. 그만큼 프로 기질을 가지고 자신을 관리하였다는 것을 알 수 있었다.

절제하는 것이 좋다는 것을 누구나 알고 있지만, 이를 실제적으로 실천한다는 것은 무척 어렵다. 더 나아가 몇십 년 동안 이를 지속한다는 것은 더욱 어렵다. 아무나 정상에 설 수 있는 것이 아니란 것을 짧은 패티김의 인터뷰에서 느낄 수 있다.

잘 나갈 때, 칭찬 받을 때, 즐거울 때가 사실은 제일 위험한 때이다. 이때 자신에 도취해서 그전까지의 조심성과 신중함이 없어지면서 어떤 한도를 벗어나게 되는 경우가 종종 있다. 그럴 경우, 그동안 쌓은 모든 것이 의미없게 될 수 있다. 맛있는 음식, 맛 좋은 술도 양껏 꽉 채워 먹어서는 안된다. 조금 모자란듯 먹고 마셔야 한다. 욕심을 끝까지 부리다가는 그 전에 먹었던 음식, 술이 다시 몸 밖으로 나올 수 있다.

우리 선조들은 다 채우지 않고 모자란 듯 행하는 '구푼 철학'의 현명함이 있었다. 찻잔도 다 채우지 않고 절반 정도만 채우고, 술잔도 가득 차면 저절로 비워지는 술잔을 썼다. 이를 통해 욕심을 절제하는 방법을 생활 속에서 스스로 깨우쳤다

- 무소유無所有는 아무것도 갖지 않는다는 것이 아니라, 불필요한 것은 갖고 있지 않는 것이다.

  – 법정 스님

359

모든 스윙은 결국엔 좋은 스윙 학습(/경험)이 된다는 법칙

경험을 많이 한 골프 코치는 모든 스윙은 그것이 어떠한 것이든, 어떠한 장소에서 하든 관계없이 스윙 실력의 향상에 보탬이 된다는 말을 하였다. 특정한 폼의 스윙만을 고집하거나 연습장 또는 필드에서만 스윙하는 것이 스윙 연습은 아니다. 그저 시간나는데로 융통성 있게 열린 마음으로 꾸준히 연습하는 것이 중요하다. 외국어를 배우는 것도 이와 마찬가지이다. 저자는 일본어를 정식 학원에서 배운 적이 없다. 그저 책과 잡지를 가리지 않고 읽고, YouTube에 나와 있는 공개강의도 보고, 재미있는 드라마를 보면서 배우고 있다.

공부하기 전에 그 방법과 순서에 대해 많은 공을 들이는 사람들이 의외로 많다. 그러나 조용한 환경에서, 샤워를 한 개운한 몸으로, 깨끗하게 정돈된 책상에 앉아야만 공부를 할 수 있는 것은 아니다. 자투리 시간에 그저 시간날 때마다 하는 것도 공부이다. 형식과 폼에 얽매이지 않는 것이 중요하다.

어떤 분야에 관심이 있다면, 관련된 책을 그저 많이 읽는 것도 도움이 된다. 책을 읽는 순서를 찾느라 고민하지 말고 그저 닥치는대로 많이 읽는 것이다. 어떤 것을 배우는 것도 이와 마찬가지이다. 배우는 순서를 따지거나, 좋은 선생님을 찾느라 시간을 허비하기보다는 그저 무작정 그 분야를 많이 접하는 것이 어쩌면 가장 빠른 지름길이기도 하다.

인생을 뒤돌아보면 어떤 경험 하나 버릴 게 없다는 것을 알게 된다. 성공한 경험은 성공한 경험대로, 실패한 경험은 실패한 경험대로 인생에 무언가 도움이 되는 메시지를 남겨준다. 역으로 아무 경험도 하지 않는다면 그만큼 인생의 상자에 담겨진 내용물은 빈약해질 것이다.

- 봄과 여름에는 나무에 핀 몇 송이의 꽃들만 예쁘다고 생각된다. 그렇지만 가을이 되어 단풍이 들면 나무의 모든 잎들이 형형색색의 예쁜 꽃으로 된다는 것을 깨닫게 된다.

360

컨디션 좋을 때만 실전 치르는 것은 아니란 법칙

한국의 프로야구팀은 일년에 대략 130경기를 치른다. 모든 선수는 시합전에 최상의 컨디션을 유지해야 하지만, 그렇기란 쉽지 않다. 육체적으로 지쳐 있을 수도 있고(감기, 몸살, 피로누적, 배탈, 골절 등), 정신적으로 힘든 상황에 처할 수도 있다. 그러나 시합이 각 사람의 개인 사정을 봐가면서 오는 것은 아니다. 이런 면에서 볼 때, 타격왕, 홈런왕을 받은 선수보다도 최다연속 출장한 선수가 더 훌륭하다고 평가된다.

전쟁터에서도 몸 컨디션이 가장 좋고 준비가 되었을 때 적과 맞서는 것은 아니다. 며칠간 잠을 못 잔 상태일 수도 있고 점심 때 먹은 것이 배탈이 날 수도 있다. 이순신 장군처럼 절대적 열세인 상황, 그리고 상부로부터 아무 지원도 받지 못한 상태에서 싸워야 할 때도 있다. 최선의 상태가 아닌 최악의 상황에서도 시합은 해야 한다. 이를 묵묵히 감내해야 한다. 그것이 인생이다.

361

Second Best라도 반드시 잡아야 하는 법칙

원하던 최고의 성과를 거두지 못하게 될 경우, 대부분의 사람 또는 조직은 망연자실하게 된다. 그래서 몸과 마음을 추스르지 못하고 자포자기한다. 그런데 이때가 어찌보면 가장 중요할 때일지도 모른다. 이때 신속하게 정신을 차리지 못하면 더 큰 낭패를 보는 경우가 많기 때문이다. 최선의 것을 얻지 못할지라도 그 바로 옆의 차선을 꼭 잡아야 한다. 잘못하면 그 차선마저 놓치게 되며 나중에는 차선을 놓친 것에 대해 더 땅을 치며 후회하게 될 수도 있다.

저자는 1990년, 어떤 기업의 경제연구소에 지원한 적이 있었다. 최종면접까지 잘 하였지만, 결국 불합격 통보를 받고 말았다.

그런데 바로 다음 날 그 기업의 계열 광고회사로부터 취업 의사가 있는지에 대한 문의 전화가 왔다. 두 번 생각도 하지 않고 그 자리에서 거절을 하였다. 이번에는 내가 그 기업을 걷어 찼다는 통쾌한 생각이 들었다. 하지만 큰 실수를 하였다는 것을 깨닫기까지에는 그리 오랜 시간이 걸리지 않았다.

나쁜 일은 겹쳐서 온다는 말이 있다. 물론 확률적 불운으로 인해 나쁜 일들이 계속 닥치는 경우도 있다. 그러나 대부분의 경우에는 하나의 나쁜 일을 당하면서 평상심이 흐트러져서 정상적인 주의를 기울이지 못하였기에 더 나쁜 상황을 초래하기에 그렇게 되지 않는가 짐작된다.

362

우회축적의 법칙(참조: 9장 역량의 축적 법칙)

'슈어드의 바보짓'이란 말이 있다. 이는 당대에는 알아주는 사람이 없으나 훗날 높게 재평가되는 행동을 의미한다. 이 말은 1876년 러시아로부터 알래스카를 720만 달러에 구입한 당시의 미국 국무장관 William Seward로부터 비롯되었다. 이 거래에 대해 미국의 국민들은 바보짓이라고 맹비난하였고 이로 인해 William Seward는 국무장관의 자리에서 물러났으며, 당시의 대통령(17대)인 앤드류 존슨까지도 탄핵을 받았다. 그러나 '슈어드의 냉장고', '슈어드의 바보짓'이란 비난을 받았던 알래스카는 그 후 엄청난 기회의 땅(예: 금광 및 유전의 발견, 생태계의 보고, 천혜의 관광 자원)으로 거듭났음은 다들 아는 사실이다.

개인이든 조직이든, 아니면 국가든 간에 관계없이 누군가는 장기적 안목을 가지고 일을 추진해야 한다. 그것이 그 당시의 시점에서는 멸시와 괴로움을 주더라도 이를 극복해내야 한다. 이런 점에서 보면 임기가 정해져 있기에 자신의 임기 때만 모든 성과를 거두려는 전문경영인의 제도는 문제가 있을 수 있다. 재선을 바라기에 현직에 있을 때 나타날 수 있는 가시적 성과만을 추구하는 정치인들도 동일한 구조적 문제점을 내포하고 있다.

363

해걸이 법칙(참조: 15장 혁신의 피로 법칙)

해걸이alternate year bearing, biennial off-year란 과실이 한해는 많이 결실되고, 그 다음해에는 결실량이 아주 적은 현상이 반복되는 것을 의미한다. 과일나무가 해걸이를 하는 이유는 오랜 기간 땅의 영양분을 섭취하여 성장하면서 과실을 맺다보니 특정한 성분의 영양소 결핍에 따라 나타나는 현상이다. 이러한 현상은 다른 분야에서도 관찰된다. 예를 들어 낚시터마다 해걸이, 즉 어떤 해엔 낚시가 잘 되고 어떤 해엔 낚시가 잘 안 되는 현상이 있다.

경지耕地에 작물을 연속하여 재배하면 지력地力이 떨어지므로, 작물을 재배하지 않고 쉬게 하여 지력을 스스로 회복할 수 있게 하기 위해서 휴작fallow을 실시한다. 이러한 해결이 현상을 이해하지 못하면 쉬지 않고 계속해서 아예 남아 있는 소량의 영양소까지 마멸하게 되는 경우도 있다. 또한 성과가 적은 기간에 크게 실망하여 낙담하거나 포기하는 경우마저도 발생한다. 이러한 현상은 사람에게서도 발견되고(예: 프로야구 선수의 2년차 징크스, 연구성과가 좋았던 소장학자가 어떤 기간에는 전혀 연구성과를 내지 못함 등), 마케팅 현장에서도 발견된다.

이러한 현상이 있다는 것을 이해하면 이에 맞게 관리를 할 수 있다는 장점이 있다. 어쨌거나 길게 보고 관리해야 한다. 그리고 때로는 쉬어주는 것도 필요하다.

364

절실함 법칙(참조: 3장 의지의 법칙)

전설적 일화 중의 하나로 지각한 수학과 박사과정 학생에 대한 얘기가 있다. 통계 수업에 지각을 하였는데, 칠판 한 귀퉁이에 문제가 적혀 있었다. 숙제라고 생각하였기에 노트에 적어두었다. 그런데 이 문제는 기존 과제와 달리 정말이지 어려웠다. 그래도 제출해야 하는 과제이기에 그는 며칠을 끙끙거리다가 결국은 그 문제를 풀어서 교수에게 제출하였다. 그러자 교수는 깜짝 놀라고 말았다. 그 문제는 과제가 아니라, 통계학계에서 몇십 년 동안 풀리지 않고 있던 난제였던 것이다. 만약 그 학생이 지각을 하지 않아서 이것이 수학적 난제라는 것을 알았다면, 그는 이것을 풀 생각도 하지 않았을 것이다. 이를 몰랐기에 그는 과감(?)하게 이 문제에 도전한 것이다. 그는 1914년 태어난 미국의 저명한 수학자인 조지 단찌히George Dantzig인데, 2005년 90세의 나이로 생을 마감할 때까지 오퍼레이션 리서치, 경제학, 통계학 등에서 많은 업적을 남겼다.

어떤 아이가 마당 잔디밭에서 놀다가 그만 얼마전 새로 산 콘택트렌즈를 잃어버렸다. 아이는 30여 분간 이를 찾다가 그만 포기하고 엄마에게 이 사실을 알렸다. 마당에 나온 엄마는 단 5분 만에 아이가 잃어버린 콘택트렌즈를 찾아냈다. 아이는 어떻게 자기가 30분 동안 그렇게 찾아도 못찾았던 것을 그리도 빨리 찾을 수 있었냐고 물었다. 그러자 엄마는 "너는 콘택트렌즈를 찾으려 했지만, 엄마는 잃어버린 100달러를 찾으려고 하였단다"라고 대답했다. 결국 엄마의 마음가짐이 눈에 불을 켜고 콘택트렌즈를 찾게 한 것이다.

- 엄마가 못 찾는다고 했을 때, 그때 비로소 물건은 잃어버린 것이 된다.

이와 같이 동일 대상도 이를 어떻게 보는가에 따라 이를 대하는 태도가 달라진다. 마지막 남은 생활비를 탈탈 털어서 구입한 라면의 맛, 사형 집행을 하루 앞둔 사형수가 바라보는 밤하늘의 별, 수

능보기 하루 전날의 공부 등. 조금은 극단적 예들이지만, 평소라면 그냥 지나쳐 버렸을 것이라도 자신의 온 마음과 감각을 열고 그 대상에 집중한다면 평소와는 다른 능력발휘가 가능해질 것이다. 절실해야지만 무언가라도 성취할 수 있다. 정치도 누가 더 권력욕이 있는가에 따라 결과가 갈린다고 한다.

- 프로야구 선수인 오재원은 자신의 거친 플레이에 대해 이렇게 답변하였다: "저는 이승엽 선배님 같은 재능은 없어요. 어쩌면 야구선수로서 살아남기 위한 방법이죠. 야구에 목숨을 거는 것… 이게 맞는 것 같아요."

365

중용中庸의 법칙(참조: 15장 과유불급의 법칙)

중용中庸이란 과하거나 부족함이 없고, 또는 어느 한쪽으로 치우침이 없는 상태나 정도를 의미한다. 그런데 사실 양극단의 사이에서 최적의 포인트를 파악하는 것은 변화무쌍한 현상에서 현실적으로 쉽지는 않을 것이다. 그렇지만 이 책에서 제시하는 여러 법칙의 실생활 적용에 있어서 가장 필요한 능력이 아마도 중용이 아닐까 생각된다. 예를 들어 '집요하고 끈질겨야 무엇이라도 성취할 수 있다'는 말은 때에 따라 잘못 사용되면 스토커stalker로 전락하기도 할 것이다. 음식 종류마다 투입되는 재료의 양을 달리해야 하고, 조미료도 그에 걸맞아야 하며, 불의 온도를 조금씩 미세하게 다르게 해야 하는 것과 같은 예술가적 중용의 감각을 가지고 있어야 한다. 중용은 양극단의 단순한 평균점이 아니다. 각각의 상이한 문제에 따라 그리고 그때 그때의 변화된 상황에 따라 최적의 포인트를 취하는 것을 중용이라고 할 수 있다.

저자는 아들 둘이 있는데, 큰 아이의 경우에는 엄격한 훈육을 하였지만, 작은 아이의 경우에는 완전한 자유방임을 하였다. 만약 저자에게 세 번째 아이가 있었다면 아마도 최적의 육아를 하였겠지만 아쉽게도 그런 기회는 없었다.

- **[이런 남자 정말 싫다]** 웃는 모습이 귀여운 남자는 사랑스럽지만 귀여운 척하는 남자는 끔찍하다. 유머러스한 남자는 언제나 좋지만 모든 걸 장난식으로 넘겨 버리면 짜증이 난다. 거짓말 안하는 남자가 좋지만 뭐든지 곧이곧대로 얘기해서 상처주는 남자는 스트레스다. – 인터넷에서 발견한 문구

영화 '냉정과 열정 사이'冷静と情熱のあいだ(2001년)'가 새삼 생각이 난다.

366

사족의 법칙

사족蛇足은 뱀蛇의 발足을 의미한다. 화사첨족畵蛇添足이 본래의 말인데, 이는 뱀은 원래 발이 없는데, 뱀을 다 그린 다음 필요없이 발을 더 그려 넣음으로써 전체를 망친다는 의미이다. 즉

이미 완성된 것에 쓸데없는 것을 덧붙임으로써 오히려 완성도를 떨어뜨린다는 뜻이다. 우리는 살면서 종종 이런 어리석은 행동들을 하게 된다. 때로는 좀 더 잘하고자 하는 행동이 오히려 마이너스가 되는 경우가 적지 않다. 음식 조리법에서 추천한 재료 이외의 것을 더 넣었다가 음식을 통째로 망친 경우가 있다면, 쓸데없이 추가한 재료가 바로 사족인 것이다.

- 이 책을 집필하면서 유념한 것 중 하나가 바로 사족을 하지 않는 것이었다. 즉 법칙에 대한 설명과 예시를 필요한 것만 하고 거기서 멈추는 것이다. 또한 의미 있는 법칙들만을 엄선하는 것이다. 그러나 집필하다 보면 욕심이 생겨서 필요 이상의 군더더기 설명을 하기도 하고, 굳이 법칙으로 제시하지 않아도 좋을 만한 것도 법칙이란 이름을 붙인 것도 이 책엔 있을 것이다. 이러한 불필요한 것들이 이 책에 대한 평가를 떨어뜨린다면 이러한 점이 바로 사족이 될 것이다.

- 뉴욕에 거주하던 한국 유학생이 어느날 밤 노상강도를 만났다. 남들의 조언대로 아무 말 없이 주머니의 돈을 모두 꺼내 주었다. 강도는 허겁지겁 자기 주머니에 지폐를 꾸겨 넣고 뒤로 돌아 달아났다. 그런데 급하게 주머니에 넣다 보니 한두 장 지폐가 빠져 나와 떨어졌다. 이를 지켜보던 유학생이 비아냥거리듯이 '바보야, 돈 빠졌어~'라고 말하자, 갑자기 화가 난 강도가 총을 쏴, 유학생은 그 자리에서 숨졌다고 한다.

뒤돌아서는 상대방의 뒤통수에 대고 한 마디 말을 더 하지 않는다면, 우리 사회에 싸울 일은 좀 더 줄어들지 않을까 생각된다.

367

최소 3회 반복의 법칙

늘상 다니던 길을 바꿔서 다른 길로 가게 되면 처음에는 매우 낯설 것이다. 그러나 이러한 새로운 길을 연달아 3번 다니게 되면, 이제 그 길은 늘 다니던 길처럼 느껴지게 된다. 3이란 숫자는 나름대로 마력이 있는 숫자이다.

3번 연속으로 성공을 경험하면 그전에 없던 자신감이 생기게 된다. 반면에 3번 연속으로 실패하게 되면 그 전에 있던 자신감은 급격히 사라지게 된다. 최하 3번만 연속으로 동일한 경험을 하게 되면 그러한 것이 팀의 문화(예: 성공의 팀, 실패의 팀, 역전의 팀 등)로 정착하게 된다.

- 1970년대 고교야구에서 군산상고는 역전의 팀으로 유명하였다. 이는 몇 번의 결승전에서 지고 있던 경기를 극적으로 뒤집어 우승하였기에 붙은 명칭이었다. 선수들이 모두 바뀌어도 이러한 팀컬러는 오랜 시간 동안 군산상고의 플레이에 영향을 미쳤다.

이 책에서 제시한 법칙에 대한 습득도 마찬가지이다. 한번에 이를 습득하기란 어렵다. 적어도 3회 이상을 경험하거나 반복하여야 자기 것으로 된다. 커뮤니케이션에서도 경험적으로 3회 이상의 메시지 노출이 강조된다. 즉 3번 이상은 반복해서 전달해야 수신자의 머릿속에 남아 있게 된다는 것이다. 물론 단 한 번으로도 이를 달성할 수는 있지만, 그럴려면 그 임팩트가 무척 커야 한다. 어린 아이들에게 어떤 주의를 줄 때도 3번은 해야 고쳐지게 된다. 한번에 그 효과를 보려면 첫번의 잘못에서 엄청나게 크게 혼을 내야 한다.

368

때로는 뜻밖의 행운이 작용한다는 법칙

- 하프마라톤에 출전한 30대 캐나다 여성이 실수로 정규 마라톤 레이스에 섞여 우승하는 황당한 해프닝이 발생했다. 캐나다 온타리오에서 열린 '런포히어로즈' 마라톤대회에서 하프마라톤(13.1 마일)에 출전한 메레디스 피츠모리스(34)가 실수로 피니시라인을 그냥 통과하고 풀 마라톤(26.2 마일)을 달려 1위로 골인했다. 지금까지 정식 마라톤 코스를 한번도 달려본 일이 없는 메레디스는 이날 하프마라톤 코스를 1시간28분에 끊었으나 골인 지점을 보지 못하고 그냥 지나치고 말았다. 자전거를 타고 선수들의 레이스를 인도하던 대회 관계자 역시 그녀를 계속 이끌고 달렸다. 메레디스는 중간에 무언가 잘못됐다는 것을 알고 당황했지만 레이스 감독관이 다가와 풀 마라톤 코스를 달려도 좋다고 말해 걸음을 멈추지 않았다. 메레디스는 "골인 직후엔 1위를 한 걸 몰랐다. 사람들이 나를 보고 환호하는 것을 보고 우승했다는 것을 알고 울음이 터져나왔다"고 감격의 순간을 돌이켰다. 당초 다음달 디트로이트에서 열리는 마라톤 대회 데뷔전 훈련을 위해 이번 대회에 출전했던 메레디스는 실수로 우승한 덕분에 내년 3월 열리는 전통의 보스턴 마라톤대회 출전 자격을 얻게 됐다. 그녀는 지금까지 20마일(32km) 이상을 뛰어본 적이 없었다. – 뉴시스, 2013년 9월 28일

위의 사례는 물론 행운만 가지고 된 것은 아니다. 여기에 걸맞은 실력도 있었기에 가능한 것이다.

삶에서는 때로는 영화 속에서나 나옴직한 행운이 발생하는 경우도 있다. 따라서 삶을 쉽게 포기해서는 안된다. 그냥 그 자리에서 버티면 때로는 벼락같이 좋은 기회가 생기는 경우도 있다. 그러나 미리 지레짐작하고 포기하면 이러한 기회가 나중에 와도 잡을 수 없게 된다.

- 나폴레옹은 전쟁에서 확률을 기막히게 활용한 인물로 평가된다. 수학적 재능마저도 갖춘 인물이었기 때문이다. 어떤 사람이 나폴레옹이 승승장구하자 그에게 운이 있다는 것을 믿느냐고 물었다. 그랬더니 나폴레옹은 운이 있다는 것을 확신한다고 얘기했다. 그러면서 덧붙이기를, 자신은 항상 불운할 것이라고 생각한다고 하면서, 그렇게 생각하기에 자신은 그러한 불운까지도 대처해서 만반의 준비를 한다고 하였다.

369

계기의 법칙

일생 동안 세 번의 결정적 기회가 찾아온다고 한다. 이러한 결정적 기회는 자신의 현재 처지를 뛰어넘어 다른 세계로 옮겨가게 해준다. 사실 늘 살던 방식 또는 영역을 벗어나기란 쉽지 않다. 어떤 극적인 계기契機를 만나지 못한다면 지금 상태를 벗어난다는 것은 극히 어렵다. 대부분의 계기는 자신이 만들기보다는 우연적으로 조우하게 된다.

- 헨리 루이스 게릭Henry Louis Gehrig은 미국 메이저리그 뉴욕 양키스에서 활약한 전설적인 야구 선수이다. 1925년 팀 내 주전 1루수를 우연하게 대신 해 경기에 출장한 이후 14년 동안 무려 2,130경기 연속 출장 기록을 세워 '철마'The Iron Horse란 별명을 얻었다. 이 기록은 56년 동안이나 이어졌다가, 1995년 9월 6일 칼 립켄 주니어Calvin Edwin Ripken, Jr.에 의해서 깨졌다. 1925년 루 게릭이 출전한 이후 원래의 주전 1루수는 다시 그 자리에 서지 못하였다.

- 불멸의 성악가인 마리아 칼라스Maria Callas는 병이 난 레나타 테발디의 대타로 아이다 역으로 밀라노 라 스칼라 극장에 입성해 놀라운 성공을 거뒀다. 바리톤 성악가로 유명했던 디트리히 피셔 디스카우Dietrich Fischer Dieskau 역시, 브람스 '도이치 레퀴엠' 솔리스트의 대타로 나서 완벽한 가창으로 주목을 받은 다음부터 승승장구하게 되었다.

- 임채민(24, 성남FC)은 2014년 8월 국가대표팀 명단에 포함됐다. 청소년 대표를 밟아 온 엘리트도 아니고, 프로 경력은 올해 2년차에 불과하다. 임채민이 중앙 수비수의 길을 걷기 시작한 건 경신고 2학년 때부터였다. 동계 훈련에서 센터백이 모두 부상으로 쓰러지자 당시 공격수로 활약하던 임채민이 임시 수비수로 임명됐다. 그런데 의외로 플레이가 편했고, 주위의 평가가 좋았다. 부담 없이 시작한 수비수 자리가 공격수보다 잘 맞는 걸 느끼고 아예 보직을 바꿨다. 공격수 시절 청소년 대표에 한 번도 뽑히지 못했던 임채민은 수비수로 보직을 바꾼 뒤 조금씩 인정받기 시작했다.

  – 풋볼리스트, 2014년 8월 25일

370

유비무환有備無患의 법칙(완벽의 법칙)

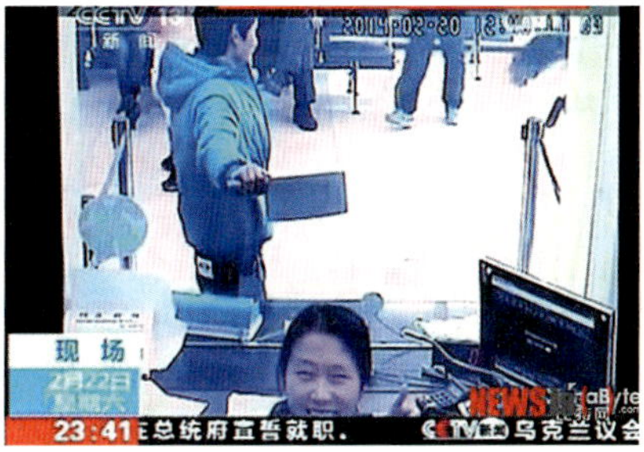

2014년초 인터넷에서는 커다란 식칼을 들이대는 강도를 비웃으면서 빵 터진 여자 은행직원이 화제가 되었다[사진 참조]. 중국 국영 CCTV 방송에 따르면 2월 20일 정오쯤 상하이의 은행에 강도가 들어와서 창구 앞에 20㎝ 길이 칼을 들이댔다. 갑작스러운 상황에 은행을 찾은 고객들은 서둘러 밖으로 피신했다. 그러나 여자 직원은 놀라기는커녕 고개를 돌려 다른 직원을 보며 웃음보를 터뜨렸다. 이 모습은 은행에 설치된 CCTV에 고스란히 찍혔고, 언론을 통해 알려지면서 화제가 됐다. 이 직원이 이같이 태연할 수 있었던 것은 자신과 강도 사이에 방탄 유리 칸막이가 설치돼 있기 때문이었다. 중국은행은 강도에 대비해 직원과 고객 사이에 방탄유리를 설치하고 돈만 입출금할 수 있는 정도의 구멍만 남겨 놓고 있다.

일상의 생활 속에서도 이렇게 해맑게 웃을 수 있으려면 어떠한 상황이 닥쳐도 이에 대한 대비가 되어 있을 때 가능할 것이다.

- You need to have a plan and a backup plan, always.

– 미국 드라마 'Dexter' 시즌8-8의 대사

- 김인식 감독은 항상 "국제대회는 사실상 단판승부나 마찬가지다. 예선의 경우 자그마한 흐름이 이어져 팀 분위기에 영향을 미칠 수 있다. 토너먼트는 진짜 내일이 없는 단판 승부다. 때문에 항상 모든 변수를 고려하면서 총력전을 해야 한다"고 했다. — 2015년 '프리미어 12 대회'의 야구감독

일의 수행 과정 자체에 탁월한 능력이 없다면, 남보다 먼저 시작하는 것이 좋은 성과를 거두는 하나의 방법이 된다. 운전을 빠르고 능숙하게 하지 못하면 좀 더 일찍 출발하면 된다.

- 아침마다 아이를 학교에 데려다주곤 했는데, 같은 거리를 운전해도 집사람은 20분에 가지만 저자는 30분 이상 걸린다. 아이가 지각하지 않으려면 저자는 좀 더 일찍 출발하는 방법밖에는 없다. 한편 늦게 출발한다면 집사람이 아무리 운전을 잘해도 아이는 지각하고 만다. 운전을 능숙하게 한다고 해서 지각하지 않는 것도 아니고, 운전이 능숙하지 못하다고 해서 항상 지각하는 것도 아니다. 언제나 결과에 영향을 미치는 다른 변수는 있게 마련이다. 그 모든 걸 통제할 때 비로소 원하는 결과를 얻게 되는 것이다.

371

다양한 길의 법칙

목적지에 이르는 데는 다양한 길이 존재한다는 법칙이다. 한때 우리나라 바둑계를 양분하였던 기사로 조훈현과 서봉수가 있었다. 조훈현은 일본에 유학해서 천재로 이름난 기사로부터

배웠다. 반면에 서봉수는 여러 기원을 전전하면서 한국에서 홀로 깨우쳤다. 이와 같이 깨달음에 이르는 길은 하나만 있는 것이 아니고 사람마다 걷는 길이 얼마든지 달라질 수 있다. 따라서 원래 생각했던 길이 막혔다고 해서 그 자리에서 포기하지 말아야 한다. 그 길 이외에도 여러 다양한 길은 어딘가에 있다. 다만 그러한 길이 없다고 생각하는 순간, 다른 길들을 찾으려고 하지 않고 눈에도 들어오지 않게 된다.

- 세계 최고봉인 에베레스트 산. 지금 이 시간에도 여러 사람들이 그 산을 등정하고 있다. 또한 전문산악인들은 새로운 루트를 계속적으로 개발하고 있다.

372

법칙 준수로 인한 성공 확률의 증대 법칙

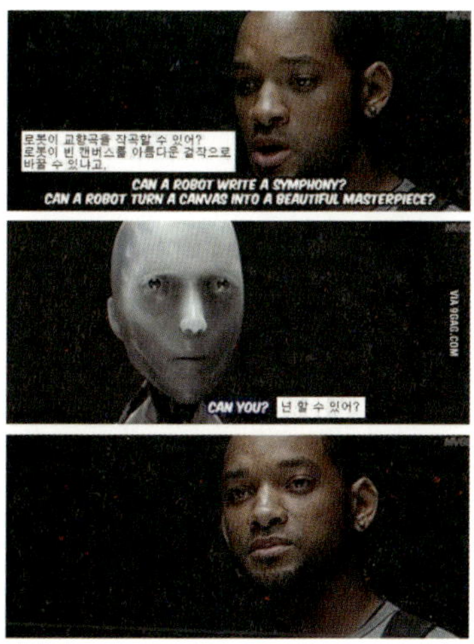

지금까지 소개된 법칙들을 읽은 독자들은 '이러한 법칙들을 제대로 지킨다면 성공을 보장받을 수 있는가'에 대한 의문을 가질 것이다. 또한 '이런 굉장한(?) 법칙들을 소개하는 저자는 성

공하였는가'에 대한 질문도 가질 수 있다. 이러한 질문을 받는다면, 저자는 아마도 영화 I, Robot(2004년작)의 윌 스미스와 같은 황당한 표정을 지을 것이다.

사실 이러한 법칙을 꾸준히 실천하기란 어렵다. 그리고 완벽하게 실천하였다고 해도 성공이 보장되는 것은 아니다. 그러나 한 가지 장담하는 것은 이러한 법칙들을 조금이라도 실천한다면 지금보다는 성과가 더 올라갈 것이라는 점이다. 또한 이러한 법칙을 조금이라도 더 젊었을 때 알고 이를 실천한다면 더 나은 삶을 영위할 것이다.

373

자기 판단의 불신不信 법칙

자기 생각이 틀릴 수도 있다는 여지를 항상 가지는 것이 중요하다. 그렇지만 대부분의 사람들은 눈에 보이는 결로만 함부로 판단하기도 하고, 자신의 지식을 너무 과신하는 경향도 있다.

- **인터넷에서 퍼온 글:** 전 세계를 이끌어갈 지도자를 뽑는다고 하자. 여기 3명의 후보들에 대한 사실이 있다. 후보 A는 부패한 정치인들과 결탁한 적 있고, 점성술로 결정을 하며, 두 명의 부인이 있고 줄담배를 피우고 하루에 8 내지 10잔의 마티니를 마신다. 후보 B는 두 번이나 회사에서 짤린 적이 있으며 정오까지 잠을 자고 대학시절 마약을 복용한 적도 있고 위스키 4분

의 1을 마신다. 후보 C는 전쟁 영웅이다. 채식가이며 담배도 안피운다. 경우에 따라 맥주는 가끔 마신다. 불륜관계 또한 가져본 적이 없다. 이제 여러 분들은 어떤 후보를 선택하겠는가? 후보 3명은 사실 다음과 같다. 후보 A: Franklin D. Roosevelt, 후보 B: Winston Churchill, 후보 C: Adolph Hitler.

지나치게 우유부단하거나 머뭇거리는 것도 삼가야 한다. 그렇지만 지나치게 자기 확신을 가지는 것에도 위험이 도사리고 있다. 언제나 마음의 여지餘地를 남겨둘 필요가 있다.

374

일정 수준 이상을 넘어야 하는 법칙

(참조: 2장 100도가 되어야만 끓는 물의 법칙)

세상에 가치 있는 것은 그리 쉽지도 않고 빠르게 성취할 수 있는 것도 아니다. 물론 쉬워 보이는 경우는 있다. 즉 남이 하면 모든 게 쉬워 보인다. 그러나 정작 본인이 하게 되면 그 모든 것이 어렵다. 세상의 모든 일은 어떤 일정 수준 이상의 시간/노력/정성이 요구된다. 한 술에 배 부르려 하지 말고 차분하게 이를 향해 나아가는 것이 중요하다.

- 동굴의 종유석은 100년에 1cm씩 자란다고 한다. 즉 100년이란 시간이 흘러야 1cm가 자랄 수 있다.

375

꾸준함의 위력 법칙(참조: 3장 좋아하는 것 선택의 법칙)

거대한 나무를 넘어뜨리는 것은 단 한 방의 거대한 도끼의 힘이 아니라, 수많은 개미의 오랜 기간에 걸친 노력 때문이란 말이 있다. 정작 무서워해야 할 것은 한 번의 웅대하고 장엄한 움직임이 아니라, 끊임없이 반복되는 일관된 움직임이다.

376

파격破格의 법칙

마지막으로 강조하고자 하는 법칙은 아무리 명성 있는 법칙일지라도 거기에 너무 얽매여서는 안된다는 것이다. 현실에서 일어나는 경영 및 마케팅 현상은 변화무쌍하다. 물론 그렇다고 해서 여러 학자와 실무자들이 제시한 기존의 법칙들이 전혀 의미 없다는 것은 아니다. 다만 기존의 지식을 익히는 노력을 함과 동시에 거기에만 너무 얽매여도 안된다. 즉 "기본(폼)을 배우되 결코 그 기본에만 얽매여서는 안된다"는 것이다.

이론 또는 법칙을 직접 만든 사람은 오히려 자신이 만든 이론에 구애 받지 않고 자유로운 데 비해, 이것을 만들지도 않은 사람들이 오히려 이것을 신주단지 모시듯 고수하는 모습을 우리는 종종 볼 수 있다. 종교, 이념, 사상, 학술이론 등에서 이러한 현상이 자주 목격된다.

법칙의 적용에 앞서 과연 현재의 상황에도 여전히 유효한지에 대해 현명하고 융통성 있게 판단할 필요가 있다. 특히 사람을 다루는 사회과학에서 만고불변의 법칙universal law은 없다.

- 마케팅은 기본적으로 하루가 다르게 분화하고, 성장하는 학문이다. 1960년대에 통용됐던 마케팅 이론은 오늘날 적용하기는 어렵다. – 필립 코틀러

- 병서兵書를 읽는데 태만해서는 안된다. 그러나 병서를 모두 독파하였다 해서 병서의 내용에 얽매여서도 안된다. 전쟁에서의 상황은 실로 변화무쌍하기 때문이다. – 삼국지에서 조조(曹操)가 아들들에게 한 말

변화하는 상황, 주체에 따라 기존 법칙들은 얼마든지 수정할 필요가 있다. 법칙을 가지고 있는 것도 중요하지만 상황에 따라 그 법칙을 융통성있게 적용하고 때로는 새로운 법칙을 만드는 열린 마음은 더욱 중요하다. 그러기 위해서는 '파격'의 마음을 가질 필요가 있다.

"외웠느냐? 그러면 따라할 수 있다. 잊었느냐? 그러면 창조할 수 있다!" – 아인슈타인

공부를 다한 다음에는 이제 공부했던 모든 내용을 잊어야만 진정한 학습자가 된다. 모든 것을 교과서대로 하는 것은 재미가 없다(사실 교과서대로 하는 것은 누구나 열심히 하면 어느 정도는 할 수 있다). 파격을 할 수 있어야 진정 새로운 세계를 창조할

수 있다. 일본 드라마인 '노다메 칸타빌레'のだめカンタービレ(2006년)에는 오케스트라 연주의 파격이 나타나는데 이것은 적지 않은 감동을 준다. 영화 '라디오스타'에서 박중훈의 DJ 진행의 파격 또한 신선한 감동을 준다.

- Great achievers are often great troublemakers. Don't they have to be, at least some of the time? (위대한 성취자는 흔히 대단한 말썽꾼이다. 적어도 가끔은 그런 사람들이 있어야 하지 않을까?)

  – Annie Leibowitz

- 한 남자의 주장보다 한 어린이가 내뱉는 예상치 못한 질문으로부터 우리는 더 많은 것을 배울 수 있다. – 존 로크(John Locke), 영국의 철학자

글을 맺으며

경영 및 마케팅의 방대한 내용을 몇 가지 법칙을 중심으로 정리하는 것은 여러 면에서 유용성이 있다. 이는 정리되지 않은 지식을 그저 많이 가지고만 있기보다는 몇 가지 법칙으로 이를 단순 정리하여 이해한 상태가 실전에서 더 쓸모 있는 경우가 많기 때문이다. 시급하게 의사결정을 내리고 또 실천을 해야 하는 경우에는 차분하게 어떤 것들이 있는지를 살펴볼 시간적 여유가 없다. 한편 법칙은 하나의 화두話頭와 같아서 이와 연관된 여러 내용들을 자연스럽게 끌어낼 수 있다는 이점도 있다.

여기 소개된 법칙들은 언젠가 이것을 뛰어넘는 새로운 법칙, 즉 현상을 좀 더 잘 설명하고 예측하는 법칙들에 의해 대체될 것이다. 사실 이러한 진화와 발전을 통해 학문과 사회는 발전하는 것이다. 결국 기존 법칙이 깨질 때마다 더 새로운 세계가 펼쳐진다. 이런 점에서 보면 법칙의 가장 큰 효용성은 그것이 지켜질 때가 아니라 아마도 부서질 때가 아닐까 한다.

대부분의 법칙은 시장여건, 기술의 변화에도 불구하고 여전히 유효한 경우가 많다. 그러나 '법칙 그대로' 한다고 해서 성공을 보장하기는 어렵다. 그러나 어떤 법칙의 도움으로 성공확률이 조금이라도 높아진다면 그 법칙은 존재 의미가 있다. 때로는 '1%의 성공 확률'을 높인다는 것 자체가 큰 의미를 가지는 경우도 있다.

이제 독자들은 자신만의 법칙을 개발하기를 바란다. 물론 남들 모두가 인정할 만한 대단한 법칙을 개발하지 못할지라도 적어도 그러한 노력과 방황을 기울인다면, 우리가 사는 세계에 대한 안목을 한층 더 높일 수 있고, 더 나은 삶을 영위하는 데 큰 도움을 받을 것이다.

- 인간은 노력하는 한 방황하게 마련이다. — 괴테의 〈파우스트〉

제2판 집필 후기*

초판(2014년)의 집필 후기에서 "몇 년 뒤에 좀 더 나은 [2판]을 가지고 찾아 뵙겠다"는 말로 마무리하였다. 이를 위해 [초판] 원고를 넘긴 다음 날부터 좀 더 나은 경영법칙을 찾으려 하였고 이를 발견할 때마다 [2판] 원고에 반영하였다. 그렇지만, 2판을 1년 만에 낼 정도로 초판이 잘 팔릴지에 대해선 그리 확신이 서지 않았었다. 다행히 초판은 잘 팔렸을뿐 아니라 [세종도서 학술서]로도 선정(2015년)되었다. 덕분에 이렇게 2판을 출간하게 되어 무척 기쁘게 생각된다.

2판은 초판에 비해 법칙의 내용을 좀 더 읽기 쉽게 많이 다듬었다. 초판에는 없던 새로운 법칙들을 추가하였다. 직관적으로 이해하는 데 도움이 되는 사진, 그림, 사례 등을 삽입하였다. 이러한 노력을 통해 [2판]이란 이름에 손색이 없을 정도로 초판을 개선하려고 노력하였다.

이 책에는 기업의 경영뿐 아니라, 우리 삶의 영위에도 도움이 되는 법칙들이 망라되어 있다. 저자가 새롭게 창조한 법칙은 하나도 없다. 저자는 그저 조금이라도 유용한 내용이 발견되면 동서고금東西古今을 막론하고 이를 주워 담는 '넝마주이' 역할을 하였을 뿐이다.

새롭게 조우하는 지식, 그냥 지나쳐버리기 아까운 사례, 멋진 일상의 장면 등을 주어 담는데, 이 책은 넉넉한 푸대자루 역할을 해주었다. 그런 점에서 저자는 이 책의 포용력에 대해 무한히 감사하고 싶다. 이 책의 내용을 여러 번 반복해보면서 저사 역시 예전보다 좀 더 현명한 삶을 살아가는 데 도움을 받았다. 아마도 이 책으로부터 가장 큰 혜택을 누린 사람은 바로 저자 자신일 것이다. 이러한 책의 고마운 혜택을 가능한 많은 독자들과 나누고 싶다.

2015년 11월, 김종배

초판 집필 후기*

'지금 알게 된 것을 예전에 알았더라면~' 하는 생각을 누구나 한두 번쯤 하였을 것이다. 저자 자신도 이 책에 소개되는 법칙들을 집필하면서, 이러한 내용들을 20대 초반에 알았더라면 아마도 인생을 좀 더 현명하게 살지 않았을까 하는 아쉬운 마음을 여러 번 느꼈다. 이러한 아쉬움이 들 때마다 지금의 젊은 세대에게 하루라도 빨리 이 책을 소개해야겠다는 다짐을 하였다. 좀 더 보람차고 후회 없는 삶을 영위하는 데 여기 담긴 법칙들이 자그마한 도움이 되기를 바라는 마음으로 감히 세상에 내놓는다.

이 책은 저자가 출간한 책 〈마케팅 노변담화〉(2011년, 성신여자대학교 출판부 출간)의 일부로부터 태동되었다. 그 당시 법칙에 대한 챕터를 쓰기 시작할 때는 과연 20개라도 채울 수 있을까 생각하였는데, 쓰다보니 어느덧 30개를 훌쩍 넘겼었다. 그러한 집필 경험이 단초가 되어, 지금 여러분이 읽고 있는 이 책과 같이 약간은 두툼한 책으로 발전되었다.

여기 제시된 법칙들은 기존 학자들의 주장과 이론들을 색다르게 각색한 것도 있고, 저자의 개인적 경험을 통해 나름대로 개발한 발칙한(?) 법칙도 있다. 물론 기존에 널리 인정을 받고 있거나 또는 이론적 뒷받침이 있는 법칙들이 대다수이다. 어쨌거나 모든 법칙에는 저자 나름의 설명과 해석을 덧붙였다.

여기 제시된 법칙들 100% 모두가 올바른 것은 아니다. 또한 이 법칙들을 그대로 따라한다고 해서 성공을 100% 보장할 수 있는 것도 아니다. 그런 면에서 책의 제목을 "재미로 읽는~" "언제든 변할 수 있는~" 또는 "성공을 절대 보장하지 않는~" 등으로 할까 하는 장난기 어린 생각도 해보았다. 어쨌거나 엄격한 잣대를 통과해야 출간할 수 있는 학술지 논문이 아니기에 조금은 자유롭게 책을 집필하였다. 사실 이러한 자유분방함 덕분에 오히려 편하게 독자들에게 다가가지 않을까 생각된다.

학자라면 무엇보다도 새롭게 정립되는 전문지식을 빠르게 습득하고 소화하여 이를 같은 길을 걷고자 하는 후학들에게 알기 쉽게 전수해야 한다. 또는 기존의 지식을 기반으로 하여 세상에 공헌할 수 있는 참신한 연구 성과를 남겨야 한다. 그렇다고 이러한 고지식한 학문의 세계에만 갇혀 있어서는 안된다. 학문만을 위한 학문이 아니라, 실제로 기업 현장의 관리자, 또는 삶을 영위하는 보통 사람들에게 도움이 되는 지식을 대중적으로 전파하는 노력도 기울여야 한다. 이를 통해, 단 한 사람에게라도 좀 더 나은 의사결정, 좀 더 나은 실행방안을 찾는 데 도움이 된다면, 그러한 노력은 가치가 있을 것이다. 책의 제목을 한동안 '1% 성공확률 증대를 위한 경영법칙'으로 하려 했던 적도 있었는데, 이러한 집필 의도와 무관하지 않다.

부족하고 미흡한 책을 끝까지 읽어준 독자들께 깊은 감사를 드린다. 몇 년 뒤에 좀 더 나은 [2판]을 가지고 찾아 뵙겠다.

2014년 10월, 김종배

법칙 총목록*

저자소개*

김종배 교수는 연세대학교에서 경영 학사/석사/박사(1984/1986/1991)를 받았다. 종합광고대행사인 삼희기획에서 마케팅 전략을 담당(1991~1994)하면서 다수의 경쟁 및 연간 프레젠테이션에 참여하였다(예: 대우그룹, 아가방, 화승르까프, 동양매직, 녹십자, 한국국토개발, 한미약품, 신성통상 등). 신라대학교와 단국대학교 교수를 역임하였고(1994~2004; 2004~2009), 현재는 성신여자대학교 경영학과에 재직 중이다. 미국 Syracuse 대학의 방문학자로 있으면서 David Wilemon 교수와 함께 신제품 개발 및 혁신에 대한 연구를 하였고, 이를 바탕으로 PICMET, IAMOT, DSI, R&D Management 등의 국제학술대회에서 20여 편의 논문을 발표하였다. 연구성과는 [국내] 경영학연구, 마케팅연구, 마케팅저널*Asia Marketing Journal*, 광고학연구, 관광학연구, 서비스경영학회지; [해외] *European Journal of Innovation Management, R&D Management, Technology Analysis and Strategic Management,*

International Journal of Technology Marketing, International Journal of Revenue Management, Creativity and Innovation Management, International Journal of Engineering Management and Economics, International Journal of Innovation and Technology Management, International Journal of Technology Intelligence and Planning 등의 국내외 학술지에 게재되었다. 수상 실적은 다음과 같다: [논문상] European Journal of Innovation Management(2003년), 한국서비스경영학회(2007년); [심사자상] 한국마케팅관리학회(2005년); [강의상] 한국마케팅관리학회(2014년). 저서로 「생활 속에서 발견하는 마케팅」(2004), 「쉽게 풀어쓴 통계학」(2005), 「마케팅노트」(2009, 5판), 「마케팅 노변담화」(2011), 「마케팅의 이해」(2013, 초판)가 있고, 편역서로 「고객을 행복하게 하는 50가지 법칙」(1992), 「마케팅에서의 리스렐」(1997) 등이 있다. 2003년 미국 Stanford 대학의 SEIT Program을 수료하였다(KSVF-5기). 국내학술지로는 한국서비스경영학회, 한국광고학회, 대한경영학회, 서비스마케팅학회, 그리고 해외학술지로는 *European Journal of Innovation Management, International Journal of Technology Marketing, International Journal of Mobile Learning and Organization, International Journal of Revenue Management, International Journal of Mobile and Blended Learning* 등의 편집위원을 역임하였다. 서비스마케팅학회의 회장을 2012년에 역임하였다.